亚太法律评论（第一辑）

西洋法在东亚的继受和创造

韩大元　杨　东　主　编

中国人民大学出版社
·北京·

序言

2008年11月22日至23日，中国人民大学法学院与日本一桥大学法学院、韩国釜山大学校法科大学、艾克斯马赛第三大学欧亚研究所联合主办了“第二届东亚法治论坛：西洋法在东亚的继受和创造”国际研讨会。与会学者有来自法国、韩国、日本的贵宾及来自中国人民大学、北京大学、清华大学和中国社会科学院等高等法律院校和科研机构的近百位专家学者。会上，与会学者就法国宪法对东亚宪政的影响、西洋法与东亚宪政、西洋法与东亚行政法、经济的全球化和东亚法的一体化等问题进行了深入的讨论，发表了很多有见地、有价值的观点。会上，我们还收到了29篇高质量的学术论文，这些论文分别就上述问题进行了详尽、具体和深层次的分析，并在此基础上提出了许多既具理论性，又具可操作性的意见和建议。会后，与会学者对所提交的论文进行了补充和修改。为了使会议的这些成果发挥更实际的作用，进一步推进东亚法学共同体建设，我们将这次研讨会的论文予以整理，将其中的精华编辑成文集出版，供广大读者阅读。

我们正处于经济全球化时代，包括金融领域在内的区域合作、国际合作也将越来越彰显其重要性。而以欧盟（EU）经济圈和北美经济圈为代表的经济区域化、区域一体化也在蓬勃发展。目前东亚地区也出现了同样的迹象。在这样的背景下，“东亚共通法”的形成也成为人们关注的课题。中国人民大学法学院、日本一桥大学法学院和韩国釜山大学校法科大学合作申请了日本政府的国家级课题，即从2007年开始为期5年的题为“东亚的法继受与创造——面向东亚共通法的基础形成”的亚洲研究教育基地项目。本次论坛也是该合作科研课题的重要活动之一。

到目前为止，东亚法治论坛已经举办了4届。2007年11月17日至18日，在日本一桥大学召开了“第一届东亚法治论坛：东亚法研究的现状与未来”国际研讨会。2008年11月22日至23日，在中国人民大学举办了“第二届东亚法治论坛：西洋法在东亚的继受和创造”国际研讨会。2009年11月7日至8日，在东京联合举办了“第三届东亚法治论坛：市民的刑事司法参与——面向东亚共通法的基础形成”国际研讨会。2010年10月30日至31日，在韩国釜山大学召开了“第四届东亚法治论坛：东亚三国民法的现代化暨形成共通法的基础”国际研讨会。而第五届东亚法治论坛即将于2011年12月3日至4日在日本东京举行，主题为“中日韩三国企业并购法制一体化”。

在为期五年的亚洲研究教育基地项目中，中国人民大学法学院积极参与，不断探索。在项目实施过程中，中国人民大学法学院积极筹建“中国人民大学亚太法学研究院”，致力于推动东亚法制一体化和法制协调。2011年8月，亚太法学研究院的成立已经获得中国人民大学的批准。这是在“东亚法制一体化”进程不断推动的大背景下的有关法律交流和法律人才培养的有益改革和尝试。

我们愿意本着“平等协商、能动建构、和谐为本、区域共通”的原则，加强合作，增进友谊，为东亚共通法和法律人共同体的建立创造一个良好的氛围，从而为本地区乃至世界的政治、法治与经济持续繁荣作出贡献。

亚太法学研究院的工作内容和发展目标可以概括为：加强东亚共通法研究与学术交流，推动亚太法教育和人才培养，为政府提供决策咨询等。针对以上内容，可以具体分为以下几点：

1. 推动亚太法学教育与人才培养事业，努力探索高素质、国际化法律人才培养的新模式

亚太法学研究院成立后，我们将开展形式多样的人才培养项目，具体包括：

（1）开设亚太法相关课程，如开设有关介绍韩国法、日本法以及其他亚太国家法律制度的相关课程。

（2）举办系列讲座，设立“亚太法律讲堂”。我们将积极邀请对亚太法律有深入研究的知名学者、司法专家、法律实务专家以及行政人员举办相关内容的讲座，以开阔学生国际视野，深化学生专业研究。

（3）推动人才培养的国际化。目前，中国人民大学法学院已经与亚太地区的四十几所国外以及港澳台地区的大学订立友好交流协议。亚太法学研究院成立之后，我们将与这些国外以及港澳台地区的院校开展更为深入的交流合作，推动以学生为主体的交流、交换以及学生联合培养等活动的开展。

（4）培养国际化、复合型的高水平法律人才。这是一种全新的人才培养模式，区别于单纯的国际化人才培养模式或者复合型人才培养模式。其将二者有机结合，既要求学生具备跨国语言的沟通和研究能力，又要求学生在某一领域有专业背景知识，尤其是培养具有经济、金融、商学、管理等知识背景和法律相结合的复合型人才。通过这种模式培养出来的法律人才，既具备视野、思维、眼光和语言的国际化，又具备知识结构、法律思维、专业背景的复合性，从而能够更好地适应亚太法律研究以及法律实务的需要，成为多专多能的国际化高素质的法律人才。学院成立后，我们将提倡知识背景的多元化，发挥亚太法学研究院在外语培训和法律研究中的特长，将学生培养成为具备多学科知识、多语言能力的国际化法律人才。

（5）建立亚太法学研究院人才培养基地。我们将积极与各国政府、司法机关

以及跨国公司等共同建立实习和培养基地，让更多的学生有机会切实感受并掌握国际化背景下法律人所应具备的素质。尤其是聘请校外经济界、金融界、法律实务界、政府等的知名专家担任校外导师，共同培养精通亚太法律、经济、金融等全面复合型国际化人才。

2. 加强东亚共通法研究与学术交流

亚太地区的经济合作以及东亚一体化，离不开统一和谐的法律架构以及融通互信的法律认知。亚太法学研究院就是这样一个为亚太地区法律制度的统一和谐而努力奋斗的教学研究单位。我们将通过不同形式的学术交流活动，介绍国外法律制度，同时也对外宣传中国的法律制度，在交流中实现彼此间的法律认知和认同。

3. 将“亚洲知名法学院院长论坛”予以常规化

“亚洲知名法学院院长论坛”是由中国人民大学法学院主办的，旨在推动亚太法学教育和研究的，具有常规性和开放性的国际会议。该会议目前已经成功举办了两届，这两次会议有力地推动了亚洲法学教育和研究的合作交流，成果显著，成就斐然。2011 年 12 月，第三届“亚洲知名法学院院长论坛”将在中国人民大学召开，届时将有来自亚洲十几个国家和地区的数十所知名大学法学院院长莅临会议，共商亚洲法学教育的未来发展。在亚太法学研究院成立之后，我们将一如既往地支持本论坛的举办，积极为亚太法学的教育和研究贡献自己的力量。以此为基础，我们将在条件成熟后成立“亚太法学教育协会”或者举办“亚洲法学院院长联席会议”。

4. 为政府以及社会机构提供决策咨询

亚太法学研究院作为中国人民大学以及人大法学院的高端品牌，将积极为政府和社会机构的决策提供理论研究支撑。通过对亚太各国法律以及社会相关制度的研究，为本地区政府间的以及企业等社会机构间的合作交流、纠纷解决、决策决定等提供准确的理论和法律咨询。

是为序。

韩大元

二〇一一年九月二十日

目　录
|CONTENTS|

欧洲宪政编

东亚宪政编

东亚行政法治编

东亚经济一体化与法制协调

其他

欧洲宪政编

- 安德烈·鲁　第五共和国的权力分立与平衡
- 皮埃尔·若克斯　法国合宪性审查的五十年
- 苗连营　周威　法国宪政演变中的理性主义与经验主义
- 赛维尔·菲利普　地方公共团体在第五共和国宪法中的发展
- 金邦贵　程俐　浅谈税收法定原则在法国的运用
- 李晓兵　法国第五共和宪法的诞生及其宪政体制的创造性

第五共和国的权力分立与平衡

安德烈·鲁*

引　言

1789年《人权与公民权宣言》第16条规定："凡权利无保障或分权未确立的社会无宪法。"

第五共和国的缔造者们的目标在于：打破第三共和国和第四共和国的"议会主权主义"的议会体制；侧重于保障行政权，从而在权力之间恢复一个新的平衡；对司法机关（而不是"司法权"）的认可。

宪法实践：倾向政治体制的总统化，自1962年开始由于"多数决定"事实而倾向于增强议会（对行政）的从属性，以及最近（即2008年7月23日的宪法修改）倾向通过恢复议会地位来实现权力的重新平衡。

一、第五共和国在合理议会型政体下采纳了经典的权力分立

1. 以议会制为基础的灵活分权

每种权力的自主性（共和国总统自1962年以来改为公民直选；议会与内阁成员的职责的分立……）。

政府对国民议会的政治责任。议会对政府行为的监督权（质询、委员会……）。国家元首不负政治责任（只负刑事责任）。

赋予共和国总统解散国民议会的权力（共五次宣布解散：1962年和1968年危机解散两次，1981年和1988年的政权更迭解散两次，以及1997年的便利性解散）。

2. 共和国总统的裁决作用

根据宪法第5条的规定，通过其裁断，总统保证公权力之正常运作及国家之

---

* 安德烈·鲁，法国艾克斯马赛第三大学法学院教授。译者为王建学。

延续，确保国家的独立、领土的完整以及国家条约的遵守。总统享有多种特权（宪法第16条赋予的紧急措施权、解散国民议会的权力、提请宪法委员会进行合宪性审查的权力……）。

总统还是司法机关的独立性的保证人（宪法第64条）。2008年的宪法修改为了更好地保证权力的分立，刚刚去除了他的最高司法会议——一个管理法官的机构——的主席职务。

二、由制度实践导致的权力之间的失衡难以得到纠正

1. 多数决定现象使行政权增强，从而使权力分立因偏向行政权而失衡

1958年宪法的制定者意图合理化议会的职能，使议会的职能受到政府的有限的监督：对议会委员会的数量和权力的限制，政府对议会议程的掌控，确认政府的自主条例权的存在，等等。

对议会监督权的过于严格的限制（宪法第49条）。

以多数决定现象加强行政权的优越性，易言之，多数党总统与国民议会多数派的协调合作。通过有凝聚力和纪律性的议会多数派，行政权在原则上能够得到支持。

在左右共治期间（1986—1988，1993—1995，1997—2002），由于共和国总统并不掌握议会多数党，所以，在这种情况下，行政权相对于议会的优越性并没有真正地成为一个问题。左右共治导致了权力之间的一个新的平衡，它仍然以行政权为中心，混合了共和国总统的谦让与对总理的地位的确认，根据议会对宪法的解读。

2. 权力重新平衡的困难

权力的重新平衡通过若干次改革而表现出一些特征：

尽可能保障司法的独立性（1993年和2008年的改革）。

议会权力的增加：表决社会保障的财政法律的权限（1996年），加强财政监督权和对公共政治的评价（2001年），立法程序的自主性的增强和监督权的加强（2008年）……

同时，由于尼古拉·萨科奇总统的政治实践，总理降格为一个简单的协作者，从而加强了政治体制的总统化。

最后的问题是，传统的分权原则是否仍然恰当地存在着。在第五共和国中，权力向行政机关手中集中的过程，得到了议会多数派的支持，这使人们认为，真正的权力分立实际上发生在多数派（行政机关和议会多数党）作为一方与少数派即议会反对派作为一方之间。这就设定了某些行动方法（例如，向宪法委员会提请合宪性审查），2008年的宪法修改已经赋予了议会一些权力。

法国合宪性审查的五十年

皮埃尔·若克斯*

一、宪法委员会的设立

1. 这可以是一个哲学思考的主题：在法国大革命之后必须等待一个半世纪，法律的合宪性审查才于 1958 年在宪法典里作出规定。

但是还要等到 20 世纪 70 年代该审查才获得快速发展。自此，它再也没有停住发展的步伐。

为什么在我们的宪法中会有一个半世纪这样（长）的延迟呢？为什么此后它的（真正）运作又延迟了十多年呢？而法兰西是否要求在它的遗产中恢复那著名的 1789 年《人权与公民权宣言》？该《宣言》在第 16 条这样宣告：

“凡权利无保障和分权未确立的社会无宪法。”

的确，如果没有一个机构来使这些权利得到尊重和使这种分权获得遵守，赋予宪法这些目的——权利保障和权力分立——又有何用呢？

我们或许可以从该《宣言》本身寻找原因，因为它还包含有另外一个条款，该宣言第 6 条指出：

“法律是公意的表达。”

该原则处于让-雅克·卢梭哲学思想的核心，它很好地阐释了 1789 年的革命家们对任何形式的法律合宪性审查的敌视。的确，如果法律是公意的表达，如何能够设想对它的正当性提出质疑呢？由谁提出？怎么提出？

在法律之上，不可能存在一个裁判者，不可能存在一种司法权，有资格对立法权进行审查和监督。法官是法律的仆人，他是法律的“嘴巴”。在法兰西的传统中，法官不可能是法律的审查者。

---

* 皮埃尔·若克斯，法国宪法委员会宪法法官（2001—2010），著名法律和政治专家，曾先后担任欧洲议会议员（1977～1979 年）、法国工业部部长（1981 年）、国民议会社会党团主席（1981～1984 年，1986～1988 年）、内政与地方分权部部长（1984～1986 年）、内政部部长（1988～1991 年）、国防部部长（1991～1993 年）以及审计法院院长（1993～2001 年）。译者赖荣发，厦门大学法学院宪法与行政法专业博士研究生，校者王建学。本文已发表于《厦门大学法律评论》（第 18 辑），厦门，厦门大学出版社，2011。

然而，在19和20世纪，我们国家曾进行了一些表面的、一些难得的合宪性审查的尝试。这些尝试最终遭遇了失败，因为它们将审查权托付给那些政治机构：它们要么缺乏独立性（例如，在拿破仑一世的独裁政体下于共和8年设立的护法元老院以及他的侄子拿破仑三世于1852年设立的元老院）；要么没有实权（第四共和国的宪法理事会：由共和国总统、两院议长和十名议员选举产生的代表组成）。

这三个机构从来都没有发挥作用。然而，法国也不可能在第二次世界大战之后，长时间且无限期地忽视在大多数西方民主国家进行的旨在约束包括行政机关和立法机关在内的国家机关使其尊重个人权利和自由的宪法法院的普及化运动。

2. 1958年宪法的起草者们想要设立一个专门的机构。他们并没有像奥地利、德国或意大利一样将其命名为"宪法法院"，而是称其为"宪法委员会"（Conseil Constitutionnel)。这种术语上的选择表明了在那个时代，他们并无意建立一个以保障法律对宪法和基本权利的尊重为使命的"法院"，即使这种保障是必要的。他们主要是想限制议会来保障政府的权力，尤其是保护其行政立法权（规章条例领域），以期实现所谓的议会制的"合理化"——事实上，首先还是要加强行政权。他们想设立的其实是"权力边界的守护者"，而不是"权利的保障者"。它是"权力分立"的守护者，尤其是用来防止议会侵犯政府的权力。

他们给宪法委员会设置了九名成员，九名任期为九年且不可连任的成员。好像数字"九"在日语里是个令人畏惧的数字，因为它的发音与"痛苦"（Kyû）这个词的发音相同。相反地，在中国文化里，它却被认为是个吉祥的数字，因为它的发音与"久"（拼音jiǔ）这个字一样。我不再继续这个话题，我只想说，数字"九"是个实用的数字，它使得国家最高的三个权力机构能够任命这九名成员：共和国总统、参议院议长和国民议会议长各任命三名成员。这三个权力机构同时确保其成员的更新——每三年更换三分之一。宪法委员会主席由共和国总统在委员会成员中选任，在赞成票与否定票同数的情况下，他拥有决定性的一票。

成为宪法委员会的成员没有任何能力和特殊的法律身份方面的要求，但在实践中，任命机关大多选择那些被认可的法学家、法官或大学教授。现在，宪法委员会由六名司法、行政或财政领域的法官，两名前政府高官和一名大学教授组成。2008年7月23日的宪法修改规定，从今以后他们的任命必须征求主管的议会委员会的意见。①

这就是制宪者专门创设的用以实施合宪性审查的机构。但是，为了使宪法法官能够真正发挥作用，他必须能够接受审查申请，他的权限必须是确实的，且他

① 根据宪法新的第13条和第56条：每个议院议长所进行的任命要征求相关议院主管的常设委员会的意见，由共和国总统进行的任命必须提交给议会两院的主管委员会（审查）：如果两个委员会有五分之三的多数投票给出一个否定的意见，那么这些任命就不能被公布。

的判决具有强制力。

二、提请审查主体的扩大

1. 向宪法委员会提起审查的请求权：起源，1974 年和 2008 年权限的扩大。

根据 1958 年制宪者们的设计，宪法委员会作为“权力边界的守护者”，在某些情况下审查的提起是强制性的。的确，监督议会，就是要使其无法以间接的方式改变新的国家机构间的平衡，由此对于那些旨在明确宪法的适用条件的组织法，或确定议会程序细节的议会规章，在它们由议会通过后，需要由宪法委员会进行强制性审查。

相反地，同样是那些制宪者，却只规定了宪法委员会作为“权利保障者”时，审查的提起是非强制性和受限制的。必须要等到 1974 年和 2008 年的两次宪法修改，审查的提起资格的扩大才使得合宪性审查获得了深远的发展。

2. 起初，的确只有四个机构有权向宪法委员会提出审查请求：共和国总统、总理、国民议会议长和参议院议长。

共和国总统负责在法律由议会通过后的 15 天内颁布法律。然而他可以（在该期限内）向宪法委员会提起审查请求①，由后者对法律的合宪性作出裁决。但是，从 1959 年至今，共和国总统从来没有向宪法委员会提出审查任何法律的请求。②

在 1974 年以前，国民议会议长也从来没有向宪法委员会提出审查请求。此后，他一共提起了 3 次：1976 年和 1979 年针对一些财政法，1994 年针对有关生物伦理的法律。③

参议院议长在 1974 年以前提出了三次审查请求，其中两次获得了成功，因为他得到了两部法律的违宪宣告：一部涉及税收的法律违背了法律面前的平等，另外一部涉及结社自由，结社自由的判例我稍后论及。他也因此获得了“权利捍卫者”的美誉。

至于总理，我们可以将 1974 年前的六次审查请求归到其名下（六次法律被宣告违宪），但是这些请求都是为了捍卫行政特权而不是保障权利和自由。

总之，1974 年前，也就是在一段为期 15 年的时间里，只有九次针对普通法律的审查请求的提起（三次由参议院议长提出，六次由总理提出），也就是说一年连一次都不到，该审查在事实上是非常有限的。

---

① 根据宪法第 10 条的规定，他同样也可以要求议会重读法案。迄今为止，总统一共使用过两次该特权。

② 相反地，大多数要求宪法委员会裁决某一个国际条约是否包含有违反宪法的条款的审查请求都来自共和国总统（占了十二次中的十次）。

③ 1976 年 12 月 28 日第 76-74DC 号判决；1979 年 12 月 24 日第 79-110DC 号判决；1994 年 7 月 27 日第 94-343/344DC 号判决。

3. 但是在1974年，由新总统瓦莱里·吉斯卡尔·德斯坦发起的一次宪法修改扩大了向宪法委员会提起审查的请求权，使得60名国民议会议员或60名参议院议员也能够决定是否提起审查请求。该宪法修改使得议员的审查请求权成为了反对派手中的一种工具。它从此构成了“反对派身份”的前提。

我清楚地记得：在那个年代，我曾经是社会党的国民议会议员，因此是反对派的一员。

赋予议员向宪法委员会提起审查的请求权的重要性很快就通过数量层面体现了出来，因为从1975年至今，宪法委员会作出了368个针对普通法律的判决，也就是说平均每年有11个这样的判决。

这种对法律的事前审查具有一定的功效，因为它在法律实施前就介入了。但是，如果60名议员没有启动该审查，那些违背宪法所确认的权利和自由的法律条款却可以制定出来并存续下来，而宪法法官却无法审查它们。

而且，它会制造一定的法的不安定性：因为任何一个法官都能够基于这个或那个国际条约在某一特定的诉讼中排除这些条款的适用，而在另外一个相同问题引起的诉讼中可能又不是这种情况。

4. 此外，事前的合宪性审查原则上使得法官和公民成为了观众而不是参与者。当然，有时会出现这样的情形：在作为某一行政行为和宪法之间的屏障的法律缺位的情况下，行政法官审查该行政行为的合宪性。[①] 但是这种情况是非常罕见的。同样，2008年的宪法改革就是要纠正这种处境。

在将来，任何一个人认为某一法律条款侵害其受宪法保障的权利和自由时，可以要求排除这个条款对其适用，甚至可以要求废除这一条款。不管怎样，并没有设立一个公民在宪法委员会面前的直接的诉愿渠道，尽管国外有接受这样一种诉愿的例子。因此，只有在司法诉讼过程中，才有可能提起某一部现行法律的违宪性审查。

在这种情况下，被提起审查请求的法官必须将这个问题提交给他的最高法院：最高行政法院（le Conseil d’État）——如果他是名行政法官的话，——或者民刑事最高法院（la Cour de Cassation）——如果他是位司法法官的话。最高行政法院（或者民刑事最高法院）如果认为受争议的这个条款引发了一个新的问题或者显现出严重的困难的话，会再将该合宪性问题转交给宪法委员会。两个最高法院和宪法委员会被赋予了3个月的期限，以使得主要诉讼的完结不会受到太多的延迟。

① 这里涉及法国法的“法律——屏障”（loi-écran）原则。根据这一源于法国行政法院判例的原则，行政法官拒绝审查某一可能违反宪法但却符合法律的行政行为的合宪性，从而，法律在行政行为和宪法之间竖起了屏障，阻碍了宪法对行政行为在司法领域的直接作用。故该原则被形象地称为“法律——屏障”原则。但是，反过来，如果在宪法和行政行为之间没有相应的法律作出规定，行政法官则可以直接审查该行政行为是否符合宪法。——译者注

这次向宪法委员会提起审查的请求权扩大的改革明确地要求通过一部组织法（对其进行具体规定）……它将提交给宪法委员会（审查），大概将在 2009 年的上半年获得通过。

三、宪法委员会职权的扩大

1. 宪法委员会的职权：最初的文本和半个世纪以来的判例。

为了使宪法法官能真正发挥作用，他的职权必须是确实的。

在第四共和国下（1946—1958），合宪性审查在理论上可以审查法律的形式合宪性，但是却不能审查其与权利和自由的相符性。宪法委员会也应该这样吗？对于一些人来说，答案是显然的：宪法序言并不是宪法，因此，由宪法序言和著名的 1789 年《人权与公民权宣言》所宣告的那些权利和自由应该被排除在宪法委员会的职权以外。

在 12 年的过程中，情况确实如此，因为在 1971 年之前，宪法委员会——如我们所看到的——很少被提起审查并且将它的审查局限于（法律）形式上的争议或者权限的分配。

但在 1971 年，宪法委员会在反戴高乐派的参议院议长的审查请求下第一次对一部法律的深层次内容进行了审查。它最终宣告后者违反了结社自由。结社自由并没有出现在宪法典正文的 92 个条款中，但宪法委员会将其定性为是共和国法律所确认的基本原则。然而，为了赋予这样一个原则以宪法效力，宪法委员会必须扩展我们所说的“宪法性规范体系”（le bloc de constitutionnalité）：除了宪法条款本身，它还把 1958 年宪法的序言纳入了“宪法性规范体系”。同时通过 1958 年宪法序言的反致，1789 年《人权与公民权宣言》和 1946 年宪法序言也被包含其中。而 1946 年宪法序言就宣告了“共和国法律所确认的基本原则”。

上述判决极大地扩张了宪法委员会判决的权威。它使得宪法委员会不仅是公共权力正常运作的保障者，就像 1958 年宪法文本所规定的那样，同时还是 1958 年宪法序言反致的那些文本所宣告的基本权利和原则的捍卫者。

2. 随着时间流逝，宪法委员会发展了对“宪法性规范体系”的扩大化解释。它同样承认了一些未包含在宪法性文本中但却是《欧洲人权公约》所保障的权利。我们可以列举下面例子：

a　私生活受到尊重的权利，被认为是 1789 年《人权与公民权宣言》第 2 条所保障的个人自由的组成部分①；

b　婚姻自由，同样是个人自由的组成部分②；

---

① 1999 年 7 月 23 日第 99－416DC 号关于建立普遍疾病保障的法律的判决，第 45 个“鉴于”。（宪法委员会在判决写作中都是以“鉴于”来开启每一个判决理由的——译者注）

② 2003 年 11 月 20 日第 2003－484DC 号关于移民控制、外国人在法国的居留和国籍问题的法律的判决，第 94 个“鉴于”。

c 进行“正常的家庭生活”的权利，它可以在1946年宪法序言的第10款找到其来源①；

d 人类尊严的原则，它从1946年宪法序言中推断而来②；

e “获得有效的司法救济的权利”③，防卫权，接受公正审判的权利。

3. 在50年的过程中，审查所依据规范的范围扩大的同时伴随着宪法委员会所使用的审查手段的改进。我这里只列举四个方面：

a 法律解释使得宪法委员会能够以谨慎的方式指出受争议条款的真实的含义，尤其是当（审查）请求人对该条款作出了与立法者意志明显不同的解释的时候。

b “外科手术式”的审查，按照一种形象化的表达。宪法委员会不能够重新起草其宣告为违反宪法的条款。尽管如此，有时它会通过一种“外科手术式”的切割术只宣告一个句子里的某些词违反宪法，因而去除那些词后的句子的剩余部分可以颁布。同时，在最近的一次判决中，宪法委员会宣告下面这些词违反了宪法：“以过渡的方式和在这段期限内”，这就使得该条款将以持久的方式而被适用。④

c “解释的保留”避免了宪法委员会陷入二元化选择的困境：合宪或不合宪。这些“保留”可以是：

— 中和的，当它们排除了一个可能跟宪法相违背的解释。⑤

— 指示性的，当解释包含有对负责法律适用的某一国家机关——行政机关，普通司法法官或行政法官——的指示的时候。⑥

— 建设性的，当宪法委员会为法律增加其所欠缺的内容以使其与宪法相符合。⑦

d “比例性的三重审查”。该审查方法被很多国家的宪法法院所使用，尤其是德国宪法法院。受争议的措施必须是：

— 适当的，也就是说适合或者适应立法者所追寻的目的。

---

① 1993年8月13日第93-325DC号关于移民控制和外国人进入、接待和在法国居留的法律的判决，第69和第70个“鉴于”。

② 1994年7月27日第94-343/344DC号关于生物伦理的法律的判决，第2个“鉴于”。

③ 1999年7月23日第99-416DC号关于建立普遍的疾病保障的法律的判决，第38个“鉴于”。

④ 2008年8月7日第2008-568DC号关于社会民主的革新和劳动时间的改革的法律的判决，第16个“鉴于”。

⑤ 例如：国家和工会关于那些事先声明必须告知给行政当局的方式的协议不能够导致这些声明的传送必须由这些工会机构负责，也不能具有束缚每个教师独自决定参加罢工与否的自由的效果（2008年8月7日第2008-569DC号判决，第17个“鉴于”）。

⑥ 例子：对有关近代法官的法律所作出的保留，它具有禁止轻罪法庭的权力行使的构成由少于两名职业法官组成的效果（2005年1月20日第2004-510DC号判决，第19个“鉴于”）。

⑦ 例如：宪法委员会认为民事结合契约（Pacs）必须以组织同居生活为使命，否则，禁止近亲之间缔结民事结合契约就无法获得止当性辩护且违背了法律关于公民平等的原则。（1999年11月9日第99-419 DC号判决，第26个“鉴于”）。

— 必要的，这意味着它不能超越所追求目标的实现的要求，同时该目标不能够通过其他对自由侵害更少的手段和方式来实现。

— 严格意义上的比例性：该措施所创设的负担不能和所追求的结果比例失调。

这一类型的审查最近在反对“预防性的扣留措施”时曾使用过。该措施对基本权利（的损害）是非常严重的，因为它允许对那些被判定为特别危险的罪犯，在预防的目的而不是抑制的目的下，在他们刑满之后将其监禁。

上述四种方法根本没有出现在 1958 年宪法的文本里面。从那时候开始的多次的宪法修改也没有对它们产生质疑。

四、宪法委员会判决的权威

1. 宪法委员会判决的权威。为了使宪法法官能真正发挥作用，他的判决必须获得遵守。

宪法委员会判决的效力是建立在宪法第 62 条的基础之上的。该条款包含有三句话，两个禁止和一个义务：

—“宣告为违宪的条款既不能颁布也不能付诸实施”：该禁止主要是针对共和国总统。

—“宪法委员会之判决，不允许任何上诉”。

—“它们对公共权力和所有行政机关和司法机关都具有拘束力”。

但是这种保护本身是不充分的。宪法委员会如果想使自己被其他公共权力机关接受的话，就必须使自己的权威得到他人的尊重。它必须有节制地采取行动从而避免以立法者的姿态出现。

2. 首先，宪法委员会尊重议会的合法性。自 1975 年以来，它多次重复：“宪法并未赋予其全面的评价权和与议会同样性质的决定权。”① 宪法委员会强调，它自己并不具有职权来“探究立法者所确定的目标是否可以通过其他途径来实现，只要所采取的方式与该目的没有明显的不恰当”。

如果它是适当性审查的裁判者，它应该证实在法律、事实情况和立法者所追求的目标之间具有一种适当的联系。但是适当性和合宪性的边界到底在哪里呢？

举一个最近的例子，宪法委员会必须指出转基因生物是否会“产生对环境严重的和不可逆转的损害，尽管这在科学认知的层面是不确定的”②。在肯定的情况下，其必须指出所采取的措施是否具有阻止该损害发生的性质。它拒绝推翻立

---

① 1975 年 1 月 15 日第 74－54DC 号关于自愿堕胎的法律的判决，第 1 个“鉴于”；2007 年 2 月 27 日第 2007－550DC 号关于视听传播和将来电视传播的现代化的法律的判决，第 5 个“鉴于”。

② 《环境宪章》第 5 条。2008 年 6 月 19 日第 2008－564DC 号关于转基因生物的法律的判决。

法进程中所有参与者的评估，根据该评估（转基因生物）启动的条件已经具备。宪法委员会对危险的存在的审查采取了大家所称的“有限审查”。相反地，对所采取措施的适当性的审查则更为深入。

如果宪法委员会对立法者的选择采取全面的审查，它用自己的评价来代替后者的评价，在多数派和反对派之间进行裁决，甚至是在国民议会和参议院之间进行裁决，那么它就是议会的第三院了，而这是它所不能成为的。该拒绝就更能证明它的审查是事先介入的，同时它的判决具有完全的效力。它回应了这样一种长期以来的考虑：使自己摆脱法官政府的责备。

刚刚设立的事后审查将对未来产生一些影响。当宪法委员会审查一部拥有 20 年、50 年或 100 年的法律的合宪性的时候，它的确具有相对于政治性的轮廓而言更具法律性的轮廓。

3. 对等地，公共权力（议会和政府）也尊重宪法委员会的权威。

当然，立法者可以通过修改宪法的方式，即对那些使法律与宪法相违背的宪法条款进行修改来使得之前被宪法委员会否决的法律生效。这种方式只以非常例外的形式发生过。男女平等就是其中罕有的一个例子。① 为了超越宪法委员会的判例，通过拒绝对女人和男人进行区分，制宪者于 1999 年在宪法中引入了女人和男人在选举性的代表职务和选任的职权②以及在 2008 年在职业和社会责任等方面的平等的准入权。③

在这个主题上我们可以区分两个时期④：

—— 从 1974 年到 1988 年，合宪性审查对法律的起草仅有些许影响。相对于让宪法获得遵守，反对派更想力求为难和约束多数派。多数派则将宪法委员会的否决看做是简单的波折，并且试着努力去限制其后果。

—— 在 20 世纪 80 年代末期，我们看到了宪法规范在法律的制定和投票过程中受到了最好的重视。政府，尤其是在最高行政法院面前，确保其草案与宪法相容。它想避免任何的审查，（因为）这将会被认为是其政治计划所遭遇的失败。同样，在 1988 年，总理给其部长们发了份通报，要求他们“采取一切手段来识破和排除可能使列入议会讨论议程的法律草案、修正案和法律提案被玷污的那些违宪性的危险”。

政府和议会了解宪法委员会的判例。多数派不担心在必要的情况下自我审查

① 其他例子：在 1993 年，在有关避难权的“Pasqua”法律被否决后，宪法被修改了，增加了 53－1 这个条款（1993 年 11 月 25 日第 93－1256 号宪法性法律）。同样地，为了反对宪法委员会在其 1999 年 3 月 15 日第 99－410DC 号判决中对喀里多尼亚选举人团体所作的解释，2007 年 2 月 23 日通过了第 2007－237 号宪法性法律来对宪法第 77 条进行补充。

② 旨在补充宪法第 4 条的 1999 年 7 月 8 日第 99－569 号宪法性法律。

③ 旨在更改宪法第 1 条的 2008 年 7 月 23 日第 2008－724 号宪法性法律。

④ 参见［法］桂・卡尔卡松：《法律起草和投票过程中合宪性审查的角色》，载《宪法委员会的四十年》，LGDJ，1999，83 页以下。

或探寻与宪法相容的条款。我们见证了议会“法律辩论的极其重要的发展”①。

——例子：参议院考虑到赋予反歧视高级公署（HALDE）处罚权违反了宪法，于是用刑事（辩诉）交易的权力来取而代之以尊重司法机关的职权。②

——另外一个例子：在教师罢工的情况下设立一个儿童接待服务导致了市镇额外的支出。法律草案将这些开支的负担转移给政府法令来规定，而只有法律才能对此进行规定。该草案在议会辩论的时候就被修改了以避免（违宪）责难。

宪法委员会今天已经是法兰西宪政图景中的一部分。如果需要其已融入到第五共和国所创设的新的机构平衡中的证据的话，还需要引述一下最近的一次宪法修改。

——它的职权得到了扩展，这不仅是在合宪性的先决问题上同时也在由议会和人民发起的全民公决（宪法第 11 和第 61 条）以及在严重危机的情况下共和国总统所行使的无限权力的审查方面（宪法第 16 条）得到了扩展。

——产生于它的判例的一些权利被写入了宪法，例如，意见多元化的表达③，立法者此后必须确定那些涉及自由、多样化和媒体自由的规则。④

五、宪法委员会与“法官的对话”

最后，在这 50 年间，宪法委员会越来越重视与“法官的对话”。

即使宪法规定宪法委员会的判决“对……一切行政机关和司法机关都具有约束力”，它还是没有在宪法委员会和两个最高法院（民刑事最高法院和最高行政法院）之间设立任何的机构等级，这不同于德国的制度。此外，这两个法院自一个多世纪以来在自由的保障方面扮演了一个非常重要的角色。

不过，我们可以察觉到在权利和自由的保障方面这两个最高法院和宪法委员会的判例具有很大的趋同性，因为宪法委员会的判例事实上受到了另外两个法院的启发，同时也对普通法的司法机关产生了深刻的影响。自 1970 年以来，很少领域没有受到该审查的影响（刑法、劳动法、通讯法、行政法等等）。宪法向所有法律分支的渗透使得一部分学者提出了“法国法的宪法化”现象。

这三个机构的判例在国家层面对价值的共同理解的趋同和欧洲人权法院和欧盟法院一起，在欧洲层面获得了延伸。

在这一点上，我们可以指出，即使法国宪法委员会自己不审查法律是否符合《欧洲人权公约》，也不审查法律的合一般意义的条约性⑤，其他的法国司法机关

① ［法］迪狄耶·毛斯：《第五共和国宪法研究》。
② 2006 年 3 月 30 日第 2006－535DC 号判决。
③ 该自由通过 2008 年 7 月 23 日的宪法性法律写入了宪法第 4 条第 3 款。
④ 2008 年 7 月 23 日的宪法性法律将立法者的此项职权写入了宪法第 34 条。
⑤ 1975 年 1 月 15 日第 74－54DC 号关于自愿堕胎的法律的判决。

二三十年以来就已经开始这样做了。此外，该条约里的那些权利大部分都能在法国宪法性规范体系内找到一个“基本点”。的确，就像我们看见的一样，宪法委员会尽力“按照该条约的启发来解释基本权利”①。

最后，宪法委员会也不能太长时间地忽视欧盟法影响力上升所带来的结果，尤其是因为，宪法委员会自己也对欧盟法获得宪法的承认作出了贡献。

宪法委员会忽视欧盟法一直持续到 2004 年，此后，它认为“将欧盟指令转换为国内法是宪政需求的结果”②。因此，在法律的合宪性审查领域，它必须审查一部旨在将欧盟指令转换为国内法的法律是否尊重了这个宪政需求。③

六、结语

从前，希腊人问哲人梭伦（Solon）：“什么是最好的宪法?”他回答道：“请先告诉我是对于哪些人和对于哪个时代的?”④ 接着梭伦，我想对诸位说的是，如果法国的法律合宪性审查制度是独创的话，它并不是这个世界上最好的。法国，一个与议会主权紧密联系的国家，长期以来都抵制合宪性审查制度的设立使得其最终以一种渐进的方式建立起来（1958、1974、2008）。它在两个多世纪后回应了 1789 年革命家的心愿：他们希望“立法机关和行政机关的行为能够时时刻刻都与任何一个政治机构的目标进行比较……使得从此以后建立在简单和不可争辩的原则基础上的公民的请求能够恒久地导向宪法的维护和所有人的福祉”⑤。

---

① 布鲁诺·哲呐瓦（最高行政法院的名誉庭长，宪法委员会的前总秘书）的表达。

② 2004 年 6 月 10 日第 2004 - 496DC 号有关数字经济领域里的信任的法律的判决，第 7 个“鉴于”。

③ 2006 年 7 月 27 日第 2006 - 540DC 号关于在信息社会作者权利和其他相近权利的法律的判决，第 17 到第 20 个“鉴于”。然而，该审查包含双重的限制：——欧盟指令的转换不能够与法国的宪政身份所固有的某个原则或规则相反；——因为宪法委员会不能够以先决的身份向欧盟法院提起审查，它只能宣告一个与要转换的指令明显不能兼容的立法条款违反宪法；它只能将这份忧虑留给国内的其他的司法机关，根据欧洲法所确认的原则，由它们来向欧盟法院以先决的方式提起审查。

④ 戴高乐 1946 年 6 月 16 日在贝叶的演讲，参见《演讲与信件——1946 年至 1958 年》，普隆出版社。

⑤ 1789 年《人权与公民权宣言》的序言。

法国宪政演变中的理性主义与经验主义

苗连营　周威*

无宪法，毋宁死。

引　言

在不同场合，有关“法兰西人给大家的印象如何”的答案，几乎都是“法兰西人浪漫，富有激情，政治上非常激进”。储安平（1909—1966?）在《英人 法人 中国人》中称法国人为“思想之人”，称英国人为“行动之人”。通常认为，法国的这种政治风格与1789年法国大革命有关，似乎是毋庸置疑的。事实上，法兰西人的“浪漫”风格至少在路易十四时代就已形成，当时法国的喜剧、诗歌、戏剧和建筑艺术都居于欧洲巅峰，凡尔赛宫廷文化更是长期引导着欧洲的时尚潮流，巴黎成为世界之都。当然，本文的主题不是“浪漫”，而是法兰西人的政治风格。

1789年的法国大革命充满着强烈情绪和激烈言辞，上演了一出出悲剧。之前的尼德兰革命和英国光荣革命，之后的1848年欧洲革命，甚至1917年十月革命，都未被称为“大”革命，而法国革命之“大”的原因就在于，它不仅是一场政治革命，一场经济革命，而且是一场思想革命，一场社会革命；不仅影响法国，而且影响整个欧洲乃至整个世界；不仅直接影响了当时的世界，而且二百年来一直在影响着世界，当然包括中国。

但法国大革命毕竟发端于二百二十年前，法兰西人是否一直保持着这种内战式政治风格？我们知道，准确把握一个民族的性格，对于该民族国家法律和宪法的研究，对于未来政治局势的判断，对于外交策略的部署，都具有重要意义。

一、理性主义和经验主义的大致界分

思想是行动的先导。1789年法国大革命政治实践的精神力量正是源于17世

---

* 苗连营，郑州大学法学院教授；周威，郑州大学法学院讲师。本文为教育部人文社会科学研究规划基金项目“央地财政权限配置与规范的宪法学研究（立项号：10YJA820075）”的阶段性研究成果。

纪的理性主义和18世纪的启蒙运动。事实上，理性主义和经验主义的分野贯穿了整个欧洲历史，两者都非常复杂，常常交织在一起。

为研究和说明的方便，本文大致对理性主义和经验主义作如下界分：在认识论上，理性主义倾向于绝对主义，而经验主义倾向于相对主义；在思维逻辑上，理性主义倾向于演绎推理，而经验主义倾向于归纳推理；在社会发展态度上，理性主义倾向于激进，而经验主义倾向于保守；在权与法的态度上，理性主义重权轻法，而经验主义重法轻权；在意见分歧问题上，理性主义倾向于斗争，而经验主义倾向于协商；在价值追求上，理性主义倾向于平等，而经验主义倾向于自由，等等。此外，理性主义倾向于关注形而上的问题，面向未来，理论系统严密完整，早期理性主义者通常是数学家；而经验主义倾向于关注形而下的问题，面向过去，理论系统不大完整，早期经验主义者通常来自政治学或者医学领域。总之，理性主义注重人的理性，而经验主义注重人的经验。理性主义的哲学代表人物是笛卡尔（1596—1650），经验主义的是伽桑狄（1592—1655）；理性主义的政治哲学代表人物是卢梭（1712—1778），经验主义的是孟德斯鸠（1689—1755）。

笛卡尔所著的《沉思录》是17世纪理性主义思潮的结晶，主张“我思故我在”，肯定事物的可知性，对中世纪哲学的思辨方法和教会权威产生了有力的冲击，是理性主义的奠基人，几乎所有启蒙运动的重要人物都受到了笛卡尔理性主义的影响。同时代的伽桑狄是近代经验主义的鼻祖①，认为世界是无限的，所著《对笛卡尔〈沉思录〉的诘难》对笛卡尔理性主义思想进行了系统批评。笛卡尔理性主义由于具有“诱人的美感”，并能适应路易十四时代的政治文化环境，因此“在17世纪后期独步法国思想界”②。然而，伽桑狄经验主义这粒法国种子却在英国深深扎下了根，深刻影响了洛克（1632—1704），洛克又影响了英国，之后影响了游历英国三年的孟德斯鸠和流亡英国三年的伏尔泰（1694—1778）。

巴纳夫（1761—1793）说：“宪法是我们的指南”，也是国家和政治生活的窗口。透过宪法，能清楚地窥视整个国家和社会；透过宪法的演变，能清楚地窥视各种政治哲学所发挥的影响及其变动的微妙图景。接下来，我们从法国宪法的多个侧面力图证明在法国理性主义是如何让位于经验主义的。

二、宪法典：从频繁更迭到渐趋稳定

宪法典又称成文宪法，通常集中规定一国的选举制度、代议制度、司法制度

① 参见［德］奥特利弗德·赫费：《世界哲学简史》，张严、唐玉屏译，106页，北京，社会科学文献出版社，2010。

② 吕一民：《法国通史》，78页，上海，上海社会科学院出版社，2002。

和中央与地方（或者联邦与州）的关系，并明确规定各项权力的界限、运作和冲突解决机制，其特点是“逻辑严密，结构完整，适应性强”。宪法典体现的是，人类通过理性不仅能够把握自然世界，而且能够把握未来社会的运行规律，并能对未来社会的运作作出预先安排。世界上第一部宪法典是美国的 1787 年联邦宪法，该宪法是英国经验主义和法国理性主义的共同结晶。

连接美国革命和法国革命的著名人物中，最有代表性的是法国的拉法耶特（1757—1834）[①] 和美国的杰斐逊（1743—1826），还有一位是既是英国人又是美国人并被选入法国国民公会的托马斯·潘恩（1737—1809）。法国学者罗桑瓦龙认为，法国的“启蒙思想家们一边支持北美的解放，一边很快地与美国人的立宪成果保持距离，因为他们觉得后者过多地受到英国的普通法以及权力制衡精神的影响”[②]。阿克顿勋爵也认为，“法国尽管受到美国革命的影响，却没有感受到美国宪法的影响”[③]。法国受到的是令人不安的影响，却没有受到经验主义的影响。

法兰西人开始与历史决裂，试图构建未来并为未来制定规则，于 1789 年 6 月 17 日将三级会议改称“国民议会”，7 月 9 日又迫不及待地改称“制宪会议”。穆尼埃（1758—1806）在当天以宪法委员会名义向制宪会议提出有关制定宪法的十条工作计划，同时强调“用一个人权宣言放在宪法前面将是适当的”。1789 年 8 月 26 日制宪会议通过了《人和公民的权利宣言》，这份印出来不足一页纸的宣言，其分量要超过图书馆的所有藏书，其力量要强于拿破仑的所有军队，“从中可以看出笛卡尔式的明晰”[④]。

接下来，伴随着轰轰烈烈的革命，法国推出了一部又一部的宪法典：1791 年 9 月 3 日宪法、1793 年 6 月 24 日宪法、共和三年果月五日宪法（1795 年 8 月 22 日）、共和八年霜月二十二日宪法（1799 年 12 月 13 日）、共和十年热月 16 日宪法（1802 年 8 月 4 日）、共和十二年花月 28 日元老院整体建议案（1804 年 5 月 18 日）、1814 年 6 月 4 日宪章、1815 年 4 月 22 日帝国宪法补充条款、1830 年 8 月 14 日宪章、1848 年 11 月 4 日宪法、1852 年 1 月 14 日宪法。

这些宪法典所体现的政治理想和宪法体制差异很大，几乎涵盖之前启蒙运动期间所讨论的各种政制模式，被称为“宪法的华尔兹舞”[⑤]，法国也由此被公认为是“民主的试验场”。整个过程说明了理性主义在法国的支配地位，各政治派别都过分自信地认为自己能够设计出最符合法国社会的宪法制度，同时否认其他

① 拉法耶特正是从美国那里搬来一句话：现在就发动一场起义，抵抗是神圣的使命。

② ［法］皮埃尔·罗桑瓦龙：《公民的加冕礼——法国普选史》，吕一民译，120 页，上海，上海世纪出版集团，2005。

③ ［英］阿克顿：《法国大革命讲稿》，秋风译，37 页，贵阳，贵州人民出版社，2004。

④ ［英］阿克顿：《法国大革命讲稿》，秋风译，114 页，贵阳，贵州人民出版社，2004。

⑤ 韩大元：《外国宪法》，51～55 页，北京，中国人民大学出版社，2009。

任何不同的方案。这种排他性的思维方式，势必要彻底否定所有其他的政治方案，势必要彻底推翻所有执政的派别，从而形成了“内战式政治风格”。

正是宪法的频繁更迭，使得制宪热情逐渐降温；也正是同旧制度的不断“决裂”，使得法国人认识到永远不可能设计出一套一劳永逸的完美无缺的宪法体制。各派别因而逐渐由激情转向务实，问题逐个解决，协议逐个达成。这就是法国第三共和的社会背景，这一背景决定了第三共和宪法的独特形式。第三共和宪法由三部宪法性法律组合而成，分别是1875年2月25日的政权组织法、1875年2月24日的参议院组织法和1875年7月16日的政权关系法。这部宪法，准确地说不是一部典型的宪法典，且内容残缺不全，缺少人权和司法制度的规范，“实为一种畸形的宪法”，却“成为最合国情的大法”①，是法国延续时间最长的宪法，其生命从1875年到1940年长达65年，若非外敌入侵，还可能再存续一段时光。实际上，1944年～1946年间，法国人争论的重要议题之一就是第三共和宪法的效力问题，其中一种观点就是认为该宪法应继续有效。

这个看似奇怪的现象实际上说明，在法国人心目中，“理性主义式微，经验主义渐入佳境”。当然，仅此一个证据尚不足以说明法兰西人的政治风格已经发生改变。让我们沿着这个思路继续探讨和分析法国宪法基本制度和宪法理论的情况。

三、代议制：从一院制的设置到两院制的确立

中世纪之所以“黑暗”，不仅是因为教士的黑色道袍充斥社会的每个角落，更是因为基督教神学独霸天下。在神学之下，哲学成了婢女，人只能服从，不能思考。经过文艺复兴和启蒙运动，人得到解放，“重新发现人”，加上新航路的开辟和新发明的涌现，人的理性得以极度张扬。正是在此背景下，理性主义得以发展成熟；也正是在此背景下，人权取代了神权，人民主权学说取代了君权神授的理论。

人民主权学说的集大成者，卢梭当之无愧。卢梭所著《社会契约论》全面系统地阐述了人民主权学说和“公意”理论，且明确主张直接民主。然而，直接民主在小国寡民的日内瓦尚有可行性，而在幅员辽阔人口众多的法国实行直接民主，显然是不可能的。因此，卢梭不得不退而求其次，主张实行代议制，即间接民主。但基于主权是统一的不可分割的原理，他主张权力集中，实行一院制，且立法机关在整个国家体制中地位最高，即奉行“议会至上主义”。可以说，在直接民主不可行的前提下，卢梭的一院制较为接近理性主义，而两院制则相应地远离这一理念。

① 钱端升：《法国的政府》，14～15页，北京，北京大学出版社，2009。

在1791年宪法制定过程中，有两个焦点问题：国王的否决权问题；是采用一院制还是两院制。王政派主张仿效英国实行两院制，建立一个由贵族、亲王和元帅等显贵人物组成的上院；上院议员实行世袭制，至少是终身制，其主要作用是监督和牵制下院。而君主立宪派、三头联盟派和偏左派等一致反对两院制主张。他们认为，这种两院制主张贵族色彩太强烈，容易成为国王的御用机构，将导致重建贵族政治和恢复各种特权，无疑会给国民利益和革命带来巨大损害。1789年9月10日，制宪会议进行表决，结果以849票对89票的绝对多数否决了王政派的两院制方案。1791年宪法最后采用的是一院制。如前所述，一院制相对于两院制更接近于理性主义思想，1791年宪法最终确认一院制，而且表决结果的悬殊，说明绝大多数制宪会议成员偏爱理性主义思想。

1792年8月10日巴黎人民再次起义，9月21日国民公会宣布“只能制定一部为人民所接收的宪法”，并提出由全民复决宪法的主张。这显然是试图通过直接民主的方式增强新宪法和新政权的合法性与正当性。雅各宾派主导的1793年宪法突出人民主权原则，确保立法权的优势地位，实行一院制；该宪法是法国宪法史上第一次采用全民公决方式通过的。1793年宪法的主导者正是罗伯斯庇尔，宪法序言是由罗伯斯庇尔亲自起草的，而罗伯斯庇尔被称为“行走中的卢梭”①。

之后，两院制和一院制此起彼伏，1795年宪法实行两院制，1799年宪法实行四院制，1814年宪章采用两院制，1830年宪章采用两院制，1848年宪法采用一院制，1852年宪法采用三院制。这恰恰反映了理性主义和经验主义的较量。1870年“9月4日革命”后，激进派和教权派之间的持续斗争使得两院制体制越来越巩固，并最终得到1875年宪法的确认。在整个第三共和期间，基本不再争论一院制和两院制问题。可以说，两院制至此在法国基本确立下来，经验主义的地位也相应得到提高。

四、政党制：从1791年勒沙贝利埃法到1901年结社自由法

政党制是现代西方宪政大厦的三根支柱之一，其状况相应地反映了宪政文明的成熟程度。结社自由是政党制的宪法基础，政党是结社的高级形式。托克维尔告诫我们：“在民主国家，结社的学问是一门主要的学问。其余一切学问的进展，都取决于这门学问的进展。”② 然而，法国大革命虽以“自由平等博爱”为口号，

---

① 朱学勤：《道德理想国的覆灭——从卢梭到罗伯斯庇尔》，183页，上海，上海三联书店，2003。“罗伯斯庇尔公众场合的语言，频率最高的是这三个词：美德、主权、人民，在其精神发育史中，最大的功绩应归于卢梭；卢梭的美德就是罗伯斯庇尔选择的偶像，无论思想风格还是生活方式，没有一个革命领袖像罗伯斯庇尔这样，把自己与卢梭联系得这样机敏。”转引自鲁德：《罗伯斯庇尔：革命民主派的肖像》，95～96页，上海，上海三联书店，2003。

② ［法］托克维尔：《论美国的民主》（下卷），董果良译，640页，北京，商务印书馆，1997。

却一直呈现出强烈的反党派意识，结社自由也长期受到漠视和侵犯，这突出体现在罗伯斯庇尔时期和拿破仑时期。

卢梭认为，“当形成了派别的时候，形成了以牺牲大集体为代价的小集团的时候，每一个这种集团的意志对它的成员来说成为公意，而对国家来说则成为个别意志……为了很好地表达公意，最重要的是国家之内不能有派别存在，并且每个公民只能表示自己的意见”①。

制宪会议于 1791 年 6 月 14 日通过勒沙贝利埃法，“禁止各行各业的工人、承包工以及店铺主人等成立任何组织”②。制宪会议 1791 年 9 月 29 日法令禁止以集体名义举行请愿活动，只承认个人的请愿权，规定“任何社团、俱乐部和协会都不得拥有任何形式的政治存在”，“不得在任何借口下以集体的名义出现”③。

罗伯斯庇尔认为，派别政治构成权力分立，这会导致国家力量的削弱，而联合起来才是合情合理的。罗伯斯庇尔领导的雅各宾派先后无情地取缔了吉伦特派、忿激派、埃贝尔派和丹东派。对此，罗伯斯庇尔的解释是：“我曾经是佩蒂翁（1756～1794）的朋友，但他的真面目一经暴露，我就抛弃了他。我也曾经和罗兰（1734～1793）有过来往，但他一叛变我就揭露了他。丹东（1759～1794）要步他们的后尘，在我看来，他只能是祖国的敌人。”④

热月党结束雅各宾专政后，坚持这种反党派意识，并多次引起议会和督政府之间的宪法危机。

1799 年雾月 18 日政变，推翻督政府，废除 1795 年宪法。拿破仑作为民族英雄、法兰西民族的拯救者，一贯以人民的代表自居，超越任何党派，直接操纵 1799 年宪法，在宪法颁布后还不忘搞一次全民公决予以追认。从 1799 年到 1815 年，拿破仑先后进行了四次全民公决，都获得了法国公民的绝对支持。随着战争的节节胜利，拿破仑也不断集权，于 1804 年成为共和国的皇帝，君临天下，革除政府的党派精神，甚至不惜动用刑法典。拿破仑年轻时受到卢梭的影响⑤，自称“人民的国王”，曾说：“通过一个党派来统治国家，这样迟早将受到它的约束。我不愿意，我属于国民”；“我的原则为法兰西第一”；“我是法国人民的唯一代表。”⑥

然而在整个法国大革命期间，派别的存在是个不争的事实。当理性主义发展到极致时，社会中的宽容精神就会消失，各个派别都自认为自己掌握的才是真理，都以人民的代表自居，都想确立唯我独尊的一元政治。可见，各个派别的反

① ［法］卢梭：《社会契约论》，何兆武译，39～40 页，北京，商务印书馆，1963。
② 王养冲、王令愉：《法国大革命史》，142 页，上海，东方出版中心，2007。
③ 高毅：《法兰西风格——大革命的政治文化》，70 页，台北，淑馨出版社，1993。
④ 高毅：《法兰西风格——大革命的政治文化》，233 页，台北，淑馨出版社，1993。
⑤ 1800 年 8 月拿破仑在卢梭墓前说：“未来的事态将会表明，假如卢梭和我压根儿都没有在世间活过，也许会对世界的安宁更有好处。”
⑥ 郭华榕：《法国政治思想史》，452～453 页，北京，人民出版社，2010。

党派意识，只是反对其他派别；反党派意识越是激进的，其派性可能越强；反党派意识实际上就是反对多元政治。这种没有限制的理性主义思想和不讲分寸的反党派意识，不仅长期损害结社自由，而且可能给国家带来灾难。后来复辟的波旁王朝、七月王朝、第二共和时期，甚至第二帝国时期，这种反党派意识都未见明显的减弱。法国政治哲学家罗桑瓦龙认为，结社自由迟迟得不到法国立法确认和体现的深层原因在于一种“公意政治文化”[①] 的长期存在与影响，这种政治文化反对国家和个人之间存在任何形式的中间团体。

1870 年“9 月 4 日革命”后，法国出现势均力敌的两派：教权派和激进派，斗争非常激烈且充满戏剧性。激进派领袖甘必大曾发出战斗式的警告：“教权主义，这就是敌人。”当然，两派的斗争都是围绕议会选举和席位在宪法范围内进行的。在“5 月 16 日危机”中，麦克马洪总统虽偏袒教权派，但并未突破宪法体制，也没有违反宪法惯例。在 1879 年年初，参议院改选结果，政治格局发生逆转，全面有利于激进派，但事实上教权派和激进派两者的影响力并非差距很大。在此情况下，麦克马洪总统发表演说[②]：“决心忠实地执行宪法与维护共和制度”，“解散众议院的权力”不能变成政府体制的内容，并主动辞职，提前结束了自己的任期。在此过程中，身为总统的麦克马洪选择了妥协和让步，这一点具有标志性的意义。试想如果尚有很大影响力的教权派仍然坚持殊死搏斗，结果会怎样？

后来，法国议会两院陆续通过关于首都、国歌、国旗、国庆日等法律，以及有关新闻自由的法律，有关市镇的法律，特别是 1884 年 4 月 5 日宪法性法律规定：“政府的共和国形式不得成为宪法修改法案的对象。”加上同时进行的公民教育制度改革，法国的共和制度得以不断巩固。在此期间，经验主义和共和精神如影随形，相辅相成。事实上，1901 年《结社自由法》的起草和颁布，一直伴随着激进派和教权派的斗争，但结社自由随着经验主义的影响日益扩大并在经历了漫长曲折的过程后，最终实现了合法化。结社自由法“确立了个人主义的结社原则”[③]，规定“人们可以不经批准、不事先申报而结社”。这是一个很大的变化，被誉为“一项伟大的自由法律”。

如前所述，文艺复兴和启蒙运动彻底颠覆了神权政治，人权和民主获得了绝对的话语权和正当性。然而，在 1789 年法国大革命后相当长的时期内，由于理性主义的影响，很多人物或者派别，以人民的名义，以民主的名义，以祖国的名义，宣称自己排他性地掌握了真理，结果导致启蒙运动所宣扬的人权和自由长期

---

① 罗桑瓦龙指出，鉴于卢梭的公意学说在这种政治文化的形成过程中发挥着举足轻重的作用，将之称为公意政治文化。(Pierre Rosanvallon，le modele politique francais：la societe civile contre le jacobinisme de 1789 a nos jours，Paris，seuil，2004，p. 28.)

② 参见郭华榕：《法国政治制度史》，437 页，北京，人民出版社，2005。

③ 乐启良：《近代法国结社观念》，222 页，上海，上海社会科学院出版社，2009。

遭受限制。后来，随着经验主义的影响逐步扩大，法国社会中的妥协和宽容精神不断增加，反党派意识不断淡化，公民的结社自由逐渐得到承认和保障。传统社会向近代社会转型的过程，正是民众参与从压抑走向扩大的过程。人民有表达的自由，但直接民主又不大可行，这样，意见的表达与整合方式就显得非常重要。

五、宪法理论：从卢梭到狄骥

卢梭认为："哲学和经验的缺乏，使人只能觉察到目前的不便，至于其他的不便，人们只在它们出现的时候，才会想到加以纠正。尽管有最贤明的立法者尽了一切努力，政治状态总是不完善的，因为它几乎是一种偶然的产物。而且因为它开始就不健全，时间虽能使人发现它的缺乏而提出一些挽救办法，但永远不能补救组织本身的缺陷。人们只是继续不断地加以改善，其实它们应当像来喀古士在斯巴达所做的那样，首先扫清地面并抛弃一切陈旧的材料，以便重新建造一座美好的大厦。"[①] 从中可以看出，卢梭对经验主义的不满，对理性主义的渴望。

1778 年 7 月 2 日，终生贫困潦倒孤苦无助的卢梭死了，死在爱蒙农维尔；去世前，卢梭被马车撞到，又被恶狗践踏。然而，不久，卢梭又"复活"了。1781 年，《安魂曲：让·雅克·卢梭的生命、传奇、对话集》出版，很快风靡巴黎，无论宫廷贵族，还是外国使节，还是社会名流，都纷纷订购；巴黎各剧院不断上演有关卢梭的戏剧；1786 年图卢兹科学院和 1789 年法兰西科学院的悬赏征文题目都是"卢梭颂"；社会上盛传有关卢梭的种种神话，卢梭在法国的多处居所被奉为圣地，卢梭像、卢梭书、卢梭警句被置入神龛，供参观者膜拜。在卢梭之前，"孟德斯鸠和伏尔泰援引英国经验主义进入法国，且为法国上流知识分子所接收"[②]。而卢梭的复活使得卢梭成为法国知识分子的主流选择，大大强化了法国知识分子本来已经弱化的理性主义倾向。

卢梭认为，"我们每个人都以其自身及其全部的力量置于公意的最高指导之下，并且我们在共同体中接纳每一个成员作为全体不可分割的一部分"[③]，"人民永远不会出错"，"人民是绝对正确的"。第三等级以卢梭的"公意理论"打败了特权等级成立的国民议会，穆尼埃的"国王绝对否决权法案"和"两院制方案"遭到否决。1791 年宪法规定："主权是统一的不可分割的不可让渡的和不受时效约束的。"议会内部出现反党派政治的价值取向，并形成了"群众走进议会，政治走向广场"的法兰西政治文化风格。

在卢梭的追随者中，恐怕罗伯斯庇尔最有资格在卢梭像前说："当末日审判

---

① [法] 卢梭：《论人类不平等的起源和基础》，李常山译，131 页，北京，商务印书馆，1962。

② 朱学勤：《道德理想国的覆灭——从卢梭到罗伯斯庇尔》，29 页，上海，上海三联书店，2003。

③ [法] 卢梭：《社会契约论》，何兆武译，24 页，北京，商务印书馆，1963。

的号角吹响，看谁敢于对您说：'他比我更像您，卢梭?'" 1922 年饶勒斯说，"罗伯斯庇尔是萨瓦教士的小兄弟"；1961 年瓦尔特说，"罗伯斯庇尔承认他自己是《忏悔录》的精神产儿"；1968 年汤普森说，"罗伯斯庇尔的国家教义是其他一切观念的基础，而这一点很显然来自于卢梭"①。罗伯斯庇尔一旦掌权就着手重新制定宪法，并亲自重写《人权宣言》，平等成了宣言的第一原则，宣布文明的最高目标是幸福而不是自由。

在 1789 年之后的近百年中，法国各派别经过"不是东风压倒西风，就是西风压倒东风"的残酷斗争后渐渐懂得妥协。也正是这个过程中，经孟德斯鸠、伏尔泰和狄德罗三代苦心经营的经验主义，在被卢梭理性主义超越后，又逐步恢复影响，其中比较有代表性的当属托克维尔（1805～1859），另一位是创建实证主义哲学的孔德（1798～1857）。

狄骥（1859～1928）社会连带法学的直接思想渊源是法国孔德的实证主义哲学和涂尔干（1858～1917）的社会学。孔德认为，哲学不应当回答世界本质的问题，只应当从经验所给予的材料出发并与科学结合起来。狄骥基于此坚持认为无须探讨国家和法律的本质。② 涂尔干突出分工过程中社会成员的相互依赖和相互交往的关系。狄骥基于此认为，社会连带关系是一切社会赖以存在的客观事实，每个人的行为都不得违反社会连带关系，统治者和被统治者之间不存在尖锐的不可调和的矛盾；主张缓和阶级对抗，以保证社会有机体的均衡。

社会连带关系构成狄骥国家理论和法律理论的逻辑起点，是狄骥分析国家问题和阐述宪法理论的主要工具。狄骥反对理性主义的法律观，力图建立一个完全基于经验法则的法学体系。他认为，以主观权利为基础的法律，实际上是某一意志强加于另一意志的权力，是一种唯心主义和形而上学的法律观。而真正科学的法律观应该是客观的，这种客观性来自于人们基于分工合作而产生的共同需求。

狄骥认为，"真正的问题并不是国家起源的问题，而是政治权力正当性的问题"③，不可能找到国家起源问题的答案，"国家建立在强制力的基础上，但这种强制力当其行使得合法时才是合法的"④。狄骥认为，卢梭依据"主权是统一的不可分割的不可转让的"原则，将政治权力发展到绝对权力，鼓吹个人的完全无限制的服从，这是无根据的假设，是未经证明且不可证明的假设，是一个诡辩；人本身不可能对主权的起源问题得出满意的答案，因此不是借用产生主权的绝对权力，就是把主权本身加以神化来解决，都是非科学的，不合时宜的；"民主思想和神权思想同样也是虚幻的，而且人民的神权也并不比国王的神权有更多的现

① 朱学勤：《道德理想国的覆灭——从卢梭到罗伯斯庇尔》，183 页，上海，上海三联书店，2003。
② 参见孙文恺：《社会学法学》，97 页，北京，法律出版社，2005。
③ ［法］狄骥：《宪法学教程》，王文利译，15 页，沈阳，辽海出版社和春风文艺出版社，1999。
④ ［法］狄骥：《宪法论》第 1 卷，钱克新译，482 页，北京，商务印书馆，1959。

实意义”[1]。

狄骥作为宪法教授，其全部生涯都在波尔多大学度过。狄骥的著作被译成多种语言，其中《宪法论》是社会连带法学的代表作。社会连带法学对于传统法学基本观念的批判引起学术界的广泛讨论，并形成“波尔多学派”。“第三共和国的法学家们包括不少杰出人物，如埃斯曼（1848～1913）和奥里乌（1856～1929），但有两个人物鹤立鸡群，代表了思想的主要流向，他们就是莱昂·狄骥和雷蒙·卡雷·德·马尔贝格（1861～1935）”；“狄骥所演化的是孟德斯鸠的传统”[2]。这说明经验主义在法国已占半壁江山。孟德斯鸠曾经担任波尔多法院法官长达十年，两者似乎形成某种呼应。

如上所述，由伽桑狄发端借道英国通过孟德斯鸠和伏尔泰返回法国的经验主义，很大程度上诱发了法国大革命，“伏尔泰第一个提出，英国具有优越性”[3]；孟德斯鸠对“英格兰政制”推崇备至。但自从卢梭“复活”后，经验主义在法国一直处于边缘化，直到第三共和才刚刚获得半壁江山。但需要注意的是，第三共和毕竟以法国革命为基础，理性主义的绝对主导地位虽然受到冲击，其优势只是不如以往明显罢了，但仍然保持了很大的影响力。然而，到了 21 世纪的今天，我们可以大胆地说，经验主义已经主导法国了。

六、第五共和宪法：经验主义主导地位的确立

第二次世界大战期间，法国的沦陷显然刺激了法兰西人的民族主义情绪；第二次世界大战后，资本主义和社会主义意识形态尖锐对立，而法国位于西欧的十字路口，东边是苏联，西面是英美。在此背景下，理性主义再次左右法国，以法国共产党为代表的左派，和以戴高乐（1890～1970）为代表的右派，泾渭分明，甚至水火不容。

从 1945 年 11 月到 1946 年 10 月，第四共和的制宪工作遭受数番磨难，历经两个制宪会议、两个宪法草案和两次全民公决。当时三种主要政治力量，都主张实行共和制，但政治分歧仍然很大。在第一个制宪议会中，左派占据了明显的优势，所起草的宪法草案坚持“议会中心主义”，实行一院制，遭到戴高乐的激烈反对和坚决抵制，结果在全民公决中被否决。在第二个制宪会议中，右派席位稍有增加，所起草宪法草案仍然坚持议会中心主义，只是稍作修改，改一院制为两

---

① ［法］狄骥：《宪法论》（第 1 卷），钱克新译，468 页，北京，商务印书馆，1959。

② ［英］M. J. C. 维尔：《宪政与分权》，苏力译，231～237 页，北京，三联书店，1997。“在法学上，狄骥代表均衡和有限政府的追求；马尔贝格承认这样一个事实，即对议会的权力没有外部限制，对这种权力的行使没有内在制约。”

③ ［英］阿克顿：《法国大革命讲稿》，秋风译，7 页，贵阳，贵州人民出版社，2004。

院制，但上院权力有限；增设负责监督的宪法委员会，但几乎是形同虚设。[①] 该宪法草案后经全民公决通过，称为“1946年宪法”。

在制宪过程中，由于没有任何一个政党在制宪会议中获得绝对多数，1945年11月13日，制宪会议选举戴高乐为总理，而戴高乐当时不属于任何一个党派。戴高乐很快就难以忍受政党政治和议会政治，并于1946年1月19日宣布辞职，并在1月20日表示，“排他性的党派制度又要复活了。我对此不赞成”。后来戴高乐还说：“我离开政府以后，大家闹得比我在的时候更加激烈”，“广大群众却陷入了忧愁”[②]。正如戴高乐所言，1946年宪法刚刚开始运作，宪法危机就出现了，背后的原因恐怕是左右意识形态的尖锐冲突，更深层次的原因应该是法国理性主义的回潮。后来的宪法实践也证明了这一点，第四共和短短11年间，却频繁地更换了24届政府。

事实上，戴高乐也深受理性主义的影响，总是以法兰西民族代表自居的戴高乐和法国基本上是同义词，讨厌政党政治和议会政治，希望设置一个超越党派的实权总统。1946年戴高乐的“贝叶讲话”，明白地体现了戴高乐的上述思想。如果说法国共产党和雅各宾派相近的话，那么戴高乐就接近于拿破仑。戴高乐辞职后，隐退达12年，1958年“阿尔及利亚军事危机”发生，戴高乐才有机会东山再起。在1958年宪法生效前，戴高乐要求议会赋予其全权。1958年宪法规定总统具有非常崇高且超越的地位，享有很大权力，却不用承担责任，规定“共和国总统监督宪法的遵守，仲裁和保证公共权力的正常运作，是国家独立、领土完整和条约遵守的保证人”。戴高乐担任总统期间，依据宪法频繁地启动全民公决，执意修改宪法，不断强化总统本已很强的政治地位，几乎成了未加冕的国王。事实上，正是在戴高乐1969年辞职后，法国宪法才开始走上稳健的发展道路，宪法权威逐渐取代个人权威，宽容妥协逐渐取代内战式的斗争，修补取代了构建。这主要表现在5个方面：

第一，宪法变迁模式。从1958年到2008年，第五共和宪法修改24次[③]，平均每两年修改一次，而且呈现加快的趋势，1960年～1970年修改3次，1971年～1980年修改2次，1981年～1990年没有修正案通过，1991年～2000年修改10次，2001年～2008年修改9次，2008年分别在4月和7月修改两次，另外还有7次没有成功的修宪活动。[④] 横向比较，法国宪法的变迁显然过于频繁；而纵向比较，曾经激情四射的法兰西人已经变得务实沉稳了，由过去轻易地推倒重

① 宪法委员会在整个第四共和期间只进行过一次活动而且不是以裁决形式作出的。

② 转引自郭华榕：《法国政治制度史》，519页，北京，人民出版社，2005。

③ 参见《第五共和国宪法的修改》（“Révisions constitutionnelles sous la Cinquième République”）http://fr.wikipedia.org/wiki/R%C3%A9visions_constitutionnelles_sous_la_Cinqui%C3%A8me_R%C3%A9。

④ 参见张莉：《法国宪法修改若干问题评析》，载《宪政与行政法治发展报告》（2003年—2004年卷），435页，北京，中国人民大学出版社，2005。

来变得严守宪法体制满足于修修补补。恐怕也正是这个原因，2007 年法国总统选举中，主张建立“第六共和”的罗雅尔失败，而主张通过修改宪法改革国家体制的萨科齐最终获胜。

第二，“左右共治”。所谓“左右共治”，就是作为国家元首的法国总统和作为政府首脑的法国总理分属于左派或右派。这一现象为法国所独有，曾经先后出现过三次（见下表）。

	总统	总理
1986～1988	密特朗（社会党）左	希拉克（共和联盟）右
1993～1995	密特朗（社会党）左	巴拉杜（共和联盟）右
1997～2002	希拉克（共和联盟）右	若斯潘（社会党）左

理性主义倾向于对未来制度的创制和构建，经验主义则倾向于对过去经验的归纳和总结。“左右共治”作为法国独特的政治现象和宪法现象，不仅是因为 1958 年宪法制度安排的缺陷，更是对法国政治传统的继承和运用。1873 年出于一个荒诞的动机所确定的 7 年总统任期，在第三共和、第四共和、第五共和期间一直被采用。1877 年“5 月 16 日危机”的最终解决，体现了经验主义所要求的政治力量的充分博弈，这也是“左右共治”的最直接的前车之鉴。

第三，宪法委员会职能。法国宪法委员会源于拿破仑时期的“护宪元老院”，当时不过是个装饰品；正式出现于 1946 年宪法的宪法委员会，也形同虚设；在第五共和宪法中，宪法委员会作为政治工具，只是“一门针对议会的大炮”，以便限制议会的权力和作用。然而，历史的发展超出了设计者的初衷，这门“针对议会的大炮”，随着审查基准的扩大和提请主体的增加，慢慢转向了政府，通过监督政府和保障人权，才真正找到了自己赖以独立存在的宪法位置。宪法委员会职能的转变主要是由两个事件推动的：1971 年结社自由案和 1974 年宪法修改。宪法委员会正是按照经验主义的思路，通过一个又一个的裁决，最终找到了人权捍卫者的身份，并形成独树一帜的违宪审查模式。另外，法国行政法院和法国行政法的发展也同样体现了经验主义的影响力。

第四，中央与地方关系。在欧洲，中央集权一向是法国的经典特征，这和理性主义所要求的国家主义有某种暗合之处。同样受到理性主义的影响，制宪会议为割断与旧制度的历史联系而采取相反的做法，于 1790 年 12 月至 1791 年 1 月通过一系列法令，确立了新的地方体制，全国分为 83 个省，省下设县，摧毁中央集权，实行地方分权。雅各宾专政时期和拿破仑统治时期又恢复中央集权。

第五共和时期，法国解决中央与地方关系采取渐进策略：从局部到整体，从经济领域到政治领域，从协商到立法，从法律层面到宪法层面。1963 年成立的“领土整治及其区域行动代表处”，目的在于解决法国地区间的发展不平衡问题，所推行的协商方式，非常便于中央与地方的沟通，便于地方与地方的合作，便于地方政府积极性的发挥。在密特朗（1916～1996）总统任期（1981年～1995年）内，法国陆续颁布了《有关市镇、省和大区的权力和自由法案》、《关于行使地方议员职务条件法》和《共和国地方行政指导法》等一系列法律，使得“领土整治及其区域行动代表处”发展成为大区和一级地方政权。2003年宪法性法律[①]，确认“共和国的组织是分权化的”，大区获得宪法地位。这样，长期以来变动不居的中央与地方关系被彻底纳入宪法和法律的框架之内。

第五，半总统制。如前所述，1958年宪法抬高总统地位，压制议会地位，形成半总统半议会体制，简称“半总统制”。事实上，这种不平衡体制在戴高乐辞职后逐渐趋向于平衡：1974年修改宪法扩大了法律合宪性审查提请主体的范围；1995年修改宪法延长了议会会期；1996年修改宪法增加了议会立法事项；2000年修改宪法[②]缩短了总统任期，由7年改为5年。2008年修改宪法规定了总统只能连任一次，多方面增加了议会权力，允许总统到议会发表演讲，也允许议会对总统的演讲进行讨论。通过这次宪法修改，原本强势的总统权力有所削弱，原本受压制的议会获得了更多制约总统的筹码，总统和议会之间的权力由此得到进一步平衡，而且增加了二者的沟通和交流。萨科齐总统于2009年6月22日在凡尔赛宫发表演讲，法国上一次总统到议会的演讲是在1873年，两者相距136年。

结　语

1789年后的第一个百年，巴黎人从亢奋到疲惫，外省人从盲从到厌倦，理性主义展现了狂风暴雨式的摧毁旧世界的威力，却无法造就平稳和谐的宪政秩序；色当战役打碎了法国人欧洲霸主的旧梦，也破除了法国人唯我独尊的虚妄；第二个百年中，多元力量的并存取代了国王贵族的二元格局，第二次产业革命带来思想的百家争鸣，共和主义逐渐站稳脚跟，经验主义在法国被广为接受。

不管英雄造时势还是时势造英雄，戴高乐的确是法国由君主制真正转向共和国的关键人物，经验主义也成为法国政治由近代化向现代化迈进的最重要的潜在力量。法兰西第五共和国体制的最大特点就是法国的国家集权传统与英美的自由民主传统的神妙结合。坦率地说，1958年宪法的缺点和优点一样鲜明，如果20

① 参见张丽娟：《法国地方分权改革的新发展——以2003年法国宪法改革为中心》，载《中共云南省委党校学报》，2006（6）；参见《有关共和国地方分权的第2003-276号宪法性法律》（“Loi constitutionnelle n°2003-276 du 28 mars 2003 relative à l'organisation décentralisée de la République”）http://www.legifrance.gouv.fr/affichTexte.do?cidTexte=JORFTEXT000000601882&dateTexte=。

② 参见《第五共和的宪法修改》（“Révisions constitutionnelles sous la Cinquième République”）http://fr.wikipedia.org/wiki/R%C3%A9visions_constitutionnelles_sous_la_Cinqui%C3%A8me_R%C3%A9publique。

年前我们还津津乐道戴高乐宪法体制的创造性，那么我们今天更应关注的应是这部权力配置严重失衡的宪法的强大自我修复能力。经过各种力量的不断博弈和24次频繁的宪法修改，现在可以说，总统与议会比较平衡，中央与地方平等相处，“左右共治”很大程度得以避免，宪法委员会人权捍卫者地位得以确立。深受美国学者马尔库塞革命理论影响的法国1968年“五月风暴”不过昙花一现。

早在20世纪30年代，胡适先生就敏锐洞悉了宪政建设的真谛：“宪政不是什么高不可攀的理想，是可以学得到的一种政治生活习惯。”① 宪政也不是一个浮夸的、情绪高亢的浪漫话题，更不是一个由精英垄断的具有深奥玄机的抽象概念，它存在于人民的经验之中，是一种积极的生活态度。如果宪法不是被社会普遍地认知和内在地需要，如果宪法不能成为一种大众化的生活方式和政治习惯，那么设计得再完美的宪法条款也终究逃不脱形同虚设的命运。相反，在经验主义指导下，即使残缺的宪法典也能变得越来越完备。显然，一个社会只有在沟通利益、形成共识的基础上才能达致一种实质性的和谐状态。在打破旧世界方面，经验主义显然不如理性主义有威力，但要实现宽容、妥协、合作的宪政状态，经验主义的思路显然是更稳妥的选择。

① 胡适：《一年半的回顾》，载《胡适文集》，卷3，396页，北京，北京大学出版社，1998。

地方公共团体在第五共和国宪法中的发展

赛维尔·菲利普*

引　言

自从大革命时期开始，法兰西就被一种中央集权的思想所左右。它存在了相当长的时间，其基础是“立法国家”和中央集权化的横向分权。然而，在第五共和国中，这种中央集权的国家模式却已经在转变。

● 不同国家形式之间关系的解释和横向的分权：核心（中央国家）与外围的关系。

○ 宪法所确认的自主的程度：宪法规范的实施。

○ 各个中央（或中央机关）之间关系的安排：权限——排他或共享——和关系。

● 为什么国家形式如此重要？国家形式对国家运转产生怎么的结果？

● 在单一制地方分权国家的背景下对法兰西的研究。为混合国家的比较研究用语与定义的明确：

● 单一制国家：国家在其领土上只包含一个单一的法律和政治组织，其中，人们能看到主权的诸属性。

● 权力下放制：权力下放制在于，国家将其中央机构（政府各部）的决定权授予经由其任命的地方机关（省的国家代表，大学区区长），然而后者隶属于各部长的权力，具有等级性。

● 地方分权制：地方分权制在于，将国家的决定权转移给国家以外的公法人，本质上是地方公共团体，后者由当地的民选机构管理，服从于国家的简单的合法性监督。

● 历史地讲，人们一直公认法兰西迷恋于单一制国家结构形式。这种想法具体化于共和国单一和不可侵害的宪法原则。今天，该原则规定在 1958 年宪法的

---

* 赛维尔·菲利普（Xavier Philippe），艾克斯马赛第三大学宪法司法研究所所长，公法教授。译者王建学。

第1条中：法兰西是一个不可分割的、世俗的、民主的、社会的共和国。共和国确保所有公民不分出身、种族、宗教，在法律之前人人平等。共和国尊重一切信仰。共和国的组织是分权化的。

法律促进男女平等地获得选举的公职以及职业责任和社会责任。

宪法裁判机关已经在多个案件中明确该原则的内容和界限。

另一方面，地方公共团体的地位也在宪法中获得了承认。1958年宪法第72条规定：共和国的地方公共团体是市镇、省、大区和具有特殊地位的地方公共团体以及第74条规定的海外领地。所有其他地方公共团体均以法律创设。

对在其层级能得以最好实施的全部权限，均由地方公共团体负责作出决定。

依照法律规定的条件，地方公共团体由选举产生的议会自主治理，并且，为行使其职能，其拥有条例制定权。

根据情况，当法律或者条例已有规定，地方公共团体或其联合体可以依照组织法规定的条件，为特定目的并在确定期限内，试验性地减损调整其权限行使的立法性或者条例性条款，但涉及行使公共自由或者宪法所保障权利的实质条件的除外。

任何地方公共团体都不得对其他地方公共团体实施监护。但当多个地方公共团体就某一事权的行使发生冲突时，法律得在它们或其联合体中授权其中一个来组织它们共同行动的方式。

在共和国的地方公共团体内，由国家之代表来代表政府的任一成员实现国家利益，进行行政监督，并保证法律得到遵守。

- 两个问题：
  - ○ 在法国，单一制的特征是什么？
  - ○ 国家的地方分权组织如何表现出来？

一、单一制的特征是什么？

1. 单一制的特征是权力的单一性。
2. 单一制的特征是领土的不可侵害性。
3. 单一制的特征是法国人民的唯一性。

二、国家的地方分权组织如何表现出来

1. 各个机构的自由

这表现为两个方面：一个是地方机构的选举，另一个是地方公共团体在议会参议院的代表制。

2. 以自治的方式保障的自由

这表现为两个方面：一个是自治的法律手段，一个是自治的财政手段。

3. 通过对地方公共团体的权限范围的尊重保障自由

这可以深入到两个想法：一个是地方公共团体的权限范围在与国家的关系中受到保护，另一个是该权限范围同样在与其他公法人的关系中受到保障。

浅谈税收法定原则在法国的运用

金邦贵　程俐*

自从1789年《人权与公民宣言》正式提出以来，税收法定原则在经历了两百多年的运用和发展后，已经深深扎根于法国的法律制度之中。在西方社会，税收法定原则往往与罪刑法定原则并列为当代民主法治社会的两大基本原则。该原则曾在西方民主发展史上扮演过重要角色，不仅是近代代议制民主的产生和存在的基石，更被视为现代民主政治的根本要求。

的确，纵观历史，不论在东方古国还是中世纪的欧洲，赋税直接关乎人民的根本权利，进而影响到政权的稳定和国家的兴衰治乱。统治者轻徭薄役的主张通常会给社会带来一段平稳发展的时期；而横征暴敛下人民往往不堪赋税之沉重，揭竿而起，使政权受到威胁、动摇，甚至引发政权更迭。欧洲中世纪的政治发展史也印证了税收法定原则不寻常的意义。在法国，该原则自1789年起就成为一条宪法性原则。如今，税收法定原则位于法国税法四大基本原则之首，其贯彻落实受到各方重视与监督，为促进法国的民主政治和法治的发展起着重要作用。

一、税收法定原则在法国法中的确认

税收法定原则的渊源可以追溯到封建社会末期英国人民对国王的课税抵制斗争时期，以“税收合意”之诉求为表现形式。1215年的英国大宪章首次提出了“无代表不得课税”的原则，其后在经历了1295年的《无承诺不课税法》、1628年的《权利请愿书》和1689年的《权利法案》后，近代意义上的税收法定原则首先在英国建立起来。在英国之后，法国也是世界上最早尝试税收法定原则的国家之一。早在13、14世纪，法国的三级会议已经提出“征税须经纳税人代表认可”的原则，但是由于当时王权过于强大，该原则未能得到有力支持而长期未能真正实施。在此期间，虽然国王召开三级会议，但断断续续且次数相当有限，14世纪召开13次，15世纪8次，16世纪5次，而17世纪和18世纪则仅分别召开了一次。直至18世纪启蒙运动时期，“征税须经纳税人认可”的呼声再次引起孟

---

* 金邦贵，法国法学博士、法学教授、法国艾克斯马赛大学法学院欧亚研究所所长、博士生导师；程俐，法国艾克斯马赛大学法学院博士生。

德斯鸠和卢梭等启蒙思想家的共鸣，并在各自的著作中对该原则作出阐述。1789年6月17日，国民议会在向路易十四国王递交的一份请愿书中正式提出税收认可原则。法国大革命胜利以后，1789年8月26日通过的《人权与公民宣言》（以下简称《人权宣言》）的起草者将税收认可原则写入这一体现大革命胜利成果的纲领性文件，并宣告确认，作为一项基本原则和公民的一项自然权利，未经公民自由认可，国王不得向公民和人民征收任何性质的税赋。《人权宣言》第14条规定，“所有公民都有权亲自或由其代表来确定赋税的必要性，自由地加以认可，监督其用途，决定税额、税率、课税对象、征收方式和期限”。

此后，虽然经过历次政局变更，历届制宪者都把该原则作为税收方面的一项重要的宪法性原则加以维持与肯定。

法国现行宪法明确宣告经1946年宪法序言重申和补充的、1789年《人权宣言》所确定的所有原则在法国具有宪法效力。不仅如此，现行宪法还在第34条对税收法定原则作出了更为明确的规定。该条规定，议会制定法律规定“各种性质的赋税（Impositions de toutes natures）的税基、税率与征收方式”。因此，只有由公民代表组成的议会才有权创设、修改或废除一种赋税，并由其确定有关税基、税款的计算和征收方式的基本规则。宪法第34条对税收法定原则的规定得到了法国《财政组织法》的进一步确认：1959年1月2日的《财政组织法》第1条更加明确地确认了税收要件必须由法律规定的原则。尽管该法令现已被废除，但其第1条的内容被2001年8月1日的《财政组织法》所继承并沿用至今。

二、税收法定原则的适用范围

税收法定原则因各国的法律制度不同，其具体的适用范围也不尽一致。在法国，并不是所有的强制性征收（prélèvement obligatoires）都受税收法定原则的约束。税只是强制性征收中的一种。除严格意义上的税之外，还存在非税形式的强制性征收，比如社会保障分摊金等。因此，准确理解法国宪法意义上的“税”、作出税与非税的区分，是正确把握税收法定原则在法国法中的确切含义及其适用范围的关键。

宪法第34条在规定“各种性质的赋税（Impositions de toutes natures）的税基、税率与征收方式”属于议会立法范畴时，并未对该条规定的“赋税”加以界定。其他法律也未对宪法所指的“各种性质的赋税”作进一步解释，这一状况无疑给该原则的适用带来诸多不便。在实践中，最高行政法院和宪法委员会通过其判例对“赋税”作出的解释，在一定程度上弥补了宪法第34条对“各种性质的赋税”的界定的缺失。最高行政法院早在1958年11月21日关于全国航空运输联合会一案的判决中就对赋税的特征作出了概括。根据该判决，“赋税”具有货币性、强制性、确定性、无对价性以及出于维持国家公共机构运转的财政需要之目的等5个特征。这一概括被法国宪法委员会所采纳，并先后引用在1976年10月6日76—92号宪法判例、2005年4月14日2005—512号行政法院判决等诸多判决中。

同时，宪法委员会在这一系列判决中通过在个案中运用排除法逐一排除非税性质的征收，进一步在实践中对课税领域予以界定，使税与其他强制性征收之间的区别逐渐清晰。根据宪法委员会的解释，凡既不属于类似税（taxes parafiscales）、社会保障分摊金（cotisations sociales），也不属于服务性收费（redevances）的强制性征收，均构成宪法第34条意义上的"赋税"。法国学者对此进一步归纳，将非税收性质的强制性征收划分为"税费"（taxe）、"服务性收费"（redevances pour des services rendus）和社会保障分摊金（cotisations sociales），并分别与税进行比较，以供实践参考。

1. 税与"税费"和"服务性收费"的区别

从立法权角度看，服务性收费可以以条例（行政法规）的方式予以设立。与税不同的是，服务性收费在概念上与价格相近。因此，服务性收费应当有相应的交换物（contrepartie）或对价物。例如，用户缴纳服务费是因为使用了公共机构的一项设施或享受了其提供的一项服务。此外，服务收费的金额应与提供的服务的价值"相当"（equivalents）[①]。最后，服务性收费所得收入应当归属于提供服务的公共机构。服务性收费比较典型的例子就是由市（镇）政府收取的家庭垃圾清理费（redevance pour enlèvement des ordures ménagères）和高速公路过路费。

至于税费（taxe），从严格意义上看，它是在公共机构提供服务时收取的一笔款项，含有报酬或报偿（rétribution）的意思，而不具有服务性收费里含有的对价交换（contrepartie）的含义，更与不作任何直接偿还而征收的税（impôt）具有根本性的区别。但从另一角度看，税费与服务性收费又有相似之处，因为二者的征收均与服务的提供相联系。

2. 税与类似税（taxes parafiscales）[②] 的区别

虽然自2004年1月1日起，法国已完全废除类似税制度，也就是说，目前类似税在法国已不复存在。但是由于类似税此前在法国曾大量存在，而且这种形式的征收在其他国家也存在，所以，考察税与类似税的区别仍然具有一定的现实意义。

类似税是指出于一种经济或社会利益而为除国家、地方行政单位和行政性公益事业机构外的公法人或私法人而实施的征收。从这一定义中我们可以看出，类似税与严格意义上的税具有以下三点区别：

---

① 这一标准是法国最高行政法院于1958年11月21日在审理全国航空运输工会案时确定的，后又于1978年获得宪法委员会判决的确认。

② taxes parafiscales，国内所有的法汉词典均将其译成附加税，这是一种错误的译法，它不是一种附加税。

(1) 类似税是为了一种经济或社会利益而征收，是规定具体用途而不列入国家预算的，而税则不规定其具体用途，列入国家预算，可用于任何公益事业的开支。

(2) 类似税既不是为国家征收，也不是为地方政府或享有某些行政职权的公益机构征收。类似税系为工商性公益事业机构、协会、社会或职业机构等征收，收入归其支配，例如，曾经为法国石油研究院开设的类似税、为私人戏剧支援协会而开设的类似税等。

(3) 类似税由政府根据财政部长及相关部的部长的报告，经部长会议讨论后以法令形式予以设立。因此，开设一种类似税无须通过议会立法形式实现。此外，法国宪法委员会在其 1960 年的一项决定中拒绝承认类似税属于宪法第 34 条意义上的税。但是，如果征收某种类似税的时间超过开设该税种当年的 12 月 31 日的，则必须提交议会以年度财政法的形式予以批准。因此，在取消类似税以前的年度财政预算法里一般都带有一附件，称为"清单 E"。该清单载明每种类似税的性质、用途、税率、税基、对其进行调整的法规、上一年度的税收收入以及对下一年度税收收入的估算等。

3. 税与社会保障分摊金（cotisations sociales）的区别

在一些国家，社会保障的费用是通过税的形式来征收的。但在法国，社会保障分摊金虽也是一种强制性征收，但传统上不属于宪法第 34 条意义上的税，法国宪法委员会在 20 世纪 90 年代初的两项判决中再次肯定了二者的区别。[①] 因此，在很长一段时间内，法国社会保障分摊金的征收不受议会的任何监督。社会保障分摊金与税的主要区别体现在以下几点：

(1) 从立法权角度看，涉及税基、应纳税款的确定和税款的征缴等规则的制定属于议会的立法范围，而社会保障分摊金的数额确定办法在实践中往往由政府在与社会机构协商之后通过条例形式制定。[②]

(2) 从收入的归属角度看，税收收入归属国家和地方政府，而社会保障分摊金的收入既可以归属行政性公用事业机构，也可以由负责管理社会保障工作的私法性质的机构支配。

(3) 从收入的用途角度看，法律不规定税的具体用途，而是将其列入国家预算，可用于任何公益事业的开支，而社会保障分摊金的收入则专门用于社会保障的开支。

从理论上看，按法国的税收法律制度，社会保障分摊金原则上本应与上述的类似税同属一类，因为社会保障分摊金既不是为国家征收，也不是为地方政府征收，而是出于一种社会（保障）的目的、由具有公法或私法性质的机构即社会保

① 参见宪法委员会 1990 年 12 月 28 日第 185 号判决及 1991 年 12 月 30 日第 302 号判决。

② P. M. Gaudemt, J. Molinier Finances Publiques-fiscalité T2, MONTCHRESTIEN, 1997, p. 35.

障机构征收并使用，这一点与类似税相同。但 1953 年 7 月 25 日的一项法律[①]将社会保障分摊金排除在类似税的适用范围之外。

需要指出的是，一方面，目前在法国社会保障方面的支出仍然主要由社会保障分摊金承担，但相当一部分费用已经由国家财政以及多种社会税（fiscalité sociale）[②] 承担，而且这一部分的比例在不断增加；另一方面，1996 年 2 月 22 日的宪法修正案改变了社会保障分摊金不受议会监督的状况，但仍未将社会保障分摊金视为严格意义上的“税”[③]。

上述比较分析使税收法定原则在法国的适用范围有了较为明确的界定。简言之，在法国，受税收法定原则约束的、宪法第 34 条规定的“各种性质之赋税”是指严格意义上的“税”，而不是泛指所有以强制方式征收的税费。

三、税收法定原则在法国法中的内涵

法国税法理论学界的研究及宪法法院的判例中均对宪法第 34 条“有关税收、税率及征收方式的事项由议会制定法律予以确定”这一集中体现税收法定主义的规定进行过探讨和较为详尽的分析。尽管学者们的观点存在细节上的差异，但最终都与宪法法院判例中所体现的思路相近，概括而言，税收法定原则的内涵在法国法中应包含以下几方面：

1. 体现税收认可原则（principe du consentement de l’ impôt）的精神，亦即只有作为人民意志代表机构的议会以法律形式才能决定征税，创设新的税种。这一精神还在赋税的年度性原则（principe d’ annualité de l’ impôt）中获得体现。法国议会应在每年年底之前制定下一年度的财政法。而每年的财政法（loi de finances）规定并批准国家在每一民用年的总收入与总开支。议会通过年度财政法批准对现存税收的继续征收，有效期为一年。[④] 因此，从理论上讲，议会完全可以不批准在下一年度征收个人所得税或其他税，但实践中不太可能出现这一情况。

2. 体现税收要件法定的思想，即议会享有有关税收基本事项的立法权，只有法律才能确定有关税基、税率、征收方式等税收基本要件的基本规则。关于这一点，我们将在下文作进一步探讨。

3. 议会必须积极、充分有效行使宪法赋予的税收立法权，原则上禁止在税收领域进行授权立法。议会的这项义务受到宪法委员会的严格监督。例如，法国

---

① 该项法律后被 1980 年 10 月 30 日的一项法令修改。

② 如 Contribution Sociale Généralisée（CSG）et Contribution au remboursement de la dette sociale（CRDS）。

③ 目前，法国议会每年通过社会保障资金法，以确定社会保障资金平衡的一般条件，并根据其收入的估算，从总体上确定社会保障开支的目标，但议会并不确定社会保障分摊金的征收比例

④ 赋税一年一批准原则只涉及议会一年一度对现存赋税征收的批准，而不涉及有关税制、税基、税率以及税的征收方式和程序等税收法律的效力，这些法律只要未被立法者明确修订或废除，就一直具有法律效力，而不受赋税一年一批原则的约束。

宪法委员会曾宣布一项财政法对政府的授权措施违宪，理由为该授权措施允许政府制定条例根据财政支出的需要自行确定某项税收的税率。[①]

“议会必须积极、充分有效行使宪法赋予的税收立法权”还意味着税收法律必须明确，法律的条文不应留给行政机关作出多种行政解释的余地。譬如，一项由议会制定的税法措施也因为不够明确，可能使行政机关对其产生多种解释，被宪法委员会认为“议会未能充分有效行使立法权，使行政机关在该措施的领域内享有一定的制定条例的权利”，从而不符合税收法定原则而被宪法委员会宣布违宪。[②] 近年来，尤其是自 2006 年经法国最高行政法院正式认可后，法律安全原则（principe de sécurité juridique）在法国法中的受重视程度不断提升，并在立法实践中反复被采纳和引用，税收法定原则的关于税法明确性的要求也同时获得进一步发展。从法律安全原则的角度而言，如果税收法律条文含义模糊、晦涩难懂，不仅使行政机构在行政解释中有创造新法的危险，而且也可能使纳税人无法准确理解其含义。纳税人纳税权利和义务的具体内容处于不稳定的法律状态且难以预见，实际上也是对税收法定原则的侵犯。宪法委员会在 2005 年 12 月 29 日第 2005—530 号判决中认为，法国政府 2006 年度财政法条文中一项有关税收措施的规定过于复杂晦涩，公民难以准确把握其确切含义，违背了《人权宣言》所确立的法律安全原则从而违宪。[③]

4. 税收法定原则要求税收程序由法律规定。一方面，征税应当按法律确定的方式和程序进行；另一方面，纳税人和税务机关在征纳关系中的权利和义务应当由法律作出明确规定。

以上关于税收法定原则的内容中有一点被所有理论及实践一致认可，即税收法定原则的核心要求是税收方面的根本规则应该由立法机关以法律形式加以确定。由于法国第五共和国宪法划分了法律领域和条例领域，议会和政府拥有各自的立法范围，二者在各自的领域内行使立法权而不得互为侵犯。所以，对于议会和政府在税收事项上立法权限的划分则成为实现法国税收法定原则内涵的关键。在这一厘清权限划分的任务中，宪法委员会发挥了决定性的作用。

四、宪法委员会对税收法定原则实施的推动

正如上文所述，宪法第 34 条关于立法权的规定，长期以来税收立法权的具体落实情况备受法国税法和宪法学者的关注，宪法委员会早期在税法领域的判例也主要集中于税收立法主体权限的界定问题上。这是因为，虽然法国宪法第 34

① 参见宪法委员会 1987 年 12 月 30 日第 239 号判决。
② 参见宪法委员会 1985 年 6 月 10 日第 191 号判决。
③ 参见宪法委员会 2005 年 12 月 29 日第 530 号判决。

条和第37条分别列举了议会和行政机关各自的立法事项，但由于受到宪法文体的限制，这些规定都停留在较为笼统的层面，不能完全应对实践中具体操作的复杂性。在实践中，宪法委员会通过大量的宪法判例对议会和政府在税收领域立法权限的划分进行了更为详细的确认，不仅大大增加了权限划分的现实操作性，更维护和强化了法国议会的权力，从宪法层面进一步完善并丰富了税收法定原则的内涵，在维护议会的权威及其立法权方面起到了积极的作用。

从保守地遵守税收立法权到积极推动税收法定原则的实施，宪法委员会的态度经历了两个阶段的发展与转变：

第一阶段，20世纪50至70年代末期宪法委员会注重保护行政法规立法权阶段

这一阶段也是宪法委员会创设伊始、对其合宪性审查职能进行探索的初始阶段。人们通常误认为法国1958年宪法创立宪法委员会的初衷是保护和加强议会立法权。事实上却恰好相反，制宪者的真正意图在于限制议会立法权、保护宪法第37条所设立的行政法规立法权免于议会的干预。这一阶段的诸多宪法判例表现出宪法委员会对于行政法规立法权的严格维护，在某些情况下，甚至出现限制议会立法权的倾向。议会在行政法规范畴内立法不仅不受宪法委员会的支持，相反还被视为违宪行为。正如戴高乐将军所言："放任议会在行政法规领域立法是一种违宪行为。"

在这种思想指导下，宪法委员会对数起关于议会侵犯行政法规立法权的诉讼予以审理。例如，在其1964年12月18日第64—27号决定中，宪法委员会在对一项法律措施进行事实部分的审查后，认为该法律措施违反了宪法第37条对政府的行政法规立法权的规定，从而作出了撤销该项法律的决定。[①] 类似的案例不胜枚举，涉及政府行政法规立法权的诸多方面，通常以宣布受理的法律或法律措施违宪、撤销议会在行政立法领域所制定的涉诉法律规则为审理结果。[②] 宪法委员会对行政法规立法权的过渡保护在税收领域当然也有所体现，具体表现为：一方面，议会仅有权对直接涉及税基、税率及征收方式的事项及税收领域的基本原则立法；另一方面，行政机关不仅有宪法第37条制定实施细则的权力，其他不直接涉及税收、税率或征收方式的事项，包括税务管理、税务争议的解决及税务诉讼也属于行政法规立法权范畴。

第二阶段，20世纪80年代初至今宪法委员强调保护议会立法权阶段

然而，宪法委员会的态度从20世纪80年代初发生了根本性转变。尤其近三十多年来，宪法委员会积极维护税收法定原则，在政府和行政机关超出职权范围

① Journal officiel du 24 décembre 1964，p. 11593；Recueil，p. 29.

② 参见宪法委员会1964年12月18日第27号判决，1978年7月27日第95号判决，1979年5月23日第104号判决，1980年7月22日第119号判决，1982年2月11日第139号判决等。

制定行政法规或规章，侵犯了议会的立法权时，作出了大量扩大议会税收立法权、限制行政法规立法权和加强对纳税人权利保护的宪法判例。法国财税法专家罗伊克·菲利浦（loïc Philip）也这样评价："在税法领域，宪法判例强化了、甚至从某种意义上讲重新赋予了议会立法权。"① 该转变在70年代就已现端倪。宪法委员会在1972年12月21日第72—75号判决中，以宪法第37条对政府行政法规立法权的相关规定为着眼点，指出议会在税收领域的立法事项不限于宪法第34条中列举的"涉及税基、税率及征收方式"等，而是应当扩展到"有关税收程序方面的措施，无论采用普通司法诉讼程序还是行政诉讼程序，凡是涉及基本原则的规定，凡是不在宪法第37条行政法规立法权范畴之列的，都属于议会的立法事项"②。该判决显著扩展了议会的立法权限。这就意味着，即使没有出现在宪法第34条的立法事项之列，甚至本应是行政立法事项，只要涉及基本原则就应该由议会制定法律。

真正的转折点在宪法委员会1982年7月30日第143号关于"冻结价格和收入法案"（blocage des prix et des revenus）的合宪性审查。在该案中，提出审查请求的议员认为，"冻结价格和收入法案"中对相关产品和服务的价格属于政府条例的范畴，议会直接通过法律予以确定实属对行政法规立法权的侵犯，违反了宪法对法律和行政法规各自领域的划分。宪法委员会则认为议会在条例的范畴内制定规则的同时，行政机关没有依据宪法第41条对此提出反对意见或主张收回本应属于自己的行政法规立法权③，所以该法案不违反宪法规定，并依此作出了具有划时代意义的第143号判决。

虽然上述判决引来诸多争议，并且在该判决作出之后的二十年间，宪法委员会也不断收到对议会侵犯行政法规立法权的合宪性审查请求，但是宪法委员会在2001年1月16日第2000—439号判决中再次引用了第143号判决，进一步表明了其旨在维护议会立法权限扩大化的立场，加强实施税收法定原则的决心。此后在税收立法领域，只要行政机关不提出异议，议会就可以在政府的条例立法领域内制定规则。这不能不说是对宪法第41条规定的一个突破，虽然有侵犯政府行政法规和条例范畴之嫌，但是宪法委员会为保障立法权有效实施的这一做法，客观上在维护税收法定原则和保障公民权利方面确实起到了不可忽视的作用。

然而，立法权限在税收领域的一味扩张并非绝对的良性发展方向。在上述宪法判例确立的分权体系下，可以说在一定程度上，宪法第37条赋予行政机关的自主立法权被架空。如果今后的议会立法被大量实施细则性质的规定所充斥，宪

① ［法］罗伊克·菲利浦：《公共财政大百科全书》Economica，1991。

② Journal officiel du 31 décembre 1972，p. 13900；Recueil，p. 36.

③ 法国宪法第41条规定："如果在立法程序中发现建议案或者修正案不属于法律范围或者与根据第三十八条所给予的授权相反时，政府可以提出异议，认为不能受理。"

法委员会将负有不可推脱的责任。[1]

不仅如此，税收立法权的无限扩张也不符合税收法定原则的初衷。因为该原则并不意味着行政机关不享有任何税收立法权。相反，政府在制定税收法律规则方面所起的作用不容忽视。

五、有关行政机关遵守税收法定原则的情况

1. 立法阶段

(1) 行政机关的立法职权

在法国法律体系中，行政机关始终保留其基本的制定行政规则的权力，主要表现在税法文本的起草、税法实施细则的制定以及在征收过程中对税法进行解释等方面。除此之外，根据宪法第 37 条对行政立法职权的规定，行政机关在某些特定领域拥有自主制定行政法规的权力。这些领域覆盖了除宪法第 34 条规定议会享有的专属立法权之外的事项，主要包括：税务机关内部运行规则、纳税服务的组织规则、税务员的权限、行政诉讼规则等。例如，根据法国税法，有关财政部门工作人员在参加在职培训方面的争议，可以提请职业培训监督部门提出意见。[2] 根据该条法律，税务行政机关需要制定相应的内部议事规则以保证其内部争议的有效解决。又如，税收总法典中规定纳税人对欠缴税款存在异议的，需要首先对行政机关提出申诉后才能启动诉讼程序。[3] 该法律条款只对税务争议的救济方式提出了程序上的原则性规定，至于如何落实该条款中赋予纳税人的请求权和诉权则在行政法规中规定具体程序。

在中央和地方财政关系方面，由于 1958 年宪法第 72 条赋予了地方政府在法定范围内享有自由行政权，地方政府当然也可以在税收领域充分发挥行政法规制定权。在现行分权体制下，地方政府不仅可以在法律规定的范围内决定本地区地方税适用的税率及减免政策，还可以从保护本地区利益的角度出发决定是否征收某项地方税——当然，前提是该地方税种经由国家议会创设，并在法律中规定了涉及该地方税的基本制度。例如，税收总法典第 1 636 条规定，省及市镇议会每年要确定一次本地区地产税、居住税及职业税的税率。

(2) 对行政机关立法权的制约

行政机关在行使或参与行使税收立法权时，受到来自宪法和法律的制约，其合法性和合宪性分别受到最高行政法院及宪法委员会的监督。这种约束主要表现

---

① 参见法律当中偶尔出现的具有实施细则的条文虽然也属于对行政法规立法权的侵犯，但通常可以谅解。例如，以改善行政机关和行政相对人之间的关系为目的，或出于议会对于立法事项本身的特殊考虑等其他原因的。引自宪法委员会主席皮埃尔·玛佐 2005 年 1 月 5 日向共和国总统致辞中的一段话。

② 参见《法国税收总法典》第 1960 条。

③ 参见《法国税收总法典》第 1931 条第 1 款。

在以下两个方面：

第一，从税法草案的起草层面来看，由于税法的复杂性以及技术性要求较高，起草税法往往由行政机关［主要由国家经济财政及就业部（ministère de l'conomie, des Finances et de l'Emploi）下设的税务立法局（Direction de la Législation fiscale）］来承担。但是，税法草案必须遵守宪法性原则，如“法律面前人人平等原则”、“个人自由和住所不受侵犯原则”等。因此，其实际所起的作用受到一定的限制。

经议会审议通过后的税收法案，如有违宪之嫌，则可能被提起违宪审查申请。由于税收法律草案大多由在国民议会中占多数的政府提出，所以，实际接受宪法委员会审查的对象不是议会，而是被指控法案的真正作者即政府。[①] 从这个意义上说，政府的税收立法行为也受到宪法委员会的监督。

第二，在制定税法实施细则时，行政机关的立法权同样受到严格的限制。如上文所述“议会制定法律规定一切涉及基本原则的事项”，如果行政机关立法侵犯了议会的立法权，其越权行为则可能受到最高行政法院的处罚。当然，如果议会没有完全行使或主动放弃立法权而留下立法真空地带，造成行政机关能够在立法领域制定规则的，议会则可能因消极行使立法权受到宪法委员会的处罚。具体而言，法律条文本身必须语义清晰明确，不得含有两种或以上的解释——这也是税收法定原则的一个前提性要求[②]；议会对行政机关授权制定法规的权限范围如果存有疑问，行政机关则需要从严格限制自由裁量权的角度作出解释[③]；实施细则必须以遵守法律和上位法为前提，即税收法规不得以修改税收税法的性质、范围、作用、税基、税率以及征收方式为目的，客观上也不得包含造成类似后果的措施。如果实施细则增加了法律规定以外的税收豁免或修改了法定的税收减免措施，同样违背税收法定原则。也就是说，实施细则的效果仅限于有利于税收法律措施得到执行和保证法律的准确适用。[④] 同时，税务机关在对下级税务部门或地方税务员下达的适用于行政机关内部的行政通报（circulaire）对纳税人不具有拘束力。如果行政通报中含有指导下级税务部门或人员适用法律法规的具体解释性措施，而该措施超出了现行法律法规规定时，则构成越权行为。当事人可就该通报向行政法院提起行政越权诉讼。

此外，最高行政法院的判例显示，行政机关在未经法律明确许可的情况下，不得制定具有追溯效力的行政规则；行政机关亦不得对法律赋予纳税人的权利假以任何时效限制；议会将立法事项授权行政机关制定行政法规时，被授权机关不得将授权事宜转授给第三方，即禁止税收领域的转授权行为。[⑤]

---

① 参见 Loic Philip, op. cit. p. 192。

② 参见宪法委员会 1985 年 7 月 10 日第 191 号判决。

③ 参见宪法委员会 1984 年 12 月 29 日第 184 号判决。

④ 参见 Jean-Jacques Bienvenu, Droit fiscal, PUF, 3e édition, 2003, p. 84。

⑤ 参见［法］大卫・希尔・弗盖・奥利维亚等：《最高行政法院税法判例选》，3 版，132～148 页，达洛兹出版社。

上述对行政机关在税收立法领域的制约表明了税收法定原则在法国立法层面得到较好的执行。这在一定程度上应归功于宪法委员会在维护宪法原则方面所起到的积极作用。正如税收法定原则所要求的一样，法国目前有关税收的基本规则主要由法律规定，并汇编于两部法典（法律部分）之中，一部是《税收总法典》（Code général des impôts），另一部是《税收程序法典》（Livre des procédures fiscales）。此外，每年议会通过的财政法毫无例外均包含有重新批准政府对现存税收在下一年度继续征收的内容，这至少在形式上使税收法定原则得到遵守。

2. 执法阶段

“制定良好的法律获得有效的实施”是法治的基本内涵，也是税收法定原则的根本要求。从严格意义上讲，“行政机关在税收领域没有自由裁量的权力，即使有也非常有限。行政机关的角色仅限于对每个纳税人适用由立法者制定完备的法律，而不得擅自加减任何其他规则”①。但不可否认，在实践中，税务机关在作出具体行政行为时的自由裁量权非常必要。自由裁量权的运用是否会成为税收法定原则落实的障碍则取决于诸多因素，需要通过具体分析作出判断。事实上，法国税务机关的自由裁量权同样受到合法性及合宪性的羁束而并非真正自由。在本文中，我们以对税务行政机关在批准纳税人享受税收优惠方面行使自由裁量施加的限制为例，考察在税收执法阶段对法定原则的遵守情况。

在 20 世纪 80 年代，特别是宪法委员会 1984 年第 184 号判决和 1987 年第 237 号判决作出之前，一般认为，税务机关在决定颁发给纳税人税收许可（Agrément fiscal）方面享有广泛的自由裁量权。② 比如在税务机关决定批准纳税人享受特定税收优惠时，如果法律规定了纳税人享受某些税收优惠待遇或适用例外规定须经税务机关许可，在法律无相反规定的情况下，意味着税务机关可以根据具体情况自由裁量是否同意纳税人享受税收优惠。

但宪法委员会在后来从维护税收法定原则角度出发，在宪法判例中对政府在该领域的自由裁量权加以限制，改变了行政机关自由裁量权过于宽泛的状况。宪法委员会在 1984 年 12 月 29 日第 84—184 号关于“1985 年年度财政法案”的合宪性审查判决中认为，政府部门“不享有确定某项税收优惠适用范围的权力”。1985 年财政法中规定，“如果企业的捐赠对象为财政部和文化部认可的、具有公益文化性质的协会和基金会，该企业的税前扣除额度可以从其营业额的千分之一提高到千分之二”。部分议员认为该规定间接“授权财政部和文化部等政府部门确定税收优惠适用条件”，有违宪之疑，就此向宪法委员会提起合宪性审查请求。宪法委员会经审理后认为，根据宪法第 34 条规定，“确定一项税收优惠的适用条

① ［法］简·拉马可：《税法的渊源》，载《税法》，第 53 期。

② 法国税收许可的概念有别于我国预约定价的概念。税收许可在法国是指企业为了进行工商业结构调整、保护文化遗产、促进地方或科研发展或促进国际合作，在符合法定条件下向税务机关申请的旨在减轻企业税负的许可。实质上，这是一种法定条件下的纳税优惠许可。

件的权力”属于议会立法范畴。1985年财政法中的这一规定应当解释为，财政部和文化部仅享有审核相关协会或基金会是否满足法定条件，即是否具有公益文化性质的权力，不包括“确定一项税收优惠适用条件的权力”。因此根据该涉诉规定，相关部长仅能就授权上述事项制定执行法律的具体措施，而不发生在税收领域的任何自由裁量行为，所以不违背宪法第34条的规定。实际上，宪法委员会通过该判例强调了行政机关自由裁量权的界限，从而对政府部门批准税收优惠的权力作出了严格限制。

随后，宪法委员会在1987年12月30日第87—237号判决中重申了在上述第84—184号判决中的立场。1987年第87—237号判决系针对1988年财政法提出的合宪性审查。在这一案件中，审查提请人认为，1988年财政法案中允许子公司“在获得预算部长同意后”将其当年亏损用下一年度利润抵补的规定旨在赋予预算部长颁发税收优惠许可的权力（pouvoir d’ agrément fiscal），是一项授权条款，违背了宪法第34条规定的税收法定原则。宪法委员会认为，该法律规定将“须经预算部长同意”作为“子公司向以后年度顺延抵补亏损的附加条件”，是为了防止公司以避税为唯一目的加入企业集团，并重申“确定税收优惠适用条件属于法律立法范畴”，该条款既无对政府部门的授权，相关政府部门亦不可借此违反法律擅自决定适用条件，因而并不违宪。至此，宪法委员会再次肯定了在批准享受税收优惠或适用例外规定方面，税务机关不享有任何自由裁量权，只有在法律规定的范围内作出相应决定的职责。

六、税收法定原则实施的局限性

当然，税收法定原则，正如同其他任何法律原则，在实施过程中难免受到来自方方面面因素的局限。在法国，这种局限主要表现为政治和法律两方面。从政治层面讲，如上文所提及，议会在税收领域并不享有绝对的立法权，1958年宪法划定了议会的立法领域，但并非所有的强制性征收均须经议会批准；另外，随着欧盟范围内统一税制法的发展，法国议会在制定税收法律规则方面也颇受牵制。

从法律层面看，为了保证法律的实施，行政机关不仅制定了大量的实施条例，同时也制定了大量的行政解释、指示和说明，使税务机构工作人员能够正确理解和执行税法规定。因此有学者质疑：税务机关所作的解释是否始终能够忠实表达立法者的立法意图？如果做不到这一点，这些税法解释性质的法规命令就在一定意义上构成了对税收法定原则的违背。尽管政府部门在税收领域的立法权受到种种制约，但不可否认的是，一些违背立法者本意的措施和解释在现实中不乏其例。虽然在法国双轨制司法体制下，行政解释受到行政法官的监督，并可以因违法被撤销。但是法官作出行政司法判决的前提和理由必须是先对案件中所涉及的法律文本形成自己的解读，此时法官对立法者制定的税收法律的理解与解释是否也存在违背立法意图的可能？那么司法解释会不会有法官造法之嫌？因而一种行之有效的司法监督机制，以及法官针对税收法律以及行政规则作出的司法解释的合法性，成为维护税收法定原则的关键问题。

此外，现行行政诉讼制度也造成了适用该原则在法律层面的局限。在法国涉及税收的行政诉讼主要有两种①，即法官享有全面审判权力的完全管辖权之诉（recours de plein contentieux）和越权之诉（contentieux de l'excès de pouvoir）。在前一类诉讼中，法官可以对案件的事实部分和适用的法律部分进行审查，撤销行政机关根据行政解释作出的决定，并根据法律规定直接作出判决，也就是说，该司法判决只针对具体案件争议进行分析，作出判决，并不对案件中所适用的行政解释是否违法作出判断；在后一种情况下，法官直接判断行政命令或解释是否违反法律，并在判定违法的情况下撤销该命令或解释。二者是两类平行的税务行政救济途径。在实践中，出现税务争议时，为了使税务法官对案件实体进行审查，从而直接通过司法判决免除税务机关要求缴纳税款或罚款的义务，纳税人往往倾向于选择第一类完全管辖权之诉作为司法救济手段，越权之诉救济途径因此受到冷落。加上法官本身在受理税收越权之诉时，尤其是涉及撤销某项税法实施条例或解释时，大都持非常谨慎和保守的态度，这也在一定程度上影响了司法对税务实施条例和解释的合法性的有效监督。从这一角度看，税收法定原则也存在一定的局限性。

总之，在一个民主法治国家，税不能由政府任意决定征收。只有在征得公民或其代表机构的同意之后才能决定课税，这是民主政治的基础和法治国家的重要标志之一。与一般的法律原则不同，税收法定原则在法国作为一项宪法性原则（principe de valeur constitutionnelle），得到了宪法的保护，普通法律不得对其进行修改或宣布予以废除。如果说这一宪法性原则在法国得到了较好的执行，宪法委员会作为该原则强有力的捍卫者，发挥了积极的作用。

① 需要注意的是，在法国，一部分的税收争议案件属于司法法院的管辖范围。

法国第五共和宪法的诞生及其宪政体制的创造性

李晓兵*

戴高乐在其《战争回忆录》的开篇就写道，上天创造法国，不是让她完成伟大的功业，就是让她遭受灾难的惩罚；法国除非站在最前列，否则她就不成其为法国；法兰西如果不伟大，那就不成其为法兰西。[①] 在戴高乐的心中，法兰西民族的光荣感和自豪感是法国存在和发展的最基本的精神力量和创造力的源泉。法国在世界历史上的确曾经光荣地存在过，在18世纪，法国出现了孟德斯鸠、伏尔泰、卢梭、狄德罗等杰出的政治思想家，他们在为法国大革命奠定了思想基础的同时，也引导了近代欧洲思想界的发展方向，并使得法国成为了欧洲的思想启蒙运动的中心。法国大革命拉开了世界各国近代政治发展的序幕，在促进法国自身资本主义发展的同时，也震撼了欧洲的封建体系，推动了欧洲和世界各国后来的革命。大革命中诞生的著名的《人权与公民权宣言》，确立了人权、法治、公民自由和私有财产权等资本主义的基本原则，向全世界庄严宣布了"人身自由，权利平等"的原则，至今仍然被视为国际人权事业发展的源头，为世界近当代政治文明的发展作出了创造性的贡献。因此，即便是在第二次世界大战之后，法国综合国力相对下降和国际地位面临严重挑战的情势下，戴高乐仍然试图力挽狂澜，恢复法兰西民族的信心和勇气，并引领法兰西走出困境。理查德·尼克松在《领导者》一书中也指出，戴高乐觉得需要使法国立志走向伟大，他坚持不懈地号召他的人民攀登"高峰"。对于戴高乐来说，重要的是人民感到自己是在向上攀登。戴高乐把自己看做是法国的化身，而他的使命就是发扬法兰西精神。[②] 在这样的历史时刻，通过主导新宪法的制定，再造共和，重塑法兰西，就是戴高乐实现其大国雄心最为关键和基础性的一个环节。

---

* 李晓兵，法学博士，南开大学法学院副教授，法国巴黎一大、台湾地区"中央"研究院访问学者。

① Charles de Gaulle, Mémoires de guerre: L'Appel (1940—1942), Pocket, 1999, p. 1.

② 参见［美］理查德·尼克松：《领导者》，尤勰等译，52页，北京，世界知识出版社，1983。

一、法国第五共和宪法的诞生

（一）宪法修改程序的修改——1958年6月3日授权法

1958年5月29日，法国第四共和最后一任总统勒内·科蒂（René Coty）先生启动非常政治程序，他力排众议向议会发表咨文，称戴高乐是“法国最杰出的人士”，是在法国历史上最黑暗的年代里曾领导法国争取自由，并“把全国团结在他的周围之后依然拒绝独裁政权而建立了共和国”的人。[①] 科蒂总统呼吁请戴高乐担任内阁总理，如果议会拒绝给予信任并拒绝授权给他的话，他将辞去总统职务。在与科蒂及政界的各方代表会见之后，戴高乐于6月1日提出了新内阁的名单并在议会发表了简短而审慎的声明，要求议会对新总理授权，议会当天投票就通过了授权。之后的6月2日和6月3日，议会先后又通过了另外3个重要的授权法律文件：（1）授权新政府处理阿尔及利亚问题的特殊权力；（2）授权新政府在6个月内以法令（ordonnances）的方式全权进行立法；（3）授予政府修改宪法的权力。其中的第三个授权也被称为1958年6月3日宪法性法律（Loi constitutionnelle du 3 juin 1958）[②]，这一宪法性法律的目的是实现对1946年宪法第90条临时性的减损，其实是对于1946年宪法的修改方式作出改变。这种做法在第四共和的历史上曾经有过先例，有学者就指出，这样的做法在1955年的时候曾经被用过，但是后来却以没有什么结果而告结束[③]，而这次却是实实在在地发生了改变宪法修改程序的效果。

1946年宪法对于宪法修改程序是以专章（第11章）来作出规定的，包括宪法委员会（le comité constitutionnel）的职权都被放在这一部分进行规定，其中第90条规定了较为烦琐的宪法修改程序：宪法修改要经国民议会（l'Assemblée nationale）议员以绝对多数通过的决议提起，并且该决议须指明修宪的目标。除非共和议会（le Conseil de la République）在国民议会决议送达时，以绝对多数通过统一决议，否则国民议会应将此决议在最短三个月之内交付二读，并且必须与一读的方式相同。经过二读之后，国民议会制定一项宪法修改草案，此草案送交国会（Parlement）以多数和规定的普通立法（loi ordinaire）的方式予以表决。除非该草案于国民议会二读时以2/3通过，或在两院均以3/5通过，否则应交付公民投票表决。该草案在通过之后的8日之内由总统以宪法性法律来加以公布。如果缺少共和议会的同意或采取公民投票的方式，任何关于共和议会存在的修正

① 参见吕一民：《法国通史》，355页，上海，上海社会科学院出版社，2002。

② 因为宪法修改的授权事关重大，议会进行了相当长时间的辩论，终于在1958年6月3日通过了授权，该项授权的名称是：Loi constitutionnelle du 3 juin 1958 portant dérogation transitoire aux dispositions de l'article 90 de la Constitution。

③ Pierre Avril，La Ve République：Histoire politique et constitutionnelle，PUF，1987，p. 28.

案都不得通过。如果按照上述所规定的复杂的宪法修改程序来修改宪法，无疑要通过议会两院，而这样的难度是非常大的，而且无法掌握修宪过程的主动权。

1958 年 6 月 3 日关于宪法修改授权表决的情况是这样的：国民议会以 350 票赞同、161 票反对的结果通过了对宪法修改程序进行修改的决定，共和议会则以 256 票赞同、30 票反对的结果通过，这样就达到了法定的议会两院的 3/5 多数的支持。这是法国历史上第一次不经制宪会议而起草共和宪法。① 因此，议会 6 月 3 日的授权决定既可以看作是对 1946 年宪法的延伸，也可以看作是对 1946 年宪法所规定的修改程序的一种调整。之所以要通过这个授权，是因为戴高乐修改宪法的目标之一就是要调整议会的职权并对其角色重新进行定位，以实现行政权和议会立法权之间的新格局，这样的改革显然不能通过议会自身来完成。对此，有学者就指出，平时在两个议院里，达到一个简单多数已经不是一件容易的事，更何况"合格多数"了。任何改革都不能由利害关系人来进行，议会工作的改革自然也不能由议员来进行。② 从实践来看，在 1946 年宪法生效以后，从 1950 年到 1954 年，议会用了四年多的时间才通过了 1954 年 12 月 7 日的宪法性法律（Loi constitutionnelle du 7 décembre 1954），实现了对于 1946 年宪法的第一次、也是唯一一次的局部修改，有学者将其称为"小修小补法"③。另外，按照当时的情况，从议会两院的组成来看，左翼政党占有相当多的席位，其他党派之间又不可能团结一致并达到法定的多数而最终通过宪法修正案，所以通过议会来修改宪法显然不是明智而最优的选择。而通过授权政府拟定宪法草案然后交付人民投票表决则可以避开议会政治的束缚与困难，并且实现在人民的同意下改造第四共和宪政体制的最终目的。

因此，1958 年 6 月 3 日的授权法（Loi constitutionnelle du 3 juin 1958）是一个奠定戴高乐政府修宪合法性的重要的法律文件，其在授权政府主持修宪的同时，还提出了修改宪法必须遵守的 5 个原则：第一，普选是国家权力的唯一来源，立法权和行政权应出自普选，或出自它的选举团体。第二，立法权与行政权必须切实地分立，以期使得议会和政府都各自在其责任内分别履行其职责。第三，政府应该向议会负责。第四，司法权应该保持独立，以期能够确保对 1946 年宪法序言和 1789 年人权宣言中所规定的基本自由的尊重。第五，宪法应该使法兰西共和国与其联盟的人民之间关系的组织可能实现。此外，为了保证宪法草案拟定过程的民主性，授权法还对于政府方面提出了另外两项限制条件：（1）成立宪法咨询委员会（comité consultatif），其成员主要是议会议员，由国民议会和共和议会的权能委员会（com-

① Pierre Avril，La Ve République，Histoire politique et constitutionnelle，PUF，1987，p. 28.

② 参见［法］雅克·夏普萨尔、阿兰·朗斯洛：《1940 年以来的法国政治生活》，全康康等译，147 页，上海，上海译文出版社，1981。

③ ［法］雅克·夏普萨尔、阿兰·朗斯洛：《1940 年以来的法国政治生活》，全康康等译，330 页，上海，上海译文出版社，1981。

missions compétentes de l'Assemblée nationale et du Conseil de la République）来任命，议会各委员会决定各自指派成员的数量，必须至少有 1/3 的成员来自议会的这些委员会，宪法咨询委员会中 2/3 的成员应该由议会有关的委员会来任命。(2) 宪法草案应该由部长会议（Conseil des ministres）来最终确定，然后征求最高行政法院（Conseil d'tat）的意见，继而提交公民投票（référendum）表决，最后由共和国总统在宪法修正案通过之后的 8 天之内公布。①

（二）解读贝叶演说——1958 年宪法的指导思想

任何一部宪法都是时代的产物，任何一部宪法文本的背后都有支撑其内容的指导思想。因此，只有伴随着历史的积淀，宪法才可以获得永恒的生命力；而只有通过对宪法指导思想的探究，才可以更好更确切地解读宪法文本。在乱象丛生的第四共和结束之际，法国正处在一个十字路口上，是选择由乱而治还是任凭国内政局乱下去，在这个关键的时刻，戴高乐毫不犹豫地启动了制宪程序，并对于 1958 年宪法的制定倾注了很大的心血，也寄予了很大的希望。事实上，戴高乐对于这次制宪早已经成竹在胸，他在《希望回忆录》中写道："关于这个决定一切的问题，我在 12 年前就已提出要点，并曾公开阐明其主要内容。总的来说，现在制定的宪法，多多少少与所谓的'贝叶宪法'相同。1946 年 6 月 16 日，我曾在贝叶发表的演说中提出了法国所必需的宪法。"②

---

① Loi constitutionnelle du 3 juin 1958 portant dérogation transitoire aux dispositions de l'article 90 de la Constitution, Article unique: Par dérogation aux dispositions de son article 90, la Constitution sera révisée par le gouvernement investi le 1er juin 1958 et ce, dans les formes suivantes : Le Gouvernement de la République établit un projet de loi constitutionnelle mettant en oeuvre les principes ci-après :

1° Seul le suffrage universel est la source du pouvoir. C'est du suffrage universel ou des instances élues par lui que dérivent le pouvoir législatif et le pouvoir exécutif ;

2° Le pouvoir exécutif et le pouvoir législatif doivent être effectivement séparés de façon que le Gouvernement et le Parlement assument chacun pour sa part et sous sa responsabilité la plénitude de leurs attributions ;

3° Le Gouvernement doit être responsable devant le Parlement ;

4° L'autorité judiciaire doit demeurer indépendante pour être *à* même d'assurer le respect des libertés essentielles telles qu'elles sont définies par le préambule de la Constitution de 1946 et par la Déclaration des droits de l'homme *à* laquelle il se réfère ;

5° La Constitution doit permettre d'organiser les rapports de la République avec les peuples qui lui sont associés.

Pour établir le projet, le Gouvernement recueille l'avis d'un comité consultatif ou siègent notamment des membres du Parlement désignés par les commissions compétentes de l'Assemblée nationale et du Conseil de la République. Le nombre des membres du comité consultatif désignés par chacune des commissions est au moins égal au tiers du nombre des membres de ces commissions ; le nombre total des membres du comité consultatif désignés par les commissions est égal aux deux tiers des membres du comité.

Le projet de loi arrêté en Conseil des ministres, après avis du Conseil d' tat, est soumis au référendum. La loi constitutionnelle portant révision de la Constitution est promulguée par le président de la République dans les huit jours de son adoption.

② ［法］夏尔·戴高乐：《希望回忆录》，《希望回忆录》翻译组译，27～28 页，北京，中国人民大学出版社，2005。

戴高乐在这里所提到的“贝叶宪法”就是他在贝叶小城演讲的时候所提出的法国制宪应该遵循的指导思想和基本原则。贝叶演说（discours de Bayeux）发表于1946年6月16日，当时，正值第四共和建立之初，法国政坛异常地混乱复杂，各种政治力量相互角逐，各种政治观点纷纷出笼，尽管戴高乐以其特立独行的个性和政治勇气得到了法国人民和国际社会的认同，但是，纷乱的政局并不能给他提供充分施展治国才能的舞台和空间。于是，戴高乐在1946年1月20日以辞职来表示对于政党之间互相倾轧的不屑。5月5日，第一届制宪会议所起草的“四月宪法草案”被法兰西人民否决，新的第二届制宪会议刚刚产生。戴高乐打破沉寂选择在6月16日贝叶小城发表演讲，直接向法国人民表达他基本的政治理念和主张，并试图对当时的制宪活动产生影响。[①]

在贝叶演说中，戴高乐深刻地分析了法国人的民族性格和政治文化以及当前的政治困难和目标，他指出：“在不到两代人的时间里，法国遭到七次侵略，更换过十三次政体。长期的动荡不安使国家的政治生活危机重重，也使高卢人由来已久的好分裂，喜争斗的倾向愈演愈烈。我们国家刚刚经历过的这场前所未有的考验无疑又等于雪上加霜，使形势更加恶劣。今天的世界里出现了两种对立的意识形态。这种局面为法国的政党纷争又增添了极为不稳定的因素。简而言之，政党对立成为国家政体的基本特征，政府已无法在任何问题上达成一致，国家的最高利益被弃置不顾。民族的个性，历史的灾难及今天的动荡造成了这个不争的事实。为了国家的未来和民主，我们必须正视现实，建立全新的政治体制，以维护法律的信誉，政府的团结，行政管理的有效，国家的尊严与威望。”

戴高乐还对于政体变迁的条件和潜在的危险进行了分析，他指出：“国家的动荡不安必然会导致公民对政体失去信心。在这种情况下，独裁主义随时有可能抬头。而现代化社会中的从某种意义上讲的机械化组织使得政府管理井然有序，各部门正常运行已成为当务之急，大势所趋。这就更为独裁的出现铺平了道路。想一想我们的第一、第二和第三共和国是如何垮台的？意大利民主，德国魏玛共和国以及西班牙共和国是如何让位给法西斯的？独裁，是一种极大的冒险，那么什么是独裁？也许在一开始，独裁对形势有利。独裁者的热情高涨，被独裁者俯首听命，国家秩序严密有序，众口一词为政府歌功颂德，国家似乎恢复了生机与活力，与先前的无政府状态形成强烈对比。然而，独裁者的野心注定要无限制地膨胀。人民终究有一天会对束缚感到厌倦，重新渴望自由。作为补偿，统治者不得不作出无限制的成功的许诺。国家成为一部疯狂运转的机器。不论是对内还是

---

① 贝叶小城坐落于诺曼底，是盟军在第二次世界大战中第一个解放的法国城市。1944年6月，就是在贝叶这座城市，法国“合法的国家政权”得以恢复。戴高乐选择在这个城市解放两周年之际公开发表演说是有深刻的寓意的，对内对外都有强烈的象征意义。此演讲在当时并没有得到非常广泛的传播，但是后来却成为1958年宪法指导思想的渊源。透过这一饱含深情并富有理性的演说，从戴高乐综合历史与现实的分析和判断中，我们已经隐约地看到了未来的第五共和宪法的雏形。

对外，所有的目的，风险和努力都渐渐超出了极限。不论是在国内，还是在国外，每走一步都障碍重重。终于，弹簧绷断了。庞大的国家机器在不幸和鲜血中倒塌了。国家重新处于分裂，其局势比从前又更加严重。”

通过回顾历史，戴高乐指出，法国在战后复杂的国际环境中正面临着挑战，他认为：“我们这个政治纷争此起彼伏的国家建立一个与之相抗衡的新型民主政体是多么的必要。而且，在今天的时代和世界格局下，这还是一个涉及国家生死存亡的问题，关系到法兰西和法兰西联邦的独立自主和生存发展。的确，各政党各抒己见，并竭力通过选举引导政府的行为和立法顺应他们的立场，这是民主生活的重要内容。但是所有的原则和经验都要求立法、行政和司法三大权力必须截然分开，相互平衡，并在此基础上设立一个超越政党的国家仲裁，以保证在政党的倾轧中国家体制的长久不衰。”

正是基于上述的分析，戴高乐提出了他关于未来政治体制的设想：“政府的行政权力应该来自国家元首（chef de l'État）。国家元首应超越一切政党，由一个包括议会在内的更为广泛的社团进行选举。选举团的组成要保证选举出的国家元首既是法兰西共和国的总统，也是法兰西联邦的总统。国家元首有责任协调整体利益，根据议会的政治倾向任命政府成员。国家元首有权任命部长，当然也包括任命总理。由总理领导政府的政策和工作。国家元首有权颁布法律，推行法令。因为公民遵守法律法令的义务是面对国家。国家元首有权主持政府会议，保证政府工作的持续性，这对国家至关重要。国家元首有权超越政党或者通过政府会议进行裁决，或在出现重大分歧时直接交由公民投票表决。国家处于危急关头时，国家元首有责任维护国家的独立，保证法国签署的条约得以实施。”

戴高乐特别地引用希腊人和智者索伦（sage Solon）的对话来为法兰西当时制宪的特殊性进行辩解：“希腊人曾经问智者索伦‘什么是最好的宪法？’智者回答说：‘先告诉我这个宪法是为谁制定，为什么时期制定。’今天，需要制定宪法的是法兰西人民和法兰西联邦的人民。需要制定宪法的时期艰难危险！我们要勇于接受现状，坦然面对这个时代。”

戴高乐还赋予未来的制宪以神圣的使命：“我们要克服各种困难，完成国家的振兴，使我们的每一位同胞的生活更富足，让他们感到安全与快乐，使我们的民族更昌盛，更强大，更团结。我们要维护我们历尽千辛万苦才得以恢复的自由。在法兰西前进的道路上，在和平发展的道路上羁绊重重，我们要能把握住国家的命运。我们要发挥全人类的智慧，竭尽所能地保护我们贫穷苍老的母亲，地球。我们要保持清醒的头脑和坚强的意志，制定并遵守国家生活的规则，以保证我们的团结，不为随时威胁我们的分裂主义所左右！人类的历史就是一部由流离失所的人民的巨大苦痛和在一个强大政府领导下的自由民族的繁荣昌盛共同写成的历史。”

1946年9月29日，在第二制宪会议通过新的宪法草案之后即将交付公民投票表决之时，戴高乐又选择在埃皮纳（Épinal）发表演说，对于其先前“贝叶演说”中提出的制宪思想和基本的政治主张进行了重申，他指出“行政权力绝不能从立法权力中产生出来，甚至间接地也不行”，“议会应当是这样一种议会，那就是说，它应当制定法律和控制政府，但它不应当由它自己直接地或通过中间机构管理国家”①。

（三）再造共和——1958年宪法的制定

1958年宪法草案的制定工作是在戴高乐的亲自过问和领导下展开的，而具体制定宪法草案的工作是由他任命的司法部部长德布雷（Michel Debré）主持的。德布雷毕业于巴黎大学法学院和私立政治学院，后进入法国行政学院学习，是政治理论家和法律问题专家，戴高乐忠实的追随者和政治代言人。德布雷从最高行政法院抽调了一批年轻的法律专家，组成了一个18人的精简干练的起草班子，这就是起草宪法文本的专家小组。另外，在起草宪法的过程中，1958年7月下旬成立了另外一个部际委员会（comité interministériel），戴高乐亲自任主席，Raymond Janot任秘书长，其他成员由部长组成，他们随时过问和讨论由专家小组拟定的宪法草案的文本并对各个条文进行详细的审查、讨论、比较和选择，以前曾经在第四共和时期任职的国务部长们还对宪法草案提供意见和建议。当时的内阁办公厅主任Georges Pompidou、最高行政法院副院长René Cassin等都在宪法起草过程中发挥了重要作用。

按照议会的授权成立的宪法咨询委员会（Comité Consultatif Constitutionnel，C. C. C）由39名成员组成，代表不同的立场，其中政府方面指定13人，国民议会推选了16人，共和议会推选10人，雷诺（Paul Renaud）出任主席。1958年8月上旬，宪法咨询委员会审议了新宪法草案，对草案中的很多条款进行了讨论，特别是对于涉及共同体的条文，也就是有关法国和法属非洲国家关系的内容产生了影响，其他方面的内容则并没有大的改动。8月14日，雷诺提出了他的意见。之后，德布雷将宪法草案提交给最高行政法院（Conseil d'tat）并对宪法草案作出说明，最高行政法院的讨论是激烈的，特别是对于政府和议会的不相容性，法律和法规之间的区别，以及当时的第14条即后来的第16条关于总统（在紧急状态下）全权的规定。② 8月27日，最高行政法院提出了它的审查意见。

宪法草案在综合各方面意见后又经过多次讨论，于9月3日经过国务会议通过最终的定稿。戴高乐于9月4日选择在爆发过“9·4革命”③ 的巴黎共和广场

① 《法国政府机构》编写组：《法国政府机构》，6～7年，上海，上海人民出版社，1978。

② Jacque Chapsal, La vie politique sous la Ve République (Tome 1 1958—1974), PUF, 1981, p. 49.

③ 9月4日是一个非常特殊的日子，由于普法战争的失败，1870年9月4日，巴黎爆发革命，推翻了第二帝国，所以，9月4日也是第三共和诞生纪念日。

(place de la République à Paris) 将宪法草案向法兰西人民公布。宪法草案于 9 月 28 日被交付公民投票表决[①]，这次公民投票创造了法国政治活动的好几个纪录：公民参加投票率高，投赞成票的比例高，海外领地的支持率也很高。当时登记选民总数为：26 603 464 人，参加投票的人数为：22 596 850 人，其中投赞成票的为：17 668 790人，参加投票的比例几乎高达 85%（精确数字为 84.97%），赞成的比例几乎达到 80%（精确数字为 79.26%），海外领地赞成票的比例也相当的高，例如，阿尔及利亚（Algérie）为 96.59%，撒哈拉（Sahara）为 98.60%。[②] 因此，这一宪法草案被认为是由法兰西人民“愉快地批准通过的”(joyeusement approuvée)[③]。1958 年 10 月 5 日，宪法由科蒂（Coty）公布生效。

1958 年宪法在结构上分为序言和十五章，其在序言（Préambule）部分首先郑重地重申了对 1789 年的《人权宣言》及 1946 年宪法序言所确认和补充的各项权利和国家主权原则的尊重。正文部分的十五章依次是：第一章《主权》(Titre I-De la souveraineté)，第二章《共和国总统》(Titre II-Le président de la République)，第三章《政府》(Titre III-Le Gouvernement)，第四章《议会》(Titre IV-Le Parlement)，第五章《议会和政府的关系》(Titre V-Des rapports entre le Parlement et le Gouvernement)，第六章《国际条约和协定》(Titre VI-Des traités et accords internationaux)，第七章《宪法委员会》(Titre VII- Le Conseil constitutionnel)，第八章《司法机关》(Titre VIII-De l'autorité judiciaire)，第九章《特别高等法院》(Titre IX-La Haute Cour de justice)，第十章《经济和社会委员会》(Titre X-Le Conseil économique et social)，第十一章《地方机构》(Titre XI- Des collectivités territoriales)，第十二章《共同体》(Titre XII-De la Communauté)，第十三章《联盟协定》(Titre XIII- Des accords d'association)，第十四章《宪法的修改》(Titre XIV- De la révision)，第十五章《过渡条款》(Titre XV-Dispositions transitoires)。[④] 这样，1958 年宪法保留了 1946 年宪法序言的内容，而把 1946 宪法所规定的有关国家机构权力及其关系的实体内容部分的条款统统推倒，然后重新按照戴高乐所坚持的制宪理念来进行设计，实现了戴高乐“再造共和”、“重塑法兰西”的政治理想。

---

① 这次公民投票表决是对政府起草的宪法草案的表决，只有一项内容，而 1946 年宪法制定时曾经先进行了一次公民投票。如前所述，包含两项内容，一个是对第三共和的态度的表决，另一个则是对重新制宪程序的表决。1958 年宪法的修改绕过了这些环节，通过政府起草宪法草案，但是最终还是交由法国人民来表决。这从一个侧面反映了法国的人民主权实践的微妙变化。

② Pierre Avril, La Ve République: Histoire politique et constitutionnelle, PUF, 1987, p. 20.

③ Jean Gicquel, Droit constitutionnel et institutions politiques, Montchrestien, 1999, p. 462.

④ 法国现行宪法的结构已经发生了很大的变化，1958 年制宪的时候的一些内容已经消失或被新的内容所取代，另外也增加了一些新的内容。

二、第五共和宪政体制的创造性

（一）“半总统制”政体——貌似定论的判断

对于法国第五共和政体的认识，似乎是再清晰不过的事情，我们已经习惯于用类型化的区分来对其加以界定：半总统制，或半议会制、半总统制，或双首长制，特别是半总统制，国内的学者似乎对于这一表达更为情有独钟，喜欢以此来对法国 1958 年宪法所确立的新政体加以描述。但是事实上，国外学者们对于法国第五共和政体的认识似乎并不这么简单，相对比较具体，而且更多地考察其传统和实践。比如有学者就认为，对于第五共和政治体制的本质问题的认识是不可避免的，但却难以回答。如果说英国的政府体制可以被认为是典型的议会民主制，美国的可以被认为是总统制，而对于法国来说并不能这么进行区分。对于第五共和政体类型化的认识在其创立之初就被评论者们所关注，但是远不能提供让人满意的答案。① 德国学者在这个问题上曾经提出过“一元议会民主制”（“monist” parlementairy democracy）和“二元议会民主制”（“dualist” parlementairy democracy）②，但是，从宪法文本的规定以及戴高乐和德布雷的观点来看，结合其两大主要的政治力量，对于第五共和似乎可以根据其政治背景和政治人物的意愿来作出两种不同的解读。③ G. Burdeau 和 M. Prélot 则根据公民投票在第五共和政治实践中的重大意义和价值将法国政体界定为“公民投票民主制”（plebiscitary democracy），甚至是“公民投票的威权的共和国”（authoritarian and referendum Pepublic）④。D. G. Lavroff 还认为，第五共和的政治体制的主要特点在于直接选举的总统和议会多数之间的关系，在总统得到议会多数富有纪律性的支持的情况下，第五共和是一个总统制的共和国，但如果这种情况没有出现，就像“左右共治”期间一样，第五共和的政治体制的性质就发生了变化，并回归到宪法，成为一个议会民主制和实权的国家元首相结合的政治体制。⑤

---

① Christian Dadomo，Susan Farran，French Substantive Law，London，Sweet & Maxwell，1997，p. 133.

② Einführung in das französische Recht（Verlag C. H. Bech，3rd ed.，1994）pp. 45，46，转引自 Christian Dadomo，Susan Farran，French Substantive Law，London，Sweet & Maxwell，1997，pp. 133-134。

③ D. G. Lavroff，La Droit Constitutionnel Ve République（Dalloz，1995）pp. 818-819，J. Cadart，Institutions Politiques et Droit Constitutionnel（Economica，3rd ed.，1990）vol. 1 pp. 1394-1398. 转引自 Christian Dadomo，Susan Farran，French Substantive Law，London，Sweet & Maxwell，1997，p. 134。

④ Droit Constitutionnel et Poliques（L. G. D. J.，21st.，1988）p. 636 and Precis d' Institutions Poliques et Droit Constitutionnel（Dalloz，1972）pp. 603 et seq. 转引自 Christian Dadomo，Susan Farran，French Substantive Law，London，Sweet & Maxwell，1997，p. 134。

⑤ D. G. Lavroff，La Droit Constitutionnel Ve République（Dalloz，1995）pp. 818-819. 转引自 Christian Dadomo，Susan Farran，French Substantive Law，London，Sweet & Maxwell，1997，p. 135。

关于"半总统制"的用法，其实也并非自第五共和之始就确定下来的，它是由《世界报》的创始人 Hubert Beuve-Méry 最早提出，其法文表达是：Régime semi-présidentiel，而这一术语则是经过了将近 1/4 个世纪才成为政治学和宪法学领域的常用术语。在 1983 年的一个国际研讨会上，Régime semi-présidentiel 这一术语被用来描述"一种西方民主的组织机构"，它包括两个基本的因素：(1) 共和国总统由直接选举产生，而且被赋予了重要的实权；(2) 总理和政府对议会负责。[①] 因此，一般认为，在学理上最早使用 Régime semi-présidentiel 是 Maurice Duverger，他用这一术语来描述一种新的政府体制模型，用来区别于传统的以英美为代表的内阁制—总统制的民主政体二分法。[②] 事实上，Duverger 在使用"半总统制"的概念时主要是为了解释为什么形式上相近的宪法，在实践中却存在那么大的差异，因为他发现半总统制的国家在宪法规范上大同小异，实际的宪法实践却可能大相径庭。因此，我们对于法国第五共和的政体的认识也不能过于简单化，而要精细化，特别是 1958 年宪法所设计的政体并非凝固的，它是在不断的变动中发展的。我们今天所谈论的法国第五共和的政体，其实这是经过了几十年的宪法实践，不断地发展，逐渐沉淀下来，轮廓日益清晰的结果。

在 1958 年制宪之初，起草者心中拥有的只是一个大致的思路和模型，宪法条文虽然是经过精心斟酌的，但是其真正的效果如何，其对于制宪理念的贯彻程度如何，都是不得而知的，而且其后的多次修改对于第五共和的宪政体制不断地进行着小修小补或大动干戈的调整，至今，法国宪法已经修改 24 次之多，最为重要、也最具争议性的无疑是 1962 年通过全民公决实现的宪法修改，戴高乐通过适用宪法第 11 条将宪法修改的提议交付法兰西人民投票决定，不论是这一修宪程序本身还是其最终的结果——总统的产生方式由间接选举改为直接选举，对于 1958 年宪法所建立的宪政体制来说都是巨大的调整和改变，当然，也可以被认为是一种偏离或超越。此外，1974 年关于宪法委员会的提请审查方式的修改，以及 1992 年关于欧共体和欧盟问题的修改也是非常重要的宪法修改。如果不是这些修改，也许我们无法想象法国的宪法制度和宪政实践会如今日的样子。还有，事实上，在法国 1958 年制宪之后的相当长的时间里，宪法的作用也许并不像人们想象的那么突出。这其中一个重要的原因就是当时特殊的政治环境，即戴高乐巨大的政治权威所导致的强人政治和总统（支配下的）议会多数党 (la coïncidence des majorités parlementaire ou présidentiel)。在这样的情况下，宪法本身对于政治的规范意义并不十分突出，而只有在戴高乐离职甚至去世之后，法国政坛多元化的空间不断扩大，甚至出现"左右共治"(La Cohabitation) 的局面的时候，宪法的作用似乎才真正地发挥出来，第五共和的宪法实践才实现

① O. Duhamel et Y. Meny, Dictionnaire constitutionnel, PUF, 1992, p. 901.

② 参见姚志刚等：《法国第五共和的宪政运作》，209 页，台北，业强出版社，1994。

了“回归宪法”。因此，我们对于法国宪政体制的分析应该以 1958 年宪法的原始文本为基础，同时也应该兼顾其后法国宪法的发展及其宪政制度的演变。

（二）超级总统——富有特色的总统制

1958 年宪法所设计的总统制度虽然是为戴高乐设计的，但也并非完全是量体裁衣。这主要是当时的政治环境使然，第五共和宪法要让法国从其传统的议会制中走出来，但也不可能走得太远。同时，尽管戴高乐主导了当时的制宪，但是制宪过程具体的组织者是德布雷，他的思想和主张也会对于 1958 年制宪过程产生直接的影响，戴高乐的主张还要和他的这些支持者的主张进行竞争，比如，查尔斯·威廉斯就认为，德布雷强烈批评第三共和，支持建立一种英国式的议会体制。因此，第五共和宪法事实上是戴高乐和德布雷两人主张的结合。① 另外，对于当时的一种看法：德布雷是第五共和宪法的助产士，戴高乐是它的父母；只有戴高乐担任总统，这部宪法才能运作下去。查尔斯·威廉斯则认为，这无疑是错误的，因为该宪法在戴高乐离职 20 年之后依然有效地发挥着作用，他的继任者乔治·蓬皮杜也能够良好地治理国家。最重要的事情是，任何一位与议会多数派观点相悖的总统都能够做到这一点。②

1958 年宪法在第一章《主权》之后即规定《总统》，这意味着总统在宪法中是居于首位的，也意味着总统地位和重要性的提升，因为以前的各部宪法都是把议会放在首位。③ 这是第五共和宪法所要实现的一个重要目标，当然，1958 年的宪法文本只是实现这个重要战略目标的第一步，其后还要通过宪法修改和具体的宪法实践来向这个目标继续迈进。1962 年通过公民复决实现的宪法修改就是对于第五共和总统制的重大修订和改变，即由原来的包括议会议员在内的近八万人的选举团选举产生总统改为由公民直接投票选举总统。尽管这次宪法修改引发了重大的争议和政治危机，甚至引发了宪法委员会的合宪性审查④，这不但极大地增加了总统的权威性，而且也实现了第五共和宪政体制的重大改造。

---

① 参见［英］查尔斯·威廉斯：《戴高乐》，王鹏译，316 页，北京，国际文化出版社，2006。

② 参见［英］查尔斯·威廉斯：《戴高乐》，王鹏译，316 页，北京，国际文化出版社，2006。

③ 参见［法］雅克·夏普萨尔、阿兰·朗斯洛：《1940 年以来的法国政治生活》，全康康等译，374 页，上海，上海译文出版社，1981。

④ 宪法委员会的这次重要的合宪性审查源于 1962 年的“全民公决案”。当时戴高乐提议修宪，即将原来的总统选举方式由选举团间接产生改为由公民直接选举产生，这是加强总统行使权力的权威性与正当性的重大举措。鉴于大部分议员反对这一提议，戴高乐决定绕开 1958 年宪法第 89 条关于宪法修改的规定，而直接将这一宪法修改的提议交给全民公决。此举引发了议员们的强烈反对，其后国民议会启动了弹劾程序，并通过了弹劾案，迫使当时的蓬皮杜总理辞职。1962 年 10 月 28 日，该修宪的提议被直接交付公民投票表决并获得了过半数的支持。在公民投票结果出来之后总统公布之前这一短暂的间隙，参议院议长根据宪法第 61 条的规定将该修宪法案提交给宪法委员会进行合宪性审查，要求宪法委员会宣布这次全国公民投票无效。宪法委员会在其 1962 年 11 月 6 日作出的 n°62－20 裁决中认为，公民投票是国民主权的直接表达，它无权根据参议院议长的请求作出宣告。

1958 年宪法关于总统角色的总体定位是"保证人"、"仲裁人"、"监督人"。这主要体现在宪法第 5 条和第 16 条，其中宪法第 5 条规定："共和国总统维护宪法的遵守（veille au respect de la Constitution）。总统通过其仲裁（arbitrage），保证公共权力的正常运作及国家的延续性（assure le fonctionnement régulier des pouvoirs publics ainsi que la continuité de l' tat）。总统确保国家独立（l'indépendance nationale），领土完整（de l'intégrité du territoire）以及与共同体协定和国际条约的遵守（du respect des accords de Communauté et des traités）"①。可以说，这一条至关重要，它居于《总统》专章之首，是在戴高乐的坚决主张下而写入宪法的，它被视为赋予总统重大责任，并对总统的角色加以概括性确认的重要条款，成为总统扩大解释并拓展其权力的宪法依据，当然也往往为总统大权独揽、唯我独尊提供了最为直接的宪法支持。

如果说第 5 条是试图对于总统的角色加以确认的话，那么第 16 条则是赋予了总统宪法上最大的特权——紧急状态权。宪法第 16 条规定："在共和制度、国家独立、领土完整或国际义务之履行，遭受严重且危急之威胁，致使宪法上公权力之正常运作受到阻碍时，共和国总统经正式咨询总理、国会两院议长及宪法委员会后，得采取应付此一情势之紧急措施。"这一条无疑是对于总统权力的最大胆的设计，因为它仅仅对于总统行使紧急状态权作出了形式意义的限制，但是缺少实质性的规范。它授权总统在国家危难之际，可以采取特殊的手段来拯救国家，结束政治混乱的局面，这使得总统可以相对独立地行使其特权，而国会和政府则居于次要的地位。

具体地分析，在第五共和宪政体制下，总统的职权主要体现为以下的几个方面：

1. 共和国重要职务的任命权，主要为任命总理。宪法第 8 条规定，总统任免总理，并基于总理提议任免政府部长。总统还可以任命其他文武官员，宪法第 13 条规定，总统任命国家文武官员。同时，最高行政法院咨议员、典勋院院长、大使、特使、审计院委员、省长、海外领地的政府代表、将级军官、大学区校长、中央行政机关首长的任命由部长会议（Conseil des Ministres）来通过提名，总统任命之。此外，宪法第 55 条还规定，总统可以任命宪法委员会的 3 名成员，同时可以任命宪法委员会主席。第五共和宪法中的宪法委员会是 Le Conseil Constitutionnel，与第四共和宪法所涉及的几乎没有发挥出任何作用的 Le Comité Constitutionnel 有重要的区别，其在第五共和宪政体制下角色独特而重要，在宪法实践中发挥着越来越重要的作用，而总统能够控制其中的 1/3 人员和主席的任命，这种政治影响力不可忽视。

2. 主持部长会议（Conseil des Ministres），这是宪法第 9 条的规定。这为总统

---

① 这一条在 1995 年通过 Loi constitutionnelle n° 95～880 du 4 ao t 1995（JO du 5 août 1995）进行了修改，其最新的条文将"遵守共同体协定"（du respect des accords de Communauté）删去，保留了"遵守国际条约"（du respect des traités）。

直接介入国家的行政管理事务提供了宪法依据，因为部长会议其实就是第五共和宪法所规定的行政中枢机构。总统有权召集、主持部长会议也就意味着在某种程度上掌控了行政决策权，而不仅仅是一种象征性或形式意义的权力。当然，这种权力的行使还要考虑“左右共治”时期的政治形势和操作，因为在这样的特殊时期，总统多数（majorité présidentiel）与议会多数（majorité parlementaire）相分离，这使得总统对于行政的控制力相对减弱。同时，根据宪法第 13 条的规定，共和国总统签署部长会议所决议的条例（les ordonnances）与命令（les décrets）。这一条要和宪法第 19 条相联系，即总统所签署的法案（除本宪法第 8 条第 1 款、第 11、12、16、18、54、56 及 61 条所规定者外），须经总理副署（contresignés），或根据情势的需要由有关的部长副署之。

3. 解散议会，这是宪法第 12 条的规定。共和国总统在咨询总理及国会两院议长后，可以宣告解散国民会议。全国大选应于国民议会解散后 20 日至 40 日内举行之。国民议会因解散而改选后 1 年内，不得再予解散。由国家元首来解散议会是议会制政体的一个普遍的设计，但是对于第五共和的宪政体制来说更有特殊的意义，这是实现“强行政、弱议会”制宪理念的一环，同时也是化解政治矛盾和冲突的一个重要手段。在第五共和期间，法国一共有 5 次国民议会被解散的实践，分别是：(1) 1962 年 10 月 9 日，戴高乐总统解散议会，这是为了通过公民投票修改宪法；(2) 1968 年 5 月 30 日，戴高乐总统解散议会，这是为了减弱“五月风暴”的影响；(3) 1981 年 5 月 22 日，密特朗总统解散议会，这是为了避免“左右共治”(实现了目标)；(4) 1988 年 5 月 14 日，密特朗总统解散议会，这也是为了避免“左右共治”(实现了目标)；(5) 1997 年 4 月 21 日，希拉克总统解散议会，这也是为了避免“左右共治”(未实现目标)。

4. 启动公民复决（référendum），这是宪法第 11 条的规定，即共和国总统基于政府在国会开会期间所提建议，或国会两院所提联合建议而刊载于政府公报者，可以将有关公共权力的组织、共同体协定的认可或国际条约的批准等任何法案，在未抵触宪法但会影响现行制度的运作的情况下，提交公民复决。除此之外，1958 年宪法中还有两处规定了两项公民复决：第 89 条第 3 款关于议会提出的宪法修改的草案的公民复决，第 53 条第 3 款关于领土的让与、交换及归并的公民复决。第五共和开始至今，已经有十多次公民复决，其中依据宪法第 11 条所举行的公民复决一共有 8 次：(1) 1961 年 1 月 8 日，关于阿尔及利亚政策问题（Oui 75%）；(2) 1962 年 4 月 8 日，关于阿尔及利亚独立的《艾维昂协定》(Accords d' Evian)（Oui 91%）；(3) 1962 年 10 月 28 日，关于总统直接选举的宪法修改（Oui 62%）；(4) 1969 年 4 月 27 日，关于参议院和地方改革的宪法修改（Non 52.4%）；(5) 1972 年 4 月 23 日，关于欧共体扩大的问题（英国等加入欧共体）(Oui 68.3%)；(6) 1988 年 11 月 6 日的新喀里多尼亚（Oui 80%）；(7) 1992 年 9 月 20 日，关于马斯特里赫特条约（欧盟条约）（Oui 51%）；(8) 2005 年 5 月 29 日，关于欧盟宪法条约的批准（non 56%）。

5. 公布法律和要求国会复议法案，这是宪法第 10 条的规定，即共和国总统应于国会最后通过的法律送达政府后 15 日内公布，这是国家元首的重要职权。但这项职权并非仅仅具有形式意义，因为该条还规定，在此期间，总统得要求国会肯定通过的法案或其中部分条款予以复议，国会不得拒绝。当然，这个要求国会予以复议的法律行为需要总理的副署。同时，总统还可以根据宪法第 61 条第 2 款的规定，就普通法案的合宪性向宪法委员会提起合宪性审查。

6. 此外，总统还拥有派遣外交代表权（宪法第 14 条）、缔约权（第 52 条）、军事统帅权（宪法第 15 条）、特赦权（宪法第 17 条）、发表国情咨文权（宪法第 18 条）等传统“保留领域”的权力。

（三）放弃议会主权——理性化的议会制度

1958 年制宪的一个重要的使命就是要改变 1946 年宪法所设计的议会独大的宪政架构，以实现戴高乐所设计的“强行政、弱议会”的制宪理念。但是，自从大革命以来，人民主权的思想在法国已经深入人心，而人民主权的实现要借助于议会制度的运作，而且在第三共和期间议会主权和人民主权基本上是画等号的，第三共和时期著名法学家 Carré de Malberg 就曾经提出过“法律是公意的表达”的经典论断，而到了第三共和末期和第四共和时期则出现了滥用的议会制度，特别是第四共和期间政党之间的倾轧和争斗导致议会权力的恣意妄为和肆虐。但是，鉴于议会制是法国的宪法传统，并非那么容易地被抛弃，1958 年制宪也仅仅是对于议会制度加以改造，实现所谓的“更为理性化的议会制度”（un régime parlementaire plus rationnel）。与法国历史上传统的议会制度相比，法国第五共和宪政体制下的议会制度显得格外克制和收敛。

首先，议会的立法权受到限制。制宪者对传统的议会立法领域进行了分割，即划分了议会立法领域和行政立法领域，而且采用了列举议会立法范围、行政立法范围加以保留的方式，这样，议会的立法权就受到了很大的限制，议会立法保留原则受到了挑战。对议会立法和行政立法领域作出区分是 1958 年宪法的一个制度创新，这主要体现在宪法第 34 条和第 37 条的规定上。宪法第 34 条通过列举的方法将法律可以涉足的范围限制在一些特定的领域，议会在这些领域里制定规则或决定基本的原则。[①] 第 37 条第 1 款规定：“凡法律范畴以外的一切其他事项均属于行政法规性质。”对此，宪法第 37 条第 2 款和宪法第 41 条规定了相应

① 根据 1958 年宪法第 34 条第 2 款和第 3 款的规定，下列各种事项由法律制定：公民权及有关行使公共自由权利的基本保障；公民本人及其财产对国防所应负的义务；国籍、个人身份及行为能力、婚姻、继承及赠与；犯罪与违警之确定及其所适用的罪刑、刑事诉讼、大赦、新司法制度的创设及法官的地位；各种赋税课税基准、税率及征收方式、货币发行制度；国会两院及地方议会的选举制度；各级公共机构的设置；国家文武官员之基本保障；企业国有化以及企业财产公营和私营的转化。根据其第 4 款的规定，下列事项的基本原则由法律规定：国防的一般组织；领土内团体的自治行政、权限及财源；教育；所有权制度、物权、民事及商事义务；劳工法、工会法及社会福利。另外，第 5 款和第 6 款则规定了财政法、社会保障的财政法和计划法的有关问题。

的控制程序，宪法第 37 条第 2 款规定："通过立法的形式介入到行政条例领域的法律条文，在征询最高行政法院意见后，可以通过命令来加以修改。本宪法施行后所制定的法案，则须经宪法委员会确认其具有前述行政条例的性质，才可以通过政府命令的形式加以修改。"而宪法第 41 条则规定，在立法过程中，如有法律提案或修正案不属于法律范畴或与本宪法第 38 条所赋予的授权内容相抵触，政府得提出不可受理的异议。如政府与有关议院议长发生分歧，宪法委员会得因循任何一方的请求，在 8 日内作出裁定。这两个程序性的设计都是为了防止议会的立法活动可能僭越到已经排他性地分配给行政立法的领域，这是制宪者精巧的设计，也是为了防范议会滥用权力而作出的别出心裁的安排。不过需要指出的是，宪法第 37 条第 2 款所规定的程序涉及以立法的形式出现的法律规定，也就是由议会投票通过以法律形式表现但却介入到了行政条例的领域。① 宪法第 41 条则是立法过程中，由政府出面提交宪法委员会来对于可能超越其活动范围的立法活动进行审查。

另外，宪法第 61 条第 2 款规定，为了保证议会制定法律的合宪性，在法律未公布前，共和国总统、总理、国民议会议长、参议院议长、60 名国民议会议员或 60 名参议院议员（1974 年 10 月 29 日宪法修改），可以提请宪法委员会进行合宪性审查。那么，这是否意味着这一条也可以被用来对议会立法活动进行控制呢？因为第 37 条第 2 款和第 41 条都是有特定的目的的，针对性比较强，而第 61 条则是适用范围比较宽，是否可以据此来对宪法第 34 条和第 37 条所安排的立法领域的分离进行维护呢？应该说，这样的推断是合理的，但是宪法委员会在 1982 年 7 月 30 日宣布，宪法第 61 条第 2 款的目的是对法律的合宪性进行控制，不能用来判断在议会立法和行政立法之间的分权，特别是不能用来保护行政立法的保留领域。② 这样，在涉及议会立法和行政立法之间分立问题的时候，宪法第 61 条不能用来防止制裁议会的立法侵权。

其次，在议会与政府关系上打破了二者原来的政治平衡，放弃了议会优先的原则，行政的主导地位日益巩固。这一方面体现在传统议会职权的萎缩和丧失，另一方面也体现在议会和其他国家机关的关系上，特别是随着共和国总统的选举方式由选举团间接选举修改为由人民直接选举，议会在第五共和宪政体制下的地位江河日下。不管是在戴高乐强人政治时期，还是在后来的"左右共治"的特殊阶段，议会的作用都没有再凸显出来。在"双首长制"的宪法实践中，议会往往成为总统和总理争夺的一个重要阵地，成为决定总统和总理关系的重要"砝码"，也成为影响第五共和宪法秩序的重要一环，但是议会的地位并没有因此而得到提升。在议会和政府的关系中，最为突出的表现是议会立法主导权的丧失，而政府

① Bertrand Mathieu, Michel Verpeaux, Droit constitutionne, PUF, 2004, p. 592.

② Dominique Turpin, Le Conseil constitutionnel: Son fole, sa jurisprudence, Hachette, 2000, p. 106.

获得了立法的主导控制权。宪法第39条规定，总理及国会两院议员均有权提出立法的动议。政府所提法律草案经咨询最高行政法院意见，由部长会议讨论后，送交国会两院任何一院讨论。政府所提出的法律案被称为“Les projets de loi”，一般将其翻译为“法律草案”，这是相对于议员们所提出的“法律提案”（Les proposition de loi）而言的。从法国宪法实践来看，法律草案要比法律提案更容易受到重视，特别是由最高行政法院提出咨询性意见之后，其质量也普遍偏高。在审议过程中，议会的议事日程也并非完全由议会自己来做主，宪法第48条第1款规定，国会两院的议程，要优先审议政府所提草案及为其接受的提案。议会还要依照政府所定的次序来进行审议。另外，根据宪法第44条第3款的规定，在审议法案的过程中，基于政府的要求，议会的有关议院应该将辩论中草案的全部或那些涉及政府所提出或所接受的修正案的部分付诸于强制表决。这又是政府主导议会立法过程的一项制度设计，它可以迫使议会终止对于任何法案的讨论。除此之外，宪法第49条第3款更是规定了强制性的信任投票制度，即总理可以以通过某项法案为由，经部长会议讨论审议后，向国民议会提出信任案以决定政府的去留。在此情形下，除非在24小时内，不信任案的动议被提出，并依本条前款的规定进行表决，否则政府所提法案即视同通过。这是宪法赋予政府权力就自己提出的立法草案打乱正常的立法程序进行闯关，对于政府而言完全是一种积极主动的设计。

再次，议会对于政府的监督活动减弱。在第三共和和第四共和期间，国会拥有轻易实施的“倒阁权”，例如，第四共和宪法第45条就规定，总理和各部部长的提名需要得到国民议会的半数以上的票数的批准。宪法第49条则规定，政府可以要求国民议会可以对政府进行信任投票（La question de confiance），国民议会可以以绝对多数的投票（la majorité absolue）予以拒绝，即否决了政府的信任案，则政府必须集体辞职。宪法第49条还规定，国民议会也可以对政府提出不信任案（La motion de censure），如果国民议会绝对多数（la majorité absolue）通过了此案，则政府也要集体辞职。这些内容在1958年宪法中发生了很大的改变，其中第49条对于不信任案问题（la motion de censure）作出了比较详细的规定，其第1款规定，经部长会议审议之后，总理就其施政计划或必要时就一般政策的宣告，向国民议会负责。第2款则规定，国民议会可以通过不信任案的表决来决定政府的去留。此项不信任案须经国民议会至少1/10的议员联署才可以提出。动议提出48小时之后，才可以进行表决。不信任案仅就赞成票核计，并须获全体议员绝对多数始能通过。如果不信任案遭到否决，原来的提案人在同一会期中，不得再提不信任案，不过本条第3款所规定的情况不受此限制。这一款应该是议会监督政府的核心内容，但是仔细分析，会发现其中对于提出信任案的人数，表决的时间，计算反对票的方式都作出了严格的限制，不利于议会对于政府活动的监督。事实上，从1958年宪法实施以来，国民议会对于提出政府不信任而成功获得通过的仅仅一次，即1962年的围绕总统选举方式的争议导致蓬皮杜内阁倒台，但这一结果仅仅是戴高乐所设计宪法修改过程的一个环节而已，甚至谈不上是议会对政府的监督。至于宪法第49条第3款，上文中已经提到，它当然也可以被视为议会对于政府的监督的一种可能，但是由于表决的时间和计算反对票的方式都有利于政府一方，关键是这样的操作取消了议会对政府提出的某一法案的辩论权，要求议会直接进行表决，所以监督的意味也很淡，有人将其称为所谓的"总理就某一法案抵押政府的政治责任"①。

三、第五共和宪法的修改及其评价

宪法作为根本法，应该保持其稳定性，复杂的宪法修改程序的设计就是为了防止宪法被任意频繁地修改，但是宪法的稳定性也是相对的，它并非绝对地保持不变，根据时代的发展和社会的需要进行适当的修改是各国宪法发展的应有之意和必然选择。我们很难想象一个社会的发展像滚滚的车轮会因为宪法文本的规定而停滞，相反，更多的情况是各国宪法以其特有的方式不断地发展，与社会的发展基本上保持同步或大体的平行。

法国1958年宪法从制定出来实施至今，已经整整半个多世纪，先后历经了24次的修改，其中有数次宪法修改是一天之内通过了多个宪法性法律，比如在1999年6月28日，2003年3月17日，2005年2月28日都是通过了两个宪法性法律，而2007年2月19日则是通过了3个宪法性法律。如果单单从次数上来看，宪法修改的次数不可谓不多；如果从修宪时间的间隔来看，也不可谓不频繁，但是如果考察其中的内容的话，我们发现，有些宪法修改并非绝对的举足轻重，只是法国宪法制度局部的完善，而其中的几次修改则是事关法国宪政体制的改变，涉及法国未来的发展方向和定位，其影响是深远而长久的。这里对于过去半个世纪里历次修宪进行简单梳理，并对其中比较重要的几次宪法修改加以着重分析和评价。

（一）1958年宪法的历次修改及其主要内容

1. 1960年6月4日的宪法性法律（Loi constitutionnelle n° 60－525 du 4 juin 1960），关于共同体的非洲成员的独立问题。

2. 1962年11月6日的公投立法（Loi n° 62－1292 du 6 novembre 1962），关于总统选举方式改变为直接选举的问题。

3. 1963年12月30日的宪法性法律（Loi constitutionnelle n° 63－1327 du 30 déc. 1963），关于议会会期的修改。

① 许振洲编著：《法国议会》，225页，北京，华夏出版社，2002。

4. 1974年10月29日的宪法性法律（Loi constitutionnelle n° 74 - 904 du 29 oct. 1974），关于向宪法委员会提交审查主体的扩大问题。

5. 1976年6月18日的宪法性法律（Loi constitutionnelle n° 76 - 527 du 18 juin 1976），关于总统选举过程中规则的修改。

6. 1992年6月25日的宪法性法律（Loi constitutionnelle n° 92 - 554 du 25 juin 1992），关于批准马斯特里赫特条约过程涉及的条款的修改，法语的地位，海外领地的组织法等问题。

7. 1993年7月27日的宪法性法律（Loi constitutionnelle n° 93 - 952 du 27 juil. 1993），关于共和国司法法院（la Cour de Justice de la République）的建立问题。

8. 1993年11月25日的宪法性法律（Loi constitutionnelle n° 93 - 1256 du 25 nov. 1993）关于难民权利的国际协定问题。

9. 1995年8月4日的宪法性法律（Loi constitutionnelle n° 95 - 880 du 4 ao? t 1995），关于扩大公民复决的范围，单一的议会会期，议员豁免权的调整。

10. 1996年2月22日的宪法性法律（Loi constitutionnelle n° 96 - 138 du 22 fév. 1996），关于社会安全的财政法的问题。

11. 1998年7月20日的宪法性法律（Loi constitutionnelle n° 98 - 610 du 20 juil. 1998），关于新喀里多尼亚问题。

12. 1999年1月25日的宪法性法律（Loi constitutionnelle n° 99 - 49 du 25 janv. 1999），关于阿姆斯特丹条约的批准所涉及的条款。

13. 1999年7月8日的宪法性法律（Loi constitutionnelle n° 99 - 568 du 8 juil. 1999），关于承认刑事法院的管辖所涉及的条款。

14. 1999年7月8日的宪法性法律（Loi constitutionnelle n° 99 - 569 du 8 juil. 1999），关于男女平等的问题。

15. 2000年10月2日的宪法性法律（Loi constitutionnelle n° 2000 - 964 du 2 oct. 2000），关于总统的五年任期问题。

16. 2003年3月25日的宪法性法律（Loi constitutionnelle n° 2003 - 267 du 25 mars 2003），关于欧洲司法令状的问题。

17. 2003年3月28日的宪法性法律（Loi constitutionnelle n° 2003 - 276 du 28 mars 2003），关于共和国地方自治的组织问题。

18. 2005年3月1日的宪法性法律（Loi constitutionnelle n° 2005 - 204 du 1er mars 2005），关于欧盟宪法条约的批准问题。

19. 2005年3月1日的宪法性法律（Loi constitutionnelle n° 2005 - 205 du 1er mars 2005），关于环境宪章的问题。

20. 2007年2月23日的宪法性法律（Loi constitutionnelle n° 2007 - 237 du 23 février 2007），关于新喀罗尼西亚的选举团问题。

21. 2007年2月23日的宪法性法律（Loi constitutionnelle n° 2007 - 238 du 23 février 2007），关于总统弹劾的问题。

22. 2007年2月23日的宪法性法律（Loi constitutionnelle n° 2007 - 239 du 23 février 2007），关于废除死刑的宪法化问题。

23. 2008年2月4日的宪法性法律（Loi constitutionnelle n° 2008 - 103 du 4 février 2008），关于修改宪法第十五章，批准里斯本条约的问题。

24. 2008年7月23日的宪法性法律（Loi constitutionnelle n° 2008 - 724 du 23 juillet 2008），关于共和国机构现代化的问题。

（二）1958年宪法几次重要的修改过程及其评价

1. 1962年11月6日的公投立法（Loi n° 62 - 1292 du 6 novembre 1962）实现了对于宪法第6条、第7条以及1958年11月7日组织条例（L'ordonnance n° 58 - 1064 du 7 novembre 1958）的修改，其主要目标是实现共和国总统的选举方式的改变：将原来"共和国总统由议会议员、省议会议员、海外领地议会议员以及市议会选出的代表组成的选举团选举产生"修改为"共和国总统由直接的、普遍选举产生"。这一次宪法修改是第五共和宪法发展过程中最为重要的一次修改，也是最有争议的一次修改。之所以说这一次宪法修改最为重要，是因为它改变了第五共和宪政体制的原始设计，使得法国第五共和的宪政体制与其历史传统相结合，同时又与现代的民主理念不相背离。戴高乐在其《希望回忆录》中称："法国最高的和永久的利益必须首先从国家元首身上得到保证"，他认为"唯一的办法是由人民来选举共和国的总统"①。之所以说这是最有争议的一次修改，是因为这次修改不仅引发了内阁的严重危机，而且最终导致国民议会根据宪法的规定启动了弹劾程序，480名议员中有280人投了赞成票，达到了绝对多数。刚刚上任不久的蓬皮杜总理只好向戴高乐总统提出辞职，戴高乐则宣布解散议会，重新进行议会选举。参议院议长Gaston Monnerville也对于这次宪法修改进行了激烈的攻击，他认为政府的做法是"预谋策划、为所欲为、居心叵测和肆无忌惮地违反宪法"②。最高行政法院对于政府的修宪建议也提出了保留意见以示反对，在公民投票结束之后，修宪法案正式公布之前，由参议院议长莫内维尔向宪法委员会提交了合宪性审查的请求，要求宪法委员会对于公投立法的合宪性进行审查。这一切都是以前法国宪法实践中没有出现过的，其后的宪法修改也没有引发过如此激烈的政治冲突。

这次宪法修改其实是戴高乐关于第五共和宪政体制设计的重要一环，之所以

① ［法］夏尔·戴高乐：《希望回忆录》，《希望回忆录》翻译组译，268页，北京，中国人民大学出版社，2005。

② ［法］雅克·夏普萨尔、阿兰·朗斯洛：《1940年以来的法国政治生活》，全康康等译，470页，上海，上海译文出版社，1981。

这样说，是因为戴高乐自己在其回忆录中吐露了这次宪法修改的基本动因和策略，他承认在1946年的贝叶演说和后来的1958年由他主持的制宪过程中，并没有提出国家元首必须由普选产生，他也曾主张总统由基础广泛的属于全国范围的选举团选出。但是，这样的做法其实是一种富有谋略的政治过程，他写道“其实，我当时是认为最好不要毕其功于一役。在我决定向全国要求把政权从政党的控制下拯救出来，由总统而不是由国会作为权力和政策的源泉时，我就认为，最好还是暂缓完成这项巨大的改革”，“等到新宪法的实践证明最高权威按照宪法掌握政权并不会产生独裁的时候，才是向人民建议彻底改革的时机。我一开始就有亲自担当国家元首职责的意图。由于过去的历史和现今的环境，由于我所担负的任务，我上台的方式不过是一种无足轻重的形式而已。但是，考虑到今后，我决定在七年任期届满之前把这方面的制度建立起来”①。

1962年通过公民投票对宪法进行修改是根据宪法第11条所赋予总统的特权，戴高乐认为总统选举方式的修宪提议涉及“公共权力的组织”（tout projet de loi portant sur l' organisation des pouvoirs publics），当然，这样的主张是令人质疑的，因为，宪法第89条精确地规定了修宪程序，通过公民投票方式来进行修宪不是不可以，但是必须得到议会的一致同意。但是议会是不可能对这样的修宪提议表示支持的，戴高乐估计对于这一提议有“2/3的国民议会议员和9/10的参议院议员是无论如何不会接受的”②。不过，这次公民投票的结果是超过62%支持戴高乐的提议，而宪法委员会对于这次公民投票也拒绝进行审查，因为它认为这是公意的直接的表达。

这次宪法修改的直接结果是改变了总统的选举方式，但是从长远的影响来看，总统选举方式改变为普遍直接选举产生增加了总统权力的合法性和权威性，因为他的权力基础来源于法兰西人民直接的授权，比国民议会议员和参议院议员要更为广泛，同时，也大大地扩展了总统的权力，使得总统在第五共和宪政体制中的角色更加重要和突出，双首长制的架构和轮廓日益明显，除了在“共治时期”（période de cohabitation）之外，总理完全地听命于总统，可以随时被总统要求辞职。从这个意义上，通过这一次宪法修改，第五共和的宪政体制获得了“第二次再生”（seconde naissance de la Ve République）的机会。

2.1974年10月29日的n° 74-904宪法性法律（Loi constitutionnelle n° 74-904 du 29 oct. 1974）实现了对于1958年宪法第61条第2款的修改，其内容只有一条，即改变了向宪法委员会提交审查的主体范围，提交审查的主体由原来仅仅局限于几个主要政治机构的首长（共和国总统、总理、国民议会议长或参

① ［法］夏尔·戴高乐：《希望回忆录》，《希望回忆录》翻译组译，268～269页，北京，中国人民大学出版社，2005。

② ［法］夏尔·戴高乐：《希望回忆录》，《希望回忆录》翻译组译，270页，北京，中国人民大学出版社，2005。

议院议长）扩展到60名国民议会议员或60名参议院议员。其出台的背景是这样的：1974年5月27日吉斯卡尔·德斯坦当选为第五共和的第三任总统，在上任之初的5月30日，他就向议会发出修改宪法的提议，要拓展宪法委员会职权，特别是通过增加宪法委员会新的提请权，以实现对公民权利和自由更好的保障。10月21日，议会两院联席会议以超过3/5多数议员同意的方式通过了n° 74-904宪法性法律，该法律于1979年10月29日公布生效。[①]

应该说，这是一次看似无关大局，但却影响深远的宪法修改。之所以说是看似无关大局，是因为这次修改是宪法委员会合宪性审查活动中的一个操作性的细节的修改，并非像1962年总统选举方式的改变那样引发政治轰动，并成为各方支持或反对的焦点。这次宪法修改反而得到了各方几乎一致的支持，当然，宪法修改草案的讨论过程也经历了一些曲折，事实上，最初的宪法修改草案一共有3条，前两条属于实质性的修改内容，第3条是一个调整协调性质的条款。第1条就是议会联席会议最后通过的内容，而其中的第2条还涉及了宪法委员会自己主动提请的问题，即在法律出现侵犯宪法保障的公共自由的情况下，宪法委员会可以自己主动提请审查。[②] 事实上，对于后来获得通过的第1条也是经过了一番讨价还价才达成了妥协的一致，当时各方虽然原则上接受议员可以获得提请权的提议，但是在提请主体的数目问题上还是产生了激烈的争议。当初的草案中曾经把议员获得提请权的法定人数规定为“至少1/5的两院议员”，但是这样对于两院来说，却是相同的比例反而造成了实际上在这一问题上对两院的区别对待，因为这样规定的结果是国民议会议员向宪法委员会提请需要达到98名，而参议院则只需要57名。这样的安排显然造成了一种事实上的等级划分，一名参议员签名的价值几乎等于两名国民议会议员签名的价值。后来国民议会提议将数目确定为“两院议员数目的1/10”，但是这样的提议则遭到了总是强调其特殊性的参议院的反对。最后经过反复的协商和妥协，两院在提请人数上达成了“60名”的一致。而对于第2条宪法委员会自动提请的问题，当时议会的反对派和多数派则都表示反对，法律委员会主席Jean Foyer就认为，宪法委员会自己主动提请的规定既是无用的也是危险的，因为扩大提请权给少数派已经足以保障当一些法律出现问题的时候可以提交宪法委员会审查，而宪法委员会自动提请则使其既成为当事人又成为裁判者，而且使其获得一个类似于否决权性质的权力。这使得它自己决定是否陷入政治辩论之中或暴露于批评之下，这样的话，宪法委员会就只好要么

---

① Loi constitutionnelle n° 74-904 du 29 octobre 1974 portant révision de l'article 61 de la Constitution. 该宪法修改的法律获得了488名议员支持，反对票是273，有3名弃权，这样的投票结果超过了法定的3/5多数（457名议员）的要求。

② Projet de loi constitutionnelle portant révision de l'article 61 de la Constitution. Art. 2. Il est inséré, après le deuxième alinéa de l'article 61 de la Constitution, un nouvel alinéa ainsi rédigé :《Le Conseil constitutionnel peut se saisir, dans le même délai, des lois qui lui para? traient porter atteinte aux libertés publiques garanties par la Constitution. 》.

参与要么放弃。[①] 于是，法律委员会建议删掉这一条款并最终得到了国民议会的认同，参议院也拒绝恢复这样的规定，最终关于自动提请权的条款没有进入最后的表决程序。

这一改革的意义和价值在当时是被大大地低估了，当时，对于这次宪法修改大量的评价都认为，这次改革如果说不是可以忽略的话也差不多是无足轻重的改革，这是德斯坦们在无法实现宏伟的“最高法院”蓝图的情况下而提出的一个小玩意。[②] Maurice Duverge 在《世界报》上撰文称，这是向着正确的方向迈进的一步[③]，而这样的评价应该已经算是相当高的评价了。

事实上，这一修改并不像反对者和众多的评论家们所评价的那样，仅仅是一个无关痛痒和徒具虚名的改革，而是影响深远。这是一个“四两拨千斤”的宪法制度创新，其带来的结果是多方面的，对于宪法委员会自身的发展甚至对于加强第五共和政体合法性和正当性都有重要的意义。首先，它可以防止议会多数派滥用政治权力，同时也赋予少数的反对派申辩的机会，使反对者获得新的权利和控制方法与手段，因而有助于改变并缓和多数派与少数派之间的关系，缓解议会中两大派系对立的情绪，提高议会立法的权威性。其次，这一设计为多数派和少数派都提供了一个非常方便的政治武器，给予了双方同等的机会和权利，因为现在的少数派非常乐于获得这样的机会，而现在的多数派在将来则可能变为少数派而同样可以享有这一权利，这显然可以得到多方的满意和支持。再次，这样的制度设计使得宪法委员会更容易获得审查法律合宪性的提请，也使得宪法委员会有更多的机会来拓展合宪性审查的空间和深度，有利于加强对公民权利和自由的保障。最后，扩展向宪法委员会的提请权，使得宪法委员会的宪法保护人的角色在得到不断强化的同时，有机会实现自己向公民权利和自由保障人的角色的转变。因为在戴高乐执政期间，基于“伟人政治”的影响，政府和国民议会在一般情况下都不可能向宪法委员会提出审查的要求，唯一可能向宪法委员会提请审查的主体就是参议院议长，这大大地束缚了宪法委员会有所作为的能力，而赋予 60 名国民议会议员或 60 名参议院议员提请权实际上就是为实现宪法委员会角色的转化提供了制度保障。事实上，在德斯坦执政 7 年间，宪法委员会被提出过 47 次审查的申请，其中有 45 次是由议员们来提出的。从数量上来看，宪法委员会根据宪法第 62 条第 2 款在这 7 年间所受理审查的数量是过去的十几年审查法律数量的 5 倍之多。[④] 其中，宪法委员会有 11 次宣布议会所通过的法律违宪无效。[⑤]而从更深远的影响来看，在 1974 年之后，基于宪法第 61 条第 2 款的规定向宪法

① Pierre Avril et Jean Gicquel，Le Conseil constitutionnel：coll. Clefs，Montchrestien 2005，p. 48.

② Pierre Avril et Jean Gicquel，Le Conseil constitutionnel：coll. Clefs，Montchrestien 2005，p. 53.

③ Maurice Duverge，《Une gramme de démocratie》，Le Monde du 11octobre.

④ Pierre Avril et Jean Gicquel，Le Conseil constitutionnel：coll. Clefs，Montchrestien 2005，p. 54.

⑤ 参见吴国庆：《战后法国政治制度史》，281 页，北京，中国社会科学出版社，2004。

委员会提交审查的法案数量剧增，80 年代的宪法委员会裁决占到以往总数的 60%以上，而且其中超过 3/4（78%）的受审立法遭到推翻，87.5%的法案的章节被要求作出修正。绝大多数对法案的挑战来自少数派，而且挑战的基础不再限于第 34 条关于立法和行政分权的规定，而是越来越多地基于基本权利等实体理由。这样，宪法委员会的职能获得了显著的扩展，这种结局与制宪会议的初衷是大相径庭的。①

从第五共和宪法的完善和发展的角度来看，扩展向宪法委员会提请审查的主体范围，这是一个趋势，从宪法委员会的长远发展来看，这个扩展还要继续。由于 1974 年的这次宪法修改对于宪法委员会的未来的实践和发展方向影响重大，它经常和 1971 年的“结社自由案”联系起来被研究和认识，其意义之深远以至于被宪法学界称为宪法委员会的“第二次诞生”。这一修改实现了宪法委员会在第五共和宪政体制下地位和重要性的提升，从此，在和其他国家机关的关系上，它再也不是一个可以被忽视或遗忘的角色，而在经历了艰难的重生之后，宪法委员会也终于获得了难得的表现其意志和对第五共和宪政实践展示其影响力的机会，特别是在保障公民的权利和自由方面，宪法委员会更是获得了前所未有的突破。

3. 1992 年 6 月 25 日的 n° 92－554 宪法性法律（Loi constitutionnelle n° 92－554 du 25 juin 1992）实现了对于 1958 年宪法第 2 条、第 54 条、第 74 条的修改，同时将第 14 章和第 15 章调整为第 15 章和第 16 章，并增加了新的第 14 章《欧洲共同体和欧盟》（Des Communautés européennes et de l'Union européenne）。其主要的内容为：（1）第 2 条中关于法语作为共和国语言地位的确认；（2）第 54 条中关于国际条约批准过程中向宪法委员会提请审查主体范围的扩展问题；（3）第74 条关于海外领地的问题；（4）第 14 章则完全是因为马斯特里赫特条约的批准新增的内容。这里主要对其中的第（2）和第（4）个问题进行分析和评价。

首先，关于国际条约批准过程中向宪法委员会提请审查主体范围的扩展问题。如前所述，1974 年 10 月 29 日通过 n° 74－904 宪法性法律仅仅涉及宪法第 61 条第 2 款，即对于普通法律的审查问题，其中第 54 条关于国际条约的合宪性审查的规定并没有得到相应的调整，这样，普通法律的提请主体得到了拓展，而国际条约在批准之前则仍然只能由共和国总统、总理、国民议会议长或参议院议长向宪法委员会提请审查。这样的一种状态一直持续到了 1992 年，利用马斯特里赫特条约和宪法冲突导致宪法修改的时机，一些参议员也提出了修改宪法第 54 条规定的要求，最终这样的提议得到了通过。这样就使得国际条约的提请主体也扩展到了 60 名国民议会议员或 60 名参议院议员，1958 年宪法在这个问题上所存在的“遗漏”终于得到了弥补。因此，从某种意义上来说，这次向宪法委员会提请审查主体范围的拓展是 1974 年宪法修改的继续。

① 参见张千帆：《西方宪政体系》（下册・欧洲宪法），41 页，北京，中国政法大学出版社，2001。

其次，关于增加了新的第14章《欧洲共同体和欧盟》，其背景是因为马斯特里赫特条约（traité de Maëstricht）的批准。1992年2月7日，密特朗总统根据宪法第54条的规定向宪法委员会提交了合宪性审查的请求，要求审查该条约是否和宪法相一致。宪法委员会在1992年4月9日的n° 92－308裁决中认为，马斯特里赫特条约和法国宪法的很多内容都存在着冲突，只有在对宪法进行修改之后才可以批准该条约。修改宪法的草案4月22日在部长会议（conseil des ministres）上获得通过，在经过国民议会和参议院分别进行的一些修改之后，于1992年6月23日提交给两院联席会议（Congrès）进行表决，结果以592∶73获得了通过（3/5的多数票要求是399），即n° 92－554宪法性法律（Loi constitutionnelle n° 92－554 du 25 juin 1992）。

不过在n° 92－554宪法性法律通过之后，宪法委员会又围绕这次宪法修改进行了两次合宪性审查，分别是：8月14日，由60名参议员又向宪法委员会提交了关于马斯特里赫特条约的第二次合宪性审查；9月20日，由60名国民议会议员们提交的关于宪法第11条是否可以被用来启动批准条约的立法被提交了两次。

4.2000年10月2日的n° 2000－964宪法性法律（Loi constitutionnelle n° 2000－964 du 2 octobre 2000）实现了对于宪法第6条的第2次修改，其内容也只有一条，精确地说，其实是在1962年通过公投立法（Loi n° 62－1292 du 6 novembre 1962）实现了对于宪法第6条修改的基础上作出了一个字的修改，就是将总统的任期由7年改为5年。

这次宪法修改是通过公民投票实现的，当然，这次的公民投票是根据宪法第89条所规定的修宪程序，而不是像1962年是根据第11条来由总统直接将其提议诉诸公民投票。2000年宪法修改的时候在任的总统是希拉克，他是1995年当选的，当然，这次宪法修改对现任总统并不发生效力。之所以要对总统的任期作出这样的修改，主要的原因是为了使总统的任期和议会议员的任期一致起来，以此来避免“左右共治”（cohabitation）的局面不断地出现。在20世纪的最后20年里，法国政坛曾经在1986年～1988年、1993年～1995年、1997年～2002年出现过多次的“左右共治”的情况，当议会多数（majorité parlementaire）和总统不是一个政党或派别的情况下，总统只有提名与其对立的政党的人选来做总理，否则，国民议会可以很容易地对总理形成有效的制约甚至可能是倒阁，这对于正常的政治运作是不利的。因此，这次宪法修改比较顺利地得到了议会和法国人民的支持。

事实上，在20世纪70年代，当时的蓬皮杜总统曾经主张将总统任期由7年改为5年，当时提出的宪法修改草案是两条，其中第1条是：“共和国总统通过直接普遍的选举产生，任期5年。任何人连续任总统不得超过两届”。不过，这一修宪草案在提交给两院表决的时候仅仅获得了微弱的多数（faible majorité）的通过，因此没有被提交给两院联席会议（Congrès）。这一问题先后又被后来的德斯坦总统和密特朗总统提出，直到2000年的5月，又经德斯坦以议员的身份再次提出法律提案（proposition de loi），对总统的任期及其限任问题进行修改。这一提案得到了总理诺森潘的支持，国民议会的社会党团也提出了关于修改总统任期和连任问题的提案，Pascal Clément 则提出在原来任期7年的基础上限制连任，最后，总统和总理就宪法修改问题达成了一致。对总统任期进行修改的宪法草案经国务会议讨论决定，然后于2000年6月7日提交给国民议会，最终国民议会通过了这一草案，表决结果是：503名议员，参加投票的为494名，其中有466票赞成，28票反对。6月29日，参议院也进行了表决，其结果为270名议员，参加投票的是262名，其中228票赞成，34票反对。7月12日，希拉克总统以n° 2000－655总统令（décret）决定将这一修改宪法的草案交付公民投票复决。2000年9月24日公民投票的结果是：73.21%的投票赞成，但是，这次投票率极低，登记选民为39 941 192，参加投票的仅为10 118 348，赞成票为7 407 697，仅占登记选民的18.55%。这显示出法国人对于这一问题的相对“冷漠”，在很多选民的心中，这次修改毕竟是总统任期的小小调整，和1962年那次选举方式的改变当然不可同日而语。但是，不管怎么样，关于总统任期的修改终于得以实现了。

5.2005年3月1日的n° 2005－205宪法性法律（Loi constitutionnelle n° 2005－205 du 1er mars 2005）实现了对于宪法序言及第34条的修改，其主要目的是将环境宪章（Charte de l'environnement）引入宪法。

早在2001年3月，希拉克总统在一次演讲中就提出了环境宪章问题，并在2002年3月其总统竞选的另一次演说中又进行了重申，他主张将环境权写入宪法。2002年，国务会议决定成立一个由科庞（Yves Coppens）教授领衔的委员会，该委员会在2003年4月8日提交了著名的“科庞报告”（rapport Coppens）。2003年6月5日，关于环境宪章的宪法修改草案在国务会议上通过，并分别获得了国民议会和参议院的支持。2005年3月1日，议会两院联席会议通过了这一宪法性法律，表决结果为出席投票的为665名议员，未出席投票的为242名议员，弃权的为111名，在所有有效的554票中，有531票赞成，23票反对，达到了法定的多数333票。这样，《环境宪章》就被加入了1958年宪法，并成为法国第五共和宪法的有机组成部分，它专门规定了环境保护和可持续发展问题。这对于当代世界各国宪法的发展是具有示范效果的。

6.2008年2月4日的n° 2008－103宪法性法律（Loi constitutionnelle n° 2008－103 du 4 février 2008）实现了对于宪法第15章关于欧盟和欧共体内容的修改，同时对于2005年3月1日的n° 2005－204宪法性法律的有关规定（La loi constitutionnelle n° 2005－204 du 1er mars 2005）进行了调整。在2005年5月29日的公民投票中，法国人以接近55%的反对票拒绝批准欧洲宪法条约（traité établissant une Constitution pour l'Europe），因此，该条约的批准过程中所进行

的宪法修改（Loi constitutionnelle n° 2005 - 204 du 1er mars 2005）也面临着修改。2008年2月4日通过n° 2008 - 103宪法性法律的主要原因就是因为里斯本条约（traité de Lisbonne）的批准，因为2007年12月13日，欧盟和欧共体成员国的代表签署了里斯本条约，它实际上是对于2004年的欧洲宪法条约的主要内容的缩减。这其实是非常有意思的地方，那就是对于尚未生效的宪法性法律的条款进行修改，这是法国宪法发展过程中的第一次，对于宪法和国际条约的关系如何协调，无疑是增加了一点经验。需要指出的是，里斯本条约未来的命运也将影响这次宪法修改的成果，如果里斯本条约不能顺利被各国所批准，则这一次宪法修改也将重复n° 2005 - 204宪法性法律的故事。值得庆幸的是里斯本条约后来完成了批准程序并于2009年12月1日正式生效。

另外，这次里斯本条约的批准也由共和国总统根据宪法第54条的规定，于2007年12月13日向宪法委员会提交了合宪性审查申请，宪法委员会在12月20日的n° 2007 - 560裁决（Décision n° 2007 - 560 DC du 20 décembre 2007）中指出，里斯本条约和宪法之间存在着不一致的内容，因此，需要对于宪法第15章的内容进行重新修改，以便顺利批准该条约。

宪法修改的草案经国务会议讨论，之后提交给国民议会和参议院进行表决，两院分别于2008年1月16日和1月30日通过，最后，两院联席会议于2008年2月4日顺利通过了该宪法修改草案，表决结果为参加投票的是893名议员，弃权的为152名，有效票数为741票，其中560票赞成，181票反对，达到了法定的多数445票。

7. 2008年7月23日的宪法性法律（Loi constitutionnelle n° 2008 - 724 du 23 juillet 2008）是第五共和宪法实施以来最大规模的一次宪法修改，其基本目标是为了实现共和国机构的现代化，并对法国第五共和宪政体制进行完善。

萨科奇早在其总统竞选过程中就宣布将启动对1958年宪法的一次全面修改。2007年5月，萨科奇当选为法兰西第五共和国第九任总统。在正式上任后不久，2007年6月12日，萨科奇在埃皮纳勒（Épinal）发表演讲，重申了其竞选总统期间的主张，即进行机构改革。爱丽舍宫将其称为埃皮纳勒演说（Discours d'Epinal），以和戴高乐将军1946年6月16日发表关于第五共和宪法构想的贝叶演说相对应。他认为，以总统为主导的宪政体制带来了许多的问题，包括宪法第16条规定了总统的权力的行使的限制问题；宪法第49条关于政府对于议会承担政治责任的规定；重新评估议会对其日程控制的权力及其对于公共政策的影响力；在总统主导的体制下总理的角色；总统与议会的关系，总统介入国民议会的机会；总统连任的问题；在议会选举中适当地引入比例代表制的可能性等。

2007年7月18日，萨科奇签署n° 2007 - 1108法令，设立一个由巴拉迪尔

(Édouard Balladur)[①] 为主席的委员会。以对共和国机构现代化问题进行反省并提出建议，杰克·朗（Jack Lang）和皮埃尔·马若（Pierre Mazeaud）[②] 被任命为该委员会的副主席。因此，该委员会一般被称为巴拉迪尔委员会，其组成人员有 13 名，集中了不同领域的政治人物和宪法学家。该委员会在 3 个月的时间设置了 3 个听证期间，召开了多次听证会，参加人有各政党的代表以及共和国一些重要机构的代表，如两院议长、宪法委员会主席、经济和社会委员会主席、最高法院的检察官、审计法院的第一主席、最高法院的第一院长，两院法律委员会主席、最高行政法院副院长等。这些听证会通常情况下都通过议会的频道直播公布，其他的政党和工会组织则通过信件表达其主张要求和评论。

该委员会经过 3 个月的努力于 2007 年 10 月 29 日向萨科奇总统递交了著名的“巴拉迪尔报告”。该报告在提交之前已经引起了新闻媒体的关注并对其中的主要建议进行评价，它包括 77 条修改或制定新的法律条款的建议，其中 41 条涉及宪法修改，占到宪法文本的半数以上的条款。这 77 条建议由该委员会一致通过。其基本内容就是要限制总统的权力，修改总统候选人的提名方式，扩大议会的权力，调整议会与政府的关系，修改宪法委员会提请审查的方式，加强宪法所规定的公民基本权利的保障。该委员会认为，法国第五共和宪法已经实施了半个世纪，运作良好，保证了行政权的效能，但是时代在变化，现在的情况是法国已经是一个处处都显示出参与决策并促进决策意愿的社会。该委员会在过去的多次宪法修改过程中，一直没有建立起来一套平衡总统权力的机制。国家机构的民主化是必须的，所以一致同意进行一次全面的雄心勃勃的变革。该报告为第五共和的机构改革提供了建议，并明确建议进行一次宪法生效四十多年之后最为重要的一次宪法修改，这实际上已经为 2008 年的宪法改革做好了准备并展开造势，其结论为这次以机构改革为中心内容的宪法修改提供了灵感。

在巴拉迪尔报告的基础上，一个关于第五共和宪法制度现代化的宪法性法律草案在 2008 年 4 月 23 日提交给国务会议讨论，该草案同一天又提呈给国民议会（n° 820），并于 6 月 3 日在国民议会获得通过（569 votants，546 suffrages exprimés，315 voix pour，231 contre），6 月 24 日参议院通过了进行一定修改之后的草案（328 votants，289 suffrages exprimés，166 voix pour，123 contre）。在二读过程中，国民议会于 7 月 9 日通过了该草案，参议院则是在 7 月 16 日通过（329 votants，287 suffrages exprimés，162 pour，125 contre）。萨科奇总统于

① 巴拉迪尔委员会的全称是：Comité de réflexion et de proposition sur la modernisation et le rééquilibrage des institutions。巴拉迪尔曾出任总理，1929 年 5 月 2 日出生于土耳其，法国当代政治家，曾任最高行政法院推事，蓬皮杜总统期间的总统府秘书（1973 年～1974 年），在希拉克政府期间曾任经济、财政和私有化部部长（1986 年～1988 年）。密特朗任总统期间曾出任总理（1993 年～1995 年）。在法兰西民主联盟的支持下，他曾参加 1995 年总统选举并获得近二成的选票。

② 杰克·朗（Jack Lang）是社会党议员，著名的公法教授，曾任文化部部长和教育部部长；皮埃尔·马若（Pierre Mazeaud）是共和国联盟议员，曾出任国民议会副议长，宪法委员会主席。

2008 年 7 月 17 日签署法令召集国会两院联席会议，两院联席会议在凡尔赛于 7 月 21 日开会通过该法案，出席投票的为 905 名议员，未出席投票的为 1 名议员，弃权的为 9 名议员，其中，有效票数：896；法定多数票：538；赞成票：539，反对票：357。需要指出的是，这次并没有遵循通常的惯例，国会主席也参加了投票。7 月 23 日，该宪法性法律（Loi constitutionnelle n° 2008 - 724 du 23 juillet 2008）由总统签署，并被公布于 2008 年 7 月 24 日的 n° 171 政府公报上。

法国宪法的理论和实践在世界宪法发展史上是具有举足轻重的地位的，尤其是第五共和宪法对于当代世界各国的宪政制度产生了相当大的影响，这主要体现在第三次世界民主浪潮中一些国家的制度选择上。1974 年的葡萄牙结束了独裁政体，其后民主的实践在欧洲、亚洲和拉丁美洲 30 个国家取代了威权政权。[①] 以葡萄牙为代表的一些国家采用了法国的半总统制的宪政体制，其后，一些国家如斯里兰卡、海地、尼日尔共和国等甚至直接以法国第五共和宪法作为其宪法的范本。

意大利政治学教授 Jean Blondel 在《世界领袖》（World Leaders: Heads of Government in the Postwar Period）一书中指出，二元领导是第二次世界大战后当代重要的政治制度，并呈现出逐渐发展与稳固的趋势。Blondel 所谓的二元领导是指由两个领导者分享领导权威的统治类型，这种分享领导可能存在于各种政治制度当中，包括君主制、总统制、议会制、人民代表制和半总统制，二元领导的权力分配，可能根据各国的宪法实践特别是其政治传统和惯例、政党政治的运作而有所不同。这种政治模式为正在过渡和变迁中的国家提供了一个比总统制或内阁制（议会制）更适合的制度，其原因在于总统制下总统的权力过于集中，而内阁制的成功运作又对于议会政治要求很高，需要有政党党纪严明或各个政党之间各种组合的支持，然而对于新兴国家而言，由于其政治体系尚在发展当中，未必具备足以完全支撑总统制或内阁制运作的客观条件，因而二元领导乃成为一种普遍的政府领导形式。

---

① 参见［美］亨廷顿：《第三波——20 世纪后期民主化浪潮》，刘军宁译，21 页，上海，上海三联书店，1998。

东亚宪政编

- 南野森　日本的西洋法继受——以宪法史为中心
- 坂口正二郎　战后日本宪法学与“战斗民主制”——日本围绕西洋法继受的一种选择
- 青木人志　日本接纳和改变西洋法的三个局面——从《法兰西法律书》的出版到法制度改革
- 金昇大　韩国宪法的发展与西方法律
- 韩大元　论日本明治宪法对《钦定宪法大纲》的影响——为《钦定宪法大纲》颁布100周年而作
- 夏新华　法国宪政文化对民初中国立宪的影响
- 周刚志　反立宪党人主张什么？——清末仿行欧日立宪之政治争议的文本考察

日本的西洋法继受——以宪法史为中心

南野森*

本报告虽然冠以“日本的西洋法继受”这样庞大的题目，但我只对宪法有所研究。所以，我将本报告的内容限定在对西洋法在日本宪法史上所产生的影响相关史实的介绍。众所周知，现行日本宪法即1946年宪法是第二次世界大战日本战败后，以美国占领军总司令部的民政部的人员为中心所起草的草案为基础而制定的。所以，我这里只以日本国宪法之前的宪法，即1889年“大日本帝国”宪法制定史上西洋法的影响为中心而展开介绍。当然，在这样的国际研讨会中，无法预知听众对日本宪法史的知识程度，所以我的报告只以历史事实的介绍为主，而不会进行特别分析。对于那些熟悉我所介绍的内容的听众，本人必须预致歉意。

本报告以日本幕府末期到明治初期、明治初期到旧宪法制定这样的时间顺序展开。

一、日本开国

在19世纪初至19世纪中叶的日本，随着西洋各国对东亚的渗透，此前约二百年左右以死刑加以禁止的与西洋的交流出现了无法抗拒的复活的征兆。作为结果，随着与西洋各国交流的门户被不断打开，迄今为止支配日本的江户幕府的封建体制渐渐瓦解，日本进入了历史上最大的动荡时期。

除了被视作与天主教没有直接关系的中国和荷兰外，在二百年左右没有与其他外国产生任何交流的日本人，在1853年7月目睹突然出现在东京湾入口的浦贺港的美国军舰的巨大身躯时，完全可以想象他们的吃惊程度。对于当时的幕府政权来说，可能是无比的震撼。面对以强大军力为背景的美国提出的开国的要求，当时的幕府大概除接受以外别无他法。随着1854年3月日美友好关系条约的签订，历时200年的锁国时期骤然终止。

此后，1858年7月，日美又缔结了日美友好通商条约。同样缔结了这样的

---

* 南野森，日本九州大学副教授。

双边条约的是数周后接踵而至的荷兰、俄国、英国（1858 年 8 月）和 1858 年 10 月的法国。1860 年到 1868 年间，日本又同葡萄牙、普鲁士、比利时、意大利和西班牙等国缔结了双边条约。这些条约除了规定相互派驻领事、开放一些日本港口允许外国人居住等内容以外，还包含了给予条约外国以非常广泛的治外法权以及否认日本的关税自主权等重大的不平等的内容。如下文所述，这些不平等条约对于日本的迅速近代化有着重要的意义。

17 世纪末期开始，以反对开国、排斥外国人为中心的攘夷思想在日本的知识分子和武士阶层产生了很大的影响力。随着 19 世纪中叶突然而至的开国政策和不平等条约的缔结，全国性的反开国、反外国人的运动风起云涌，并不时伴有暴力和恐怖行动的发生。最终，经过幕府派和倒幕派之间的内战之后，迎来了王政复古时期，即将政治权力交还给迄今已在京都居住 1 000 年以上，被隔离于政治舞台之外，但享有道德和文化权威的天皇。

1868 年 7 月，明治天皇将江户改名为东京。次年，天皇从京都移居东京，明治新政府开始真正统治。毋庸讳言，新政府面临的是堆积如山的课题。对于天皇派即此前的倒幕派来说，虽然他们原本主张排斥外国人，但在当时在东亚全面持续势力扩张的西方各国压倒性的军事实力面前，为了维持日本的独立，除了与这些西方国家保持友好关系以外别无他法，这一点任何人都洞若观火。在此背景下，1871 年，明治政府第一次向西方各国正式派遣使团（团长为岩仓具视），开始收集西方的情报。

前文提到，日本将修改幕府末期与西方各国缔结的不平等条约作为一个重要的课题，因为这些条约剥夺了日本的关税自主，并使外国享有极大的治外法权。对明治政府来说，为了暂时冷却国内仍然根深蒂固的排外情绪，首先就须将废止或缩减治外法权作为修改条约的第一要务。为达成这一目的，尤其是为了让日本法官能够审理那些以居住在日本的外国人为被告的刑事案件，就要与西方各国进行谈判、修改条约。为此就必须使日本的法律制度（刑事法律与审判制度）在西方人眼中能得到与西方制度相同的评价。日本认识到，至少要使西方各国无法以日本法律是前近代的法律为借口而拒绝修改条约。事实上，虽然岩仓使团本打算如果顺利的话就立即开始相关谈判，但西方各国根本不愿同这个连明治政府的全权委任状都没有的使团一起坐到谈判桌前。也就是说，当时的明治政府的首脑们对这样的外交关系的基本规则一无所知。

尽管如此，对于使团中那些日后执掌明治政府中枢的要人和年轻的学生们来说，能获得与欧美各国和欧美人士实际接触的机会本身就极有意义。随着岩仓使团的归国，日本迈出了建立西方的或近代的法律制度和统治机构的决定性的第一步。

二、西方思想的流入

岩仓使团在欧洲和美国游历访问的时候，西方的法律、政治思想正在被迅速地传入日本，这些思想不仅在知识分子和当权者当中，而且在一般社会民众中都逐渐广泛传播。首先，如同山田教授的报告里详细介绍的，就对政府产生影响而言，所谓的“延聘西人”起到了非常重要的作用。在法学领域，最有影响力的是以下三位：法国巴黎大学教授博瓦索纳德（Gustave Emile Boissonade，1825—1910，1873 年—1895 年在日），赴日后在大学讲授法学，起草了刑法典（1882 年）和民法典（1890 年）；德国罗斯托克大学教授罗斯勒（Karl Friedrich Hermann Roesler，1834—1894，1878 年—1893 年在日），参与起草宪法（1889 年）和商法典（1890 年）；柏林的法律家莫塞（Albert Mosse，1846—1925，1886 年—1890 年在日），参与地方行政组织的建立。

对日本社会而言，此时正是“自由民权运动”盛行的时期。大量西方近代启蒙思想的著作被翻译和诵读。在此影响下，要求享有自由和权利，尤其是要求开设议会和享有选举权的民众运动日益兴盛。当时被广泛阅读的翻译作品包括 1871 年翻译出版的密尔的《论自由》（中村正直译）、1875 年翻译出版的孟德斯鸠的《论法的精神》（铃木唯一译）和 1882 年翻译出版的卢梭的《社会契约论》（中江兆民译）等。边沁的著作也是在这个时期被翻译引入日本的。①

不光是西方重要著作的翻译引进，事实上，那些游历西方后归国的日本人写作的介绍西方社会、思想的书籍的发行也是值得注意的现象。其中代表性的人物就是日后创建庆应义塾大学的福泽谕吉（1834—1901）。他在岩仓使团赴欧的十年前的 1860 年就随江户幕府派出的使团游历美国和欧洲。和当时大多数的知识分子（的雏形）一样，他能熟练利用荷兰语阅读和写作。归国后，他首先出版了上中下三卷本的《西洋事情》（1866 年—1870 年），此书旋即成为当时的一大畅销书。之后，他又陆续出版了《劝学篇》（1872 年）、《文明论概略》（1875 年）、《通俗民权论》（1878 年）等作品。这些都成为 19 世纪后半叶的日本最广为流传的书籍。

通过西方著作的翻译和日本的启蒙思想家的著作，西方的自然权、人权以及立宪主义的思想都被知识分子和普通大众作为支配的思想潮流而接受。这些思想之所以能够在普通民众中获得如此广泛的传播，一个重要原因就在于这个时期的

---

① 何礼之于 1876 年将边沁的 The Principle of Civil Code 译作《民法论纲》出版，此后，他又陆续翻译出版了《立法论纲》（1878 年）、《刑法论纲》（1879 年）、《宪法论纲》（1882 年）、《利学正宗》（1883 年～1884 年）等边沁的著作。

日本与外国相比有极高的识字率以及书籍、报纸、杂志的大量流通发行。①

三、自由民权运动

19世纪后半叶，西方启蒙思想在日本的迅速普及进一步推动了自由民权运动的发展。1874年1月，该运动出现了第一次高潮。以一年前在政权内部斗争中失败而下野的板垣退助等人为中心的自由民权运动的主要成员向政府提出了请求设立民选议会的请愿书。政府本打算对此置之不理，但次日的报纸全文登载了请愿书的内容，舆论一时为之沸腾。最终，明治天皇在第二年（1875年4月）发布诏书，许诺逐步建立立宪政体。该诏书还命令设立作为天皇资政机关的元老院、地方代表集会的地方官会议以及作为最高审判机关的大审院等机构。②

1876年9月，天皇发布诏书，密令元老院起草宪法草案。这一诏书中值得注意之处在于它同时包含对于起草宪法草案的两个彼此矛盾的要求。一方面，该诏书命令元老院起草宪法应"基于我国建国之体"；另一方面，它又要求元老院"广为斟酌海外各国成法"。总之，它要求的是一个日本特殊之处和作为西方各国常识的立宪主义体制同时并存的宪法草案。事实上，在宪法制定后，日本特殊之处和西方立宪主义普遍性这两个要求也使得日本的宪政在此二者之间大幅振荡。

诏书发布数月后，开始准备起草宪法的元老院所表现出的立场是重视第二个要求，也就是西方立宪主义普遍性的要求。在元老院看来，"除俄国外，现代开明发展诸国皆采立宪君主抑或立宪民主之制，日本欲求发展则不可无立宪主义"。1880年完成的第一部宪法草案就是基于这种对西方立宪主义怀有好感的立场而草拟完成的。这一草案是参考当时欧洲各国，尤其是大量参考比利时和普鲁士宪法后完成的。然而，该草案被视为过于西化而失之于"国体"——日本的特殊之处——故最终未曾问世便胎死腹中。

政府内部秘密开始起草宪法的时候，社会上自由民权运动也在各地以频繁集会、演说的方式蓬勃发展。1880年3月，附有近九万人签名的要求开设议会的请愿书被提交给政府。政府甚至拒绝接受请愿书，民间又成立了"国会期成同盟"的组织，全国范围内要求开设国会的呼声日益高涨。虽然政府禁止或监视民

---

① 明治初期的识字率大概是男性45%，女性15%。Voir Louis FREDERIC，Le Japon，Dictionnaire et civilisation，Paris，Robert Laffont，1996，p. 28. 另外，1853年进入浦贺港的佩里海军准将的《佩里日本远征记》里记载，佩里看到书籍大量廉价出售以及教育在日本的普及程度都感到大为惊讶。此外，格洛宁的《日本幽囚记》、欧利凡特的《厄尔根卿遣日使节录》、麦克唐纳的《日本回想录》、海涅的《环球航海日本之旅》、昂贝尔的《幕府末期日本图绘》、奥尔科克的《天皇之都》、舒曼的《日本中国旅行记》中也都有关于对幕府末期日本的高识字率表示惊讶的记述（未经核实）。另有关于18世纪时伦敦的识字率为20%、巴黎为10%、江户为70%的数字记载（出处待查）。

② 应该注意到，如果说明治政府采取上述措施作为对自由民权运动的权宜之策，与此相对应，政府也采取措施制约自由民权运动。例如，1875年6月制定的诽谤律和新闻条例，9月制定的出版条例等。

众集会，但要求开设议会的运动并未停止，反而以非合法的集会等形式反复出现，这些集会的参加者们各自提出自己的宪法草案并就此进行讨论。[①]

1881年，自由民权运动迎来了全国性的第二次高潮。对此，明治政府已经不得不作出妥协。1881年10月，明治天皇发布诏书开设国会，但是诏书内容却是许诺于10年后即1890年召开国会，以此来平息国民。当时，日后的东京大学教授、民法典起草者之一的富井政章（1858—1935）正在法国里昂留学。他与好友埃米利·季诺（东方美术收藏家）彼此保持通信联系。前几年，大村敦志教授在巴黎的季诺美术馆仓库里发现了富井给季诺的信件。笔者有幸看到过大村教授用数码相机拍摄的这些数量巨大的信件的照片。其中的一封信中，富井提到了明治天皇1881年关于开设国会的诏书。他写道："虽然我国终于和法国一样也决定要开设议会了，但这却要是在10年后。10年！"

政府命令后来成为第一位内阁总理大臣的伊藤博文重新起草一部能够平衡"我国建国之体"和"西洋各国成法"的宪法草案。伊藤则命令井上毅（1844—1895）就此进行具体调查。井上曾留学法国，并在1875年翻译出版了拉斐艾尔的《欧美宪法集》一书。[②] 他与博瓦索纳德、罗斯勒多次面谈，对于同为君主立宪国家的英国和普鲁士之间的差异进行了深入的研究。从结果来看，对于力求扩大天皇权力、约束议会权力的明治政府而言，比英国更加限制议会权限的普鲁士的制度更有吸引力，从而被视作模范和准据。1881年，在政府的支持下建立了"德国学协会"，奖励对德国进行研究。对布伦齐利（Johann Caspar Bluntschli）的《一般国家学》的翻译就是在这个背景下开始的。

四、宪法制定

1882年3月，为调查宪法问题，明治政府决定派遣以伊藤博文为团长的包括井上毅等人的新使团出使欧洲。德国自然而然地成为这个使团的主要目的地。伊藤等人先是在柏林停留了5个月，在格奈斯特（Rudolf von Gneist，1816—1895）的指导下进行调查研究，然后去维也纳师从斯坦因（Lorenz von Stein，1815—1890）进行了三个月的研究。驻德期间，伊藤博文写给明治政府相关人士的信件现在大多得以保存。在1882年给岩仓具视的信中，他提到，"现在正在师从格奈斯特和斯坦因这两位德国大家，学习能排除那些受英、美、法等国自由过

① 关于这个时期的私人宪法草案，参见［日］家永三郎：《日本近代宪法思想史研究》，日本，岩波书店，1967；林茂：《近代日本政党史研究》，日本，みすず书房，1996。

② 可能是对拉斐艾尔1869年的《王国建国法》（Edouard LAFFERI RE，Les Constitutions d' Europe et d' Amérique）的节译。在该书引言的开头写道，"建国法者，根本宪法之谓也"。［法］拉斐艾尔：《普鲁士宪法》（博闻社，1882）是对此书的改订。但该书引言的落款时间却是明治八年二月（1875年2月），同《王国建国法》引言里的落款时间相同。两书都可见于日本国会图书馆网页的"近代电子图书馆"里的PDF版。

激论者的著作的错误影响而将日本引向混乱的人的影响的理论和方法……在君主立宪而不是共和体制下，君主的权力必须要优越于议会的权力”①。

1883年8月归国后，伊藤和井上等人开始着手准备起草宪法草案。同时，罗斯勒等延聘外国人也被彻底动员起来，着手准备内阁制度、议会制度、地方制度、皇室法制和行政审判制度等内容。在议会制度方面，虽然1885年完成了关于两院制议会议员选举方法和议事程序等内容的规则案，但这个由他人（非伊藤、井上）起草的规则案由于被视为过多参照了白芝浩、狄金森等英国学者的作品，过于英国化而胎死腹中。

自1886年起，宪法草案的起草工作正式开始。1887年5月，井上毅和罗斯勒各自完成了自己的草案并提交给伊藤博文。罗斯勒草案的特点在于大幅限制议会的预算决定权。在两人草案的基础上，伊藤博文于同年8月提出宪法草案。对于这个8月“伊藤宪草”，井上和罗斯勒又各自发表意见，展开了极富价值的论争。限于篇幅，关于二人论争的详细内容此处不得不割爱。饶有兴味的是，原本属于法国派的井上对于主张对议会权限尽可能进行限制的伊藤和主张对议会的预算决定权进行限制的罗斯勒进行了强烈的批判。特别是针对沿用“罗斯勒宪草”中关于议会否决政府的预算案的情况下，天皇认可即可通过预算案的“伊藤宪草”，井上指出，“这项规定是对1863年俾斯麦演说的模仿。要义在于当政府和议会围绕预算发生对立时，政府可以决定预算。这样就如同根本没有向议会提出预算案、议会根本就不存在、宪法也根本没有被制定一样。如果导入这种与立宪主义对立的古老的专制主义的话，到底还有什么必要建立宪法体制呢？如果制定这样的规定的话，宪法就称不上是真正意义上的宪法。罗斯勒的观点意在将俾斯麦的政治战略引入日本宪法，这是基于所谓东方尚未拥有完全成熟的立宪主义的错误理解的产物”②。罗斯勒本人也对“伊藤宪草”提出了批评。在他眼中，预算案问题姑且不论，即使在其他方面而言，“伊藤宪草”上的议会权力也显得过于软弱。

此后，在对“伊藤宪草”进行一系列的修改后，1888年4月最终完成了的宪法草案的确定本。之后，作为天皇的资政机关而新设立的枢密院对宪法草案进行了逐条审议。伊藤博文辞去内阁总理大臣之职就任枢密院议长。审议宪法草案时也出现很多意味深长的议论，尤其是伊藤博文在枢密院采取的相对立宪主义的立场这一点很值得注目。但限于篇幅，此处也不得不割爱。最终，1889年1月，枢密院认可宪法草案，并获得天皇的裁可。1889年2月11日，日本公布了第一部近代意义上的宪法典。这部亚洲第一部、最广义上的立宪主义的宪法典的制定，距法国资产阶级革命已有百年之遥。

---

① ［日］大石真：《日本宪法史》，78页，日本，有斐阁，1995。

② ［日］大石真：《日本宪法史》，140～141页。

结 语

以上简略介绍了由幕府末期佩里访日（1853 年）开始，经开国至 1889 年明治政府制定日本宪法之间不足 40 年的历史。在此期间，作为区区远东岛国的日本至少从形式上勉强跻身于西方立宪主义国家之林。以天皇治权总揽为前提的日本宪法，基本达成了议会、政府、法院的三权分立体制，以及以“臣民权利”而非“人权”为内容，而且其中大部都可能被法律加以限制的权利保障体系。就 1789 年法国人权宣言第 16 条的意义而言，不得不承认，距此百年后的日本制定“宪法”这一事件本身就有极大的意义。此后，直至 1945 年第二次世界大战日本战败制定现行日本国宪法间的半个世纪，这部宪法一直是日本的最高法律而未作任何修改。如果说形式上的立宪主义宪法之上的宪法政治，有过像所谓的“大正民主”时期那样，“广为斟酌海外各国成法”，非常自由主义、立宪主义的时期的话，毋庸讳言，也有过像战争时期，特别是 1935 年以后的 10 年间那样，连形式的立宪主义都称不上的直接标榜“我国建国之体”的时期。日本的宪政就在此二者间大幅振荡。同时，对西方法律思想、西方法学的接受仍在继续（例如，第二次世界大战时期对纳粹法学的接受），也还有许多引人深思的故事。这些故事就只能留待其他机会另行介绍了。

战后日本宪法学与“战斗民主制”

——日本围绕西洋法继受的一种选择

坂口正二郎*

一、作为战后日本宪法学对立模式的德国

自明治时代以来，日本宪法学就一直在输入西方的“立宪主义”。

本文尝试说明的不是第二次世界大战后日本宪法学从西方输入了什么内容，而是没有输入什么内容的问题。某一国家的立宪主义的形式，可以在其他国家的立宪主义对它的模仿中得以体现，但同样可以通过作为其他国家立宪主义的对立模式而得到体现。①

战前的日本宪法学以德国作为立宪主义的模式，而战后的日本宪法学却以德国作为立宪主义的对立模式。之所以如此，是因为战后德国采用了“战斗民主制”(militant democracy，streitbare demokratie) 的原因。②

所谓“战斗民主制”，是指1937年从德国逃亡的卡尔·鲁文斯坦 (Karl Loewenstein) 在美国所提出的③，战后德国波恩基本法所确立的立宪主义形式。其内容为否定自由和民主的人不能享有自由和民主。纳粹势力利用魏玛宪法中对自由和民主的保障而逐渐抬头，最终建立集权主义体制，针对此进行反省，“克服过去”的战后德国在宪法层面上确立了“战斗民主制”。联邦德国基本法的特征就在于，为保护宪法和民主不受“宪法之敌”或“民主之敌”的伤害，规定不仅是公权力，而且私人同样负有保卫作为宪法基本价值的“自由和民主的基本秩

---

* 坂口正二郎，一桥大学法学研究科。本文写作基于以下内容，[日] 坂口正二郎：《多样性中的立宪主义与宽容的悖论》(载 [日] 坂口正二郎编著：《岩波讲座宪法5：全球化与宪法》(岩波书店，2007年)，69页以下)，以及 [日] 坂口正二郎：《立宪主义与宽容的困难：战后日本宪法学中的斗争民主制》。

① Kim Lane Scheppele，Aspirational and Aversive Constitutionalism：The Case for Studying Cross-Constitutional Influence through Negative Model，1 I. Con. 296，299－300 (2003).

② 参见 [日] 樋口阳一：《近代宪法学眼中的逻辑与价值》，216页以下，日本评论社，1994；[日] 宍戸常寿：《宪法裁判权的动态》，1～2页，弘文堂，2005。

③ [美] 卡尔·鲁文斯坦：《斗争民主制与基本权利 (1、2部分)》，载《美国政治学评论》，1937年，第31卷，417、638页。

序”的义务，并通过宪法法院对此加以保障。①

基本法的基本原理是“自由和民主的基本秩序”，这个概念在德国基本法中出现了六次。根据德国宪法法院的解释，“自由和民主的基本秩序可以被定义为以自由、平等，以及在排除任何形态的专制或恣意的基础上，由现有的多数人的意思所表明的人民的自我决定为基础，以法治为前提的统治体制所体现的秩序。这个秩序的基本原理至少包括对基本法中具体规定的各项人权，尤其是对生命以及自由发展权的尊重，以及人民主权、权力分立、政府责任、依法行政、司法独立、复数政党制原理、和对所有政党的机会平等等内容”②。正如此定义所体现的，基本法不是价值中立的。

德国基本法虽然将表现的自由、教授的自由、结社的自由等作为基本权加以承认，但在这些权利的行使与“自由和民主的基本秩序”发生冲突的场合，允许对这些权利进行限制。同样，关于政党，基本法第 21 条第 2 款规定：“政党宗旨或党员行为有意破坏或推翻自由和民主的基本秩序，或有意危害德意志联邦共和国的生存的，该政党属违反宪法。”

如此，基于纳粹统治的经验以及“战斗民主制”的采用，战后德国体现了对“不宽容者”不应“宽容”的态度。

与此相对，战后日本宪法学的回答则完全相反。战后的日本不是没有过“战斗民主制”的经验。在战后日本，不是没有过剥夺“自由之敌”或“民主之敌”享有自由、民主的资格的情况。例如，20 世纪 40 年代末期的“开除公职”运动和 1950 年的“红色清洗”运动等。前者指战前支持军国主义的人被开除公职，后者指日共中央委员会的成员被开除公职。这些措施都可被视作是“战斗民主制”的表现。但是，实施这些措施的不是日本政府，而是享有占领权的美国。所以，这些措施也可以说是“基于占领的战斗民主制”。

对此，战后日本宪法学说中，迄今为止对于“战斗民主制”加以肯定的可称得上凤毛麟角。就宪法教科书而言，一般都是在作出“日本并不采用‘战斗民主制’”的陈述的时候才提到“战斗民主制”③。即使在 9·11 恐怖事件以后，这种状况也没有发生显著的变化。也听不到任何诸如恐怖分子既然是“自由”的敌

① 战后德国“战斗民主制”，参见［日］石村修：《宪法的保障——其谱系与比较法的检讨》（尚学社，1087）；［日］山岸喜久治：《德国的法忠诚——战后到德国统一》（信山社，1998）；渡边洋：《宪法的战斗性——内外的今日状况》载《神户学院法学》，30 卷 3 号（2000 年），719 页；渡边洋：《斗争民主制批判对象与方法》载《 宪法问题》，15 号 45 页。

② 2 BVerfGE1，12～13（1952）. 译文参见 W. Murphy & J. Tanenhaus（eds.），Comparative Constitutional Cases（St. Martin Pr.，1977），603 页以下。

③ 例如，［日］芦部信喜：《宪法学Ⅲ人权各论（1）增补版》（有斐阁，2004），109～110 页；［日］伊藤正己：《宪法》，3 版（弘文堂，1995），261 页；［日］佐藤幸治：《宪法》，3 版（青林书院，1995），47、487 页；［日］辻村みよ子：《宪法》，2 版（日本评论社，2004）217 页；［日］野中俊彦、中村睦男、高桥和之、高见胜利：《宪法Ⅰ》，4 版（有斐阁，2006），304 页（中村执笔）。

人，那么否认他们的“自由”也没什么不妥这样的讨论。在战后日本宪法学上，“战斗民主制”是负面的形象和对立的模式，日本宪法通过对“战斗民主制”的否定而表现出了自己的立宪主义选择。

二、战后日本宪法学与“战斗民主制”的拒绝——宫泽与樋口

战后日本，对“战斗民主制”的自觉地加以拒绝的是战后日本宪法学有代表性的两位学者——宫泽俊义与樋口阳一。

宫泽俊义是战后日本最早论及“战斗民主制”的学者。他将“战斗民主制”形容为对于“魏玛的教训”的“波恩的警戒”①。宫泽理论的特点在于将“战斗民主制”提起的问题作为“民主的两难”② 加以理解。他认为，“自由通常包含被滥用的可能性”，将“战斗民主制”看做是针对“利用或者滥用人权而破坏民主……的手段”③ 的防卫对策。但是，宫泽认为，“要防止这种（自由的——坂口注）滥用的话，恐怕会造成对自由本质的否定。绝对无法滥用的自由就不是自由。这样的话，果真能既忠实地保卫民主、保障自由，同时又彻底杜绝出于反民主的目的而利用或滥用自由的可能性吗”，这是个“难题”④。这样，宫泽从一开始就在宪法哲学的层面将“战斗民主制”的选择视作关乎立宪主义或民主的本质的难题，而不是从比较宪法的角度对其加以理解。就比较宪法而言，宫泽则肯定德国的选择。他认为，选择了“战斗民主制”的“波恩基本法的这个态度有充分的理由。将魏玛宪法史作为背景加以考虑的话，大概任何人都不会否认这一点”⑤。但是，宫泽认为“民主的本质在于保障人权。任何情况下都不能舍弃这一本质。因此，民主即使是……在以‘特洛伊木马’的方式与敌人进行战斗的场合，也绝不应该与人权发生冲突，而是任何时候下也必须基于人权进行战斗（原文加重）”⑥，从而在宪法哲学的层面上否定了“战斗民主制”。

樋口阳一和宫泽得出了相同的结论。他同样认为，“对‘宪法之敌’或‘自由之敌’是否应该保障宪法上的自由，是个困难的选择”⑦。和宫泽相同，他也在宪法哲学层面上对“战斗民主制”加以否定。樋口认为，“通过对‘宪法之敌’、‘自由之敌’的宪法自由的否定才得到保障的‘宪法’和‘自由’，到底还能不能称得上名副其实呢?”，这是个“根本的问题”。据此，他认为对“自由之敌”，在与思想和言论相关的范围内也应承认他们的基本自由，这样，自由才可

① ［日］宫泽俊义：《法律学中的学说》（有斐阁，1968），160、164页。

② ［日］宫泽俊义：《法律学中的学说》，169页。

③④ ［日］宫泽俊义：《法律学中的学说》，170页。

⑤ ［日］宫泽俊义：《法律学中的学说》，172页。

⑥ ［日］宫泽俊义：《法律学中的学说》，173页。

⑦ ［日］樋口阳一：《宪法（改定版）》（创文社，1998），92页。

能得到拥护，这符合“古典自由主义”、“古典立宪主义”① 的立场，所以应该这样选择。

这样，樋口和宫泽两人都自觉地否认了“战斗民主制”。但是，樋口的理论较之宫泽的理论更加复杂，也更加意味深长。

首先，从比较宪法的观点出发，宫泽和樋口对“战斗民主制”的定位有所分歧。在宫泽眼中，“战斗民主制”只不过是战后德国的选择。而樋口则并不这么认为。在他看来，“战斗民主制”是与近代立宪主义到现代立宪主义的转换或过渡相关联的问题。樋口认为，“与‘保卫宪法’这一主题相关联，二战后西方民主国家的宪法其特征之一就是负有高度的法的意义的‘宪法忠诚’这一观念的出现。尤其在西德，这是宪法的一个很大的特色”②。“战斗民主制”不仅是战后德国的选择，还应该被看做是与近代立宪主义的选择相异的现代立宪主义的选择的体现。据此，与宫泽不同，樋口对“战斗民主制”的否定并不是那么简单。

其次，与宫泽不同，樋口明确地将“战斗民主制”的选择看做是围绕社会主义和自由主义这两个意识形态抉择的体制选择的问题。战后德国的“战斗民主制”其矛头直指冷战中的共产主义。在樋口看来，在冷战下，选择“战斗民主制”的立场就意味着选择反共产主义的立场。

但是，在樋口眼中，无论是社会主义还是共产主义都是“战斗民主制”。他认为，“不赋予‘宪法之敌’以宪法上的保障的这种制度，从一开始就是社会主义国家很明确的前提”③。他指出，所谓社会主义采取“战斗民主制”是自我矛盾的说法。因为，“社会主义的基本方针在于以人类解放为最终的理想，据此可以断言，那些必须通过对言论设置禁忌才能得到维护的社会主义，本身就不值得维护”④。

直到70年代，社会主义对于日本法学的世界都有很强的影响力。樋口自身也承认社会主义对于战后日本宪法学而言是负面的模式。⑤ 他本人也持反共产主义的立场，将其作为战斗的对手。

樋口认为，西方社会采用“战斗民主制”是等同于自杀的选择。他指出，“正是通过言论而确保批判的自由才获得对社会主义宪法的精神上的优越的西方国家宪法，在明知‘随之而来的危险’的情况下，依然‘在涉及所有的政治教义的领域，承认完全的思想和宣传的自由’，不得不说，这才是保卫自由的本来正道”⑥。樋口虽然充分理解身处冷战最前沿的德国为了对抗共产主义而维持“战

① ［日］樋口阳一：《比较之中的日本国宪法》（岩波书店，1979），58～60页。
② ［日］樋口阳一：《比较之中的日本国宪法》，50页。
③ ［日］樋口阳一：《比较之中的日本国宪法》，60页。
④ ［日］樋口阳一：《比较之中的日本国宪法》，61页。
⑤ 参见［日］樋口阳一：《比较之中的日本国宪法》，2、217页。
⑥ ［日］樋口阳一：《比较之中的日本国宪法》，14、61～62页。

斗民主制”这一事实，他还是认为要对抗共产主义，不应该采取“战斗民主制”，而是应该采用反“战斗民主制”。

三、战后日本宪法学为何拒绝“战斗民主制”

但是，仅仅是反共产主义还不能说明樋口的立场。反共产主义既可以表现为战后德国那样选择“战斗民主制”的立场，也可以表现为樋口那样拒绝“战斗民主制”的立场。樋口拒绝“战斗民主制”的立场的真正原因还是在于围绕战后日本社会和日本国宪法的固有状况之中。

战后日本长期掌握政权的自民党对日本国宪法采取敌视的态度，而一直热衷于鼓吹修改宪法。通常来说，执政势力一般都会接受宪法，将宪法作为统治的手段加以运用。但战后的日本却呈现出与此相反的状况。在日本，正是居于权力宝座的统治势力在鼓吹日本国宪法是美国强加的宪法而应该加以修改。也正是统治势力在强调日本的国家形象和传统价值，攻击日本国宪法所体现的自由民主制。如果说在战后日本存在“战斗民主制”应针对的“自由之敌”或“宪法之敌”的话，那就是日本的统治势力。与之相抗衡，拥护作为自由民主价值的体现的日本国宪法是战后宪法学的主流。

基于这种状况，在战后日本，对于采取拥护日本国宪法及其所体现的价值的立场的宪法学者来说，作为“护宪”的形式的“战斗民主制”可能是个有魅力的选项。实际上，国务大臣的改宪发言是否违反宪法第 99 条规定的公务员的宪法尊重拥护义务的问题也反复被提出过。对国家公务员法第 38 条 5 款和地方公务员法第 16 条 5 款的合宪性的肯定，也可以通过这种特殊状况加以说明。① 在长谷部恭男看来，“战斗民主制”对“自由民主制的人为性与偶然性，以及因此产生的‘易损性’应该采取敏感地处理的立场”②。

事实上，对于“战斗民主制”，樋口也作出了它是“战后西德以日本无可比拟的认真态度对法西斯经验加以总结、对战争责任进行追究之后所得出的相应的回答”的评价。③ 而且，他甚至认为“饱尝战争和法西斯主义的悲惨体验后好不容易才产生的日本国宪法，却受到‘强加的宪法’或‘赏赐的宪法’等卑劣的谩骂，由此观之，也会觉得日本才有建立‘对宪法之敌不应给予宪法上的自由’的制度的必要”④。

虽然如此，樋口依然认为，“所谓精神的自由，大概不外乎是排除国家对思

---

① 关于这一点参见［日］坂口正二郎：《宪法尊重拥护的义务》，载［日］高桥和之、大石真编：《宪法的争点》（有斐阁，1999），28 页。

② ［日］长谷部恭男：《宪法学前沿》（岩波书店，1999），18 页。

③ 参见［日］樋口阳一：《比较之中的日本国宪法》，14、57 页。

④ ［日］樋口阳一：《比较之中的日本国宪法》，58 页。

想的规定。那么，以思想的自由竞争为善的思想，本身也不大可能从国家那里得到特权般的地位"①，从而拒绝了"战斗民主制"的诱惑。在他看来，"自由之敌"也应享有自由才是"真正的自由主义"的立场，应该始终加以坚持。

樋口为何拒绝"战斗民主制"的诱惑呢？关于这一点，值得注意的是，樋口指出，"令人尴尬的是，虽然在真正的自由主义尚未生根的社会，有通过'对自由之敌不应给予自由'的手段来维护自由的必要，但恰恰是在这样的社会里，恣意地认定'自由之敌'、彻底扼杀自由的危险才更大。日本的场合……那样的危险现在还不具现实性。但是，偶尔也有这样的状况发生，说明人们并没有意识到问题的危险性"②。

这说明，战后日本社会很难说是立宪主义已经生根的社会。正因为如此，护宪派的内部存在不自觉地采用"战斗民主制"的倾向。在这个前提下，却又产生因为立宪主义在战后日本社会尚未生根，所以应该拒绝"战斗民主制"这样的选择的悖论。事实上，在战后日本社会，以修宪为目标的势力一直强烈地排斥"宪法是对权力的限制"这样的立宪主义思考方法。在立宪主义本身尚难称生根这一状况下，即使选择"战斗民主制"也没有意义。不仅如此，反而很有可能会被要求国民从属于国家的权力方作为武器而利用。如果这样考虑的话，那么樋口自觉拒绝"战斗民主制"的选择也就完全可以理解，同时也可以看出这种选择所包含的战斗性了。

总之，战后日本对"战斗民主制"的拒绝是"宪法爱国主义"的一种形式。

---

① ［日］樋口阳一：《比较之中的日本国宪法》，79页。

② ［日］樋口阳一：《比较之中的日本国宪法》，79～80页。

日本接纳和改变西洋法的三个局面
——从《法兰西法律书》的出版到法制度改革

青木人志*

一、对西洋法继承的开端和政治原因

1867年的明治维新在英文中被表述为“王政复古”（Restoration）。但是从法文化的角度来看，明治维新似乎更接近于一场“革命”（Revolution）。明治维新时期的法律的变化过程，可以说是一个自发“继受”了西洋法的过程。

当时日本社会充满了危机感。自己的国家和法律如果保持现状的话，将会落后于世界文明，沦陷为西洋列强所附庸。所以，当时的日本人对自国法律的认识和看法也同这种对政治以及外交十分不安的心理状态有密切的关系。同时，国家强烈希望早日“修改不平等条约”的政治目标，就成为了促进自发的继受西洋法来充实本国法的原动力。

二、西洋法对日本法的影响

下面具体讨论一下西洋诸国的法律对日本法的影响。明治初年至今，日本法不断地在接受多种西洋法的影响。将其历史简单化，我们可将西洋法对日本法的影响以时间顺序划为以下四个主要方面：（1）法国法的影响，（2）英国法的影响，（3）德国法的影响和（4）美国的影响。

明治政府最初注目的近代西洋法为法国法。19世纪初叶，拿破仑完成了他伟大的立法事业。明治政府非常关注此事，于1869年（即明治2年）命箕作麟祥翻译拿破仑所编纂的诸多法典。关于这一历史还有一段轶事至今为日本人所津津乐道。据说初代司法长官江藤新平曾鼓励箕作麟祥说：“请您尽快翻译，哪怕译错也好。”

虽说箕作麟祥曾是位语言学奇才，但明治初年，日本人对西洋近代法基本上

* 青木人志，一桥大学法学院法学研究科教授。

一无所知，所以法国法典的翻译工作有时难免会停滞不前。但通过箕作麟祥的努力工作终于在同年将此翻译完成，并以《法兰西法律书》为名出版发行。箕作麟祥在晚年曾经这样回想那段艰苦岁月：

明治 2 年，明治政府令我翻译法国的刑法典。虽然被下达了如此命令，但我确实对法国刑法一无所知。后来因为无论如何都想将此翻译完成，于是就开始了尝试。当时，因为无注解，无字典，无教师如堕五里雾中。翻译工作简直就是在一片朦胧之中进行的。翻译完成后文部省将此书木板印刷发行。就这样一本漏洞百出的书就问世了。

一筹莫展的箕作麟祥曾经向政府要求到法国留学，但政府的意见却是“倒不如直接从法国邀请法律顾问”。于是，就从巴黎大学聘请了博瓦索纳德（Gustave E. Boissonade）博士。明治政府在博瓦索纳德博士起草和指导的基础上，模仿法国法，于 1880 年（即明治 13 年）公布并实施了刑法和治罪法（日本最初的刑事诉讼法）。此后又因为急于达到“修改不平等条约”的目的，又匆忙地开始了制定民法与商法的工作。1890 年（即明治 23 年）先后公布了民法、商法、民事诉讼法和刑事诉讼法，基本形成了法治国家的体制。

明治政府在起用博瓦索纳德博士如火如荼地起草法典的同时，对法学界创始期的英才教育也投入了巨大的力量。司法省法学校成为了从博瓦索纳德博士摄取法国法相关知识的窗口。直到帝国大学（现在的东京大学）兼并司法省法学校为止，司法省法学校一直起着明治法学教育的核心作用。

在当时，包括法律的各项基本原则和法学教育，就连审判制度也都深受法国法的影响。所以，可以说法国法在所有领域对日本法的影响都是最为深刻的。

明治初年的日本在深受法国法影响的同时，也受到了英国法（普通法）的影响。刚才说到摄取外国法的窗口是以司法省法学校为中心的，然而，在同一时期摄取英国法的窗口则以帝国大学为中心。

法国法的引入以及英国法（普通法）的教育方面政府聘用的外国人特里（Henry Terry）起到了重要的作用。特里是美国的律师，1877 年来到日本。在日本的执教生涯长达 25 年。曾经为日本学生编写下了厚厚的英文教科书，并且使用它授课。在法典还十分不完整的明治初年，日本基本上还没有本国的制定法和判例，所以，外国法就理所当然地被视为是普遍性法律进行教学，就是日常的授课也都是用外语来进行的。司法省法学校的博瓦索纳德博士的课程使用法语进行教学，然而帝国大学的特里的课程则使用英语进行教学。

明治 20 年代（即 1887 年至 1897 年），法国法和英国法被广泛讲授，并且分别以司法省法学校和帝国大学的毕业生为主形成了法国法学派和英国法学派。两大法学派对立存在。两派曾经围绕着是否“实施”法国人博瓦索纳德起草的民法（公布于 1890 年）引发了激烈的争论（被称为“法典论争”）。法国法学派坚决主张实施民法，然而英国法派则主张极力延期实施该法。

（1）对“以修改不平等条约为目标”的外交政策的看法不一致。（2）因为学术上的理由。相对法国法学派多少受到了带有普遍主义色彩的自然法学派的影响，英国法学派则立足于历史性法律意识，认为日本有自身的实际情况，反对原封不动地引进西洋法。（3）也有英国法学派和法国法学派在法学界的“霸权斗争”的因素。

“法典论证”最终以主张“延期实施”派的胜利而告终。博瓦索纳德民法就这样被埋没了。但这并不意味就是提倡“延期实施”的英国法学派时代的到来。之所以这么说是因为一番争论之后取代了法国法的并不是英国法，而是德国法。明治20年后，日本法学非常明显地开始倾向于德国法。其主要理由为以下三方面：首先，从制定大日本帝国宪法即《明治宪法》开始，日本执政者的目光就集中到了德国法（这是政治方面的理由）。其次，因为英国是一个不拥有成文法的判例法国家。而判例法又是一个并不适合在短期之间被全盘继承的法律体系（这是实际上的理由）。最后，相对19世纪初制定的法国法典稍显陈旧的事实，德国法典的出台因为晚于法国法典，所以其内容和体系，更加适合驾驭19世纪末的日本社会（这是理论上的理由）。

受普鲁士（Prussia）影响的大日本帝国宪法的立法过程与政府聘用的外国人霍曼·娄埃斯勒（Hermann Roesler）有着密切的关系。除此之外，1890年（即明治23年）的法院组成法和民事诉讼法，也同政府聘用的德国人鲁道夫（Otto Rudorff）和特互奥（Hermann Techow）有不可分割的关系。

日本法学界对德国法的倾斜极为明显地体现在，博瓦索纳德起草的民法因为被延期实施，而在重新制定民法一事上，因为新民法，大量地参照了德国民法典草案并且还积极采用了德国式的编纂体系。

德国法色彩非常浓重的日本民法典一旦完成，理所当然地对民法典的解释学也就具有了德国法的色彩。德国式的民法典的制定在某种意义上是借助于德国法学派得力于法学界的事实。但是在更深远的意义上，德国式民法典的制定更加促进了法学界开始大量参酌德国法的现象。另外，日本的新民法制定完成之后法学教育的目的也产生了较大的变化，即从探索更有利于立法的外国法的阶段，转移到了培养能够系统地解释和运用法典的法官和行政人员上。即使在这一目的上，一向重视理论性和体系性的德国法，也成为最有益于日本的法律。

接下来，这个倾向于德国法的日本法，因为第二次世界大战的战败和随之而来的美军占领，美国对日本进行的大规模的法制改革之后，日本又步入了一个接受美国法律影响的新阶段。

日本最高法院被迫接受违宪立法审查权等发生在第二次世界大战之后的法制改革中，美国式的制度被强行移植到了日本身上。可以说对美国法律的移植条件，并不同于法英德三国的情况。

明治时期是自发地并且是有选择性地学习法英德三国法律，移植美国法律则是以战败国的身份，在没有任何选择权的情况下进行的。

战后（在美国的协助下）制定的日本国宪法对日本法律的影响非常广泛。例如，宪法制定之后刑事诉讼法，反不正当竞争法，证券交易法，人身保护法，社会更生法，工会法，劳动关系调整法等重要的法律陆续在美国法律的影响下制定出来。并且，民法（特别是家族法）和刑法也根据新宪法进行了修改。

美国法要素在日本法中的渗透，导致战后日本的法学界不仅研究西欧法，而且对美国法的研究也非常广泛。直到现在，这些建立在欧洲式法律基础上的美国法的学术阶层不仅在法律和法律制度的领域，就是在法理论的领域里仍在日渐壮大。2004 年日本全国各地的大学开设了法科大学院，直到现在，大多数的法科大学院还把美国法教育编入了教学计划。

三、关于西洋法的继受和法文化斗争的实例——法庭示意图的比较

以上，简单介绍了日本接受现代西洋法的历史，在这个过程中，日本既存的“固有法”（江户时代以前日本受到中国法影响而形成的法思想）和接纳的“移植法”（具有西洋近代法性质的法思想）是如何相互冲突，相互改变最终相互融合的呢？带着这个问题，我想以法庭示意图和藏在法庭示意图背后的诉讼观和正义观的变化过程为例，为大家作进一步的解释。可以说，法庭的布置是审判观和正义观在有意无意中所形成的结晶。

现在，在日本进行的大规模的司法制度改革的热门话题之一，就是业余“法官”（陪审员）制度的采用（2009 年起）。之所以引进这样的制度，其理由从对法庭示意图的历史性分析和国际比较来看，我们也可以将它理解为明治时期以来，错误地将西洋法以专门人员化理念进行的继承已经“畸形化”到了极点。

四、接受外国法的三个局面

如上所述，从“法庭构造变化”一例我们可以看到法在接受其他法律时，固有法和移植法在很多接点上会产生激烈的相互作用和文化的变化。分析对外国法的接受过程，可以将它划分为 3 个阶段。首先是，引进哪一国，或者是哪一部分法律（这是“选择”阶段），接下来是，如何将它翻译成日文（这是“翻译”阶段），最后，翻译成日语后的法律应当如何实际运用（这是“运用”阶段）。在选择、翻译和运用的每一个阶段都会产生移植法和固有法的相互作用和文化的变化。

第一阶段，即在“选择”的阶段中，成为了被移植对象的是哪国法，哪一部分（思想）被移植，分别为什么被移植等问题将成为重要的研究课题。此时，不应当只将焦点放在“被接受（继受）的部分”上，更重要的是应当将焦点适当地

放到“未被接受（继受）的部分”是什么和其未被接受（未被继受）的理由是什么等问题的分析上。

在“翻译”阶段，将外国法的概念和理论，翻译成为想要接受它的国家的语言时，必然会出现因翻译上的技术问题而造成的意思和内容的微妙变化。日本可以说是一个对法律概念的翻译做得非常熟练的国家。即使这样过激地依赖汉字的造字能力而骤增的法律用语中仍然有一些让人难以理解的法律用语被包含在其中。特别是在来源于西欧诸国日常用语中的法律用语，格外容易产生对本来意思的“歪曲”。以“权利”为例，相对“权利”在西欧日常用语中（拉丁语为 ius、英语中为 right、德语中为 Recht、法语中为 droit）大多数都具有“正”和“直”的意思，除此之外还有“法”层面上的意思，但是“权利”这一翻译过来的用词却丢掉了它原有的“正”、“直”和“法”的意思。

这不仅是停留在“语言”层面上的问题，它还涉及在日本社会里权利往往被混淆为单纯的利益，和法律意识较低等等社会问题。事实上，谈到日本法时，法条的表面意思和现实运用中的“分歧”，至今被视为是一项难题。同时，在日本社会里“充分发挥法，权利，裁判的功能”被视为本次司法制度改革的最重要课题之一。

第三阶段，即“实际运用”的阶段。引进陪审员制度的举措，目前很难说是受日本国民所欢迎的改革。去年，日本政府（总理府）实施的国民意识调查反映，国民的七成“不想当审判员”。这意味着日本直到今天还未完成开始于明治时期的对西洋法的继承。

综上所述，在对外国法律的选择、翻译和实际运用这三个阶段所发生的法律的变化，东亚各国在接受西洋法时都是有可能普遍发生的，所以，面对各自的局面，中韩日三国都应当不断地加深对这个领域的研究。这一积累必将成为探讨东亚共同法形成的可能性的一项重要的基础性资料。

（本文中的主要观点曾在李林主编的《跨越国界的法律概念》一书中发表，北京，社会科学文献出版社，2008）

韩国宪法的发展与西方法律

金昇大*

一、序言

今年是韩国宪法制定 60 周年。自古在韩国，人到 60 周岁叫做花甲，周围亲戚好友前来祝贺长寿。在这期间，韩国宪法经历了许多风风雨雨，随着时间的推移，宪法也在发展变化。但是经历的那段时间里，韩国的宪法并不是基于东方的或韩国固有的法理发展，而是通过继受西方的宪法发展和修订的。本文以韩国宪法发展与西方法律为主题，分析在宪法领域西方法律对韩国宪法发挥的作用，从宏观的角度研究其发展趋势和脉络。

对此，首先介绍从最初宪法的制定到现行宪法的通过过程中出现的 6 部宪法的内容与西方法律的关系（第二部分），整理继受西方宪法不同时期的特征（第三部分），分析美国、德国、法国等西方主要国家的宪法对韩国宪法的影响（第四部分），最后指出追从西方宪法存在的问题，从另一个角度再思考东方的宪法价值基准。

二、韩国宪法的制定、改正与西方法律

1. 制宪宪法——继受魏玛（Weimar）宪法的装饰型宪法

根据 1948 年 5 月 10 日实行的总选举而成立的制宪议会，于 1948 年 7 月 17 日通过了最初的韩国宪法。这部宪法是基于启动韩国国民宪法制定权力而制定的最初的宪法，并经制宪议会制定的宪法，故又叫“制宪宪法”。制宪宪法的内容整体上引入了德国的魏玛宪法。这部宪法是在魏玛宪法的基本框架下制定，同时还考虑了当时韩国特有的政治和宪法学者的建议。制宪宪法之所以继受德国魏玛宪法，是因为主导当时制宪工作的俞镇午等大部分韩国的宪法学者认为，魏玛宪法才是世界上最发达的宪法形态①，即将成立的新的民主国家为了防止出现独裁

---

* 金昇大，韩国国立釜山大学校法科大学教授。

① 当时（1948 年）尚未颁布联邦德国基本法，因此，今天被人熟知的德国宪法的理论和体系当时并不被熟悉。

的政府，认为比起美国的总统制不如选择魏玛宪法上的议员内阁制。[①] 所以，在基本权论方面规定了既强调基本权的法律保留，也强调一般人生活的权利等社会的基本权利，在统治结构方面引入了议员内阁制要素。但是，在掌握最大影响力的政治家李承晚的强硬主张下，未能实现完全的议员内阁制，融合了以行政部为首的行使所有权力的总统制，因此，实质上统治结构接近于美国式的总统制。

还单独设置了经济秩序的章并作了详细的规定，这是制宪宪法的特征，也是魏玛宪法影响的表现。关于宪法裁判制度采取了宪法委员会制度。

其后制宪宪法虽经过若干项的修改，但只存续到 1960 年 4 月 19 日市民革命而李承晚政权被瓦解之时。在维持制宪宪法的效力的 1948 年到 1960 年期间，韩国国民尚未充分理解和认识西方的政治民主主义，大多数国民正在饱受经济上的贫困，尚未具备正常经营民主政治的实质性条件。加上李承晚总统为了追求终身执政，不惜动用武力删除限制执政权的宪法条款，以强迫和违法的手段修改了宪法，国民的政治自由受到遏制，结果宪法上的保障政治自由基本权成了废纸。

2. 第二共和国宪法——借鉴纯粹的议员内阁制的理想型宪法

在 1960 年 3 月 15 日实行的总统选举中，以李承晚总统为首的政府犯下严重的选举不当行为导致全国性的抗议示威，同年 4 月 19 日发展到全国政治革命。而后李承晚总统辞职，基于制宪宪法的第一共和国被瓦解。过渡政府时期，诞生了经过全面修正的新的宪法（第二共和国宪法）。

经历了典型的“市民革命”而诞生的第二共和国宪法抛弃了总统制，采取了实质意义上的议员内阁制形态是其最大的特点。这完全是“英国式的议员内阁制”，是对第一共和国采取总统制酿成李承晚总统的独裁和永久执政及遏制政治自由反省的结果。进而摆脱了国民的基本权只存在于法律的保留之下的法实证主义的思考，强调基本权的天赋人权性、自然权性。根据联邦德国基本法的立法例，设置了禁止侵害基本权本质性内容的条款。宪法首次设置了政党及政党违背民主基本秩序的宪法上的规定，还引入联邦德国式的宪法裁判所制度期待实质性的保障宪法，从此可以看出已经受到联邦德国基本法的直接影响。

虽然第二共和国接受和制定了如此理想的民主的宪法规定，但在政治的自由的放纵状态下发生了许多示威，国民的实际经济生活并没有得到改善，社会混乱更加严重，政局极其不稳定。在这种情况下，连宪法规定的宪法裁判所也没有建成，1961 年 5 月 16 日，第二共和国被朴正熙将军主导的军事政变瓦解。

3. 第三共和国宪法——美国式总统制和联邦德国基本法的结合

虽然以军事政变取得执政权，但在朴正熙总统执政初期，存续过一段正常的

---

① 虽然当时韩国处在美国军政当局的实质性支配之下，但美国军政当局并未直接对韩国的政治势力和主导的学者讨论和制定何种宪法体制进行任何介入或施加影响力。

宪法。再次被全面修正的宪法废弃了导致混乱政局的议员内阁制而采取了总统制。虽然设置了国务总理制度，但国务总理只不过是总统的辅佐机构，因此韩国的总统与美国的总统在权力上没有实质区别。第二共和国宪法继承和进一步明确了基本权，单独设置了拥有宪法保障效力的政党制度。关于基本权基本上仍旧借鉴了联邦德国基本法。

关于宪法裁判方面，废弃了宪法裁判所制度，引入了赋予一般法院违宪审查权的美国式司法审查制度。实质上，在实施过程中因没有引起一般裁判所的足够重视，并且一般裁判所主要解决的还是一般的纠纷，所以在长达10年的第三共和国期间只有一起违宪审查案件。

4. 第四共和国宪法——假托法国戴高乐（de Gaulle）宪法的帝王型总统制

1972年10月17日，朴正熙总统启动超宪法的国家紧急令中止宪政，通过国民投票于同年12月27日通过了新的宪法。该宪法大大增强了总统的权限，特别赋予了总统预防性的国家紧急权，国会议员中1/3议员由总统直辖的维政会选举产生，以此弱化了议会的地位。总统从议会和司法部被赋予了不可能有效控制的类似帝王的权力，也没有限制总统的任期。这部宪法只不过是朴正熙总统为了追求个人永久独裁的法制度上的工具，而对外宣称该宪法体现戴高乐将军的宪法理念（法国第五共和国的宪法），并主张该宪法上的国家紧急权制度是借鉴了允许总统独裁的法国宪法。

这期间基本权保障制度也有倒退，在基本权方面增设了法律保留条款，变成了更容易进行限制的条款，也删除了禁止侵害基本权本质性的内容条款。关于宪法裁判问题，再次设置宪法委员会负责审查违宪法律。

第四共和国宪法是完全脱离美国和德国的宪法规范及其理念和思想的允许极端的总统专制为前提的制度。1979年10月，随着朴正熙总统被暗杀，该宪法丧失了实效，至今也被评价为韩国宪政史上最恶的宪法。

5. 第五共和国宪法——以军事独裁为目的的第三世界型总统制

1979年2月12日和1980年5月17日发生的两个阶段的军事政变后，以全斗焕将军为首的新的军事政权掌握了实权。1981年10月22日，经过国民投票宪法又一次被全面修改。这部第五共和国宪法虽然限制了总统部分的权限，并且规定总统期限为7年的单任制，但是，间接选举的总统选举方式，其选举组织受军方控制，事实上是为全斗焕当选总统设计的。为期7年的单任的总统制是包括西欧全世界独一无二的制度，反映了当时韩国的政治现状。

虽然如此，在基本权方面比较合理地规定了基本权条款，删除了法律保留条款，基本回到第三共和国时期的宪法。在基本权内容的解释上，持续受到联邦德国基本法的理论及判例的影响。引人注目的是新设了保护私生活的条款和幸福追求权的条款，这些条款是接受美国宪法规定及其发展影响的结果。

第五共和国宪法脱离了专制主义的第四共和国宪法，至少从宪法典上恢复到正常的基本权制度，而在现实政治上，政府严格遏制集会、示威等反政府活动，极端限制公民的政治基本权。在宪法裁判方面，继续维持了宪法委员会制度。宪法委员会只有在裁判所提请违宪申请时才能开始审查，而裁判所申请违宪申请的情况极少，因此对于侵犯国民基本权的违宪审查事实上处于停滞状态。与前一个宪法相比，虽然宪法的内容得到了或多或少合理的修正，但现实中侵犯人权的仍然不在少数，因此可以将该时代评价为拉大宪法规范和宪法现实的时期。

6. 现行宪法——依据德国式宪法裁判制度保障宪法的实现

市民的反政府示威和活动未屈服于军事政府的遏制，由于1987年6月10日以后的民主抗争，政府和执政党事实上接受了被视为军事政权下台的总统直选制。这样的民主革命的过程没有演变到流血事态，所以，被称为韩国式的“名誉革命”。随后，对宪法进行了全面修正。1987年10月27日经过国民投票，该宪法从1988年2月25日开始施行，一直沿用到现在，就是现行宪法。

该宪法虽维持了总统制，但规定了5年的单任直选制，因此，总统未经过国民的意愿不能执政。从制度上防止长期执政：5年的单任直选制在西欧等全世界类似的立法例也不多，但这是为了和平的政权交替才不得已采取的方法。关于基本权条款方面，引入了保障人身自由的法律程序条款，规定了禁止对言论、出版、集会、结社的许可制和检阅制的条款。这是引入了美国宪法的保障基本权规定和理论的结果，意义深刻。现行宪法重新引入从第二共和国只存在于法典上的宪法裁判所制度，这是其最大特点。不同于第二共和国宪法，该宪法裁判所制度实际设立了宪法裁判所，沿用二十多年，期间作出许多认定违宪的决定，特别是使基本权规定成为现实规范，大大扩展了国民的基本权。[①] 有的学者指出，该宪法裁判所制度接近于澳大利亚宪法裁判所制度[②]，但该宪法借鉴的是德国联邦宪法裁判所制度。特别是韩国的宪法裁判所在操作宪法申请制度时以德国的联邦宪法裁判所的判例理论作为其决定性的指标。但对基本权的实质性内容和解释不仅接受德国的判例理论还接受美国联邦大裁判所的判例理论。

三、继受西方法律的阶段性特征

1. 统治结构

在韩国制定制宪宪法以后，经历了5次全面修正，在统治结构方面其变化过程为：“以总统制为主的折衷型议员内阁制（第一共和国）⇒纯粹的议员内阁制（第二共和国）⇒政党国家型总统制（第三共和国）⇒帝王型总统制（第四共和国）⇒军事独裁型总统制（第五共和国）⇒以总统制为主的折衷型议员内阁制

① 参见附件。

② 裁判所的裁判不能成为宪法申请的对象，这类似于澳大利亚的相关制度。

（第六共和国）”的演变过程。这些政治形态短则不到 1 年（第二共和国），较长的持续了近十年（第一、三共和国），而现行宪法发生效力以后已持续了（第六共和国）二十多年仍表现出稳健的面貌。在 1948 年到 2008 年的 60 年宪政史上，韩国从欧美代表性的政治形态总统制到议员内阁制及第三世界型新总统制全都经历过，最后表现出回归到融合议员内阁制要素的总统制的倾向。和 1789 年革命后一个世纪期间经历了 15 个君主制和立宪民主制及共和制的两个循环过程的法国宪法史被称为“宪法的华尔兹（valse des constitutions）时代”一样①，韩国宪法也在半个多世纪经历了 6 个宪法，跳了宪法的华尔兹 ，对此，有人比喻法国在一个世纪跳了 2 圈华尔兹，而韩国在半个世纪只跳了 1 圈华尔兹。

2. 基本权的保障

在保障基本权方面，西欧国家对韩国宪法影响的演变过程可以分为三个阶段：

第一，“宪政规范的形成定立阶段”（1948 年～1971 年）。这是从第一共和国宪法到第三共和国宪法的时期，主要集中在引入联邦德国和美国的宪法规范。首先因制宪宪法自身以魏玛宪法为母法而具备了权利章节，只是其中融合了美国宪法上的令状制度等保障人身自由的制度。到第二共和国和第三共和国宪法时期基本上受到联邦德国基本法的影响。

第二，“宪政理论的发展阶段”（1972 年～1987 年）。第四共和国和第五共和国宪法扩大了总统的国家紧急权，忽视了保障基本权。除这样的宪法规范上的退步之外，宪法理论在吸收联邦德国基本法的理论和解释的学者的努力下得到进一步发展。在统治结构方面，只通过解释宪法追求宪法规范合理化的努力有一定的局限性，而有关保障基本权的宪法规定比较简洁，依据解释宪法对其具体内容予以释明，因此学者的理论解释具有重要的意义。特别是在军事独裁、遏制政治自由的时代，这反而起到积极介绍了联邦德国基本权体制下德国的最新理论的作用。与此相应，韩国的基本权理论也趋于多样化，这成为韩国宪法发展到下一个阶段的宪法国家的奠基石。

第三，“宪政判例的发展阶段”（1988 年～2008 年）。引入西方的宪法规范及介绍和发展其宪法理论达到某种程度，并且政治民主化得到发展的状态下，第六共和国的现行宪法引入和实行了宪法裁判所制度。基于此设立于 1988 年 9 月的宪法裁判所的活动对于韩国宪法的发展和西方法律的继受起到了决定性的重要作用。宪法裁判所在解决所有宪法纠纷时主要采取先确认美国、德国、法国等立法例和相关判例并比较韩国现实作出决定的裁判方式。这对西方法律的继受产生了实质性的重大影响。西方宪法的理论和判例主要通过宪法裁判折射到具体的立法和制度，而这样的现象还将不断发生。

① Maurice Duverger, Institutions politiques et droit constitutionnel, tome 2, paris, 1985, pp. 58－59.

四、西方主要国家宪法对韩国宪法的影响

1. 德国宪法的影响

德国宪法在理论和实务的所有方面对韩国宪法起到了主导性的作用，并且至今还存在这样的倾向。德国宪法的影响存在于宪法的基本原理和基本权论及宪法裁判所制度等广泛的领域。

首先，在宪法总论方面作为韩国宪法的两大基本原理的民主的基本秩序（demokratische Grundordnung）和法制国家（Rechtsstaat）的原则的解释，几乎就是德国基本法上的解释论。自由民主的基本秩序是通过政党条款把基本法的内容收容到韩国宪法，对其意思的解释也是引入德国联邦宪法裁判所的判决的内容按原意出现在韩国宪法裁判所的决定中。① 关于法治国家的内容，同样将德国的讨论介绍到韩国并容易被采纳为韩国宪法的解释论。东欧体制转换以后，德国式法治国家的概念虽然成为世界性的普遍化的趋势，但对宪法原理的解释方面，给人一种过分追从和偏重德国理论的感觉。

早在制宪宪法当时关于基本权论德国的宪法学者 G. Jellinek 的地位论的分类和对基本论的法律保留论占通说地位，但第二共和国以后，普遍对联邦德国基本法的内容和 Carl Schmitt 和 Hans Kelsen 等的宪法解释进行争论，进而自由主义的市民权法治国家理论占据了优势。但到 20 世纪 80 年代，介绍 R. Smend 的理论成为流行，受德国宪法影响的宪法理论的展开光谱更加宽广。之所以发生对保障基本权的德国解释论的偏重现象，是因为制宪宪法以来韩国的宪法规范自身主要借鉴了德国宪法，并且攻读宪法的韩国法学家大多数都是留德派，所以这样的惯例会继续下去。当然，德国基本法的理论体系和解释论在世界上也是受人认可的。

2. 美国宪法的影响

一方面，美国宪法对韩国宪法的影响主要是总统制的政府形态。韩国的统治结构虽然是总统制和议员内阁制的折衷型，还设置了国务总理和国务会议制度，但国务总理只是总统的辅佐机关，国务会议只不过是审议机关，政府的实权都掌握在总统手中。构成权力的分离、限制和均衡是在总统、议会及法院之间，在此并不存在国务总理的独立的权力主体地位。这与法国式的二元化的执政府制有较大的区别，韩国宪法的政府形态实质上与美国宪法上的总统制并无不同。考虑过去的总统在长期执政过程中实行独裁体制，因此选择任期为 5 年的单任制是韩国宪法独有的特点。

---

① 参见宪法裁判所 1990.4.2. 89 宪甲 118 决定。

另一方面，在保障基本权方面，也不能轻视美国宪法的影响。从制宪宪法开始规定了逮捕、拘留、搜查时需要法官的令状的规定以来（制宪宪法 第 9 条）令状主义成为有关限制人身自由的核心的宪法原则。很明显这是引入了美国宪法上的制度。关于接受律师协助的权利和 Miranda 原则等令状制度的所有理论都是直接接受美国判例影响的佐证。进而，在现行宪法人身自由领域明文引入了适法程序的原则（due process of law）。

美国宪法上的人民的生命、自由、保障财产等核心原理的适法程序的原则随之规定在保障人身自由的条款中，但通说和判例认为适用于一般性的行政程序在内的所有程序。还有体现宪法上平等原则的美国判例法的影响也是巨大的。宪法明文规定了禁止歧视，虽规定了对侵害基本权的重大情形时需要严格审查的双重标准，但对受过歧视的人来讲对其采取优惠措施积极实现平等措施的理论（affirmative action）等都是借鉴美国判例法并结合韩国宪法适用的。关于人权保障的美国判例法历史悠久、内容丰富，因此对韩国宪法判例的影响越来越大，以后有可能超过德国宪法的影响。

3. 法国宪法的影响

法国宪法的思想和理论是西欧宪法的一极，但对韩国宪法的影响并不明显。但是法国的宪法思想被认为是形成近代宪法的基础，在宪法的基本理论部分广为流传。特别是关于国民主权主义 Jean Bodin 的君主主权论和 Jean Jacques Rousseau 的人民主权论，还有国民主权论的概念的差异等都在宪法课本上普遍介绍和说明。宪法的基本原理引入的是德国式的宪法理论，但其基础是市民革命前后的法国的宪法思想家的理论，从这种方面可以评价为法国宪法思想自然融合到韩国的宪法理论中。

在政府形态方面，因韩国采取融合议员内阁制的总统制，类似的折衷型是被称作半总统制的法国政府形态。有时形成所谓同居（cohabitation）政府的独特的法国式政府形态不太可能与现在的韩国宪法相一致，不能将其与韩国政府形态作为同类予以分类，但有学者主张从立法论上有必要引入。[①]

法国宪法理论和判例与德国和美国的理论和判例相比之下有些生疏，但随着相当多的留法派宪法学者的介绍，不断产生越来越亲近的感觉。特别是在现行宪法下，宪法裁判比较活跃，实际纠纷案件中还形成了参考法国宪法理论和事例的重要的判例。

例如，1993 年 3 月军事政府退出历史舞台，由民权政府执掌政权以后，多数市民要求以内乱罪和反叛罪起诉对 1980 年 5 月发生在光州的市民革命进行流血镇压的，还依靠军事政变掌握政权的全斗焕等军事势力。对这起事件，韩国检

① 根据最近的舆论调查表明，若将来修改宪法希望引入法国式二元的执政府制的国民意见比美国式的总统制或英国式、德国式议员内阁制的国民意见更多。

察机关引用记述在 Hans Welzel 的法哲学著书上的"成功的军事政变不得处罚"文句，决定没有公诉时效，但宪法裁判所引用拿破仑的政权和没落等法国历史上的事例确认对成功的军事政变后随着政治情况的变化也可以处罚，进而以未得到国民的许可的军事政变不拥有宪法上的正当性为由，提出过应该可以处罚的见解。[①] 还有，2003 年 3 月当时执政的卢武铉总统和执政党制定了关于迁都的迁都法，但 2004 年 10 月宪法裁判所以将首尔确定为韩国首都属于习惯宪法，为了迁都需要通过国民投票而该法律未经国民投票为由宣告违宪，其参考的是法国的习惯宪法论和宪法事例。[②]

五、结论

1. 以德国法为主，还融合了美国法的宪法的继受

综上所述，韩国宪法从一开始就以魏玛宪法为母法，在其发展过程中引入了联邦德国基本法的条款，整理宪法规范，接受德国学者的宪法理论和德国裁判所的判例的影响较深，有的学者比喻成"德国宪法的忠实的弟子"。只是，虽以德国宪法为母法全面构造宪法的结构，但有关国民的人权保障等重要的领域呈现出美国宪法的影响。如前所述，现行宪法引入宪法裁判所制度以来，宪法裁判得到充分发展，越来越感觉到增强的美国判例法的影响力。不管现在宪法理论或引入整体的制度本身，还是涉及每个具体的争议焦点，美国宪法和德国宪法的判例法起到越来越重要的作用。过去 20 年宪法裁判所共对 353 个法律条款作出违宪决定，使之丧失法律效力[③]，其中大部分是参考了相关的德国和美国的判例法，再活用德国和美国通用的宪法上的审查原则作出判断的。因此，现在韩国宪法上公共权益和保障基本权价值的对立层面未达到美国和德国通用的宪法上的审查基准的法律规定几乎不存续。宪法领域出现的这样的现象对申张国民的基本权是非常必要的，但笔者认为这也引发多种副作用，过度的根据欧美的视角和基准作出判断深刻表露出韩国宪法的整体性的不足。以下列举这种副作用，作为补充美国和德国的宪法上的审查基准，提出能否结合东方的审查基准的疑问。

2. 因过度追从西方法律的副作用

产生于美国，到德国发展的宪法理论和裁判制度也有其合理性和精致的理论成果，继受这些国家宪法的韩国宪法学者和法官们给予参考和引用是理所当

---

① 参见宪法裁判所 1995. 12. 15. 95 宪甲 221 决定。

② 参见宪法裁判所 2004. 10. 21. 2004 宪甲 554 • 566 决定。

③ 参见附件，这是宪法裁判所的决定统计表。该数据中全部违宪决定（214 个）及宪法不一致决定（75 个），还有限定违宪（35 个）和限定合宪（29 个）也包括在内。

然的事情。但是，这种倾向趋于极端，无视韩国宪法的规定一味追从外国的宪法理论和判例是不可取的，但事实上这种事情并不在少数。例如，关于禁止双重处罚，韩国宪法只规定了“所有国民对同一犯罪不受再次处罚”，而与德国基本法第103条第3项规定的“任何人因同一行为根据一般刑法不受再次处罚”相比之下，韩国并不存在“根据一般刑法处罚”的适用领域上的界限。即使如此，韩国的大多数学说和判例照搬德国宪法的解释论视为只有“根据一般刑法的处罚”才不受再次处罚，这当然与韩国的宪法规范不一致，是未加批评接受了德国的解释论的结果。还有，为了审查限制基本权的内容并不需要引用美国宪法上的适法程序的原则，因此没有理由接受受美国宪法的判例理论认可的“实体的适法程序的原则”（substantial due process of law）理论作为韩国宪法的解释论，而相当多的学说和宪法裁判所的判例扩大适用适法程序的原则而使限制基本权的法律内容的审查基准的设定产生混乱。这是代表性的无差别引入美国宪法的判例理论的事例。

3. 探索宪法领域东方的价值基准

如前所述，不符合韩国宪法的规定和现实的无差别的引入现象并不只发生在个别领域。根本性的重要问题是西方式的宪法审查方法和基准是否能真的解决韩国社会固有的宪法争议，实现司法的正义，对是否提供完全的充足的方法论提出质疑。关于这一点，代表美国和德国的宪法论的西方宪法的理论和判例终究是维持公共利益和保护基本权的冲突比例的原则（或禁止过剩的原则）和特别是法益均衡原则，这样的西方式判断基准过多地使用计量方法。长期维持儒教的政治、社会制度的韩国的政治、社会现实能否得到满意的解决、是否存在不足？从这种意义上，将来开发排除非合理的因素和封建因素的儒教的根本原理，作出引入宪法意义上的正义基准的努力将成为有意义的事情。关于这一点，在德国和美国判例法理论的极强的影响下出现的韩国宪法裁判所的少数意见，在良心的自由和公共的义务的冲突问题事项中，作为应得到宪法上保护的对良心的审查基准，引入儒教思想的基本原理的仁、义、礼、智作为普遍原理并作出判断，将对东方的宪法理论的新发现有抛砖引玉的作用。[①]

① 裁判官 权诚的少数意见：在这起案件的申请人的信念是宗教上的信念，因此宗教信念成为问题焦点，即使允许，也不能确定对国家安全没有重大的法益损害，不能视为立法者的判断没有明确的错误，故不能视为本案件的法律条款侵犯宗教的自由…… 批判的基准是普遍妥当性。普遍妥当性的内容是伦理的核心的命题的仁和义，结合两者至少具有普遍妥当性的可能性和真实形成的良心，才能受宪法保护，没有普遍妥当性，根据宪法第37条第2项可以予以限制。为了防止不义的侵略战争拒绝其仁、义、礼、智可疑的行为，不能视为具有普遍妥当性的声音。宪法裁判所 2004.08.26. 2002 宪甲 1，《判例集》，第16卷，第2册 上，141页。

附件：

区分		接收	处理												未结
			合计	决定										撤回	
				计	违宪	宪法不合致	限定违宪	限定合宪	认容	合宪	驳回（实体）	驳回（程序）	其他		
合计		16 563	15 805	15 257＜353＞	311＜214＞	113＜75＞	49＜35＞	28＜29＞	295	1 115	5 539	7 803（6 484）	4	548	758
违宪法律		590	546	440＜174＞	122＜125＞	41＜26＞	15＜9＞	7＜14＞		225		30		106	44
弹劾		1	1	1					1						
政党解散															
权限争议		51	39	33					5		12	16		6	12
宪法诉愿	计	15 921	15 219	14 783＜179＞	189＜89＞	72＜49＞	34＜26＞	21＜15＞	290	890	5 526	7 757（6 484）	4	436	702
	§68①	14 154	13 654	13 262＜82＞	52＜47＞	24＜26＞	11＜9＞		290	3	5 526	7 353（6 236）	3	392	500
	§68②	1 767	1 565	1 521＜97＞	137＜42＞	48＜23＞	230＜17＞	21＜15＞		887		404（248）	1	44	202

注：(1) ＜＞中内容指代审判对象法律条文数。

(2) () 中内容指代指定裁判部处理事件数。

论日本明治宪法对《钦定宪法大纲》的影响

——为《钦定宪法大纲》颁布100周年而作

韩大元*

一、问题的提出

1908年8月27日清政府颁布了"中国历史上第一部宪法性文件"——《钦定宪法大纲》。[①] 尽管学术界对《钦定宪法大纲》的性质及其在中国宪法发展历史上产生的影响有不同的评价，但对其"中国宪法发展史起点"的认识已取得基本共识。纪念《钦定宪法大纲》颁布100周年的意义是多方面的，可概括为历史文献意义、宪法文本意义与宪法文化的意义。作为历史文献意义的《钦定宪法大纲》已成为100年中国宪法历史发展过程中的遗产，反映了特定的历史价值；作为宪法文本意义上的《钦定宪法大纲》已成为中国宪法发展的历史起点，宪法文本所蕴涵的规范价值贯穿在100年宪法发展过程之中；作为宪法文化意义上的《钦定宪法大纲》，以其丰富的文化传统反映着中西宪法文化的冲突与融合的过程，成为中国宪法文化传统的一部分，展现宪法性文件背后的宪政价值。

在介绍和评价《钦定宪法大纲》时，学术界普遍认为，《钦定宪法大纲》的理念、过程与具体规范的结构等方面直接受到日本明治宪法的影响，甚至有学者认为《钦定宪法大纲》全盘"抄袭"了明治宪法。王世杰、钱端升在《比较宪法》一书中曾认为，"宪法大纲只列君上大权，纯为日本宪法的副本，无一不与之相同"[②]。100年前颁布的第一部宪法性文件是否受到日本明治宪法的影响，其受影响的程度和主要途径是什么，如何合理地评价其社会效果？本文以宪政史料的分析为基础，试图从宪法学说史的角度探讨这一问题。

---

* 韩大元，中国人民大学法学院教授、法学博士。

① 正式公布的名称是《宪法大纲》，因它是以光绪皇帝名义颁布的，清政府在尔后的行文中，也公开称之为《钦定宪法大纲》。如1910年11月4日清廷宣布提前召开国会的上谕中提到，"著迅速遵照《钦定宪法大纲》，编订宪法条款……"。

② 王世杰、钱端升：《比较宪法》，348页，北京，中国政法大学出版社，1997。

二、明治宪法基本理念的影响

（一）明治宪法制定经过

自明治维新以后，日本应采取什么样的宪政模式，如何把欧美的立宪主义同日本的传统文化有机地结合起来，制定一部适合日本国情的宪法是当时不同政治势力争论的焦点问题。不同的宪法构想反映了不同政治势力的不同宪法思想或思潮。据家永三郎教授在《日本近代宪法思想史研究》一书中的统计，当时官方或民间提出的宪法草案共有五十多部，主要有自由党左派、改进党、新闻记者、反对民权运动的民间人士、政府官僚等不同政治势力提出。这些草案中有些体现了立宪主义原理，有些则明显地脱离了立宪主义原理。对立宪主义价值的不同理解和不同观念，在宪法草案的讨论过程中产生了不可避免的矛盾和冲突。

民权派制定的“私拟宪法”反映了一定激进主义的宪法思潮。如福泽谕吉等人主张的宪法草案，确立了有关天皇权限的君民共治理念与英国式的立宪君主制体制，规定实行议院内阁制。植木技盛等人制定的“日本国国宪案”第 4 篇“日本国民及日本人民的权利与自由”中规定了法律面前人人平等等广泛的权利与自由条款。在第 70 条中还规定了对政府的人民抵抗权与革命权。[①] 从总体上而言，自由民权派宪法思想的基本特征是，重视议会的作用，在尽可能的范围内规定国民的权利与自由。但值得注意的问题是，民权派所要求的权利与自由的保障目标并不是保障个人的权利价值，而是借以强化国力，即从国家主义角度审视人权问题。这一点正是自由民权派宪法思想的局限性。[②] 被誉为最激进的植木宪法草案，不仅没有否定皇帝的权限，而且具体规定了皇帝、皇族的内容，表明其宪法思想存在着明显的国家主义因素。

从日本宪政制度建立过程看，德国宪法思想对明治宪法制定过程的影响是广泛而深刻的，从某种意义上说，德国宪法思想直接构成了明治宪法的法律与文化基础。1850 年普鲁士宪法的制定与颁布是德国型立宪君主制形成的标志。19 世纪德国立宪君主制的主要特点是，否定了基于国民主权及权力分立的英国议会主义原理，确立了“君主主义原理”（monarchische Prinzip），强调国王权力的“国王支配制”（Königsherrschaft）以及君主的积极的中立性。简言之，当时德国宪法思想的核心是君权主义与反议会主义。这一德国的宪法思想主要通过作为明治政府法律顾问的赫尔曼·列士鲁的活动得到了具体化。赫尔曼作为法律顾问，于

---

① 参见［日］家永三郎等：《明治前期的宪法构想》，70～88 页，台北，富林出版社，1967。

② 林伯晖在《日本立宪运动的过程》一文中说：“……日本的所谓民权，和欧洲的所谓人民之权是略为不同的……欧洲的人权，是人民对君王所要求的权利，而日本的民权论，却是对于当时掌握政权的蟠阀提出的。”载《宪政月刊》（创刊号），1940（1）。

1878年来日本，1893年回国。这期间，他对明治宪法的制定提出了不少建议，同时自己也起草了一部明治宪法草案，而且在宪法颁布后对宪法的具体运用也提出了各种建议。因此，他被学者们誉为“对明治宪法的制定及其宪法思想的形成产生直接影响的人物”。赫尔曼宪法思想的核心是反议会主义与社会的君主制。他对明治宪法制定所提出的建议，基本上反映了这种反议会主义与君权主义的思想，实际上确立了明治宪法的基本框架。

为了缓解制宪过程中出现的冲突，寻求近代国家的模型，明治政府派出宪政考察团前往欧美。据资料记载，代表团先后去了美国、英国、法国、比利时、荷兰、德国、俄国、丹麦、瑞典、意大利、奥地利、瑞士等国家，历时1年零10个月，耗资达百万日元。在考察各国宪政时，他们发现东西方传统思想的不同点，认为“西洋人勉有形之理学，东洋人务无形之理学，使两洋国民的贫富不同，尤觉生于此积习”①。如大久保希望确立一种“民主政治”与“君主政治”之间的“君民共治制”，这样可以利用天皇的精神权威，巩固新政府中由中下级武士出身的新官僚的统治地位。在日本“不能简单地模仿欧洲各国的君民共和制，当按照我国皇统一系的典例和人民开化程度，斟酌其得失利弊，制定法宪典章”②。重点研究欧美各国宪法的木户孝允认为，日本人民知识水平低，制定宪法要靠“君主英断”，普鲁士的情况与日本国情相似，因而断言“尤当取者，当以普鲁士为第一”③。岩仓具视在考察中留意欧美各国中封建残余势力的地位和待遇，成为皇室贵族利益的保护者。他强调日本国体的特殊性，要求建立以天皇为中心的政治体制，认为“普鲁士宪法最适于渐进主义”。在当时的欧洲，普鲁士是落后的国家，而且君主权力非常强大。考察团成员们承认英法等国最为繁荣，但认为其宪政体制不适合于日本国情，同以国家主义为核心的传统文化缺乏内在的联系性，反而在促进国家统一和发展中使用军力和保持强大君权的普鲁士文化更接近于日本。明治宪法的制定者们采用普鲁士模式时，非常重视传统文化中的国家主义，它又表现为“崇拜天皇的形式”④。

日本选择普鲁士宪政模式同普鲁士的军国主义思想有着密切的关系。1873年3月，宪法考察团会见德国首相俾斯麦时，他曾说：“方今世界各国，皆以亲睦礼仪交往，然而皆属表面现象，实际乃强弱相凌，大小相侮。”18世纪末叶，普鲁士王国不是国家拥有军队，而是军队拥有国家，军队把国家当做军营来使用。在明治宪法体制中，有关军队制度基本上采用了普鲁士宪法“政权”和“军权”分庭抗礼的“二元主义”体制。明治宪法规定，天皇统率海陆军；对于军令

① 伊文成、马家骏主编：《明治维新史》，396页，沈阳，辽宁教育出版社，1987。

② ［日］尾佐竹猛：《日本宪政史大纲》（上），348页，宗高书店，1978。

③ ［日］芳贺彻：《明治维新和日本人》，转引自伊文成、马家骏主编：《明治维新史》，395页，沈阳，辽宁教育出版社，1987。

④ ［日］中村元：《比较思想论》，170页，杭州，浙江人民出版社，1987。

权内阁不能过问，由军部控制；天皇通过军部行使军事大权。这种“政治宪法”与“军事宪法”的二分结构使日本走向军国主义文化，为立宪制度的崩溃埋下了隐患。① 明治宪法的起草班子由伊藤博文、井上毅、金子坚太郎、伊东已代治组成，他们的宪法思想对制宪过程以及明治宪法的结构产生的影响是不可忽视的。

伊藤博文去欧洲考察宪法时，早已注意到普鲁士宪政模式对日本宪政可能产生的积极影响，曾征询过赫伯特·斯宾塞的意见，斯宾塞告诉伊藤：“在日本传统结构中有对民族幸福无比有利的基础，因此务必加以保存和培育。对长上的传统义务，尤其是对天皇的传统义务是日本的一大良机。日本能够在其长上的领导下，踏实地向前迈进，而且还可以使日本避免那些在盛行个人主义的国家里不可避免的困难。”② 伊藤认为，制定宪法的目的在于实行“宪法政治”，通过引进立宪主义实行“立宪君治”的政治原则。与西方具有不同历史传统的日本，搞宪政首先要寻找国家的机轴。“在西欧各国，宪法政治出现已经千余年，不仅人民熟悉制度，且有宗教为其机轴，人心皆归于此。然而，在日本宗教力量微弱，无一可以作为国家机轴者。”他痛感在日本没有欧洲各国基督教那种“人心归一”的宗教，认为“在我国可以成为机轴者，唯有皇室”③。按照上述宪法思想，他在说明宪法草案内容时确定“力求尊重君权并尽量不加束缚……亦即草案指望以君权为机轴，而完全不加毁损，不敢以彼欧洲分割主权的精神为据”④。

参与宪法制定的另外一个代表人物是井上毅。他在考察普鲁士宪法时，开始思考把立宪主义引进日本本土的途径。井上宪法思想的核心是儒学，反对崇尚“革命精神”的英法之学，主张加强“保守风气”，奖励“德国学”。他认为，即使宪法模式“取自西方”，并向德国学习，但要把普鲁士宪法的宗旨引入日本，也必须首先明确日本“国家成立之原理”。他从《古事记》中认识到，“知国治国之说法”乃是日本独特的国家原理。“我国国家成立之原理，非君民之约定，乃唯一之君德也。国家之始，基于君道，此语正是日本国家学开宗明义首先应阐述之定论也”，“我国的万世一系虽恐非学术所能阐述，但能够使天皇的统治成为正统的，则是历史的根据”。通过上述分析，他得出结论说：“我国宪法盖非欧洲宪法的翻版，乃远祖不成文宪法在今日之发展也。”⑤ 最后，井上依据古典传统理论，创立了构成宪法基础的“日本国家学”。从他写的两首和歌中可看出明治宪法的基本精神和制定过程。“巧引异国千色线，织成斑斓日本锦”；“夜梦天照之

① 参见［日］佐藤功：《战后日本宪法与立法权优越的变迁》，载台湾地区《中央论坛》，1984，19卷（3）。

② ［美］本尼迪克特：《菊花与刀——日本文化的诸模式》，孙志民等译，68页，杭州，浙江人民出版社，1987。

③ ［日］信夫清三郎：《日本政治史》，第3卷，周启乾等译，200页，上海，上海译文出版社，1988。

④ ［日］铃木安藏：《宪法制定与罗埃斯勒》，98页，东洋经济新闻社，1942。

⑤ 转引自［日］信夫清三郎：《日本政治史》，第3卷，周启乾等译，188页，上海，上海译文出版社，1988。

故国，不忘皇祖古人心”。

（二）明治宪法的“富国强兵”理念的影响

《钦定宪法大纲》的制定首先受了明治宪法的“富国强兵”理念的影响。明治维新以后，随着西方文明传入日本，在日本的知识界出现了一个重大问题，即作为日本文化背景的东方文化与新来的西方文化之间的比较考察问题。[①] 在近代化与宪政模式的选择上，日本“求知识于欧美，欧化而不同化”[②]，在文化的冲突与融合中逐步确定了适合日本的宪政模式，并树立了以“强兵富国”为基本精神的宪政体系。日本学者松本三之介认为，我们看立宪制，不能仅仅从思想本身出发，把立宪思想看做是日本固有观念的互释，而是要把它与日本的政治和社会的种种趋势联系起来，把立宪思想看做是幕末时期或幕末以来的日本政治状况的产物。面对西方国家的强权，日本集中了所有“应战”力量，旨在实现所谓富国强兵和殖产兴业这种新的国家目标，于是立宪制作为强有力的政治手段，从新的国家目标中脱颖而出，成为一个具有划时代意义的事物。[③]

清末立宪所追求的基本理念也是以国家主义为主导的“富国强兵”的思想。为什么在立宪的问题上，早期的立宪派和官方秉持的政治哲学是借立宪达到“富国强兵”的目的？在这里，所谓的立宪理想实际上转变为一种为国家富强服务的手段或工具性价值。这种思想直接受到明治宪法思想与精神传统的影响。1905年五大臣出洋考察宪政时，宪政考察者们对日本宪政所表现出来的国家主义和“富强”的价值理念发生了浓厚的兴趣，通过各种不同的形式寻找宪法与国家富强之间的依据。如载泽在日本与伊藤博文交谈时有一段话。载泽问：蔽国考察各国政治，锐意图强，当以何者为纲领？回答：贵国欲变法自强，必以立宪为先务。端方和载泽等人考察回来后在奏折中反复强调，“救危亡之方，只在立宪”，“……专制政体不改，立宪政体不成，则富强之效将永无所望……中国欲国富兵强，除采取立宪政体之外，盖无他术”[④]。对光绪和慈禧太后来说，立宪对他们有吸引力的地方有三点：立宪不影响君主的权力；巩固国体；强兵富国。1906年9月4日，光绪皇帝颁发了《宣示预备立宪先行厘定官制谕》，提出：“……各国之所以富强者，实由于实行宪法，取决公论，君民一体，呼吸相同，博采众长，明定国体，以及筹备财政……时处今日，惟有及时详析甄核，仿行宪政，大权统之朝廷，庶政公诸舆论，以立国家万年有道之基。”[⑤] 可以说，在整个清末

---

① 参见［日］中村元：《比较思想论》，128页，杭州，浙江人民出版社，1987。

② 毛磊等主编：《中西500年比较》，324页，北京，中国工人出版社，1991。

③ 参见［日］松本三之介：《国权与民权的变奏——日本明治精神结构》，7页，北京，东方出版社，2005。

④ 张晋藩：《中国宪法史》，79页，长春，吉林人民出版社，2005。

⑤ 《清末筹备立宪档案史料》（上），43、44页，北京，中华书局，1979。

立宪中，制定宪法并没有作为国家追求的价值目标，只是成为实现国家富强的手段或工具，这一点正好说明引自日本的立宪主义一开始就缺乏完整的价值内涵，实际上成为工具主义的规范体系。

三、明治宪法对清末立宪模式的影响

（一）预备立宪与立宪基础

在立宪思潮的影响下，清政府开始思考立宪的具体实施方案。在考虑所谓宪政实施的途径时，清政府首先参照了日本的经验，并以此为基础预定立宪的期限。

载泽在《奏请宣布立宪密折》中说："……日本于明治十四年宣布宪政，二十二年始开国会，已然之效，可仿而行也……"[①] 日本立宪至少有过十年的过渡期，对此端方也给予了关注，他在强调立宪的不可避免性时认为，"中国非立宪不可，而速立宪又不可"，他把"速立宪"称之为"有虚名而无实益之政策"[②]。在分析日本立宪需要十年预备期的必要性后他认为，当时的中国与当年的日本情势无异，立宪应该模仿日本"至良甚美之方法"，最后他主张"中国立宪预备期以 15 年至 20 年最为适宜"[③]。梁启超在回答中国是否可以马上实行立宪政体时回答说：不能，立宪政体者，必民智稍开而后能行之。日本维新在明治初元，而宪法实施在二十年后，此其证也。中国最速亦须十年或十五年，始可以欲此。

当时，统治者内部围绕是否立宪，如何立宪等问题也存在不同的意见，如军机大臣奕劻认为，立宪有利无弊，符合民意，应从速宣布。反对立宪者则认为，中国情势与外国不同，实行立宪，必致执政者无权，坏人得栖息其间，为祸非小；人民不知要求立宪，授之以权，不仅不以为幸，反而以分担义务为苦；实行自治，坏人便会掌握地方命脉，非常危险。立宪派官员则认为：国民程度的高低全在政府劝导，如坐等提高，永远不能立宪，只有先事预备立宪，诱导提高国民程度；正因中外情势不同，才定为预备立宪，而不是立即实行。对实行立宪设定期限问题，杨度认为："世界各国凡以激烈改革者，宪政必可成立，凡以和平改革者，宪政必有年限，此各国之通例。"[④] 杨度提出三年筹备期的主张，认为各国仅以宪法为民权之保障者，中国则兼以宪法为君权之保障，而除钦定宪法外，别无可以保障君主大权之物，君民权限偏轻偏重，非此时国事之所急，人民不宜

① 《辛亥革命》(4)，28、29 页。

② 端方：《请定国是以安大计折》，《端忠敏公奏稿》卷 6，36 页。转引自张海林：《端方与清末新政》，172 页，南京，南京大学出版社，2007。

③ 端方：《请定国是以安大计折》，《端忠敏公奏稿》卷 6，42 页。转引自张海林：《端方与清末新政》，172 页，南京，南京大学出版社，2007。

④ 转引自刘晴波主编：《杨度集》，512 页，长沙，湖南人民出版社，1986。

于此过争。也就是说，在君民之间寻求平衡的宪法，只能通过“和平改革”，而“和平改革”则需要一定的筹备时间。而载泽则极力主张仿效日本把筹备立宪时间定为九年，清政府实际上采纳了他的意见。1908 年 8 月 27 日公布的《逐年筹备事宜清单》中把宪法的颁布时间定为 1916 年，确定以九年为期筹备立宪，整个筹备期限与程序基本照搬日本的立宪经验。

那么，为了立宪需要满足什么样的条件？端方论证了“立宪是国家安定与富强的根本”的命题，认为“中国而欲国富兵强，除采用立宪政体之外盖无他术”①，提出立宪所需要的 5 个条件：立宪政体应采取三权分立和上下分权制度、立宪政体的形式应符合本国的文化传统和民智现状、立宪应有准备期、立宪应以教育为基础、实行官制改革。这些条件基本上是以明治宪法制定经验为基础的。特别是在为立宪而进行的官制改革、宪政编查馆的设立②等方面，日本的经验起到了直接借鉴作用。日本在明治元年至明治二十三年立宪筹备过程中有过两次大改官制。一般认为，日本宪政行之有效正是由于官制之改革得宜，改制后“任法而不任人”③。端方考察宪政回国后，把官制改革视为中国预备立宪的第一步。

（二）对日本宪政经验的考察

一般认为，1905 年五大臣出洋考察宪政是清末新政的开始。在对整个西方国家宪政经验的考察过程中，日本的宪政经验产生了广泛的影响。

第一次对日本宪政的考察是从 1906 年 1 月 16 日开始的，由载泽、尚其亨和李盛铎三位大臣负责，代表团成员包括翻译、地方官员以及随从等共 88 人。在日本考察了 29 天，主要内容包括考察现代设施、与各个阶层的人进行交流并听取日本宪法教授的讲授。为了接待好代表团，日本政府做了很细致的安排。代表团抵日当天，便会见了日本宫内大臣、总理大臣、外务大臣、陆军大臣等，并确定了拜见天皇的具体日程。此次考察的重点内容之一是听日本宪法学家的宪法讲授。根据政府的安排，曾经参加过明治宪法制定过程的伊藤博文、金子坚太郎以及著名宪法学家穗积八束等承担授课任务。据文献记载，金子坚太郎详细介绍了明治宪法制定的具体过程，特别强调了日本的经验，他指出：日本宪法虽然借鉴了欧洲的经验，但比欧洲宪法更为优越，表现在：一是设定宪政预备期，弥补了欧洲宪法的缺陷，以获得较充足的研究时间；二是以日本历史上的风俗习惯为基础，合理考量欧洲政治，尽可能吸收合理之处；三是宪法是在政府主导下制定的，政府只提出基本原则和框

① 端方：《请定国是以安大计折》，《端忠敏公奏稿》卷 6，29～32 页。转引自张海林：《端方与清末新政》，172 页，南京，南京大学出版社，2007。

② 日本曾在明治初年设立“宪法取调局”，后来内阁附设有法制、统计等局。宪政编查馆“兼有日本新旧办法”。

③ 张海林：《端方与清末新政》，196 页，南京，南京大学出版社，2007。

架，没有干预具体内容的安排。[1] 穗积教授分12次系统地讲授了日本宪法，题目分别是：立宪政体、宪法、君位以及君主的大权、臣民的权利、国会制度以及贵族院的组织、众议院的组织、帝国议会的权限、国务大臣以及枢密顾问、法律与命令、预算、法权与地方制度以及中央行政各省。据载泽日记记载，穗积受内阁的命令讲解日本宪法，并悬挂一君主统治简明表于墙，指画而言。[2] 对国体与政体问题，穗积认为，日本国体，数千年相传为君主之国，人民爱戴甚深，观宪法第一条可知。明治维新，虽采用立宪制度，君主主权，初无所损。今表中所述，以君主为统治权之总纲，故首列为主权之本体，此数千年相承治体，不因宪法而移。凡统治一国之权，皆隶属于皇位，此日本宪法之本原也。

从清政府的立宪目标看，维护以君主权力为本体的君主立宪制政体是唯一选择的方式。由于考察团一直关注立宪制与君主主权之间的合理平衡问题，故日本宪法的讲解者似乎看出了其知识需求。西方的立宪与清朝统治的价值追求是完全不同的，清王朝主张宪政是在立宪主义思想普及背景下被迫选择的“基本国策”，希望在君主制与立宪价值之间寻求合理的平衡。从载泽与伊藤博文的下列对话中也可以看出这一点，当时载泽问伊藤：立宪当以法何国为宜？回答：各国宪政有两种，有君主立宪国，有民主立宪国。贵国数千年来为君主之国，主权在君而不在民，实与日本相同，似宜参用日本政体。问：立宪后，于君主国政体有无窒碍？伊藤回答说：并无窒碍，贵国为君主国，主权必集于君主，不可旁落于臣民。日本宪法第三、四条，天皇神圣不可侵犯，天皇为国之元首，总揽统治权云云，即此意也。问：君主立宪与君主国政体有何区别？答：君主立宪与君主国政体不同之处，最紧要者，立宪国的法律，必经议会协参。宪法第五、六条，凡法律之制定、改正、废止三者，必经议会之议决，呈君主载可，然后公布。非如专制之法律，以君主一人之意见而定也……问：君主立宪国所予民言论自由诸权，与民主国有何区别？答：此自由乃法律所定，出自政府之界与，非人民所可随意自由也。伊藤特别强调：宪法中载君主之大权凡十七条。贵国如行立宪制度，大权必归君主，故于此详言之。至宪法第二章，则为臣民之权利义务而言。若夫政治学、宪法学之范围广大，非一二年不能尽解。[3] 伊藤向载泽赠送了他写的《皇室典范义解》和《日本宪法义解》。[4] 伊藤作为直接领导制定明治宪法的政治家，虽然他强调这些观点“只是来

---

① 参见《政治官报》，光绪三十三年9月23日，第4号，518页。转引自熊大云：《近代中国官民的日本视察》，132页，成文堂，1998。

② 参见钟叔河主编：《走向世界丛书——载泽考察政治日记》，575页，长沙，岳麓出版社，1986。

③ 参见钟叔河主编：《走向世界丛书——载泽考察政治日记》，579～581页，长沙，岳麓出版社，1986。

④ 《日本宪法义解》的中文版有两个版本，一是丁德威翻译，由日本秀光社印。另一本是沈泓翻译，金粟斋铅印社于1901年出版，有严复写的序。序中说：“……而日本维新之规，凡所以体国保民，纪纲四国，经纬万端者，具于此矣，斯大礼必简之义也义解者，所以达宪法之指，而明夫其用者也日本之立宪也，伊藤氏之曹，实杂采欧洲诸国所已行之者就之，间亦度其国势民情所能行者以为损益。故是编者，谓之日本帝国宪法可耳，若以概欧洲立宪之制，则亦有舜驰不相比附者矣。”

自于经验的主张，并不是学者研究的结果”，但实际上他对日本宪法的解释是具有权威性的，他的一些观点实际上代表了日本政府的看法，具有浓厚的政治色彩。[①]

据文献记载，1906 年 6 月 3 日，戴鸿慈、端方、载泽、尚其亨和李家驹五大臣在比利时会面[②]，载泽重点介绍的日本宪政模式引起了大臣们的浓厚兴趣，于是端方派遣考察团的参事官熊希龄去日本，通过驻日公使杨枢，寻找起草宪政报告的合适人选。杨枢托早稻田大学校长高田早苗帮助找起草报告的人选，有贺长雄则成为高田极力推荐的人选。有贺长雄利用两个星期时间完成了附理由书的宪政考察报告，由中国留学生连夜翻译后交给端方的随从。[③] 端方、载泽回国后向清廷提出的上奏文有可能是以有贺的报告为基础而修改的，受到清廷的称赞。1906 年 10 月 10 日端方专门给有贺写信表示感谢，在信中说，“备述盛情赞助、编纂精详、其见影于弊国政治界为益非浅……幸蒙采纳，改为立宪政体，更订法制，正在京筹议，将来政务日繁，解释疑难之处亦日多，尚祈不吝指导……”[④]

第二次对日本宪政的考察是从 1907 年开始进行的。1907 年 7 月 28 日，袁世凯奏陈说：“前者载泽等奉使出洋，原考求一切政治，本非专意宪法，且往返仅八阅月，当无暇洞见源流……各国政体，以德意志、日本为近似吾国，现奉召确实预备立宪，柯则具在，询度攸资。拟请特简明达治体之大臣，分赴德日两国，会同出使大臣转就宪法一门，详细调查，博访通人，祥征故事，何者为入手之始，何者为收效之时，悬鉴照形，立杆取影，分别后先缓急，随时呈报政府核交资政院会议定夺，请旨施行。”[⑤] 当时，政府把考察政治馆改为宪政编查馆，确定以“编订宪法草案”为主要职能，从一般性的政治制度考察进入到具体宪法体制的设计，需要重点对德日的立宪制度进行具体考察。但考虑到英国是欧洲立宪之祖，也不能遗漏。9 月 9 日，朝廷特任命外务部右侍郎汪大燮、邮传部右侍郎于式枚、学部右侍郎达寿分别出任英、德、日考察宪政大臣。为了安排好在日本的考察，达寿曾拜访日本驻清朝临时代办阿守太郎，阿守表示可以派有经验和学识的日本人当宪法顾问。对这次访问，日本政府给予高度重视，因当时伊腾被任命为韩国总督，不能参与具体接待工作，故委托给直接参与明治宪法制定过程的伊东已代治。与第一次考察不同，这次考察重点是专门的宪法问题，除参观近代设施外，还系统地听取了宪法讲解。伊东已代治具体安排讲解的学者有穗积八

---

① 载泽日记中记载，伊藤讲解时用英文，柏锐口译，钱承椃笔述，不像穗积那样用日语（唐宝锷口译）。据笔者查阅档案的史料，伊藤擅长德语，按一般常理应该用口语授课，但为什么用自己并不擅长的英语，笔者仍持疑问。

② 参见钟叔河主编：《走向世界丛书——载泽考察政治日记》，493 页，长沙，岳麓出版社，1986。

③ 参见［日］有贺长雄：《中华民国顾问应聘经过》，载《外交时报》，1913，17 卷 207 号，转引自熊大云：《近代中国官民的日本视察》，165 页，成文堂，1998。

④ ［日］有贺长雄：《中华民国顾问应聘经过》，载《外交时报》，1913，17 卷 207 号，转引自熊大云：《近代中国官民的日本视察》，165 页，成文堂，1998。

⑤ 《清末筹备立宪档案史料》（上），202 页，北京，中华书局，1979。

束、有贺长雄、清水澄等。

这次考察的主要特点是：（1）重视宪法体系整体性的研究。对日本宪政考察，宪政编查馆确定的内容包括宪政史、宪法、立法、行政、司法、财政。与此相适应，日本学者的讲课基本围绕日本宪法史、比较宪法、议院法、司法和行政等问题展开，突出了考察重点。（2）在考察中重视宪法理论与学说的意义，达寿认为，考察宪法必须要理解学说，把握事实，分析各国宪法发展的社会环境与具体条件。（3）适应国内立宪的需要，尽可能寻求准确的资料，突出考察的实用性。如1907年11月13日，光绪皇帝去世后，日本方面及时把讲解内容调整为“摄政”问题等。（4）在讲解时，日本教授结合清朝当时的一些法律制度，采取讨论式的方式进行授课，便于考察者理解宪政原理和实践的意义等。（5）宪法讲授时，日本学者强调了制宪过程的秘密问题，认为当人民还没有开化时，应将制宪事项对国民保密。

根据当时有贺长雄给达寿和李家驹讲授宪法的《有贺长雄博士讲述宪政讲义》，有贺共讲了60次，分前30讲和后30讲，讲课时间为1908年2月到1909年7月，时间长达1年5个月。前30讲内容包括：从明治维新到引进宪法的历史过程、宪法制定与具体实施准备阶段、日本宪法与欧洲宪法的比较。这一部分中具体讲到美国、法国、德国、英国等国家宪法产生与发展的历史背景，分别讲授宪法解释、皇位、政府、议会、臣民的权利义务等问题。后30讲主要讲授中央官制、地方官制、中央政府与地方政府之间的关系、地方自治制度、文官制度等，重点说明官制的理论与实践问题（见表一）。①

表一　有賀長雄给中国大臣讲授憲法的题目和时间（1908.2～1909.7）

回数	时间	题目
第1回	1908年2月4日	維新前後国情的要領
第2回	2月9日	維新後政府組織的概要及五条御誓文
第3回	2月11日	藩籍奉還、廃藩置県及元老院的開設
第4回	2月16日	地方官会議的開設、地方議会的開設、政党的兴起
第5回	2月18日	憲法制定的準備、18年的改革、行政各部的組織整頓、憲法制定的方法、憲法発布的儀式
第6回	2月23日	憲法施行的準備、憲法施行及当時的状況
第7回	2月25日	欧洲立憲諸国憲法之间比較概要（1）英国、美国、法国
第8回	3月1日	……比較概要（2）德国、澳大利亚
第9回	3月3日	……比較概要（3）
第10回	3月8日	……比較概要（4）1866年以後的欧州立憲政体状態
第11回	3月10日	……比較概要（5）日本立憲由来和他国立憲由来及其差異和結果（1）憲法解积
第12回	3月15日	……比較概要（6）日本立憲由来、他国立憲由来之间的差異及その結果（2）皇位及皇室的差異

① 参见《有賀長雄博士講述憲政講義》，早稲田大学中央図書館蔵。

续前表

回数	时间	题目
第13回	3月21日	……比較概要（7）日本立憲由来和他国立憲由来之间的差異及結果（2）皇位及皇室的差異
第14回	3月29日	……比較概要（8）日本立憲由来及他国立憲由来、差異及結果（2）皇位、皇室之间的差異
第15回	3月31日	……比較概要（9）日本立憲由来和他国立憲由来之间的差異及結果（3）天皇大権及発令的仪式差異
第16回	4月5日	……比較概要（10）以上制度间的差異
第17回	4月7日	……比較概要（11）日本立憲由来和他国立憲由来之间的差異及結果（4）政府之间的差異
第18回	4月12日	……比較概要（12）日本立憲由来和他国立憲由来之间的差異及結果（4）政府之间的差異（英国、美国、法国）
第19回	4月14日	……比較概要（13）……結果（4）政府之间差異（意大利、普鲁士）
第20回	4月16日	……比較概要（14）……結果（5）大臣責任之间差異
第21回	4月21日	……比較概要（15）……結果（5）大臣責任的差异
第22回	4月28日	……比較概要（16）……結果（5）上述制度之间差異
第23回	5月5日	……比較概要（17）……結果（6）議会之间的差異（日本、英国、普鲁士、澳大利亚、匈牙利）
第24回	5月10日	……比較概要（18）……結果（6）議会之间的差異（德国、澳大利亚）
第25回	5月12日	……比較概要（19）……結果（6）同前差異
第26回	5月17日	……比較概要（20）……結果（6）議会的差异、（7）予算制度之间差異
第27回	5月19日	……比較概要（21）……結果（7）予算制度之间差異
第28回	5月24日	……比較概要（22）……結果（8）国家和軍隊之间関係的差異
第29回	5月26日	……比較概要（23）……結果（9）臣民的権利義務之间的る差異
第30回	5月31日	……比較概要（24）……結果（10）強制権及非常権之间的差異
第31回	11月8日	講義順序協議
第32回	11月13日	官制的立憲原則
第33回	11月22日	官制（2）内阁官制
第34回	11月29日	官制（3）内閣官制的继续
第35回	12月6日	有关摄政问题的回答
第36回	12月13日	官制（4）清国官制草案批评
第37回	12月21日	继续36讲内容
第38回	1909年1月10日	官制（5）外官地方官制
第39回	1月17日	继续
第40回	1月24日	官制（5）省的法律命令
第41回	1月31日	官制（5）中央政府的会計和地方政府的会計之间関係
第42回	2月7日	继续

续前表

回数	时间	题目
第 43 回	2 月 14 日	继续
第 44 回	2 月 21 日	官制（6）自治制度
第 45 回	2 月 28 日	继续
第 46 回	3 月 7 日	继续、上級自治体
第 47 回	3 月 14 日	官制（7）官吏
第 48 回	3 月 21 日	继续
第 49 回	3 月 28 日	官吏
第 50 回	4 月 11 日	枢密院
第 51 回	4 月 18 日	大権施行的形式
第 52 回	5 月 2 日	继续
第 53 回	5 月 9 日	大権施行的形式（軍令）
第 54 回	5 月 16 日	非常処分
第 55 回	5 月 23 日	戒厳
第 56 回	5 月 30 日	皇帝令
第 57 回	6 月 18 日	皇室制度部分的继续
第 58 回	6 月 21 日	皇室財産及其財政
第 59 回	缺	缺
第 60 回	7 月 9 日	天皇事務与清朝皇帝問題

从有贺讲课的内容和他的宪法思想看，有贺的宪法理论包括：（1）宪政改革应从官制改革开始，宪法制定应该秘密进行。为了统一国民的认识与思想，在制定宪法时需要编写具有权威性的宪法解释书。（2）应该采取钦定宪法的形式，实行君主立宪制，合理地协调皇室与国家、国家与军队的关系。（3）推进议会、政府、地方制度与皇室的改革。（4）对清朝皇室改革提出了改革建议，如减少皇族；设立宫内省；废除内务部的三旗等。

（三）对清朝统治者宪法观的影响

由于从西方考察宪政回来的大臣们一致肯定并强调日本宪政成功的意义以及模仿的必要性，因而光绪和慈禧对日本宪政状况的关注程度是比较高的，实际上也接受了考察宪政大臣的建议，确立了“师法日本”的制宪指导思想。早在1901 年出使日本国大臣李盛铎在条陈变法折中写道，“近鉴日本之勃兴，远惩俄国之扰乱，毅然决然，首先颁布立宪之意，明定国是”；1902 年会办商约大臣盛宣怀也谈到：“较量国体，惟日、德与我相同，亦惟日、德之法于我适宜而可用。”

早在 1904 年，张赛和赵风昌曾译刻了《日本宪法》，并送到内廷，慈禧看了后很为动心，赞扬说“日本有宪法，于国家甚好”[①]。特别是 1905 年日俄战争中

① 张孝若：《南通张季直先生传记》，转引自《辛亥革命》（4），159 页。

俄国失败后，统治者大为震惊，有评论认为“彼俄之见衅于日也，非俄之败于日也，乃专制国之败于立宪国也”[①]。1905 年 1 月 9 日，驻日公使杨枢奏请仿效日本实行宪政：“日本于明治维新之初岁……又宣发誓命，先定为立宪之国，然后开议会决公论一切。变法之事，皆依立宪政体而行……中国与日本地属同洲，政体、民情最为相近，若议变法之大纲，似宜仿效日本。盖法、美等国，皆以共和民主为政体，中国断不能仿效。而日本立国之极，实遵夫中国先圣之道，因见列强逼处，非变法无以自存。”[②]

结束第一次宪政考察回国后，载泽多次受到慈禧的召见，并上折奏请立宪，谓：东西各国富强，“莫不以宪法为纲领”，“法国、英国与中国情况不同，难以强效，唯日本”以立宪之精神，实行其中央集权之主义，施诸中国，尤属相宜。[③] 针对一些人反对立宪的议论，载泽反复强调立宪有利于皇统，无碍于君权，并列举了行宪之后君主享有的 17 条大权，如裁可法制、召集议会、发布命令、统帅海陆军、宪法改正发议权等，并概括出君主立宪的三大利：皇位永固；外患较轻；内乱可弭。第二次出洋考察大臣达寿在《奏考察日本宪政情形折》中也强调“宪法之必当钦定”之理由，认为“钦定宪法出于君主之亲裁”，“宪法苛非由于钦定”，则君主、臣民、政府、议会、军队等“皆不免为流弊之滋”[④]。接任达寿继续考察日本宪政状况的李家驹在 1909 年 6 月 24 日的奏《考察日本官制情形请速厘定内外官制折》中，系统地阐述了以日本现行制度为基础的必要性，认为“日本为君主立宪政体之国，其宪法为钦定宪法”，所以日本的官制无论中央官制、地方官制都循此而定。

从光绪皇帝去世前六个月内阅读的书目中也可以看出日本明治宪法产生的影响。据统计，1908 年 1 月 29 日内务府奏事处交出光绪帝朱笔所列的四十余种书中，就有《日本宪法说明书》、《日本宪政略论》、《比较国法学》、《宪法论》、《宪法研究书》、《各国宪法大纲》、《日本预备立宪》、《日本警察讲义录》、《国法学》等书籍。2 月 17 日补进的书中有《日本宪政略论》等 4 部。1909 年 2 月以后陆续呈进的日本宪法方面的书还包括《日本政治要览》、《日本宪法疏证》、《日本官制通览》等。[⑤]

曹汝霖先生在《曹汝霖一生之回忆》中，详细记载了在颐和园慈禧和光绪召见他时围绕日本宪法问题进行对话的情况。问：日本立宪是哪一年立的？对：日本于明治十四年颁布立宪，到明治二十三年，才开国会。问：日本的宪法是什么

---

① 《论立宪万事根本》，载《南方报》，1905-08-23，转引自高旺：《晚清中国的政治转型——以清末宪政改革为中心》，195 页，北京，中国社会科学出版社，2003。

② 转引自［美］任达：《新政革命与日本：中国，1898—1912》，李仲贤译，207 页，南京，江苏人民出版社，1998。

③ 参见侯宜杰：《二十世纪初中国政治改革风潮》，69 页，北京，人民出版社，1993。

④ 《清末筹备立宪档案史料》（上），34、35 页，北京，中华书局，1979。

⑤ 参见叶晓青：《光绪帝最后的阅读书目》，载《南方周末》，2007-05-31。

宗旨？对：他们先派伊藤博文带了随员到欧洲各国考察宪法，因德国宪法，君权比较重，故日本宪法的宗旨，是取法德国的。问：日本国会的议员，怎样选举的？对：他们国会分上下两议院，上议院又名贵族院，议员是按照定额，由日皇于贵族中有功于国的，及硕学通儒，大实业家中钦派的。下议院是按照各省定额，由各省人民投票选举，以得票最多的当选。问：听说他们国会里有党派时常有吵闹的事？对：是的，因为政党政见不同，故议起事来意见不能一致。问：他们党派哪一党为大？对：那时有政友会，是由伊藤博文领导的，又有进步党，由大隈重信领导的。政友会议员人数较多，在开会时，因政见不同，时有争辩，但临到大事，朝议定后，两党即团结起来，没有争论了。臣在日本时，适逢对俄开战问题，争得很厉害，后来开御前会议，日皇决定宣战，两党即一致主战，团结起来了。太后听了，将手轻轻地在御案上一拍，叹了一口气说：唉！咱们中国即坏在不能团结！对：以臣愚见，若是立了宪法，开了国会，即能团结。太后听了很诧异的神气，高声问道：怎么着！有了宪法国会，即可团结吗？对：臣以为团结要有一个中心，立了宪，上下都应照宪法行事，这就是立法的中心。开了国会，人民有选举权，选出的议员，都是有才能为人民所信服的人，这就是领导的中心。政府总理，或由钦派，或由国会选出再钦命，都规定在宪法，总理大臣有一切行政权柄，即为行政的中心。可是总理大臣，不能做违背宪法的事，若有违宪之事，国会即可弹劾，朝廷即可罢免，另举总理。若是国会与政府的行策，不能相容，政府亦可奏请解散，另行选举。所以这个办法，各国都通行，政府与国会，互相为用，只要总理得人，能得国会拥护，国会是人民代表，政府与国会和衷共济，上下即能团结一致。臣故以为立了宪，开了国会，为团结的中心，一切行政，都可顺利进行了。太后听了，若有所思，半顷不语。[①] 曹汝霖认为，“慈禧对于立宪，似感兴趣，更可见她思想并不顽固，可惜平时没有人以各国新政灌输上陈”。在谈到戊戌变法时，他认为：“……若将各国因立宪才能兴盛之故事上陈，未必不能得太后的同意。”[②]

（四）日本“正统宪法学”的影响

据有学者考察，1895年出版的黄遵宪的《日本国志》，“为近代中国输入了全新的宪政理论思想，同时也为清末的宪政改革提供了重要的借鉴”[③]。他作为清政府首任驻日参赞，对日本实施明治维新后的社会变化与宪政实践进行了考察，提出了较完整的宪政理论体系。例如，通过考察自由民权运动，他提出“民权”思想，认为民之权利来源有二：一曰天赋人权；二曰社会契约。其中谈到：

① 参见曹汝霖：《曹汝霖一生之回忆》，49～51页，北京，传记文学出版社，1981。

② 曹汝霖：《曹汝霖一生之回忆》，51页，北京，传记文学出版社，1981。

③ 转引自张锐智：《黄遵宪〈日本国志〉中的宪政思想及其影响》，载《法制与社会发展》，2006（2）。

"论义理，则谓人受天地之命以生，各有自由，自主之道；论权利，则谓君民父子男女各同其权。"[①]

自1889年宪法颁布后，围绕明治宪法的解释学问题，日本形成了宪法学上的"正统学派"和"立宪学派"。"正统学派"的代表是井上毅、穗积八束和上杉慎吉等，其核心宪法学思想是，把天皇作为统治权的主体，把国民和领土作为统治权的客体，强调"君主主义"价值观。[②] 19世纪末20世纪初日本宪法学的主流是"正统宪法学"，模仿德国公法理论，强调国家利益与天皇的地位，在"富国强兵"理念的指导下，建立了系统的宪法体制。"立宪学派"的基本观点是，伴随着宪法的颁布，日本已成为立宪制国家，因此，宪法解释应借鉴西方国家立宪主义的原理，不能仅仅以国体作为前提，提倡"国家法人说"，其代表性学者是一木喜德郎和美浓部达吉等。

当时在中国主张立宪的政治家和学者，多数人接受了日本"正统宪法学"思想的影响，"立宪学派"的影响力是非常有限的。如康有为、梁启超等人在日本系统地研究和接受了西方宪法理论，而西方宪法理论又是通过日本传播的，彼时翻译了大批外国宪法学著作，如伊藤博文的《日本帝国宪法义解》（1901年）、井上毅的《各国国民公私权者》（1902年）、高田早苗的《宪法讲义》（1902年）、菊池学而的《宪政论》（1903年）、小野梓的《国宪法论》（1903年）、穗积八束的《宪法大意》（1903年）、田中次郎的《日本宪法全书》（1905年）、伊藤博文的《日本宪法要义》（1905年）等。从1901年到1911年翻译成中文的日本宪法学著作至少有六十多本。

另外，明治宪法制定的主要参与者的宪法思想对早期中国宪法理论产生了重要影响。在制宪原则上，伊藤提出中国要参考明治宪法的制定原则，即"盖创制宪法的精神，第一在于限制君权，第二在于保护臣民的权利。因此，如果在宪法中不列举臣民的权利，就没有制定宪法的必要了"。同时，坚持"一国之权力，以君主大权为其枢轴，凡百权力皆由来于此"。在清末立宪与地方自治问题上，端方等人的思想直接受到伊藤学说的影响，如强调地方自治在宪政实现中的作用，认为"靠各国之强，莫不原于地方自治……自治精神不养成，虽宪法极善，而推行亦且无效"[③]。

日本宪法学对清末宪政的影响一直持续到"大清宪法草案的"制定，特别是北鬼三郎的《大清宪法案正文》所产生的影响是不可忽视的。

过去介绍清末立宪历史时，学术界一般涉及《钦定宪法大纲》和《十九信条》，至于清末是否制定过宪法草案问题则没有引起必要的关注。随着清末立宪

---

① 转引自张锐智：《黄遵宪〈日本国志〉中的宪政思想及其影响》，载《法制与社会发展》，2006（2）。

② 参见［日］大石真：《日本宪法史》，2版，278页，有斐阁，2005。

③ 端方：《端忠敏公奏稿》卷6，56～57页。

研究的深入，有学者发现了由北鬼三郎起草的《大清宪法案正文》和《清末宪法草案乙全本》。[①] 从目前的制宪档案看，清政府于1910年11月5日，任命溥伦、载泽为纂拟宪法大臣，起草宪法，1911年3月又任命度支部右侍郎陈邦瑞、学部右侍郎李家驹、民政部左参议汪荣宝协同纂拟。有关起草宪法的原则，军机大臣明确提出"须多采取日本宪法，并实行尊君主义"[②]。李家驹、汪荣宝熟悉日本的宪法制度，其宪法思想的核心是"重君主大权主义"，基本上按照政府的制宪指导思想进行起草，其内容和框架"师从日本"[③]。

据说，宪法起草者经常翻阅研究的宪法书是日本伊藤博文、有贺长雄、穗积八束、市村光惠、上野贞正、北鬼三郎、清水澄、美浓部达吉等的著作。[④] 其中对于北鬼三郎的《大清宪法案正文》对宪法起草是否产生过影响的问题，学术界的评价是不同的。《汪荣宝日记》（1910年5月26日）中曾有这样的记载："……归后，阅北鬼氏大清宪法案……（下午）六时半散归，阅北鬼氏大清宪法案。"这说明，作为参与起草宪法的大臣，汪荣宝曾参考北鬼三郎专门研究清政府宪法草案的著作。据笔者对北鬼三郎的《大清宪法案正文》[⑤] 的阅读，这本书对清朝宪法草案制定所产生的影响是不可忽视的。主要理由是：(1) 北鬼三郎是专门研究清朝宪法的学者，除出版《大清宪法案正文》著作外，还发表过《清国的中央集权问题》（外交时报第十三卷1910年总第14号）、《新领地统治法论》（外交时报第十三卷1910年总第14号）等论文；(2) 从李汪宪法草案《商榷纂拟义例》与北鬼三郎的《大清宪法案正文》的比较看，体例上的相似性也是不能否认的。李汪草案共10章86条，分别是皇帝、摄政、领土、臣民、帝国议会、政府、法院、法律、会计、附则。北鬼三郎的《大清宪法案正文》共10章76条，分别是：皇帝、摄政、臣民权义、帝国议会、内阁、都察院、司法、会计、审计院、附则。可见，除都察院和审计院外，其他章名基本上相同，内容设计也有大量的相似性。笔者在此提及北鬼三郎的《大清宪法案正文》一书的目的，是从一个侧面说明日本宪法学不仅影响了《钦定宪法大纲》的制定，同时对依照《钦定宪法大纲》而制定的清朝宪法草案也产生过一定程度的影响。

---

① 1989年第1期《历史研究》发表了王晓秋的《清末政坛变化的写照——宣统元年间〈汪荣宝日记〉剖析》，该文考定了"李汪宪草"；俞江在《历史研究》1999年第6期中发表《两种清末宪法草案稿本的发现初步研究》，说明两种宪法草案的稿本发现的情况；尚小明在《历史研究》2007年第2期发表的《两种清末宪法草案稿本质疑》一文中认为，在中国历史第一档案馆中发现的"两种宪法草案"中的甲残本是日本学者北鬼三郎的《大清宪法案正文》，乙全本是民间立宪派团体制定的。

② 《大公报》1911年4月1日，转引自侯宜杰：《二十世纪初中国政治改革风潮》，403页，北京，人民出版社，1993。

③ 目前"李汪宪法草案"还没有发现，但从《汪荣宝日记》中可以看出其基本框架和内容。

④ 参见侯宜杰：《二十世纪初中国政治改革风潮》，398页，北京，人民出版社，1993。

⑤ 笔者感谢日本九州大学法学研究院洪英博士的协助，她帮助笔者复印了在日本图书馆馆藏的北鬼三郎的《大清宪法案正文》，东京，经世书院出版，1909。

四、《钦定宪法大纲》制定权的基础与争论

在日本宪法学者思想的影响下，整个《钦定宪法大纲》的制定过程是在秘密状态下进行的，没有选择民主立宪的模式，而是采取了君主立宪模式。

（一）先开国会，还是先制定宪法？

《钦定宪法大纲》的制定首先面临的问题是“制宪权”主体问题，即由谁行使制定权？能否借鉴明治宪法，统治者内部也存在不同的意见或分歧。如翰林院侍讲学士朱福铉对日本经验总结了 5 个方面的可取之处与 4 个方面的不能借鉴的问题，即政府不要在议员中树援、树敌；不要用“平庸老朽”的人员充任资政院议员；不可“摧抑”舆论；地方议会不要学日本“先行于官”，排斥人民。他反复强调，立宪取法日本，也应择善而从，不能生搬硬套。①

在制定什么样的宪法以及如何制定宪法问题上，立宪派一直没有停止过思考，其实多数立宪派心目中所推崇的政体模式和制宪模式是英国、德国模式，在制定宪法问题上，主张限制君权、“保障民权”，反对完全抄袭日本模式。他们认为，日本宪法首开钦定的恶例，民主程度极其低下，“偏重于命令权”。也有学者认为，我国的历史、国情与所处的时代均与日本不同，不能强行效法，政府若要“出其狡猾阴险之手段，假钦定之名，颁布文数十条以愚吾民”，必将造成“动摇国体而伤君民之感情”的恶果。②

中日对制宪基础问题的不同理解，具体表现在宪法与国会关系的认识上，即先制定宪法，后开国会，还是先开国会，后制定宪法。日本明治宪法制定采取先制定宪法后开议会的形式。制定日本明治宪法的大体程序是：1881 年确定宪法基本原则；1882 年伊藤到西方国家考察宪政；1883 年设立宪法取调所（后改为宪法调查局）；1885 年废止太政官制；1886 年开始起草宪法；1888 年设立枢密院；1889 年公布宪法；1890 年实施宪法；1890 年实施众议院选举，1890 年 11 月帝国议会正式开会。

在制定宪法问题上，多数立宪派主张，制定宪法不是君主个人的私事，而是与人民休戚相关的公事，“宪法的立法权不可不与天下人共享之”③。端方在《欧美政治要义》第二章“国家宪法之制定”中认为，立宪国家的政治中枢已经不在

① 参见《清末筹备立宪档案史料》（上），271 页，北京，中华书局，1979。转引自韦庆远等：《清末立宪史》，221 页，北京，中国人民大学出版社，1993。

② 参见《论预备立宪时代之人民》，载《时报》，《预备立宪公会报》第 2 期，转引自侯宜杰：《二十世纪初中国政治改革风潮》，400 页，北京，人民出版社，1993。

③ 吴兴让：《国会与宪法》，载《北洋法政学报》，第 67 册，转引自侯宜杰：《二十世纪初中国政治改革风潮》，399 页，北京，人民出版社，1993。

君主，而在宪法，而宪法的最终制定权在于人民的代表机构国会，强调选择世界普遍实行的“共议宪法”的形式。梁启超也强调“先立国会，让人民参与宪法的编订”，其目的是通过国会来监督政府。[①] 也有人认为，国家是由国民组成的，国民有权参预国家政事，只有“使之有协定宪法之权”，“宪法乃为有效”[②]。宪法是法律，法律“必本于多数人之同意”，“表现为宪法，宪法乃底于完全无缺点之域”。因此，当时立宪派主张先开国会，由国会行使制定宪法或议决宪法的权力。但清政府并没有采纳先开国会的建议，坚持“我国宪法既采取大权政治主义，则与议院政治绝不相容”，“无论如何，国会之成立不可不俟诸宪法制定以后”，“中国宪法必以大权钦定”[③]。

在《钦定宪法大纲》上谕中，起草者奕劻、蒲伦对此解释说：“……东西各国立宪政体，有成于下者，有成于上者，而莫不有宪法，莫不有议院。成于下者，始于君民之相争，而终于君民之相让，成于上者，必先制定国家统治之大权，而后赐于人民闻政之利益。各国制度，宪法则有钦定、民定之别，议会则有一院、两院之殊。今朝廷采取其长，以为施行之则，要当内审国体，下察民情，熟权利害而后出之。大凡立宪自上之国，统治根本，在于朝廷，宜使议院由宪法而生，不宜使宪法由议院而出，中国国体，自必用钦定宪法，此一定不易之理。故欲开设议院，必以编纂宪法为预备之要图，必宪法之告成先行颁布，然后乃可召集议院。而宪法乃为国家不刊之大典，一经制定，不得轻事变更，非如他项法律可以随时增删修改，故编纂之初，尤非假以时日详细研求，不足以昭慎重。”[④] 这是官方在宪法与议会问题上的基本立场，试图为先制定宪法大纲寻求理论依据。

从理论上说，制宪权产生于国家以前，其主体是人民，议会是根据宪法而产生，所谓制宪议会的重要功能是审议宪法，但并不能行使制宪的决定权。清政府制定的《钦定宪法大纲》并不是严格意义上的宪法，只是为将来制定宪法而作出的“准则”[⑤]，故“钦定”宪法权属于君主符合立宪君主制原理。上谕同时说明先制定《钦定宪法大纲》后制定宪法草案的原因，即宪法作为国家之根本法，一旦制定不能轻易变动，必须采取慎重的态度，并以此作为预备立宪正当性的基础。很显然，这种制宪方式的采用，直接借鉴了日本明治宪法的经验。

① 参见张朋园：《立宪派与辛亥革命》，40页，长春，吉林出版集团有限责任公司，2007。

② 李庆芳：《中国国会议》，载《中国新报》，第9期，转引自侯宜杰：《二十世纪初中国政治改革风潮》，399页，北京，人民出版社，1993。

③ 侯宜杰：《二十世纪初中国政治改革风潮》，400页，北京，人民出版社，1993。

④ 《清末筹备立宪档案史料》(上)，54页，北京，中华书局，1979。

⑤ 宪政编查馆资政院会奏宪法大纲暨议院法选举法要领及逐年筹备事宜折附了两个清单：一是宪法大纲暨议院法选举法要领；二是逐年筹备事宜清单。宪法大纲暨议院法选举法要领清单说明中说：宪法大纲，其细目当于宪法起草时酌定。附臣民权利义务，其细目当于宪法起草时酌定；附议院法要领，其细目当于制定议院法时酌定。

（二）《钦定宪法大纲》的起草机关

清政府于1905年11月25日，设立专门政治体制研究机构“考察政治馆”，其功能是“择各国政法宜於中国治体者，斟酌损益，纂订成书，取旨裁定”，也即是研究各国政治体制，为清廷的政治改革提供咨询意见。1907年根据日本制宪的经验，庆亲王奕劻的奏请将“考察政治馆”更名为“宪政编查馆”，意思是当前的重点由考察全面的政治转变为考察具体的宪政。1907年7月16日，奕劻等人以明治维新初年的“宪法取调局”的体制为模式，拟订了《宪政编查馆办事章程》，表示“立宪各国，无不以法治为主义，而欲达法治之城，非先统一法制不可”，为此宪政编查馆，“掌属于宪法之事”[①]。在宪政编查馆的领导体制方面，奕劻等主张归军机处领导，资政院承担“主赞定”的作用。根据《宪政编查馆办事章程》的规定，其职权包括：调查各国宪法，编订宪法草案；考核法律馆所订法典草案；调查各国统计，颁成格式等。经过一个多月的工作，宪政编查馆会商资政院，起草了《宪法大纲暨议院法选举法要领》和《九年预备立宪逐年推行筹备事宜清单》。但资政院当时还没有正式召集会议，因此无法为起草过程提供实质性的正当性基础。因受档案资料的限制，笔者无法详细考察《钦定宪法大纲》的具体制定过程，但从宪政编查馆人员构成中可以判断日本宪法产生的影响：一是宪政编查馆网罗的人才中包括杨度等系统地受日本宪法影响的人才[②]；二是宪政编查馆作为起草宪法的机关，“馆内凡属技术性工作，绝大部分由留日学生负责”[③]；三是留日政法学生和在各类学堂担任法律课程讲授的日本法律教习对《钦定宪法大纲》制定过程中的影响是不能忽视的；四是宪政编查馆的两个局中，编制局是最核心的机构，局长为前民政部右参议吴廷燮，副局长为章宗祥。三个正科员中第一位是汪荣宝，第二位是曹汝霖，第三位是恩华。这些人中除吴廷燮外，其他人都是留日出身，汪荣宝又是公认的最熟悉日本宪政知识的人。[④] 设立“宪政编查馆”和“资政院”及各省“咨议局”，其中宪政编查馆起草宪法及起草或核议各项法律、章程、制度，对于立宪的推行和传播民主思想发挥了重要作用。

五、《钦定宪法大纲》的颁布过程及其与明治宪法文本的比较

（一）《钦定宪法大纲》的颁布过程

单从时间上看，慈禧太后的变法革新的想法早在庚子赔款之时就已经萌动，

① 张晋藩：《中国宪法史》，99页，长春，吉林人民出版社，2004。

② 据张一麐在《古红梅阁笔记》中说，“……乃以四品京堂在宪政编查馆行走……九年预备立宪之清单，即杨所草定而通过者”。转引自刘晴波主编：《杨度集》，504页，长沙，湖南人民出版社，1986。

③ 张德美：《探索与抉择——晚清法律移植研究》，192页，北京，清华大学出版社，2003。

④ 参见尚小明：《两种清末宪法草案稿本质疑》，载《历史研究》，2007（2）。

面对泱泱大国屡屡败于蛮夷之邦的残酷现实，慈禧太后开始痛定思痛，励志变革，于1901年1月29日，在西安发布“变法”上谕，声称“世有万古不易之常经，无一成不变之治法”，表示要更法令、破锢习、求振作、议更张，实行“新政”。而与此同时，一些谋求变革的地方实力官员和开明绅士也屡次上奏，要求实行新政，改革官制。直隶总督袁世凯、两江总督刘坤一、湖广总督张之洞不断地向清廷上奏，提出诸多颇有新意同时又具有可操作性的新政措施，如，刘坤一、张之洞等建议设文武学堂、广派游历、练外国操、定律法、推行邮政、广译东西各国书等措施。从内容上看，这些建议实际上构成清政府以后改革的基本措施，为清政府的变法改革确定了基本的制度基调，在一定意义上成为清末立宪运动的先声。

1905年日俄战争，专制国沙俄惨败于立宪国日本的结果也使得立宪的主张深入人心，一时之间，“立宪救国”的口号响彻云霄、声不可遏。当时颇有影响的《大公报》也刊文指出：“此战诚为创举，不知日立宪国也，俄专制国也，专制国与立宪国战，立宪国无不胜，专制国无不败。”[①] 越来越多的民众意识到，中国欲富国强兵、救亡图存，除了需要船坚炮利之外，更需要立宪法、开国会、建议院，实行君主立宪。中国和俄国两个君主专制大国相继败于立宪国日本的事实也具体而直观地告诉国人，君主立宪政体对于国家兴亡的重要性。这一点，即使连那些一贯保守、反对变革的守旧大臣也不得不承认立宪的重要性，进而转而支持立宪，成为立宪运动中一支不可忽视的推动力量。因而，在报纸舆论的宣传鼓动之下，再加上立宪派人士的积极推动，原本和中国没有太大关系的日俄战争结果却产生了意想不到的效果，使得立宪成为了一种普遍关注、不可阻遏的全国性思潮，在某种意义上，成为了近代中国社会中的立宪思潮的导火索。

在全国社会各界人士的推动之下，1908年8月27日，清政府终于颁布了《钦定宪法大纲》。需要注意的是，当时的名称仅仅是《宪法大纲》，并没有“钦定”二字，“钦定”二字是后来的习惯称谓。对于《钦定宪法大纲》的宗旨，在宪政编查馆、资政院联合上奏的奏折中有详细体现：“夫宪法者，国家之根本法也，为君民所共守，自天子以至于庶人，皆当率循，不容逾越……一言以蔽之，宪法者，所以巩固君权、兼保护臣民者也……宪法大纲一章，首列大权事项，以明君为臣纲之义，次列臣民权利义务事项，以示民为邦本之义。虽君民上下同处于法律范围之内，而大权仍统于朝廷，虽兼采列邦之良规，而仍不悖本国之成宪。”[②] 之所以称其为“宪法大纲”而不是称其为“宪法”，是因为这里规定的仅仅是纲目性的要求，而不是具体的宪法条文。在奕劻、溥伦的奏折中，也明确申明：

---

① 《大公报》1905年4月13日，转引自侯宜杰：《二十世纪初中国政治改革风潮》，42页，北京，人民出版社，1993。

② 《清末筹备立宪档案史料》(上)，56页，北京，中华书局，1979。

"宪法大纲，其细目当于宪法起草时酌定。谨按君主立宪政体，君上有统治国家之大权，凡立法、行政、司法，皆归总揽。而以议院协赞立法，以政府辅弼行政，以法院遵律司法。上自朝廷，下至臣庶，均守钦定宪法，以期永远率循，罔有逾越。谨本斯义，恭拟如左。"① 所谓"如左"也即是《钦定宪法大纲》的详细内容。

（二）《钦定宪法大纲》与日本明治宪法文本之比较

以上我们分析了日本明治宪法对于《钦定宪法大纲》制定过程的影响，这些影响主要通过学术交流、五大臣的宪政考察以及民间交流等形式表现出来。而这些影响集中反映在具体的宪法文本内容上。我们可以从两个宪法文本的比较中分析其规范形态的相同性（见表二、表三）与差异性（见表四）。

表二　钦定宪法大纲（1908）与日本明治宪法（1889）文本相同部分之比较（34.8%）

钦定宪法大纲（1908）	日本明治宪法（1889）
一、大清皇帝统治大清帝国，万世一系，永远尊戴。	第一条 大日本帝国，由万世一系之天皇统治之。
二、君上神圣尊严，不可侵犯。	第三条 天皇神圣不可侵犯。
三、钦定颁行法律及发交议案之权。凡法律虽经议院议决，而未奉诏命批准颁布者，不能见诸施行。	第六条 天皇批准法律，命其公布及执行。
十三、皇室经费，应由君上制定常额，自国库提支，议院不得置议。	第六十六条 皇室经费依现在之定额每年由国库支出，除将来需要增额时外，无须帝国议会之协赞。
附一、臣民中有合于法律命令所定资格者，得为文武官吏及议员。	第十九条 日本臣民依法律命令规定之资格，均得就任文武官员及其他职务。
附二、臣民于法律范围以内，所有言论、著作、出版及集会、结社等事，均准其自由。	第二十九条 日本臣民在法律规定范围内，有言论、著作、印行、集会及结社之自由。
附三、臣民非按照法律所定，不加以逮捕、监禁、处罚。	第二十三条 日本臣民非依法律，不受逮捕、监禁、审讯及处罚。
附七、臣民按照法律所定，有纳税、当兵之义务。	第二十一条 日本臣民依法律规定有纳税之义务。 第二十条 日本臣民依法律规定有服兵役之义务。

从文本规定上看，《钦定宪法大纲》共分为两个部分："君上大权"和"臣民权利义务"，共23条。其中"君上大权"14条，是大纲的正文主体部分；"臣民权利义务"9条，为正文的附录部分。在《钦定宪法大纲》总共23个条文中，与日本明治宪法的立法精神和文本规定完全相同或者基本相同的部分，共有8个条文，即"君上大权"部分的第一、二、三、十三条和"臣民权利义务"部分的附一、二、三、七条。上述条文规定，有些和日本明治宪法的规定完全一致或者几乎完全一致，如第一条和明治宪法的第一条．第二条和第三条，不论是文本规定还是其背后隐含的宪政精神，都如出一辙。即使是在文本规定不完全一致的其他条文中，其文本规定也具有高度的相似性，很明显地能看出其中的传承关系。因此，从二者高达34.8%的相同性的文本规定上，就可以看出日本明治宪法对

① 《清末筹备立宪档案史料》（上），57页，北京，中华书局，1979。

《钦定宪法大纲》的影响，“窥一斑而知全豹”，从此也能看出清廷的师从日本、仿行立宪的政治逻辑。

表三　钦定宪法大纲（1908）与日本明治宪法（1889）文本相似部分之比较（56.5%）

钦定宪法大纲（1908）	日本明治宪法（1889）
四、召集、开闭、停展及解散议院之权。解散之时，即令国民重行选举新议员，其被解散之旧员，即与齐民无异，倘有抗违，量其情节以相当之法律处治。	第七条 天皇召集帝国议会，其开会、闭会、停会及众议院之解散，皆以天皇之命行之。 第四十五条 众议院受命解散后，依敕令选举新议员，并须于解散之日起五个月内召集众议院会议。
五、设官制禄及黜陟百司之权。用人之权，操之君上，而大臣辅弼之，议院不得干预。	第十条 天皇规定行政部门之官制及文武官员之俸给，任免文武官员，但本宪法及其他法律有特殊规定者有特殊规定者，须各依其规定。
六、统率陆海军及编定军制之权。君上调遣全国军队，制定常备兵额，得以全权执行。凡一切军事，皆非议院所得干预。	第十一条 天皇统率陆海军。 第十二条 天皇规定陆海军之编制及常备兵额。
七、宣战、讲和、订立条约及派遣使臣与认受使臣之权。国交之事，由君上亲裁，不付议院议决。	第十三条 天皇宣战媾和及缔结各项条约。
八、宣告戒严之权。当紧急时，得以诏令限制臣民之自由。	第十四条 天皇宣告戒严。 戒严要件及效力，由法律规定之。
九、爵赏及恩赦之权。恩出自君上，非臣下所得擅专。	第十五条 天皇授与爵位、勋章及其他荣典。 第十六条 天皇命令大赦、特赦、减刑及复权。
十、总揽司法权。委任审判衙门，遵钦定法律行之，不以诏令随时更改。司法之权，操诸君上，审判官本由君上委任，代行司法，不以诏令随时更改者，案件关系至重，故必以已经钦定为准，免涉分歧。	第五十七条 司法权由法院以天皇名义依法律行使之。 第五十八条 法官以具有法律规定之资格者充任之。 法官非依刑法之宣告或受惩戒处分者外，不得免职。
十一、发命令及使发命令之权。惟已定之法律，非交议院协赞奏经钦定时，不以命令更改废止。法律为君上实行司法权之用，命令为君上实行行政权之用，两权分立，故不以命令改废法律。	第九条 天皇为执行法律或保持公共安宁秩序及增进臣民之幸福，得发布或使令政府发布必要之命令，但不得以命令改变法律。
十二、在议院闭会时，遇有紧急之事，得发代法律之诏令，并得以诏令筹措必需之财用。惟至次年会期，须交议院协议。	第八条 天皇为保持公共之安全或避免灾厄，依紧急之需要，于帝国议会闭会期间，可发布代法律之敕令。 此敕令应于下次会期提交帝国议会，若议会不承诺时，政府应公布其将失去效力。 第七十条　为保持公共安全，有紧急之需用，因国内外情势政府不能召集帝国议会时，得依敕令以为财政上必要之处分。在前项规定情况下，须于下次会期提交于帝国议会，以求得其承诺。
十四、皇室大典，应由君上督率皇族及特派大臣议定，议院不得干预。	第七十四条 皇室典范之修改，无须经帝国议会之议决。
附四、臣民可以请法官审判其呈诉之案件。 附五、臣民应专受法律所定审判衙门之审判。	第二十四条 日本臣民接受法定法官审判之权不得剥夺。
附六、臣民之财产及居住，无故不加侵扰。	第二十七条 日本臣民之所有权不得侵犯。因公益需要之处分，依法律之规定。 第二十二条　日本臣民于法律规定范围内有居住及迁徙之自由。

除了上面所说的完全相同或者基本相同的规定模式外，在《钦定宪法大纲》中还有大量的条文，与日本明治宪法有着千丝万缕的关系。这些条文尽管在表述上和日本明治宪法有较大不同，但是，究其立法精神和思想渊源，则无一例外都是直接或者间接来源于日本明治宪法的规定或者当时的日本宪法学家的宪政思想。在《钦定宪法大纲》中，这部分内容是最多的，多达 13 个条文，即“君上大权”部分的第四、五、六、七、八、九、十、十一、十二、十四条和“臣民义务部分”的附四、五、六条，这两部分条文总共占《钦定宪法大纲》条文总数的 56.5%。足见《钦定宪法大纲》受日本明治宪法和日本宪法学影响之深，正如有学者指出的那样：“纵观清廷预备立宪，凡百措施无不遵循钦定宪法以行，并以日本明治宪政之成法定制为其依归，谋藉立宪形式以确保传统君主专制大权，其钦定宪法乃不免表现特殊之模仿性，纯属制度之移植。”①

表四 钦定宪法大纲（1908）与日本明治宪法（1889）文本不同相同部分之比较（8.7%）

钦定宪法大纲（1908）	日本明治宪法（1889）
附八、臣民现完之赋税，非经新定法律更改，悉仍照旧输纳。	
附九、臣民有遵守国家法律之义务。	

《钦定宪法大纲》虽系模仿日本明治宪法而来，但是清廷在仿行立宪的过程中，并没有一味地模仿日本明治宪法的所有规定。在立宪过程中，清廷也根据自己对宪法的理解并结合中国传统文化作了一定程度的甄别和创新。例如，有学者指出，《钦定宪法大纲》虽然效仿日本明治宪法规定了“臣民”的权利方面的内容，但并没有规定明治宪法所规定的日本臣民所享有的移徙自由（第 22 条）、书信秘密受保护（第 26 条）、信教自由（第 28 条）及请愿权利（第 30 条），而《钦定宪法大纲》却规定了“臣民现完之赋税，非经新定法律更改，悉仍照旧输纳”及“臣民有遵守国家法律之义务”这两条明治宪法中所没有的条文。“人们一般在论及日本明治宪法时，常会提到这一宪法在规定自由权利方面不仅范围十分有限，种类较少，而且具有不彻底性，但通过比较可以看出，《钦定宪法大纲》所规定的自由权利在范围和种类方面更加欠缺，所规定的义务却比明治宪法要多。”② 对于清廷的这种立法上的权利克减行为，尽管在价值判断上可以作多种多样的解读，但是一个不容忽视的事实却是，在《钦定宪法大纲》的制定过程中，清廷自身对日本明治宪法的某些创造性借鉴是不容忽视的，尽管从整体上而言，《钦定宪法大纲》的模仿性成分要远远高于其创造性因素。

可以说，由于在整个立宪的推动过程中日本明治宪法产生了整体性与持久性的影响，而这种影响所表现的具体载体是《钦定宪法大纲》与明治宪法的文本。

① 陈丰祥：《日本对清廷钦定宪法之影响》，载《“国立”台湾师范大学历史学报》，1980（8）。

② 李秀清：《中国宪政实践史上移植西方法的第一次尝试——清末立宪活动述评》，载《河南省政法管理干部学院学报》，2001（6）。

通过比较文本可以看出，完全相同的条文 2 条，即第 1 条和第 2 条是直接翻译过来了，属于完全“抄袭”部分，相同的条文占 34.8%，相似的条文占 56.5%，不同部分占 8.7%。相同和相似的加在一起，共占 91.3%。从文本的表述看，《钦定宪法大纲》主要参考了日本明治宪法是显而易见的，但说所有条文“抄袭”明治宪法则是缺乏依据的。首先，从条文看，相同的部分只占 34.8%，相似部分占 56.5%，参考相关条文不能简单地说“抄袭”。其次，在条文的设计上，《钦定宪法大纲》的内容与明治宪法之间也有不同点，某些相似条文实际上反映了《钦定宪法大纲》的中国宪法文化特色。如有关君权的规定，《钦定宪法大纲》比明治宪法范围更大，又如，赋予君主筹措经费权。在有关臣民的权利方面，《钦定宪法大纲》比明治宪法显得更为保守，没有规定迁徙自由、宗教信仰自由与请愿自由等权利。最后，《钦定宪法大纲》只是未来制定正式“钦定宪法”的“准则”，不具有严格的法律效力，而明治宪法是一部完整的宪法典，所以两个文本的评价标准也存在一定的不确定性因素。

六、几点结论

总之，明治宪法对《钦定宪法大纲》产生的影响是不可忽视的，对此应采取历史与客观的态度。明治宪法中体现的立宪主义是“把近代立宪主义嫁接在源自古代世界的神政的、家长式观念上，束缚议会权力的伪装的立宪主义”①。日本统治者一方面主张移植西方的立宪主义，另一方面以保存传统文化为由，保留了部分封建的等级制度，使明治宪法混合了立宪主义与非立宪主义的价值体系，在客观上推动了日本近代化的发展，但同时使日本走上了军国主义和国家主义的道路。

作为中国历史上的第一个宪法性文件，《钦定宪法大纲》宣示了宪法的合法地位，以法律文件的形式明确了权利义务，规定了皇上也要受限于法律（虽然这种限制是如此的无力），等等，其历史的意义远较其本身的内容来得深远。②

明治宪法的“外见立宪主义”思想对《钦定宪法大纲》产生的影响是多方面的。除维护皇帝大权、保护君主政体的消极影响外，客观上也产生了积极影响，主要表现为：（1）明治宪法的立宪主义思想对《钦定宪法大纲》的制定与内容产生了积极影响，后者虽然在本质上是非立宪主义的，但在一定程度上体现了立宪主义原理，是西方立宪主义与中国传统政治哲学结合而成的，注重中国传统的价值体系。“夫宪法者，国家之根本大法也，为君民所共守，自天子以至庶人，皆

---

① ［日］信夫清三郎：《日本政治史》，第 3 卷，周启乾等译，225 页，上海，上海译文出版社，1988。

② 参见李秀清：《中国宪政实践史上移植西方法的第一次尝试——清末立宪活动述评》，载《现代法学》，2001（6）。

当率循，不容逾越。”[①]（2）作为中国历史上第一部宪法性文件，《钦定宪法大纲》在一定程度上体现了明治宪法的三权分立思想，第一次在法律上规定了限制皇权的条款。当然，维护君主主权是《钦定宪法大纲》的基本价值观与出发点，限制皇权只是在不损害皇帝大权的前提下，在非常有限的范围内存在的。（3）虽以“附”的形式规定“臣民”的权利与义务，但毕竟在宪法性文件中第一次规定了社会成员的权利与义务，在一定范围和程度上反映了时代的历史特点。（4）作为制定“钦定宪法草案”的“准则”，它对宪法草案的制定产生了价值引导作用。（5）在制定《钦定宪法大纲》前后，围绕着立宪问题，学术界和民间进行了广泛的宪法问题的讨论，出现了比较活跃的宪法学研究的思潮和氛围，为早期中国宪法学的形成提供了良好的环境与基础。有学者认为，“清末宪法草案乙全本”的纂拟是20世纪初中国法学界对以往学习西方宪法学、政治学的成果作出的一次全面总结，其内容涉及宪法学的各个领域——形成了较为完善的中国早期宪法学体系。[②] 这部草案被认为是民间人士起草的，总论中特别提到：“我中国制定宪法，其形式宜法日本，其精神宜法欧洲，盖二美并从也。”[③] 可见，日本明治宪法不仅广泛影响了《钦定宪法大纲》的制定过程，而且对早期中国宪法学的形成也产生了重要的学术影响。

---

① 《清末筹备立宪档案史料》（上），56页，北京，中华书局，1979。

② 参见俞江：《两种清末宪法草案稿本的发现及初步研究》，载《历史研究》，1999（6）。

③ 中国法律史学会：《法律史论集》，448页，北京，法律出版社。

法国宪政文化对民初中国立宪的影响

夏新华*

法国作为欧洲大陆第一个系统地形成宪政文化的国家，其宪政体制成为了近代资产阶级立宪运动的理想模式，为其他国家的资产阶级立宪革命和改革提供了榜样和参考，产生了世界性的示范效应。近世中国，西法东渐。随着外国宪政文化的输入，中国传统政治文化发生了聚变。新兴的资产阶级出于对君主专制政体的痛恨，视西方的政治体制为“良法美意”，借鉴与移植外国宪政文化成为了一股潮流。法国宪政文化对中国法制的影响，虽为学界之人称道，然而，法国宪政文化究竟如何在中国产生影响？其影响的途径与方式有哪些？其结果如何？诸如此类的问题，仍亟待加强研究。

一、清末对法国宪政文化的抗拒

近代中国人对法国宪政文化的认识和介绍，重点是其议会、总统、民权等问题，这些也是晚清时期睁眼看世界的官员们和先进的知识分子所共同关注的话题。

林则徐在《四洲志》中叙述法国议会时说，法国设“占马阿富”（Les Chambres)，其制度与英国相近。[①] 徐继畬是与魏源同时代的政府官员，他在《瀛寰志略》中对法国议会也有所讨论。[②] 早期维新派对法国宪政文化的认识比较肤浅，而且并不认同。西方议院分为民主共和制和君主立宪制两种类型，早期维新派认可的是后一种类型。英、德式的议院制被认为“斟酌适中”，“颇称尽善”，是最理想和最完善的政治制度。而法国式的民主制议院则被批评为“民权过重”，“叫嚣之气过重”[③]。王韬说“君民共主”则强盛，“君主专制”则腐败。[④] 他举普、法两国为例，1870 年普鲁士之所以能战胜法国，即因为前者为“议会君主制”，

---

* 夏新华，湖南武冈市人，法学博士，湘潭大学法学院教授，湖南省法学研究基地首席专家。

① 参见王锡祺：《小方壶斋舆地丛钞再补编》，卷 12，32 页，台北，文海出版社影印，1964。

② 参见徐继畬：《瀛寰志略》，田一平点校，235 页，上海，上海书店，2001。

③ 王韬：《弢园文录外编·重民下》；郑观应：《盛世危言·议院》。

④ 参见王韬：《弢园文录外编》，卷 1，19 页。

后者为“专制君主制”。如果中国亦推行君民共主，必定强盛。在王韬眼中，法国式的宪政显然不值得效仿。

近代中国人对法国宪政文化的直接接触始于早期驻外使节和清末宪政考察官员。1879 年～1886 年曾纪泽任驻英法俄公使，他对西方议会制度也表示由衷的欣赏。他对法国议会的观感是：“自法国改为民主之邦，国之事权皆归于上下议院”，总统“位虽尊崇，权反不如两院”①。

在清末出洋考察宪政的过程中，载泽一行在法国考察时间最长，共计 52 天。据载，载泽等到达法国巴黎后，“连日率同参随等员至其行政各局署详加参考，复延请彼国政治名家悉心讨论，又因法政府之请，远赴该国南北各境，里昂、都隆、哈富等处察看商务制造，阅视船坞、战舰，而复知其立国之体，虽有民主之称，统治权实与帝国相似”②。载泽在法国，请一位叫金雅士的裁判官讲解法国宪政，他在日记中说：“英之下议院权重，法则两院相埒”，他了解到英之上院为贵族，法国上院多地主。他没有记述法国由君主转变为民主的历史，但回溯“法国未立宪时，君主专制，贵族擅权，政治腐败，人民愁苦”，似有所自我警惕。③载泽在《考察政治日记》中还详细记述了法国第一部宪法，即 1791 年宪法至 1875 年法兰西第三共和国宪法等 13 部宪法的产生及演进过程，所得结论是：“查法兰西为欧洲民主之国，其建国规模非徒与东亚各国宜有异同，即比之英、德诸邦，亦不无差异。”这种差异，在载泽看来，“比之英吉利，一则人民先有自治之力，而后政府总其纲，一则政府实有总制之规，而后人民贡其议，施之广土众民之国，自以大权集一为宜”，显然，法国的民主共和制，是不符合载泽的“择善”标准的，但仍能体认到，法国之所以能“蒸蒸日进，与英德并驾齐驱”，“实根于政治之原理，良非幸致”④。故载泽在奏折中主张学习法国的法律制度，谓：“条规既整齐完密，精神尤固结流通，遗其粗而撷其精，可以甄采之处，良亦非鲜。”⑤

但是，宪政考察大臣们对法国宪政体制在总体上是持抗拒态度的。其理由，一是惧怕法国式的革命，二是认为法国的共和政体不适合于清廷追求君权的现实要求。就前者而言，宪政考察大臣于式枚在其上奏朝廷的《立宪不可躁进不必预定年限折》和《言立宪必先正名不须求之外国折》中，主张中国立宪应先行预备，循序渐进，“行之而善，则为日本之维新；行之不善，则为法国之革命”⑥。法国式的革命是万万不可在清廷重演的。就后者而论，对于法国实行的民主共和

① 《曾纪泽遗集》，361 页，长沙，岳麓书社，1983。

② 故宫博物院明清档案部编：《清末筹备立宪档案史料》，14～15 页，北京，中华书局，1979。

③ 参见载泽：《考察政治日记》，钟叔河辑注，634～636 页，长沙，岳麓书社，1986。

④ 故宫博物院明清档案部编：《清末筹备立宪档案史料》，14～15 页，北京，中华书局，1979。

⑤ 故宫博物院明清档案部编：《清末筹备立宪档案史料》，14～15 页，北京，中华书局，1979。

⑥ 故宫博物院明清档案部编：《清末筹备立宪档案史料》，305～307 页，北京，中华书局，1979。

制政体，载泽是持拒绝态度的。

慈禧太后对宪政的期待决定了考察政治大臣对各国宪政模式取舍的出发点，“择各国政体与中国政体相宜者”成为考察大臣衡量各国政体的基本标准。法国实行民主共和政体，国家元首通过选举产生，是对皇权的彻底剥夺，毫无疑问是清政府坚决防范的。从第二次派员出洋考察宪政的国家来看，美国和法国，均已不在第二次考察国家之列，很明显清政府对美、法两国的民主共和制模式是抗拒的。

二、民初对法国宪政文化的推崇

辛亥革命以后，中国又掀起了学习、移植外国宪政文化的热潮。法国宪政文化在中国移植的命运可谓“苦尽甘来”——由清政府极力抗拒到民国新政权的极力效仿，即所谓“辛亥以后之共和运动，开口必曰法国如何，美国如何”[①]。是矣！

民国建立后，为了在新政权中争得有利地位，北洋集团、同盟会（后改组为国民党）、地方士绅阶层这三大主导民国初年政局发展的政治势力相继扶持及发展代表自身利益之政党。这些政党在国会选举、内阁人选等诸方面展开了激烈的竞争和角逐，特别是宪法的制定，更是成为各政党研究、讨论之焦点。到 1913 年 2 月至 4 月间，基于“免党见之纷争”及“得完善之宪法”的考虑，围绕着《大总统选举法》等的制定，由国会中取得议席最多的四大党——国民党、共和党、民主党、统一党，联合组织了多达七次以宪法的制定及内容为主题的讨论会。其议题主要涉及：(1) 领土规定问题；(2) 责任内阁制问题；(3) 总统选举问题；(4) 总统权限问题；(5) 宪法以外之国家机关问题；(6) 国务员组织问题；(7) 两院关系问题等等。[②] 这些议题实际上都涉及了民初重要的内政外交问题，四党之主张虽各有歧异，但在如何借鉴外国宪政文化，以“得完善之宪法”这一点上则是一致的。在宪法讨论会如火如荼进行之时，民初还出现了一大批私拟宪草。[③] 这些私拟宪草的文本也客观地折射出了当时宪政协商的盛况。

上述各项议题中与法国宪政文化密切相关的主要集中在对法国责任内阁制和总统选举制度的借鉴、最高权力机关的设计等方面。

---

① 引自愚厂编辑：《省宪辑览》之甲编“省宪概论”。亦见夏新华、胡旭晟整理：《近代中国宪政历程：史料荟萃》，644 页，北京，中国政法大学出版社，2004。

② 参见夏新华、刘鄂：《民国初年四党宪法讨论会及其意义》，载《湘潭大学学报》，2004 (6)。当时之报刊，如《震旦》、《宪法新闻》等对此均予详细报道。另可参见夏新华、胡旭晟整理：《近代中国宪政历程：史料荟萃》，197～227 页，北京，中国政法大学出版社，2004。

③ 有关内容可参见夏新华、刘鄂：《民初私拟宪草研究》，载《中外法学》，2007 (3)。

三、责任内阁制以“法制为善”

总统制和内阁责任制，都是西方宪政国家实践过的制度，对于资产阶级专政而言，形式不同，实质一样，可以说是殊途同归。如本文前文所述，在民国政府采取何种体制的问题上，宋教仁和孙中山是有分歧的。宋教仁虽然曾主张“美利坚合众之制度，当为吾国他日之模范”①，但为了防范袁世凯，宋氏坚决主张采用内阁制，认为趁本党领袖担任临时大总统时修改《中国民国临时政府组织大纲》，不会显现出专门对付袁世凯的迹象。

然而，当时南北议和扑朔迷离，非袁莫属的声浪不仅喧嚣在立宪派中，就是在同盟会中也有市场。宋教仁行责任内阁制的想法并未一呼百应。这一思想直到1912年2月上旬和议将成，孙、袁进退已定时，才逐渐为多数人所领悟和接受。一位湖南籍参议员对袁世凯的野心洞若观火：“自小站练兵，戊戌政变，以至于今日南下作战与进行议和的过程，所有的行动，都是骑着两头马的行动。一旦大权在手，其野心可想而知。”他呼吁：“要防总统的独裁，必须赶紧将约法完成，并且照法国宪章，规定责任内阁制。”②

1912年《临时约法》虽然未能体现内阁制的实质，但仍然体现出了一些责任内阁制的特征。例如：(1)《临时约法》所规定的不是单纯的首长负责制，国务员（内阁）可通过副署权产生一定制约；议员与阁员之间是否一定隔离，《临时约法》没有规定，似乎也可以理解为议员可以兼任阁员。(2)《临时约法》规定临时大总统由参议院选举产生，而非由国民直选或其他选举机构选举产生，这与法兰西第三共和国类似，而不同于总统制的美国。③

在1913年的政党宪法讨论会上，各政党对于政府之形式，多数认为“法制较为适用”，主张以“法制为善”，采用责任内阁制。

共和党主张政府之形式采用责任内阁制。其理由如下：

政府之形式，有法国制与美国制之分。美以总统当政治之冲，对于国民负责任，故称为总统制。此乃系绝对的三权分立之结果，意在使立法、行政、司法三部彼此不受牵制，各独立行其职权。而其弊遂致立法、行政不相联络，政治之进行，反多阻滞。且总统于任期内除有叛逆行为外，无更置之法。若政府与立法部意见龃龉，相持不下，则最终之解决，恐有内乱之纷扰。法国制则以内阁负政治上责任，总统居元首之地位，匪独政争不集矢于总统，且足以调和立法部与政府之意见，使政治易于进行。两者相衡，法制为善。④

---

① 刘景泉、张静、汪向阳：《宋教仁与民国初年的议会政治》，193页，石家庄，河北人民出版社，1998。

② 蔡寄欧：《鄂州血史》，186页，龙门联合书局，1958。

③ 参见夏新华：《近代中国宪法与宪政研究》，205页，北京，中国法制出版社，2007。

④ 参见《各政党对于宪法最近之主张》之“共和党对于内阁制及领土规定之主张”，载《宪法新闻》，第3期、第5期。

民主党的主张和理由是：

政府之形式采用责任内阁制。其理由，政府之形式，法国制与美国制不同。美制以总统当政治之冲，对于国民负责任，故称为总统制。法制以内阁负政治上责任，使总统超然于责任之外，而不当政治之冲，故称内阁制。就中国国情而言，两者两衡，法制较为适用。[①]

四、大总统选举“采用法制为便”

总统选举是民国政坛及法律界的热点问题，而总统选举问题实际就是谁选，如何选，何时选的问题。

就谁选而言，四党的认识基本是一致的——非袁莫属。而总统如何选，则是宪法讨论会争执最多的一个问题。争执的问题主要是：

第一，关于总统选举的投票比例要求。

共和党、民主党、统一党三党对于总统候选人的得票比例要求更高。共和党认为对于总统选举，候选人“票数过总额三分之二，到会人数或五分之四，或另定”；而统一党则坚持“总额三分之二到会，到会后得三分二之投票者为当选”；民主党的主张与共和党、统一党的稍异，其虽主张三分之二制为妥，但他们主张的三分之二是总人数的三分之二，而不另行规定出席人数的比例。

国民党则认为三分之二制“规定过严”。其理由是：“查法美先例，法取最多数制，美取过半数制。故法之选举安加海为大总统也，第一次以得票仅四百十九故未当选，第二次选时始定之。从可知票数过严，亦有不利。”因而国民党主张：“得票数过二分之一，不问到会人数若何。”

第二，关于大总统的选举方式。

各政党比较一致的主张是参照法国，采取间接选举。

民主党详细考察了各国的成例，其具体主张是由参众两院议员组织选举会选举之。理由是：

大总统之选举方法，有直接选举、间接选举两种。考各国之制度，用直接选举者，如巴西、哥伦比亚、玻利非亚皆是；用间接选举者，如法如美皆是。而间接选举之方法，又各不同：（1）国会复选法。由国民选举上下两院议员，再由上下两院组织选举会，依其过半数之表决选举大统领，如法兰西、葡萄牙皆是；（2）指定选举人复选法。各国各据其法律之规定，指定选举人，其人数与其选出于国会之代议员及元老院议员之总数相同。由此指定选举人再行投票选举大统领，如美利坚、墨西哥、智利、阿根廷皆是。

---

① 参见《各政党对于宪法最近之主张》之“民主党对于宪法最近之主张”，载《宪法新闻》，第3期、第5期。

就各国成例观之，选举方法之不同如此。然以中国之情势而论，则直接选举必不可行。幅员辽阔一也；人民程度不齐二也；选举弊伪尤难防范三也；各大共和国如法如美，皆未常行直接选举，吾国亦毋庸创此先例四也。以此之故，吾国选举总统，自应采用间接方法。但间接之中，宜用何者？似又不如以国会复选法为优。盖指定选举人复选法，固较完密。然于选举国会议员外，又须选定复选人，多费一重之手续，而效力乃仅相等。或谓吾国组织总统选举会之分子，于国会议员外，宜加入各省省议员。然参议院议员由各省议会退出者，居其多数。若于总统选举会，更加以省会议员，不独手续之重复与指定选举人同，而于理论殊不圆满。故不如采用法制之为便也。①

国民党的主张是由国会之参众两院议员组织选举会选举大总统：

大总统之选举法，世界各国制各不同，美国系由选举人组织选举会选举之，法国系由上下两院开合同之国民议会选举之。本党研究结果，窃以为应仿法制，由国会之参众两院议员组织选举会，用投票选举大总统，此外无他方法。②

这是1913年3月11日召开的各政党宪法讨论会第三次会议上，由国民党党员易宗夔代表国民党报告时表达的观点。是日到会者，国民党为张君耀曾、易君宗夔、李君肇甫、蒋君举清四人，共和党为汪君荣宝、项君骧二人，民主党为汤君化龙、刘君崇佑、王君国琛、孙君洪伊四人，统一党为赵君管侯、许君植材、陈君铭鉴、康君士铎、耿君春宴、王君泽攽、张君玮、王君印川八人。

至于总统何时选的问题，实际也是政治问题宪法化的一个结果。当时北洋势力企图通过选举当时呼声最高的袁世凯为总统，从而取得对国民党的政治主动权；而国民党则希望先定宪法后，再以宪法规范总统选举和约束总统权力。然而在宪法讨论会中，此议题并无太大争议，共和党所提出的先制定总统选举法的理由基本得到了与会人员的认可。他们的理由有三：首先，不先定总统选举法，总统无以早日选出，而总统不选出，政府无从定，而“正式政府一日不能成立，民国即无由加入国际之列也，明矣。对外如此，若言对内，则谣言四起，人心日慌，行政不统一，国势难镇定”。其次，作为宪法一部分的国会组织法也已作为单行法予以公布，提供了国内立法的先例。再次，在外国的相关立法中，“法国宪法系分三次编定者，首大总统，次元老院，次其他。奥国宪法系分四次编定者”。故于国情于法理，共和党的理由都有一定道理。而国民党因在《临时约法》的过程中已受时人“因人立法”之抨击，也不便对共和党予以明确反驳。③

---

① 参见《各政党对于宪法最近之主张》之“民主党对于宪法最近之主张”，载《宪法新闻》，第3期、第5期。

② 参见夏新华、胡旭晟整理：《近代中国宪政历程：史料荟萃》，203页，北京，中国政法大学出版社，2004。

③ 参见夏新华：《近代中国宪法与宪政研究》，138页，北京，中国法制出版社，2007。

五、国会特会的制度设计"纯仿法国"

1912年10月，梁启超结束了长达15年的海外流亡生活，从日本回到了国内，很快就投入了当时中国正风起云涌的政治热潮之中，于1913年年初正式加入了共和党，以争取组织内阁的权利。此次努力的失败虽曾使梁启超一度萌生与政治绝缘的念头，但1913年5月，他还是再一次组织策划了把共和、民主、统一三党合并为进步党的举措。进步党总部设在北京，其党纲有三条：取国家主义，建设强善政府；尊人民公意，拥护法赋自由；应世界大势，增进平和实利。其实质是以共和为前提，通过联合袁世凯，建立强固的中央政权，在此基础上，实行政治改造，确立民主共和制度。梁启超虽然只是担任进步党的理事，但实际上是该党的灵魂人物。处于制宪热潮之中、并致力于实现自己政治抱负的梁启超很快起草了《进步党拟中华民国宪法草案》（又名"梁启超宪草"）。

在该宪草中，梁启超仿效法国国民议会，在中华民国最高权力机关的制度设计上创造性地提出了"国民特会"的设想，而且，他还为此进行了详尽的诠释："本草案分十一章，与时贤所拟章次无大差别。内惟第三章之国民特会，第七章之国家顾问院，第八章之法律，其理由颇须诠释，各于每章下附以说明。"①

"梁启超宪草"的第三章"国民特会"共有4个条文（第19～22条），依次规定了国民特会的职权、组成、议事规则、议长和副议长的选举。

在该章标题下的"说明一"中，梁启超解释了主张设置国民特会作为国家最高权力机关的理由。他认为：

凡国家必有最高机关。最高机关者，超乎立法、行政、司法三机关之上，而总揽主权者也。其在君宪国，此机关宜由君主掌之。其在共和国，此机关宜由国民全体掌之。国民全体意思之表示，其方法有二：一曰国民全体直接投票，美瑞等国是也；二曰特设一代表机关，法国是也。今采用第二法，置此机关，名曰国民特会。

此机关或拟称为国民议会，嫌其名义与国会相混。或称为临时国民议会，嫌其名不雅驯，且义不周洽，故定为今名。

关于国会特会的组成，该草案第20条规定：国民特会，以国会两院议员组织之。之所以这样规定，梁启超说是"纯仿法国"。他从法理上进行了详细的阐述：

或疑似此不过国会变相，何必多立名目。此说不然。就法理上论之，国民特会与国会，画然为两机关。一总揽主权之全部，一行使主权之一部。性质各异，

① 详见《民国经世文编·法律》，并参照《宪法新闻》第18期。或参见夏新华、胡旭晟整理：《近代中国宪政历程：史料荟萃》，251～264页，北京，中国政法大学出版社，2004。本节相关引文恕不一一注明。

不容混淆。若疑于两种异性之机关，不宜以同一人员组织之，则类此之例，各国多有。德国联邦参议院，一方面为立法机关，一方面为联邦行政首长。英国贵族院，一方面为立法机关，一方面为最高法院。虽人员同一，不为病也。就事实上论之，国民特会与国会，分子虽同。然国会分为两院，各自表决，国民特会合于一堂，共同表决。表决之结果，绝非漫无差别。此如化学公例，以两种同质同量之物，分置两器与合置一器，其化分之结果必不从同也。法国立法之意，盖根于是，今采之。

当然，梁启超对法国国民议会的借鉴，也并不是简单的照搬，而是结合中国的具体国情，创造性地进行了制度设计。在法国宪法中，法国国民议会之职权，仅限于"选举总统"与"修正宪法"两项，而"梁启超宪草"则在此基础上增加了"变更领土"和"弹劾执政"两项（第 19 条之规定）。梁启超的理由是：

变更领土，为国家之大事。其郑重应与前两事等，宜经最高主权机关决定之，此为第一理由。或谓变更领土，当用法律之形式行之。惟法律例须经三读会，且一院议决，乃移咨他院，为事极迟缓。积极的变更领土，时或缘会时机，稍纵即逝；消极的变更领土，大抵当国家危急存亡，千钧一发之时。两者皆贵神速。故不如以其权归诸国民特会，一次表决也。

所谓弹劾执政者，执政兼指大总统与国务员言之。或拟弹劾大总统与弹劾国务员各别规定。然弹劾实为立宪国中非常大事，弹劾之结果，审判即随其后。（参观第四章第三十四、三十五条，第九章第八十三条正文之规定及第三十六条之说明）总统与国务员得受弹劾之条件，虽宜不同。至其弹劾之机关，及其程序，则可以从同也。或又拟以弹劾执政权专属诸众议院，其意盖以责任内阁制，政府仅能对一院负责任也。不知弹劾与不信任投票有别。不信任投票，属于政治问题，专由一院行之宜也。弹劾则属于法律问题，非遇总统有大逆行为时，遇国务员有违宪违法行为时，绝不滥用。故无专属一院之必要，而其事尤当出以慎重。故委权于国民特会，最为得当也。

关于国会特会的议长、副议长的产生方式，梁启超主张"临时选举之"（第 22 条）。该条所作的说明是：

法国国民议会，以上院议长为议长，下院议长为副长。但本宪法所规定之国民特会，认为与国会性质全别之机关。故临时别选议长，较为合理。

六、对法国"参事院"的取舍

"梁启超宪草"的第七章"国家顾问院"共有 5 个条文（第 68～72 条），依次规定了国家顾问院的组成、职权、解释宪法和裁决宪法争端、限制顾问员兼职、任期等方面的内容。在该章的总说明中，梁启超明确表示了设置国家顾问院也是效法法国的结果：

法国旧有参事院，日本有枢密顾问院，皆为宪法上之机关。德国各邦、美国各州，亦多设置类此之机关。其作用盖以限制行政权之一部分，且使国会闭会中，其职权之一部分，可以赓续行之。意至美也。智利宪法，于此机关之组织，最为周备，今略仿其制。

《王登义拟中华民国宪法草案》中“参政院”的设计，更是借鉴法国宪政文化的结果：“略仿法国命名，称参政院。”该宪草的第六章“参政院”共有7个条文（第61～67条），依次规定了国家顾问院的组成、职权、任期、议事方式等方面的内容。[1] 宪草拟定人王登义在该章的注解中指出：

进步党所拟宪法草案，及国民党宪法全案，皆主张有顾问院。法国前有参事院，智利有国家顾问院，皆所以制限行政权之一部分，并以补国会权限之不足，法至周备。本案既采用一院制，于此机关尤为重要，今采之。以行政上有一定实权，略仿法国命名，称参政院。

① 参见《宪法新闻》第19期。或参见夏新华、胡旭晟整理：《近代中国宪政历程：史料荟萃》，354～362页，北京，中国政法大学出版社，2004。

反立宪党人主张什么？

——清末仿行欧日立宪之政治争议的文本考察

周刚志*

1908年8月27日，清王朝颁布了中国历史上第一部成文宪法文件，即《钦定宪法大纲》，是为中国立宪之始。于今，百年光阴已如白驹过隙。人们对于所谓“立宪派”、“顽固派”及“革命派”之“先进”与“落后”之褒贬似已成定论。清末反对立宪者往往被称为“顽固派”或“保守派”，笔者在此姑且称之为“反立宪党人”（尽管他们很难被称为现代意义上的“党派”），拟利用近年来学界史料整理成果之便利，对于其中的争议稍作分析，以供学界同仁斧正。[①]

一、“立宪乱国”论：反立宪党人的言论

1905年、1907年，清政府先后派遣载泽、戴鸿慈、端方、徐世昌等人出国考察，他们在回国后撰写了《奏请以五年为期改行立宪政体折》、《奏请宣布立宪密折》及《请定国是以安大计折》等奏章，引起清廷内部的大讨论，刘汝骥、文海等人随即上折反对，此即“反立宪党人”之言论。从笔者所有限考察的材料来看，其要旨大抵如下。

（一）中国系“立宪祖国”论

立宪之论，特别是中国系“立宪祖国”论，在“戊戌变法”前后已经盛行。譬如，康有为提出：“春秋改制，即立宪法，后王奉之，以至于今。盖吾国君民，久皆在法治之中，惜无国会以维持之耳。今各国所行，实得吾先圣之经义，故以致强；吾有经义，存空文而不行，故以致弱。”[②] 将源自西方的现代宪法制度解说为中国“先圣之经义”，实开中国乃“立宪祖国”观点之先河；尽管在政论策略上颇为可取，亦暴露了“维新派”对于现代宪法历史的“无知”。1906年1月

---

* 周刚志，法学博士，厦门大学法学院副教授。

① 本文所引用的“反立宪党人”及“立宪派”等言论资料，如无特别注明，均来自夏新华、胡旭晟等整理：《近代中国宪政历程：史料荟萃》，北京，中国政法大学出版社，2004。

② 康有为：《请定立宪开国会折》，光绪二十四年六月（1898年7月）。

14日，清朝御史刘汝骥在后来的立宪过程中“老调重弹”，却是据此反对立宪：“夫我国固立宪之祖国也，臣虽梼昧，亦尝搜讨紬绎之矣。二典、三谟之记载，夏书、商誓、周礼六官之典要，文成数万言，其授受心法大旨，不外乎民惟邦本、君为司牧二语。孔子虽不得位，而春秋一书，扶周室抑僭窃，尤为宪法精义。孟子以辟杨、墨自任，其维系之功亦不在禹下。自轩辕迄今，其破坏我宪法者，惟祖龙、新莽、高洋、朱温数人耳。然天相中国，神圣代兴，我朝受命以来，我世祖皇帝更集其成而光大之，我圣祖仁皇帝永不加赋之谕，垂为家法，实中外历史所未有之旷典。”① 今日看来，“反立宪党人”认为“宪法中国古已有之”，实际上涉及对“宪法”一词的界定，在学说上并非“一无是处”。譬如，韩大元教授、王世涛博士认为：“中国古籍中早有‘宪’、‘宪法’之类的词汇，但涉及‘宪’字的词汇指的是国家的典章制度和普通法规……宪法词义演变中质的飞跃发生于17、18世纪。受欧洲文艺复兴时期人文主义思潮的影响，人的地位获得了应有的肯定，法国学者首先认定仅有一部成文法规定各种政治组织的产生、职能以及它们之间的关系，还不足以称为宪法，唯有‘权力分立和权利有保障的社会’才有宪法，这是宪法发展史上的重大进步。”② 这段评述虽然并非专门针对清末反立宪党人的中国系“立宪祖国”论，仍然可为此种言论提供一个较好的“注脚”。

（二）“专制强国”论

清末立宪运动中，立宪派最为重要的观点是“立宪强国论”。载泽等人在奏折中宣称：“窃维宪法者，所以安宇内，御外侮，固邦基，而保人民者也。滥觞于英伦，踵行于法、美，近百年间，环球诸君主国，无不次第举行。”他们还提出，“宣示（立宪）宗旨”、“布地方自治之制”、“定集会、言论、出版之律”，“实宪政之津髓，而富强之纲纽”③。针对立宪派的观点，“反立宪党人”如刘汝骥明确提出反对意见，他认为：“读日本国史，明治元年诏曰：大小政令自天子出。若夫议院之设。国会之开，乃迟迟至十年、二十年以后，则虽谓明治为专制之君可也，而世不察。妒之为天骄，誉之为立宪也，不亦巅乎。然则遽言立宪也，言君权而已，无遽言君主、民主也，言君权、民权之比较而已。君者，积民之权以为权者也，故君为本位，而民为动位者，分君之权以为权者也，故民为分子，君为分母，未有君权朒而民权独赢者也。故观人国者恒以君权之消长为断，入其国而法度修明、百废俱举，必其君之骏发严肃，神圣而不可侵犯者也。不然，埃及之衰，波兰之亡，西班牙之弱，皆有立宪之历史者也。彼岂无一而顽民

① 刘汝骥：《奏请张君权折》，光绪三十一年十二月（1906年1月）。

② 韩大元、胡锦光主编：《宪法教学参考书》，3页，北京，中国人民大学出版社，2003。

③ 载泽等：《奏请以五年为期改行立宪政体论》，光绪三十一年（1905年）。

义士收合余烬，谋古巴之独立者乎，何以君权既一蹶不振，而所谓民权者亦为虫沙，为幺匿，为乌托之邦也。此又今之高谈立宪者不可不瞿然思也。”①

在今天看来，所谓“专制强国”论当然是非常荒谬的观点，但是刘汝骥等人对日本“明治维新”后的日本政制之认识尚属符合历史事实；特别是其“君权乃集民之权为权”之观点，在其时依然具有一定的合理性。从实证主义法律观来看，在当时“君权”即“国权”，“国权”积弱不振则“民权”亦难以保证，这一规则在近世纪的国际格局中屡被应证。德国经济学家李斯特曾言：“个人的勤奋与俭约、创造与进取，如果没有内政上的自由、适当的公共制度与法律、国家行政与对外政策，尤其是国家的团结和权力这些方面的支持，就绝不会有任何重大的成就。”“只有能体现国家利益的那种政体——而不是专制政体，在那种政体下，国家行政制度势必随着统治者个人的意志而不时变更——才能使行政制度的稳定与一致获得保证。”② 清末的“反立宪党人”刘汝骥等人无法合理界分君主专制政体与“体现国家利益”的“适度集权政体”，这也是其历史局限性之所在。

（三）“立宪错误”论

在清末立宪运动中，除了对立宪之历史渊源、立论依据予以反驳之外，“反立宪党人”还通过列举立宪派的种种政治失误予以驳斥，其最为典型者为内阁学士文海所提出的“立宪六大错”论。③ 其观点大致如下：

其一，清廷派五大臣出国考察政治，并未专指立宪，而该大臣回国覆命，竟然“细绎立宪各节，并无裕国便民之计，似有削夺君主之权。此大错一也”。在今天看来，当时清廷派大臣出国考察，是因为“时局艰难，百端待理”，故“朝廷屡下明诏，力图变法，锐意进取”；而“承办人员向无请求，未能洞达原委，似此因循敷衍，何由起衰弱而救颠危”④？可见，在《辛丑条约》签署之后，清廷已经就“变法图存”达成共识，派遣大臣留洋考察，不过只是为慈禧镇压“维新运动”之后推进所谓“新政”制造舆论而已。更何况，即使五大臣没有考察立宪体制之责，如果其在留洋考察之后果然认定立宪乃救亡之策，当然可以借此机会提出改革建议。

其二，日本明治维新乃是将权力从将军府收归为天皇所有，而非立宪所致；“今议者欲去军机大臣，而设大总理以为立宪之地，是欲学从前之日本权在大将军也，败坏国家，莫此为甚。此大错二也”。就史实的认识而言，文海的此番言

---

① 刘汝骥：《奏请张君权折》，光绪三十一年十二月（1906 年 1 月）。

② ［德］弗里德里希·李斯特：《政治经济学的国民体系》，陈万煦译，68、281 页，北京，商务印书馆，1961。

③ 参见文海：《奏立宪有六大错请查核五大臣所考政治并即裁撤厘定官制馆折》，光绪三十二年八月（1906 年 10 月）。

④ 《派载泽等分赴东西洋考察政治谕》，光绪三十一年六月（1905 年 7 月）。

论倒也符合历史，日本“明治维新”始于1868年幕府政权向天皇“奉还大政”，而真正的立宪始自1889年《大日本帝国宪法》之颁布，其间相隔三十多年。但是，这一观点将立宪君主政体下的“内阁制”混同于日本传统的幕府体制，则又体现了其对于日本立宪体制的“严重误解”。

其三，中国积弱之原因，立宪派认为是专制政体所致，而文海则认为：“中国内而部院各衙门，相为维系，各有职守，集久弊生，乃人不能举其职之故，非法不善也。今不咎人不能举职，而但云法不尽善，欲逞私智以事纷更，更不知中国法度，乃历代圣神文武创垂后世，我朝列祖列宗，损益至三。”此番言论，不仅体现了立宪派与“反立宪党人”对中国积弱原因的不同认识，更是体现了“反立宪党人”对于立宪派之政治能力、“学识才力”（所谓“私智”）的强烈质疑——实际上，尽管清廷在1905年设立了“考察政治馆”，在1907年将其改为“宪政编查馆”，以“延揽通才，悉心研究，择各国政法之与中国治体相宜者，斟酌损益，纂订成书，随时呈进，候旨裁定”①。但是，于今而论，清廷在20世纪初才在各种内外危机压力下猝行立宪，确实也暴露了其政治决策层在立宪理论诸方面的准备严重不足之重大缺陷。

其四，“外洋各国欲变其法，亦非尽弃其本，各国如是，况中国乎？今主议者欲尽去旧法，仅图一己维新之名，而以中国之法度，欲比照各国之法度，岂不知风土人情各异，不可同日而语也。此大错四也”。从此番言论来看，所谓“反立宪党人”，并非如我国很多学者所认为的那样“固执陈腐之见”、“完全不解域外法制”；相反，他们当中有不少人对于西方宪制的理解程度似并不在“立宪派”之下。尤其是从“风土人情各异”的“国情论”，乃是后来各个时代的“激进改革之反对派”的主要立论依据之一。

其五，“每定一法，君臣合德，屡经考究，始能就绪。今欲变法而欲速成，不论事情利弊，竟逞一己之见，臣民恐惧，内外不安。此大错五也”。单就这段言论来说，“反立宪党人”并非全然反对立宪，他们反对“不论事情利弊，竟逞一己之见”的“速成立宪”论，具有相当的合理性。在后文中笔者将会分析到，清廷决策者囿于对近代世界之无知，屡屡铸成大错，其政权颓废之势至20世纪初时已经无法挽回，方欲以“立宪”为“救命稻草”，仓猝立宪，诚为大忌。这也是清末立宪被当今学者诟病为“虚伪立宪”的重要原因。

其六，立宪所议之“会议官制”，致已整顿之“筹饷、练兵诸政”，“作而复辍，未整顿者，弃而不顾，所谓庸人自扰，志士灰心也。此大错六也”。此番言论则是体现了“反立宪党人”的“误解”——清廷在立宪时期，于“筹饷、练兵诸政”并未放松；不过由于内外形势之发展，这些细枝末节的政务似已经无法挽

① 《设立考察政治馆谕》，光绪三十一年十月（1905年11月）；《考察政治馆改为宪政编查馆谕》，光绪三十三年七月（1907年8月）。

救这个垂死的王朝，才断然宣布立宪，希望以此挽救危局。

总之，梳理清末"反立宪党人"的诸多言论，我们或许会发现，"反立宪党人"并非都是像倭仁那样要求"以忠信为甲胄、礼仪为干橹"的所谓"顽固派"；就当时而言，他们对于立宪派的批驳，尤其是其有关"风土人情各异"影响国家宪法体制的见解，以及对于"仿行立宪"的质疑，亦不乏"真知灼见"。

二、"立宪强国"论：立宪党人的回答

恩格斯曾言："历史是这样创造的：最终的结果总是从许多单个的意志的相互冲突中产生出来的，而其中每一个意志，又是由于许多特殊的生活条件，才成为它所成为的那样。这样就有无数互相交错的力量，有无数个力的平行四边形，由此就产生出一个合力，即历史结果，而这个结果又可以看作一个作为整体的、不自觉地和不自主地起着作用的力量的产物。因为任何一个人的愿望都会受到任何另一个人的妨碍，而最后出现的结果就是谁都没有希望过的事物。所以到目前为止的历史总是像一种自然过程一样地进行，而且实质上也是服从于同一运动规律的。但是，各个人的意志——其中的每一个都希望得到他的体质和外部的、归根到底是经济的情况（或是他个人的，或是一般社会性的）使他向往的东西——虽然都达不到自己的愿望，而是融合为一个总的平均数，一个总的合力，然而从这一事实中决不应作出结论说，这些意志等于零。相反地，每个意志都对合力有所贡献，因而是包括在这个合力里面的。"[①] 事实上，清末"反立宪党人"在政治上绝非无足轻重，他们的言论迫使立宪派不得不作出某种回应，甚至对原立宪主张进行一定程度的修改。总的说来，立宪派的回应集中体现为如下观点。

（一）"立宪利君"论

1906 年 8 月，正值清廷上下在立宪问题上争论激烈之际，载泽在密折中以日本宪法为例，列举了所谓"君上统治大权"十七条，提出："凡国之内政外交，军备财政，赏罚黜陟，生杀予夺，以及操纵议会，君主皆有权以统治之。论其君权之完全严密，盖有过于中国者矣。以今日之时势言之，立宪之利有最重要者三端：一曰，皇位永固……二曰，外患渐轻……三曰，内乱可弭。"[②] 这些观点虽不过是对原来立宪主张的一种补充——在 1905 年的奏折中，载泽等人就已经提出："且夫立宪政体，利于君，利于民，而独不便于庶官者也。考各国宪法，皆有君位尊严无对，君统万世不易，君权神圣不可侵犯诸条，而凡安乐尊荣之典，

---

① 中共中央马克思、恩格斯、列宁、斯大林著作编译局编：《马克思恩格斯选集》，2 版，第 4 卷，697 页，北京，人民出版社，1995。

② 载泽：《奏请宣布立宪密折》，光绪三十二年七月（1906 年 8 月）。

君得独享其成，艰巨疑难之事，君不必独肩其责。”[①] ——凡此种种言论，不过是基于“反立宪党人”对于“立宪不利于君”言论的一种回应；但是其中对于“君权因立宪而独享尊荣”的露骨描绘，则深刻折射出其时慈禧等人的独断专行与自私自利。其可笑者则在于，20世纪初，美、法等国的民主立宪已经发生一百多年，而载泽等人犹言“考各国宪法，皆有君位尊严无对，君统万世不易，君权神圣不可侵犯诸条”，真可谓基于现实利害关系考虑的“选择性失明”！当然，直隶总督端方从“专制之害”的角度提出：“夫专制之国，其君危，其国危，既如彼；立宪之国，其君安，其国安，又如此……专制政体之国，万无可以致国富兵强之理也。”[②] 从“国富君安”的视角论证立宪的必要性与可行性，虽不失其政治投机之本性，当时亦得为合理之见解。

(二)“立宪利民”论

如前所述，载泽等人认为，立宪不仅利于君，而且利于民——“民间之利，则租税得平均也，诉狱得控诉也，下情得上达也，身命财产得保护也，地方政事得参与补救也。之数者，皆公共之利权，而受制于法律范围之下。”[③] 端方认为：“故一国有议会，则政府之行动，人民可知之；人民之意志，政府亦可知之。上下之情相通，合谋以求一国之利益。故国事因此而得理，国家亦因此而得安矣。此外制度，其等于责任内阁与议会之重要者，又有司法之裁判所，据一定之法律，以裁判刑事、民事之诉讼，乃以此保护人民之生命、财产……”[④] 当然，正如达寿在奏折中所称：“国际竞争者，非甲国之君与乙国之君竞争，实甲国之民与乙国之民竞争也。故凡欲立国于现世界之上者，非先厚其国民之竞争力不可。国民之竞争力有三：一曰战斗之竞争力，一曰财富竞争力，一曰文化竞争力。备此三者而后帝国主义可行……立宪政体者，所以厚国民之竞争力，使国家能进而行帝国主义者也。”[⑤] 可见，立宪派所谓“立宪利民”之言论，实质上隐含了日后推行“帝国主义”之目的，这与“反立宪党人”反对“张民权”的立场倒是颇为相近，但是其与现代立宪国家的基本精神已经大相径庭。

(三)“渐行立宪”论

鉴于“反立宪党人”对于“速成立宪”论的强烈质疑，立宪派载泽等人则提出了“渐进立宪”论予以应对。载泽提出：“立宪之利如此，及时行之，何嫌何疑？而或有谓程度不足者。不知今日宣布立宪，不过明示宗旨为立宪之预备。至

① 载泽等：《奏请以五年为期改行立宪政体论》，光绪三十一年（1905年）。
② 端方：《请定国是以安大计折》，光绪三十二年七月（1906年8月）。
③ 载泽等：《奏请以五年为期改行立宪政体论》，光绪三十一年（1905年）。
④ 端方：《请定国是以安大计折》，光绪三十二年七月（1906年8月）。
⑤ 达寿：《考察日本宪政情形折》，光绪三十四年七月（1908年8月）。

于实行之期，原可宽立年限。日本于明治十四年宣布宪政，二十二年始开国会，已然之效，可仿而行也。且中国必待有完全之程度，而后颁布立宪明昭。”① 端方更是提出：“中国数千年来，一切制度、文物虽有深固之基础，然求其与各立宪国相合之制度，可以取而用之者，实不甚多。苟不与以若干年之预备，而即贸然行事，仿各国之宪法而制定、颁布之，则上无此制度，下无此习惯，仍不知宪法为何物，而举国上下无奉行此宪法之能力。一旦得此，则将举国上下扰乱无章，如群儿之戏舞，国事紊乱不治，且有甚于今日。是立宪不足以得安，而或反以得危矣。”故“中国非立宪不可，而速立宪又不可”②。此番言论，显系针对“反立宪党人”所发，由此也可见“反立宪党人”在清廷的政治影响之强大。基于此种见解，1906 年 9 月光绪皇帝发布《宣布预备立宪谕》，宣称：“亟应先将官制分别议定，次第更张。并将各项法律详慎厘订，而又广兴教育，清理财政，整顿武备，普设巡警，使绅民明晰国政，以预备立宪基础，著内外臣工，切实振兴，力求成效。俟数年后，规模粗具，察看情形，参用各国成法，妥议立宪实行期限，再行宣布天下。”③

从立宪派的应对言论来看，尽管其立宪方案已经因此有所修正，但是他们依然低估了宪法施行的困难程度，低估了各方均为赞同的“立宪”名义下所存在的实际政治分歧，特别是低估了各种政治势力对其立宪方案的可能反应。因此，载泽等人对于立宪施行后“皇位永固”、“外患渐轻”、“内乱可弭”等“美好愿景”的描绘，尤其暴露出其对立宪实际政治后果的盲目乐观。

三、孰是孰非：清末立宪争议之评价

1911 年 10 月 10 日武昌起义爆发之后，清政府迫于形势，迅即颁布《宪法重大信条十九条》，仍然未能挽救其覆亡的命运。清末立宪运动之结局既未建立一个君主立宪政府，也未创立真正的共和政府，而是沦为“军阀割据”的局面。我们今日回顾清末立宪过程中立宪派、“反立宪党人”的政治争论，如果固守传统的“革命论”之视角，其中是非当然已成公论。但是，诚如黄仁宇先生所言：“一个社会务必有它的构架，除非新构架在位，则旧的无法排除。”“自从 1905 年废除乡试、会试以来，则是上下完全脱节，新的宪法、议会和内阁和社会完全隔阂，所颁布的法律也不能合乎实际。总之就是与下面的农村两不相关，又缺乏适当的财政与税收，这时候政权必须依赖各省区间私人的军事力量来维持，军阀对政局产生的作用逐渐增强。”“中国 1911 年的革命虽然推翻了两千多年的专制皇

① 载泽：《奏请宣布立宪密折》，光绪三十二年七月（1906 年 8 月）。
② 端方：《请定国是以安大计折》，光绪三十二年七月（1906 年 8 月）。
③ 《宣示预备立宪谕》，光绪三十二年七月（1906 年 9 月）。

权，却缺乏替代的政体，使民初政局极不稳定。”① 由此而言，“反立宪党人”当初立足于“中华成宪”及“风土人情”针对立宪运动所提出的诸多质疑，尤其是胡思敬的论断——“由专制趋于立宪，必上下相争，大乱数十年而后定，盖鸟穷则攫，兽穷则斗，非是不足以图存也”——也似乎已经被残酷地应证。② 如果撇开其观点的政治取向不论，反立宪党人的观点倒似切中了后来的历史事实。当然，以清末的政治形势来看，无论清廷的立宪运动究竟是一种“骗局”还是出自“真心”，都已经无法扭转政权颓势的格局。③ 兹于以下三个方面说明之：

（一）满汉之防：立宪政府难以组建

早在1898年，康有为即上奏称：“方今绝海棣通，列强邻迫，宜合举国之民心，以为对外之政策，不宜于一国民之内，示有异同……若圣意既定，立裁满汉之名，行同民之实，则所以考定立宪国会之法，三权鼎立之义，凡司法独立，责任政府之例，议院选举之法，各国通例具存，但命议官遍采而慎择之，在皇上一转移间耳。”④ 但是，此种言论显然触动了满族贵族的既得利益。盖满人入关之后，于政治、经济乃至于司法等方面均享有特权，他们不仅通过“圈地令”、“投充令”等取得大量财富，还在官员晋升等方面拥有特权。载泽在密折中提出：“又或有为满汉之说者，以为宪政既行，与满人利益有损耳。奴才至愚，以为今日之情形，与国初入关时有异。当时官缺分立满汉，各省置设驻防者，以中原时有反侧，故驾驭亦用微权……方今列强逼迫，合中国全体之力，尚不足以御之，岂有四海一家，自分畛域之理？至于计较满汉之差缺，竞争权力之多寡，则所见甚卑，不知大体者也。”⑤ 其中所提出的观点，显系针对某些满族贵族有感而发。田东奎先生认为：“不论是满族还是汉族均主张立宪，但其关注的焦点截然不同。满族官员虽也关心立宪，但更关注对满族利益，特别是对满族贵族利益的保护。”⑥ 1911年5月，清廷颁布《内阁官制》和《内阁办事暂行章程》，成立了第一个责任内阁，但是在13名国务大臣中，汉族官员仅4名，蒙古族1名，满族8

① ［美］黄仁宇：《大历史不会萎缩》，93、175页，南宁，广西师范大学出版社，2004。

② 参见胡思敬：《奏立宪之弊折》，宣统二年九月（1910年10月）。

③ 对于清末立宪运动，我国学界向以《钦定宪法大纲》之内容及“皇族内阁”之成立为依据，认为“预备立宪”不过是清廷欺骗人民的“骗局”。（参见姜士林、陈玮主编：《世界宪法大全（上卷）》，3页，北京，中国广播电视出版社，1989。）近年来虽有学者考证出1909年、1910年两种清末宪草稿本，认为它们“对三权政制、公民权利等有了一定重视”；但是依然有不少学者认为“维持专制统治乃是清末立宪政策的基点”，它构成了中国工具主义宪法观的“恶劣先例”。参见俞江：《两种清末宪法草案的发现及初步研究》，载《历史研究》，1999（6）；夏新华：《让历史告诉未来——近代中国宪政得失之评说》，载夏新华、胡旭晟等整理：《近代中国宪政历程：史料荟萃》，11～13页，北京，中国政法大学出版社，2004。

④ 康有为：《请君民合治满汉不分折》，光绪二十四年六月（1898年7月）。

⑤ 载泽：《奏请宣布立宪密折》，光绪三十二年七月（1906年8月）。

⑥ 田东奎：《清末立宪中的满族因素》，载《政法论坛》，2006（5）。

名，其中皇族占了 5 名；各省的行政没有进行改革，但是在张之洞与袁世凯被提升为军机大臣之后，汉人地方官员的权力被削减了很多。① 可见，清廷虽然迫于形势转为主张立宪，但是满汉矛盾始终无法回避，其囿于所谓“满汉之防”，试图借立宪之际巩固原有满族贵族的“集团私利”而排斥新兴汉大臣染指国家核心权力之机会，这无疑会削弱其权力系统的政治整合能力和实际控制能力。意大利著名政治学家莫斯卡曾经一针见血地指出：“当统治阶级停止寻找那种曾使自己获得权力的能力范围时，当他们不再能提供先前的社会服务，或者他们的识见和提供的服务在他们所在的社会环境中已经不被看重的时候，统治阶级必然走向衰落。”② 清朝政府囿于其狭隘的“民族利益”，无法顺利、开放地吸纳诸种政治力量以夯实其政权基础，乃得授革命派以“排满”之口实，最终也使其“立宪”运动丧失了公信力。

（二）丧权之痛：国家能力已近衰竭

王绍光先生认为：“国家能力（state capacity）是指国家将自己意志（preferences）、目标（goals）转化为现实的能力。”它主要包括“汲取能力”（国家动员社会经济资源的能力）、“调控能力”（国家指导社会经济发展的能力）、“合法化能力”（国家运用政治符号在属民中制造共识，进而巩固其政治地位的能力）、“强制能力”（国家运用暴力手段、机构、威胁等方式维护其统治地位）等四个方面。③ “财政为庶政之母”，故而国家的财政汲取能力实为其他诸种国家能力之基础。问题在于，晚清政府在经历了多次内外战争及战争赔款之后，其财政陷入极度困境，其“国家能力”在整体上亦陷入极度衰竭之状态。为了缓解财政困境，清政府不惜以海关关税、盐税为担保向西方各国借取高额利息贷款，又因此而背上了沉重的外债负担。据克恩斯在《中国外债》中介绍，中国甲午战争之前清政府向英国汇丰银行、东方银行及怡和银行、德国银行共借款达白银 1 556 万两（但是中国学者杨遵道等人认为，从 19 世纪 50 年代至甲午战争前夕的 40 年间，清政府共向外国借款达白银 4 630 万两）。甲午战争之后签订的《马关条约》，赔款总额为白银二亿两，清政府被迫再向西方列强借款六亿四千万银元；八国联军入侵之后的“庚子赔款”数额达白银四亿五千万两，实则连本带利赔偿近十亿两。④ 西方列强为了彻底控制清政府，进而染指中国的财政大权，各地通商口岸的海关税务司亦被外国人所把持。田赋、厘金、盐税、关税是清政府的四大财政

① 参见［美］费正清编：《剑桥中国晚清史（1800～1911）》（下卷），中国社会科学院历史研究所编译，444 页，北京，中国社会科学出版社，1985。

② ［意大利］加埃塔诺·莫斯卡：《政治科学要义》，任军峰、宋国友、包军译，132 页，上海，世纪出版集团、上海人民出版社，2005。

③ 参见王绍光、胡鞍钢：《中国国家能力报告》，6 页，沈阳，辽宁人民出版社，1993。

④ 参见刘秉麟编著：《近代中国外债史稿》，5～35 页，武汉，武汉大学出版社，2007；杨遵道、叶凤美编著：《清政权半殖民地化研究》，280、323 页，北京，高等教育出版社，1993。

收入，可是除了田赋之外，另外三大收入几乎尽归西人所掌控。充裕的财政收入乃是一个政府得以维续和正常运作的经济前提，而政府财政的正常运作则是社会经济良性发展的基本条件。清政府既然在财政上几近于完全破产，乃得在税收上对百姓竭泽而渔，为获取财源无所不用其极，这样又更使中国原本脆弱的民族经济“雪上加霜”。与此同时，由于大量白银流出国境导致银根紧张，清政府于是改革币制，滥发铜元、钞票，引起物价飞涨、经济恐慌，最终导致了大规模的民变。于是，中国诸多社会问题之摆脱，乃不得不用革命的方式来解决。日本历史学家菊池贵晴曾言：“许多革命团体，其领导人虽多系与立宪派有联系的富商、资本家和地主阶层，但他们也已经觉悟到要在地方上维持本阶级的利益，除却革命以外别无其他道路可走。于是，他们就巧妙地利用在连续的经济恐慌和货币贬值的压迫下，生活已经陷入痛苦深渊的人民大众的反满、反帝热情，进行革命投机；而早已在各地进行活动的革命派掀起的武昌起义，也正是在这全面有利的形势下发动起来的。”[①] 可以说，在 1901 年《辛丑条约》签署并付诸实施之后，清王朝的国家财政能力即已衰竭，其政治精英试图以一个虚幻的立宪政体之愿景挽救政权覆亡的命运，无疑是痴心妄想。

（三）督抚之乱：军事实力日益耗散

美国政治学家查尔斯·蒂利指出：“民主抗争，在很大程度上，都发生于政体所规定和容忍的政治参与之中或相邻之处，例如，公共集会为当权者和持不同政见者都提供了载体，竞选则通过有组织的批评，一并为选举的、超选举的、反选举的诉求提供机会。在非民主的政体之下，民众抗争政治极少采取政体规定和容忍的政治互动，除了别有原因，还因为当权者一般都不准普通民众采取这些形式：法庭拒绝穷人的诉讼，卫兵堵塞了王室的耳目。”[②] 如前揭所言，由司法机关和武装部队所构成的暴力机构，乃是“国家强制能力”之基础。清朝政府既然无法快速建立公正、权威、有效的司法系统以强化其政权的合法性基础，也不愿迅速接纳包括议会等形式的现代民主议决机制之建立，于是其统治秩序之维续，乃不得不事事依赖军队的暴力镇压。权力中枢系统对于军队的控制能力，遂成为决定其政权能否存续的唯一因素。众所周知，清朝的军队建制最初由八旗兵发展而来，是满族军政合一的一种军事体制，后来又编入蒙古八旗和汉八旗。清朝建立后，绿营兵一度在“平三藩”战争中起到重要作用，但是在镇压太平军起义的过程中，曾国藩的湘军和李鸿章的淮军逐渐成长起来。此时，清王朝对于军队的实际控制能力已经被严重削弱。在 1894 年的“甲午战争”中，新兴的所谓“湘

① ［日］菊池贵晴：《清末经济恐慌与辛亥革命之联系》，载中国社会科学院近代史研究所、《国外中国近代史研究》编辑部编：《国外中国近代史研究》（第 2 辑），121 页，北京，中国社会科学出版社，1981。

② ［美］查尔斯·蒂利：《欧洲的抗争与民主（1650—2000）》，陈周旺等译，28 页，上海，格致出版社、上海人民出版社，2008。

准精锐”亦惨遭失败，清朝政府任用袁世凯编练新军。1903 年，清政府在北京设立练兵处，作为招募与训练新军的中央机构；1904 年，清廷决定改革兵制，将新军建成三十六镇，归练兵处管理；1906 年，兵部和练兵处合并为陆军部，由满族人铁良担任陆军部尚书；1910 年，清廷设立海军处，1911 年设立军谘府，由醇亲王的两个弟弟即载勋、载涛负责。[①] 尽管如此，袁世凯依然在编练新军的过程中逐渐建立了以他为核心的政治军事集团。与此同时，晚清政府所派遣的留学生，特别是留日学生，在留学时期受到“排满”的宣传，回国后加入新军，成为日后“辛亥革命”中的骨干力量。这说明，当一个政权陷入极度腐败无能的状态时，它对于军队等武装力量的控制能力亦会日趋式微，并为日后的军事叛乱、割据战争埋下危险的“隐患”。袁世凯本身不过是清末众多军事集团中实力最为雄厚的一个军事集团之首领，而且其团体内部亦存在诸多派系，他窃取民国政权之后，试图称帝而招致失败，中国就陷入了更为混乱的军阀割据状态之中。

黄仁宇先生认为：“百日维新之后 12 年而有辛亥革命的成功，其快速超过革命党人之预想，其原因则是清朝政府之山穷水尽，慈禧太后既然闯下了八国联军的大祸，她从西安回北京，也觉得非改革不可，1908 年她和光绪帝两天之内先后去世，又留下一个 6 岁的‘真命天子’（宣统）和一个没有政治头脑却仍‘母仪天下’的太后，则使全国军民看清，他们不可能是领导全国修宪法创立议会的领导人物了。孙中山先生奋斗十次，而最后的成功却出人意料，然则今日 80 年之后看来推翻旧体制仍然容易，创造新体制还要艰难。”[②] 清末立宪最终失败，而民国立宪又未竟全功，从表面上看似乎都是因为政治家的野心所致，而实际上也说明了新型民主共和体制之构建并非当然的“破字当头、立在其中”，其艰难曲折的过程，亦体现了在传统社会经济体制中构建宪政体制的极度艰难。

四、结语：我们今天如何跨越历史

美国著名法学家霍姆斯曾言：“法律的生命不是逻辑，而是经验。一个时代为人们所感受到的需求、主流道德和政治理论、对公共政策的直觉——无论是公开宣布的还是下意识的，甚至是法官与其同胞们共有的偏见，在决定赖以治理人们的规则方面的作用都比三段论的推理大得多。法律蕴涵着一个国家数个世纪发展的故事，我们不能像对待仅仅包含着定理和推论的数学教科书一样对待它。要理解法律是什么，我们必须了解它以前是什么，以及它未来会变成什么样子。我们必须交替地参考历史和现有的立法理论。但最困难的工作是要理解，两者在每

① 参见［美］费正清编：《剑桥中国晚清史（1800～1911）》（下卷），中国社会科学院历史研究所编译，432～437 页，北京，中国社会科学出版社，1985。

② ［美］黄仁宇：《大历史不会萎缩》，116～117 页，桂林，广西师范大学出版社，2004。

一个阶段如何结合在一起产生新东西。在任何特定时代，法律的内容，就其本身而言，都完全可能与时人所以为便利的东西严丝合缝；但是它的形式和机理，以及它在多大程度上能够导致我们所希望达到的效果，则极大地依赖于过去。”“法律并非始于某种理论。它也从来不能制造出某种理论。法律的出发点和我将努力证明的法律所已达到的点，是在不同层面的。在从一个点到另一个点的历程中，我们可以预计，其进程不应当是笔直的，其方向也并不总是看得清的。我们所能做的只是指出一种趋势，并证明其正当性。”① 如果说英美普通法制度之形成与变迁是如此，则宪法作为根本大法，其形成与变动则尤其是如此——不论是形诸宪法文本及宪法性法律法规文本的成文法规范，还是存在于宪法惯例、宪法习惯的不成文法规范，它们都是在长期的政治、经济与社会实践中逐渐演变出来的；它们之所以成为权威的根本法规范不是因为它们符合“超验正义”之“自然正义”规则，也不是因为它们契合了某种原教旨主义的教条，而是因为它们是从这个民族的社会、经济、政治生活的内部所演化、提炼出来的基本规范，已经经历了历史的持久检验。

如果我们今日充分考虑改良型立宪路径的历史价值，客观评估清末立宪过程中的政治争议，“向前修订历史而不是向后修订历史”，则近现代以来宪政进程中立宪反对派的言论依然值得重视。② 概而言之，中国未来立宪或改革之演进，当然需要详细考察各国优良体制之历史由来与规范体系，但是尤其需要注重本国政治经济实践中现实利益关系的处理及相关宪法规则的提炼，使之经过公共舆论与学术研究之长期“酝酿”，形成合乎本土风俗民情及利益调整需要的根本规范。套用清末“反立宪党人”刘汝骥的话说即是：“政无新旧，惟顺乎民情，学无中西，为求诸实事。”③

---

① ［美］小奥尔弗·温德尔·霍姆斯：《普通法》，冉昊、姚中秋译，1、68页，北京，中国政法大学出版社，2006。

② 参见［美］黄仁宇：《大历史不会萎缩》，288页，桂林，广西师范大学出版社，2004。此外，意大利历史学家克罗齐曾言：“一切历史都是当代史”；因为“历史绝不是用叙述写成的，它总是用凭证或变成了凭证并被当做凭证使用的叙述写成的。可见，当代史固然是直接从生活中涌现出来的，被称作非当代史的历史也是从生活中涌现出来的，因为，显而易见，只有现在生活中的兴趣方能使人去研究过去的事实。所以，这种过去的事实只要和现在生活的一种兴趣打成一片，它就不是针对一种过去的兴趣而是针对一种现在的兴趣的。”克罗齐的此番论述，虽然极具唯心主义的色彩，而有任意裁剪史实的倾向之嫌，但是其对于历史研究必然具有研究者主观兴趣及倾向等特征的见解，则是富有洞见的。参见［意］贝奈戴托·克罗齐：《历史学的理论和实际》，［英］道格拉斯·安斯利英译，傅任敢中译，2页，北京，商务印书馆，1982。

③ 刘汝骥：《奏请张君权折》，光绪三十一年十二月（1906年1月）。

东亚行政法治编

- 山田洋　普鲁士型行政裁判制度的继承?——明治时期日本的继承与衍变
- 金南哲　韩国行政法中的西方法及韩国行政法的发展
- 田思源　如何研究外国行政法
- 李洪雷　行政处理——行政法上的法律行为?
- 何海波　中国行政法学的外国法渊源

普鲁士型行政裁判制度的继承？

——明治时期日本的继承与衍变

山田洋*

一、序言

在当今的日本，行政诉讼与普通的民事诉讼只不过是程序上有所不同，无论是哪一种，都是在以最高裁判所为顶点的普通裁判所进行裁判。然而，直到由于第二次世界大战后的改革而被废除为止，日本与德国、法国等欧洲大陆各国，以及韩国等国家相同，存在着专门处理行政诉讼的“行政裁判所”。该行政裁判所实行的是与当时以大审院为顶点的普通裁判所的系统完全分离的一审制，只设置在东京，但可以对全国范围进行管辖，是一个非常简单的组织。

关于该行政裁判所，以盐野宏教授及宇贺克也教授的著作为首的很多代表性的行政法教科书都认为其起源于普鲁士的制度，包括在上一个时代的已故田中二郎教授等人的教科书中也有相同记载。另外，关于行政裁判所的成立问题发表了很多的论文，也大都是参考普鲁士制度而写成的。行政裁判所是源自“普鲁士型”的这样一个看法即使是在今天也基本上可以被认为是通说。

同时，关于当时普鲁士的行政裁判制度，在日本也有很多优秀的相关研究，但是稍微参考一下就会发现，这与日本的制度是完全不同的。众所周知，普鲁士的行政裁判所采用三审制，一审二审由地方行政组织兼任，另外，由于与部分行政处分的发出行为等相关联，其组织很复杂，其权限也极为广泛。在该点上，日本的制度的简洁性与其相比可称为是极端的相反。

除此之外，作为日本的行政裁判所是源自普鲁士的证据，通说上还可以提出以下两点：第一，作为依据法的《行政裁判法》大致同明治宪法相同，制定于1890年，其最终草案的起草人是身为法律顾问的德国人莫塞（Albert Mosse）。莫塞不仅是普鲁士的裁判官，同时也是作为被誉为行政法学甚至是行政裁判制度之父的著名学者格奈斯特（Rudolf v. Guneist）的得意弟子，代替老师来到了日

* 山田洋，一桥大学法学部教授；译者：一桥大学法学研究科硕士周蒨。

本。由这样的人所起草的制度，被认为是源自普鲁士的说法也不能算是过与牵强。第二，在内容上，法令规定了只将行政处分作为诉讼的对象，该“列举主义”的采用也可视为是该法律的重要特色。由于列举主义是依据莫塞的提案所制定的，该草案被认为是参照了同样采用“列举主义”的普鲁士的制度，所以从该内容上的特色来看，也可以得出上述认为是源自普鲁士的结论。

二、法律顾问罗莱斯勒

另外，有关行政裁判所的成立，除了莫塞，还有一位作为法律顾问的德国人罗莱斯勒（Kahl Friedrich Hermann Roesler）也作出了很大贡献。作为法律顾问，他在日本旅居了15年，对明治宪法及商法等的制定作出很大贡献，在日本是家喻户晓的著名人物。他是以北德意志罗斯托克大学的国家学教授的身份被聘请到日本，也被误认为是与莫塞同样的普鲁士系的人物，但是这样的理解与他的人物形象实际上有很大的偏差。

原本，他出生于南德意志的巴伐利亚，在当地接受了大学教育。作为法律家，不仅仅是国法学，他在经济学方面也有很多论文，特别是对于劳动问题极为关心。从这样的立场出发，他对于当时的俾斯麦体制进行了强烈的批判，认为其是“军国主义的君主政体”，并出版了相关看法的著作。结果，他不仅与以格奈斯特为首的学界主流派相对立，而且与当时的俾斯麦政权相对立，因为个人关系，事实上是以等同于亡命的形式来到日本。

在日本，他发挥了自己广泛的学识，得到了伊藤博文以及井上毅等人的信赖，对明治宪法等法律完善有着巨大的影响力。然而，顺理成章的，他同8年后普鲁士政府推荐来日本的莫塞之间对很多的问题各持己见互不相让。15年后当他离开日本时，由于无法回到普鲁士支配下的德意志，只能定居在邻国奥地利，并在当地与世长辞。

作为解决劳动等问题的一个手段，他对行政法很感兴趣，在德意志的大学率先开设了行政法科目，可以称为是最初的行政法学者中的一人。虽然因为来到日本而没有完成教学，但也出版了大量的行政法教科书。特别是他对于当时德意志各邦设立的行政裁判制度有很大的兴趣，在来日本之前发表了两篇正式的论文。

他所提倡的行政裁判论，对于现代的我们来说，并不是很容易理解，并且两篇论文之间也能感觉出有所不同。然而，在相关论文中，他强烈反对历来由普通裁判所（司法裁判所）负责行政裁判的做法，主张应当设置特别的行政裁判所。另外，他也强调了该行政裁判所应当与一般的活动行政严格地区别开，其作用应当限定为行政活动的法的统制，或者说是从行政活动出发的对国民权利的保护。反过来，原则上来说所有的行政活动都应该服从这样的法的统制，主张应当概括地规定诉讼的对象，即概括主义。

基于这样一个基本的见解，他在上述的第二个论文中，对于1875年成立的普鲁士的行政裁判制度，甚至是支持这个理论的格奈斯特等人的理论进行了强烈的批判。在该篇文章里，行政裁判制度被理解为是由与活动行政浑然一体的行政机关为了一般的行政统制而采取的一个手段，与将从合法性以外的目的合理性等观点出发的统制作为任务的做法相反，由此确立的权利保护的对象受到所采用的列举主义的制约。与此相对，同年成立的奥地利的制度被认为是应当作为今后立法的模型，得到了极高的评价。在此，行政裁判所的职能，限定为违法处分的权利救济的同时，其对象根据概括主义的采用定为了总括式。在组织上，行政裁判所采用一审制，与活动行政的组织完全分离。原本，这些论文被刊载在奥地利的杂志上，特别是第二篇论文，是以介绍、分析奥地利的制度为目的而写成的。

三、对行政裁判法的影响

从上述内容可以看出，罗莱斯勒对于行政裁判制度有着特别的学识见解以及其个人的关心。因此，考虑到他作为日本法律顾问的地位，在当时的日本，如果要将行政裁判制度与宪法的引进提上日程的话，他作为主导人，模仿奥地利制度的做法也可以称之是必然的。

首先，宪法上关于设置行政裁判所的根据如下，由行政官厅的违法处分引起的权利伤害诉讼，明治宪法第61条规定了其是在行政裁判所而非司法裁判所进行裁判。该条文依据罗莱斯勒所起草的宪法草案第79条制定，无论是从法条条文，还是罗莱斯勒的记录来说，都毫无疑问地证明了该条源自于当时的奥地利宪法第15条。当然，普鲁士宪法等法律并不存在类似的规定，原本根据权利侵害的救济而给行政裁判下定义的这样一个想法，本来从普鲁士学派里是无法得出来的。他原本试图通过这样的条文化过程，同奥地利一样，引进行政裁判的保障，换句话说是试图引进概括主义。

并且，关于行政裁判法，他根据莫塞的先行草案，起草了自己的草案（即罗莱斯勒案），该草案对之后的法务官僚井上毅的草案起草工作也有很大的影响（即井上·罗莱斯勒案）。前者虽然在部分上承认了受法国的影响，但无论是哪一个，都采用了概括主义，从骨子上来说受奥地利法的影响更为显著。他对于此之间起草的另外一个草案（即法务局案）的影响，虽然不是很明显，但是在内容上，比如一审制的出现等，也可以明确看出奥地利法的影子，从而推测出其源自它的影响。

有关这些草案之间，以及与在此之后起草的莫塞草案之间的相互关系，似乎没有资料可以进行阐述。特别是在法律制定的最终阶段，其直接的负责人为何由罗莱斯勒变为莫塞的理由及经过，是不明确的。但是，如果考虑到来自宪法制定的影响以及周边的情况，上述所说事实上并不意味着他对于日本政府的影响力减弱。

由于篇幅有限，在此对于各草案的内容无法进行详细的比较研究。然而，无论是哪一个，如果将莫塞的草案与其他草案作比较的话，在内容上有很多重复的部分，也可以说是维持了根本。莫塞草案是他根据历来的草案起草，至少也可以证明其并非是参照普鲁士法等而新写的。特别是最初的莫塞草案改写后的第二稿，更可以明显地看出历来草案的影响。最终，罗莱斯勒所带来的奥地利法的影响，在根本上应该认为其是与行政裁判法共生共存的，被视为是制定过程的基本资料的《行政裁判所法 50 年史》也对此评价为是“主要是借鉴了奥地利的法制的地方很多。”

四、列举主义的由来

不过，莫塞在行政裁判法中也有着很大的影响。毫无疑问，有关诉讼对象采用列举主义的做法，是根据莫塞草案而排斥了以往草案采用概括主义的做法而被采用的。在该点上，罗莱斯勒的主张是很明确地败下阵来，这也可以称为是日本行政裁判制度的最大特色。

最早，关于列举主义的采用是否也源自于普鲁士的问题存在着争议。首先，列举主义并不是普鲁士所独有的，或者说是起源于其的制度。从当时的德意志各邦的情况来看，巴伐利亚等南德意志包含在内，采用这种主义的邦并非少数。或者说，像奥地利这样采取概括主义的地区是例外，而列举主义才是主流。

原本，普鲁士是否采取列举主义本身就是一个问题。在普鲁士法上的确是列举了可作为诉讼对象的事项，但是其范围非常广泛，特别是在广义上，将警察事件列为总括的起诉对象的做法，在当时等同于将行政处分作为总括的诉讼对象。因此，甚至出现了由于行政裁判所的权限极为广泛，为了将其明确下来才产生了列举主义的看法。在德意志，一直以来并不将普鲁士分类为采用列举主义的国家的学者也不在少数。至少，在将起诉对象的范围限定得非常狭窄的日本来说，采用列举主义的做法的意义是绝对不同的。当然，莫塞也应该是这样理解母国的这种列举主义的。

那么为何莫塞在日本要采用列举主义呢？众所周知，对于日本设置行政裁判所的问题上，毫无疑问，格奈斯特是以为时过早为理由极为反对的。即使是提倡在日本引入行政裁判所的莫塞，也是极力主张其设置应当简单化，这种主张可以推测为与惧怕行政裁判所的强大化的日本政府及其相关者等的想法是相一致的。那么是不是可以说，莫塞原本并没有将普鲁士型的“大型行政裁判所”推广到日本全国的想法，相反倒是罗莱斯勒所倡导的奥地利型的“小型行政裁判所”的做法更加适合呢？更进一步说，也可以认为是为了缩小其权限，所以才提出了采用日本独特的严格列举主义。如果这样的想法是正确的话，那么对于列举主义的引人来说，不得不承认普鲁士的影响是非常薄弱的。

五、总结

综上所述，有关日本的行政裁判制度，可以理解为其是以奥地利的制度为模范，根据日本的实际情况而作了适当改变的产物。当然，罗莱斯勒也并没有试图将奥地利的制度照搬，由于以概括主义为首的几项重要因素的欠缺，将其定位为奥地利型也是不准确的。但无论是哪一种，都可以认为来自普鲁士的影响很小。

尽管如此，该制度之所以认为是普鲁士型，毫无疑问是由于在此之后的日本逐渐将普鲁士作为其国家的标准，在战后也是，这样的一个做法成为了批判的对象。行政法学，特别是行政诉讼理论也是一样，从格奈斯特到奥托迈尔，普鲁士学派有着绝对性的影响力。因此造成了行政裁判制度本来的由来以及支持其的理论之间产生了扭曲的结果，在很多方面产生了制度的不同措辞。

为了将本预定为概括主义的宪法的规定与极端限制的列举主义相整合，人们首先意识到了需在理论上将非诉讼对象的处分存在加以正当化的重要性。因此，普鲁士学派的行政行为的“合法性推定”，以及“自我确认说”等理论得到了大力强调，更进一步地，产生了持续至今的，可谓是日本特色的理论——即行政行为的“公定力”理论。或者说，不管实体法上存在着将对违法处分的诉讼作为行政诉讼的规定，为了引入普鲁士学派中将公法关系的诉讼作为行政诉讼的相关理解，两者之间产生了分歧，与行政处分无关的公法关系的相关诉讼的处理问题到如今也仍然是难以解决的问题。

上述的这些看法，只不过是没有充分材料证明的假说而已，但是，在重新探讨明治时期日本对所谓德意志行政法的继承与衍变的问题时，如果能作为参考材料的话，还是非常荣幸的。

韩国行政法中的西方法及韩国行政法的发展

金南哲*

一、引言

1945 年以后的韩国的行政法只是保留了日本殖民统治时期的部分残余，可以说并不能称为韩国自己的行政法。从时期划分上来看，事实上韩国的行政法学是从 1980 年以后才急速发展起来的。所以，本报告以现存文献资料为基础来整理回顾解放以后直至今天的韩国行政法的发展足迹，采取大陆法体制的韩国法制以及法学上对西方行政法的吸纳及其所受西方法的影响。下面就 1980 年以来韩国行政法的发展进行解释说明。

二、西方法的借鉴

首先，对韩国法采用大陆法的体制这一众所周知的事实就没有必要进行论证了。但是，从历史上看，韩国并不是从一开始就继承了欧洲大陆法的体制，如果回顾一下历史可以发现，朝鲜王国通过 1882 年的《朝美修好通商条约》同美国建交后，当时有很多的美国法律顾问长期停留在朝鲜并从事有关的法律活动，但是由于以判例为中心的英美法特性与朝鲜对德国法偏爱的冲突，美国法当时并没有给朝鲜带来很大的影响。这种偏爱并没有在日本占领时期发生改变，相反通过日本殖民统治反而直接或间接地导入了德国的法体制和法学，德国法的影响开始急速增强。

随着韩国法学院的设立，以及法律学校法学会的创立，虽然经历了对英美法约十年的研究热潮，但随着法条的完备和解释法学的积累，直到今天，韩国法学受欧洲大陆法的影响逐渐增加。然而，就同被称为行政法学发源地的法国的关系来看，韩国法学在初创期虽不能说同法国法学没有交流，但当时并没有促进韩法间进一步交流的适当的契机，可能是因为这样的原因，后来法国法学也没有影响

* 金南哲，釜山大学法学院教授。

韩国法学的契机，1970年以后，尽管去法国的留学生有所增加，但直至今日韩国法学界仍然认为法国法学对韩国的影响不是很大。行政法的情况也是如此。这大概是由于同德国相比，以法国国家参事院判例为中心的判例理论太多从而导致对理论的整理相对不太稳定的缘故吧。相反，德国由于1872年普法战争的胜利从而被韩国当成了富国强兵的榜样，所以1905年以后因日本的影响德国法对韩国法学产生了巨大的影响。从1910年到1945年，包括Schmitt 、Larenz的德国法学学说几乎直接被移植到韩国。解放以后虽然不是对英美法毫无关心，但因大陆法骨架的形成从而韩国法学没有太大的变动。因选择了德国式的民法、刑法等基本法律，所以法理论自然受德国法的影响也最大。以后，也一直受德国法学的影响。比如，法哲学领域的 Ladbruch、刑法领域的 Jeschek 和 Welzel、宪法领域的 Smend 和 Hesse 以及行政法领域的 Otto Mayer、Forsthoff、Bachof、Ule 等学者的德国法理论构成了韩国法学的主要内容。

三、西方法律对韩国行政法的影响

1. 韩国行政法学的历史发展和时代性特征

韩国行政法初创期恰逢解放后的韩国战争，因此一开始便历经了一段困难时期。所以在这样的情况下，也无法对这一学术领域的发展抱有过多期待。即便如此，韩国还是完好地保留了由日本传入的法律体系。如上所述，这一时期韩国已形成了大陆法体制，其中受到德国法律的影响较大，行政法也是如此。因为是通过日本法律间接接触到德国行政法学，所以韩国行政法理论的基本模式和内容与德国行政法也是极其相似的。

首先，韩国是依靠外部势力赢得的“光复”，具有一定的历史局限性。正如清算日本殖民统治的残余所暴露的局限性一样，想要在行政法学这一新兴学术领域完全切断日本的影响而重新建立新的行政法也几乎不可能的事情。20世纪五六十年代制定和修订的大多数法令都为仿效立法，而这个时期的行政法学也停滞于殖民地时期的法学水平。

其次，进入20世纪60年代，在持续的政治变改的激流中，行政法学界修整实证法规，引进了德、法、美等国的西方法理论，修订了学科体系，逐渐通过判例研究等措施充实了政治学研究。随着大学以及去德、法、美等西方国家留学人数的增加，韩国的行政法学也逐渐有所发展。

再次，到了20世纪70年代，经历过“10月维新”这一政治黑暗期以后，韩国开始出现像韩国宪法学会、韩国公法学会等这样的学术团体。这一时期被评价为行政法理论体系的重大变革时期。但是，行政法虽在外部形势上有所发展，但在军事独裁的政治形势下，行政法学在批判现实错误的同时，也造成了对空洞理论研究的结果。

2. 西方法对韩国行政法的影响

以上，我们简略回顾了从解放到 1970 年这一时期韩国行政法受到西方法律影响的历史发展过程。下面我们来看一下各时期的具体特点。

行政法学的第一个时期为解放以后。这一时期韩国还未形成自己的行政法，所以只得依存于日本行政法学。如上所述，朝鲜后期和日本统治时期，韩国沿用了大陆法体制。日本统治时期，韩国行政法受到西方法律，特别是受到德国法律的影响很大，也可说韩国行政法理论是通过日本从而受到了德国行政法的间接影响。具体来说，明治维新后，日本主动沿袭了德国式的行政制度，19 世纪 90 年代沿用了制定和使用行政裁判所法等法律的德国的法律制度。但是韩国只是单纯通过日本引进了这些制度，而在解放以后巨大的政治变动中，只存在嫁接式的德国行政法理论，韩国学术界没有发挥任何实质性的作用和进行任何的筛选。总之，这一时期的行政法学受到德国行政法的影响，以行政行为为行政法中心理念为指导，开始形成一些行政法理论体系，如行政计划、行政程序、秩序行政、给付行政、土地行政等。为了保护国民权益，也形成了如国家赔偿、损失补偿等理论体系，修订了国家赔偿法、诉源法、行政诉讼法等。但在这个时期形成的大陆法律体制，只专注于德国的西方行政法和日本行政法的引用和仿效，在学术上，特别权力关系论、公权论也被沿袭，行政立法的控制理论也处于消极阶段，行政救济论则停留在不够完善的事后行政救济阶段，行政法并未有太大的发展。

接下来的第二时期则是在第一时期的基础上开始直接适用德、法、美等国外行政法的一般理论的时代。事实上，20 世纪 60 年代就出版了几本有关行政法的教材，严格来说，这类教材受到了日本行政法教材的影响，目录也与日本教材大同小异。但是值得一提的是，这些撰著初期行政法教材的学者以及这一时期开始活跃的一些学者们中，开始出现有留学的经历或直接通过西方文献（非日本行政法）研究西方行政法的学者。如韩泰渊、金南镇、金铁容等众多教授便在引进西方行政法学资料方面作出了不小的贡献。另外尹世昌、李祥奎、梁承斗教授着力于英美行政法理论，金东熙教授则在引进法国行政法理论方面做了坚持不懈的努力，所以过去只能间接地通过日本而获知的西方各国的行政法理论，如今可以被直接地引进韩国了。

这一时期，受到德国为代表的西方行政法理论的影响，开始形成了把宪法理念具体体现为行政法理论的意识。开始致力于按照宪法的法治国家的原理重新检讨传统的行政法理论，在行政规章、行政控制论方面，体现法制国家原理。但是，到 20 世纪 70 年代为止，行政法学是在由日本引进的德国式行政法学体制中，追加了部分的西方各国的行政法理论，相对其他学术领域，行政法的发展和分化速度迟缓，内容也集中在行政法一般理论性的总论方面，对于行政法各分论部分的论述探讨研究还很不活跃。韩国行政法学的研究进入正轨大概是从 20 世纪80年代开始的，这一时期可被称为第三时期，说明如下。

四、1980年以后韩国行政法的发展

1. 时代特征

进入20世纪80年代，开始出现根据修订宪法设立环境权条款和行政审判准司法程序化等重大事件，同时行政审判法、行政诉讼法等相关行政基本法令重新开始制定和修订。20世纪80年代初期，大学生和教授的人数大幅度增加，大批学生去海外留学，从而创造了学术的蓬勃发展时期。

学术性讨论的活泼期则是在20世纪80年代后期。这一时期，留学等与国外的交流大幅增多，20世纪80年代末随着宪法裁判所的设立，随着宪法裁判得以实质性的实施，学术研究也有所变化和发展。从20世纪90年代直到现在，包括留学生在内的20世纪80年代培养出的大批研究性人才陆续涉足学术界，行政学法界的研究力量得到进一步壮大。正因如此，研究领域取得了多样化、专业化的进展。

2. 韩国行政法学的发展

（1）行政法研究领域的扩大和研究的明细化

到20世纪80年代为止，韩国行政法仍集中于对韩国行政法总论的研究，而对于个别行政法领域的研究氛围则很低迷。但到了20世纪90年代，韩国便逐渐积极展开了对个别行政法领域的关注，开始对已经形成行政领域分化的国外发达国家进行研究，从中积累经验，使韩国行政法研究领域也得以扩大化，行政研究更为专业化。同时我们也可看到韩国在对环境、租税、警察、土地等方面的社会性、学术性的关注也在增多。同时，这一时期，也出现了如土地公法学会、地方自治法学会、环境法学会、教育法学会、税法学会等行政法专业领域的研究性学会。他们主要对各领域的法理论和悬案问题等作出集中性的研究，并深入研究相关的国外法律理论及法制。如此，韩国行政法也受到了西方法的理论和制度的积极影响。可以说对各领域的细分化和专业性研究工作也正在加速进行中。

（2）对行政作用等行政法总论展开的新的活泼性研究

对行政法各论进行扩大性研究的同时，对总论部分的进一步研究也在积极展开。总括20世纪八、九十年代新兴领域和研究更活泼的领域来看，主要研究包括以下内容：以信任保护原则为首的行政法一般原则，与个人公权力的扩大有关的无瑕疵裁量行使请求权和行政参与权，与行政规则的对外约束力有关的具体规范化行政规则的问题，关于行政计划中的计划裁量和量刑命令，与不确定概念的解析有关的判断余地问题，与行政行为的公正力相区别的构成要件的效力问题，以及与行政行为有关的所谓预备决定、假行政行为、部分认可、行政主体司法性活动等问题，与行政损失赔偿请求权认证有关的警戒理论和分离理论及有关财产

权的内容和限界规定等问题，还有类似收容侵害和收容性侵害、牺牲赔偿请求权、结果取消请求权等。虽说以上研究部分是受美国和法国学术的影响，但大部分则是直接引用德国行政法学术研究成果。像这样对行政法总论的理论性研究和讨论在进入 2000 年以后则更为深入。

20 世纪 90 年代后期，制定了行政程序法、行政信息公开法和个人信息保护法等法律，特别是行政程序法的试行方案虽在 1986 年就已被提出并经过了长期的论证，但由于公务员对其立法的根深蒂固的抵制，其诞生经历了一个艰难的过程。只是虽有对以德国为首的欧洲行政程序法、美国行政程序法（APA）的研究，最终因保留了和日本行政程序法很相似的第一期行政决议过程的相关规定，从而未能摆脱仿效日本行政法立法的质疑。同时，20 世纪 90 年代随着保护国民的知情权和隐私权的社会意识的增强，公开行政信息和保护个人信息等方面也得以法制化。这也是为了牵制国家信息独占、不法收集个人信息、国家采取的体现提升国民地位相关措施。上述的做法在受到德国法制影响的同时也受到了美国信息自由法的影响。

(3) 各类学会的兴起

一度行政法学以公法学会为中心展开学术活动。到了 20 世纪 90 年代，除了公法学会，还创立了亚洲太平洋公法学会、比较公法学会、光州全罗南道公法学会等各类学会。出现了研究作为行政法学和法律条文实务间活用为目的的研究学术团体，如行政例案研究会、行政法理论实务研究会等。除此以外，研究专门行政领域的学术团体也陆续出现，如土地公法学会、地方自治法学会、环境法学会、教育法学会、税法学会等。这些各类的学会同时也举办定期学术大会，发行论文书刊集等许许多多的学术活动。通过大量涌现的学会和活跃的国际交流活动，我们不难看出如今学者在多样化研究上所作的直接贡献。

3. 问题点

虽然出现了如上的学术发展，韩国行政法学中依然存着以下一些问题：

首先，行政法学的理论和方法论不成熟。也就是说，在日本的殖民统治、韩国战争、军事独裁等艰难历史时期，行政法学不是着重从与其他学问间的各种各样的联系中，分析问题从而找出解决问题的对策，而是更满足于在体制上顺应官本位的法律解释论。这种学术倾向结果造成了解决行政现实问题和社会悬案的法律政策性和社会性方法论的研究滞后，从而使研究只停留在作为学生应试教科书层次的被歪曲的学术风气。还有在比较研究方法上，还存在不加选择地引进国外行政法理论并把其作为新理论的问题。

其次，行政法学自身领域的缩小。把行政法学从注重研究解决现实行政活动中分离开来，而更着重于概念性的法律解释学，这使和行政法学关系最紧密的法律政策性、立法性的问题不再属于行政法学的问题，而成为了行政学、经济学、政治学等相近学术领域的研究课题。这最终使得行政法学不再具有分析行政疑案、提出解决方案等实质性的解决问题的能力，所以行政法学逐渐悖离了行政实务。究其原因，行政法学原本是包含对行政现象和法律事实的社会科学性的说明、政策学、立法学、哲学等学问的一门综合学科，但是因为长期以来，韩国的行政法学和行政现实有所脱节，以法律解释学为主，从而导致像法律政策学、法律社会学、法律哲学、法制史、法社会学方法论以及同相关学术领域的学制性研究的萎靡。

4. 韩国行政法学的前景

（1）行政法理论的系统化整理

说到行政法学中最大的一个课题便是以其理论成果作为基础，制定自己的理论性体系。所以如果说初期韩国不存在行政法学，这似乎也并不为过。而实际上，韩国行政法迄今为止都是一直在引用着西方行政法的理论。而现在最重要的则是使行政理论更为系统化，更符合韩国现实的需要。

例如，关于对裁量行为和羁束行为的概念和划分标准的讨论，关于宪法第23条第3项对损失赔偿规定的解释相关的德国判例理论在韩国是否同样适用或是需要另作解释的问题，关于国家赔偿法中损害赔偿诉讼请求是否应归为民事诉讼、是否该由当事人提起诉讼等见解不同的问题，对这些进行集中性的研究，使其形成符合韩国现状的理论体制也是一项重要的课题。

同时韩国还需参考西方的法制以及法律理论，有必要在近期制订和修订的法律领域制定符合韩国现实的制度。例如，最近修订的行政程序法，其中有符合韩国国情的多种行政程序类型，出现了通过减少程序以提高行政效率等层面的研究。同时信息的公开和保护等问题也日益尖锐化，也应顺应韩国信息化时代这样的现状。为了扩大行政诉讼的对象以及原告资格的认定范围，减少权力救济空白，处理好集团性的利害关系，我们需要研究多样性的行政诉讼类型。如今的韩国社会可以说是一个纠结着多样而复杂的利害关系的多元化的社会。而当社会出现多种纷争时，只通过原有行政诉讼来解决问题确实是有一定局限的，所以说对在诉讼移送阶段或是对在诉讼过程中进行的调解、仲裁等利害关系调整进行研究，不论在社会层面还是理论层面都是很有意义的。

（2）研究方法的多样化、研究领域的扩大化以及研究的专门化

在行政法学的研究方法更多样化、研究范围更扩大化的同时，行政法学也应进入一个需要对专门领域研究应具备一定的相应知识的专门化研究阶段。

首先，我们需要克服行政法学研究中出现的一些问题。例如，长久以来以总论为重点的行政法学研究方式、与现实有所脱轨的法律解释论研究、未加选择地引进国外法制和法律理论等问题。为此我们就需在发掘多样的方法论的同时，灵活地运用相关学制性的学术研究。

其次，我们也需要致力于扩大研究范围。如上所述行政法学的研究虽不只局限于总论的研究已向各行政法领域扩展开来。如地方自治法、环境法、警察法、

税法、土地公法等。但是将来为了顺应社会发展的地方化、信息化、科技化，甚至为了应对同一时代的到来，仍有必要细分行政法学的各领域，扩大研究范围。

另外，与行政法案件相关的国际性问题也应包含在行政法学的研究对象中。例如，欧盟及其会员国之间已在处理其行政法案件中开始在学术上使用“欧洲行政法”这一用语。包括国际协约、条约国内法规化，在把国际行政法问题作为研究对象的领域也使用国际行政法的用语。总而言之，在国际化时代，顺应国际社会中对法律构造变化的要求。行政法学的研究对象同时也包含了如韩国行政法的再修订等新领域。

接下来，运用各种研究方法，培养解决现实问题的能力。为此从对行政现状的综合性考察观点上，研究法政策学、法社会学、法哲学的方法，也需要考虑到多种方法的活用。同时，积极、灵活地运用经济学、政治学、行政学、社会学等相关社会科学领域的学制性的研究方法论。

同研究领域扩大、研究方法多样化同等重要的问题是研究的严密性和专业性。对于引进国外的法学理论大家一直存在着很多的争议。个人认为，国外理论的导入对于韩国行政法学的发展起到的作用中积极的影响更大。但是对于实际情况根本不予考虑，不研究是否符合现实状况便直接使用国外理论而招致的混乱等问题也是存在的。这类问题以后只要在逻辑上和研究国外法律理论的研究上更细致严谨一些，问题是会得到充分的解决的。当然也要求对行政现象的准确理解和行政法学的专业性。相比国外先进国家来说，韩国社会行政法的分化还不够到位，所以各细分化方面的专家就显得尤为缺乏。所以这样看来，以后培养特定专业行政领域的专家，这一课题也要被列为行政法学的重要课程之一。

(3) 行政例案的专业化

最后，行政法学中可作为研究课题的还有例案理论的交流和活用问题。这一期间，因为没有判决行政事件的专门法院，如此一来把行政案件全部当做一般民事、刑事案件的特别案件类处理，所以由此导致行政判例理论确实不多。特殊案件的例案理论并不是很多。由此一来，与其说理论和例案相互影响，倒不如说是各自独立存在的。虽然现在只在首尔设立了首尔地方法院级的首尔行政法院，但将来其他地方也应该设立行政法院。进而如果高等法院、大法院级的专门法院也设立的话，就能期待有更专门性的判例理论的产生，在此基础上行政法学和判例间的交流便能够更有机的展开。

五、总结

以上简单阐述了韩国行政法的形成和发展过程中所受的西方法律的影响，在此基础上，简单回顾了20世纪80年代以后韩国行政法的发展过程。

围绕行政法的发展过程，个人把其分成4个阶段：第一阶段为解放以后，韩国还没有自己的行政法学，从而不可避免地依存于日本的行政法学，并通过日本间接地沿袭以德国行政法为中心的西方行政法理论。第二阶段为开始直接获得德、法等国外行政法一般理论的时期。第三阶段我们可以归纳为研究国外新兴行政法领域时期，如对税法、地方自治法、建筑法、环境法、警察法等法律的研究时期。那么接下来的第四阶段又起到什么作用呢？第四阶段，对国外法律理论，采用批判性的态度，可被称为有必要开辟符合韩国行政现状的理论的时期。

西方行政法对于韩国行政法的形成，现实上起到了巨大的作用，并一直影响至今。如今，为了使这些西方法律更符合韩国社会，韩国行政法学应加快其发展速度。所以今后应扩大行政法研究领域。如此一来，则需要同时实现公法领域的融合和行政法领域的分化。同时对在专业领域作出研究贡献的学者们也要给予奖励，为了使行政法学更有专业性，针对行政现状，则需要提出专业性方案和培养解决实际问题的能力。以此专业性作为基础，致力于开设与行政法领域相关的专业课程，培养具有专业行政法知识的后备军。

如何研究外国行政法

田思源*

关于中国法对外国法的继受与创造，是一个非常大的命题。这里我想就其中的一个基础性问题，即如何研究外国行政法的问题谈谈自己的看法。

一、为什么要研究外国行政法

如何研究外国行政法，这是与我们对外国行政法的研究目的相联系的。我国行政法的研究实际上是以对外国行政法的研究为基础而进行的。无论是新中国成立之前的日本行政法也好，还是新中国成立之后改革开放前的苏维埃行政法、改革开放后直至今日的英美德日法等国行政法[①]也好，对我国行政法的研究都有很深的影响。中国行政法学的繁荣与发展，是与对外国行政法的研究与借鉴分不开的，是外国经验与中国国情相结合的产物。也就是说，对外国行政法的研究，是以借鉴、服务于我国行政法的发展为目的的，即可谓“他山之石，可以攻玉”。

这样的研究外国行政法的目的是不是过于功利了呢？在我们法制建设的初期，学习和借鉴先进国家法制的理念、成熟的理论和具体的制度，当然是必需的，无可厚非。这样的学习和借鉴对我国行政法学的研究和行政法制的建设、发展无疑起到了极大的推动作用。但问题是，我们不是在对外国行政法整体性的了解后的借鉴，而是为了某一项制度的设立、某一个问题的解决，而去人家那里寻求答案。这样的研究方法和研究结论的预先设定，使我们对外国行政法的研究无法保证准确、全面、客观、及时，以至于断章取义，为己所用的情况非常普遍。同时，脱离丰富、鲜活的行政法实践，抛开行政法制度的一国政治、经济、文化、法制等社会背景，概念化、条文化、形式化地理解它国行政法，显然是无法得出对他国行政法的正确认识的。

例如，我们引入了一个行政“听证”制度。单一的听证形式与无限的听证范

* 田思源，清华大学法学院副教授、法学博士。

① 我认为，当代中国行政法学体系为“诸学合体，中西合璧”。

围之间的矛盾[①]，程序正义理念与行政听证程序混乱之间的冲突，导致了听证制度公信力的下降。有一个很著名的、意义重大的听证会，叫“圆明园环境整治工程环境影响听证会”[②]。该听证会不是针对防渗工程本身（防渗工程已经结束），而是对防渗工程（环境整治工程）给周围环境可能造成的影响所进行的听证，环境影响评价是一个科学的问题，是有客观标准的学术判断问题，科学问题也可以搞听证吗？[③] 国家环保总局最后要求对圆明园防渗工程整改的处理意见，是基于有环境影响评价资格的清华大学的《圆明园东部湖底防渗工程环境影响报告书》[④]，而不是“圆明园环境整治工程环境影响听证会”。也就是说，我们并没有根据“圆明园环境整治工程环境影响听证会”[⑤] 作出任何的行政处理决定。国外原本的听证制度就是这样的吗？我们到现在连在什么情况下可以搞听证都没有研究清楚，听证却已经泛滥成灾了。因此，对外国行政法律制度的借鉴，应当在对该制度全面、客观、深入了解的基础上进行，不能只知其一、不知其二，学其皮毛，盲目引进。

又如，我们还学来了一个“行政指导”制度。该制度是西方法制国家在法治环境下对法的一个补充措施，但在非法制状态下，行政指导是否有其适用的条件呢？行政指导是不具有强制力的，行政相对人是否接受行政指导完全出于自愿，所以这里我强调法治环境的重要性。因为在非法制状态下，权力的淫威、专横和任意，行政相对人只能服从、屈从，此时，如果采用行政指导，无非是行政权力运作方式的变化，它并没有改变权利服从于权力的实质。我国当前处在法治化过

① 听证形式仅仅为正式的听证会，而听证范围虽然目前我国只有行政处罚法、价格法、立法法、行政许可法、治安管理处罚法和城乡规划法等几部法律规定了行政听证，但其他各种形式的立法也有很多关于听证的规定，不是通过法律规范确立的不具有法律意义的听证更是五花八门。听证成了行为正当的托词和行为合法的理由。听证制度被滥用了。

② 2005年4月13日，国家环境保护总局举办。

③ 涉及科学问题的所谓听证会实质是专家论证会而不是听证会。专家论证会也好，听证会也罢，既然是涉及科学问题，总应该由专家来参加，但圆明园环境整治工程环境影响“听证会”的参加人员并不都是专家，国家环保总局在充分考虑各方利益并顾及代表性的基础上，根据申请人的不同专业领域、不同年龄层次等因素，邀请了22个相关单位、15名专家、32名各界代表参加听证。他们中最大的80岁，最小的11岁（是来自中国少年儿童手拉手地球村的小记者管铖）。既有知名专家学者，也有普通市民与下岗职工；既有各相关部门的负责人，也有各民间社团的代表；既有圆明园附近的居民，也有千里之外赶来的热心群众。

参见《国家环保总局举行圆明园环境整治工程环境影响听证会》（2005年4月13日），国家环境保护总局网：http：//www.sepa.gov.cn/xcjy/zwhb/200504/t20050413_65891.htm；《关于圆明园整治工程环境影响听证会的通告》，国家环境保护总局环函〔2005〕117号，2005年4月11日，国家环境保护总局网：http：//www.sepa.gov.cn/info/gw/huanhan/200504/t20050411_65845.htm。

④ 《中华人民共和国环境影响评价法》虽然在第11条第1款规定了规划草案的听证，在第21条第1款规定了环境影响报告书的听证，但这两种听证都是在项目报批之前的听证，而不是项目已经完成后的听证。

⑤ 国家环保总局副局长潘岳2005年7月7日向新闻界通报，环保总局于7月5日组织各方专家对清华大学的环评报告书进行了认真审查，同意该报告书结论，要求圆明园东部湖底防渗工程必须进行全面整改。参见《国家环保总局要求圆明园防渗工程整改》（2005年7月7日），国家环境保护总局网：http：//www.zhb.gov.cn/ztbd/ymyfcgc/mtbd/200507/t20050708_68378.htm。

程之中，法治还没有真正建立起来，人治的传统还根深蒂固，我们还没有建立起行政相对人对行政指导的完全的自愿的选择接受的法治环境，如果行政相对人接受行政指导还具有被迫性，那么行政指导就体现着间接的强制性。如此一来，学者们大力提倡的行政指导，是否可能导致行政主体为了规避法律责任而用政策代替法律，从而妨碍法制国家建设的后果呢？因此，对外国行政法律制度的借鉴，应当在对该制度产生的历史文化背景、适用的环境和条件等予以深刻分析、历史考察的基础上进行，不能形式主义、教条主义地简单移植。

我们对于外国行政法研究的为我所用的目的，使我们没有从行政法律制度体系上准确、全面、完整、客观地学习和了解外国行政法，我们现在所知道和掌握的外国行政法是不是正确的外国行政法也还是一个问题。当然，在为我所用的目的面前，正确与否实际已经并不重要了。

我们为什么要研究外国行政法？答案很简单，就是为了知道、了解外国行政法。至于知道了外国行政法又有什么用，那是需要者和利用者的事情，不同的人自然有不同的需要，有不同的利用方式，作为研究者，只需提供研究成果就是了。就像学习外语一样，研究者需要提供正确的、标准的外国语来供学习者学习和使用，学习者为什么要学习外语？是学商务外语、旅游外语、社交外语，还是为了通过出国、职称评定等外语考试，抑或是仅仅出于兴趣爱好，这些都不是研究者考虑的问题，而纯粹是利用者自己的私事。利用者是有目的性的，而研究者则应该是客观的。对于外国行政法研究者而言，首先需要提供客观、真实、全面、崭新的外国行政法，以供大家来利用。对国外行政法的利用并不仅仅局限于学术研究，在当今国际交流融合的趋势下，中国公民走出国门的机会日益增多，出国访问、进修、学习、工作、劳务、旅游、探亲、投资、商务往来、在国外的结婚定居、突发事件的危机应对、处理等等，这些是不是都需要我们知道和了解当地国的基本行政法律制度和重要的行政法律规定呢？外国行政法是否可以被我们借鉴，是否对我国行政法制建设有益，那是另外一个问题，也是一个仁者见仁、智者见智的问题。如果开始就想到借鉴，法治发达国家恐怕没有什么理由要研究法治不发达国家的法律，我们的法学界恐怕也没有什么机会和资格与西方法学界平等对话了。

二、如何研究外国行政法

（一）准确、全面、客观、及时

首先是准确。外国法的研究成果往往成为其他人的研究资料而被广泛利用，如果不够准确，就会以讹传讹，既影响他人研究的科学性，又会造成不良的影响。要做到准确，需要研究者的外语能力和专业能力，需要研究者严谨的治学态度和正确的思维方式。

其次是全面。在为我所用的目的指导下，我们对外国行政法的研究，在研究国别、内容等方面是有选择的（当然这也有研究力量薄弱，研究者研究能力不足等客观因素），它不能反映外国（或一国）行政法的全貌。我们翻译一本书，书中的观点仅仅是著者自己的观点，而不能得出该国行政法即是如此的结论。我们应该尽可能系统、全面地研究和理解外国行政法。

再次是客观。既不能盲目崇拜，又不能带有偏见，要客观、实事求是，不要掺杂个人感情，不能用自己的理解去推论，去主观臆断，"全面"的要求实际也是对"客观"的一种保障。

最后是及时。各国行政法的理论与实践发展很快，需要我们及时反映国外最新的研究成果。研究要有一贯性、连续性、同步性，从而与国际接轨。"及时"也是"准确"和"客观"的要求。过时了的、不能反映现时点研究的研究成果，当然是不准确、不客观的。

我们说法国是行政法的母国，我们对行政法母国的法国行政法的了解始于1988年王名扬的《法国行政法》①，之后对法国行政法的全面研究和介绍几乎中断。2006年高秦伟和王锴翻译的《法国行政法》出版②，在其"译序"中译者写道："对于行政法学的研习者来说，法国行政法自有它的分量，但遗憾的是国内目前关于法国行政法的专著或译著并不多见。王名扬先生的专著及其他几本译著成为我们了解法国行政法，尤其是它的最具特色的行政法院制度的主要途径，也为中国进行相关的制度建构提供了重要的素材。但正如《法国行政法》的两位作者L. 赖维乐·布朗、约翰·S·贝尔教授在该书前言中所讲的那样：法国最高行政法院及其他法院的判例法一直在持续地发展与改进，我们需要同当代的法国行政法（droit administratif）与时并进。正是基于这样的目的，我们对该书进行了翻译。""译者认为中文版的《法国行政法》的印行，可以为中国的法律人提供多维的视角，从法国法、英国法的经验再次得到有益的智识，为转型时期中国的行政法制建设服务"。

王名扬在1987年还出版了一本《英国行政法》③，这也是我们了解英国行政法的最重要的著作。最近新出版了一本张越编著的《英国行政法》，其中有著者的这样一句话："在本书付梓之际，几可毫无愧言：本书的面世将使我们对英国行政法的了解推进15年：从1987年到2002年。考虑到笔者设身处地地感受到的以及本书中显而易见的英国行政法在这15年间的跨越式发展，则我们对英国

① 参见王名扬：《法国行政法》，北京，中国政法大学出版社，1988。

② 参见［英］L. 赖维乐·布朗、约翰·S·贝尔著，［法］吉恩-米开尔·加朗伯特协助：《法国行政法》，5版（牛津大学出版社，1998），北京，中国人民大学出版社，2006。

③ 参见王名扬：《英国行政法》，北京，中国政法大学出版社，1987。

行政法的了解已经就此从现代跨越到了当代。"①

显而易见，我们对法国和英国行政法的研究是中断的跳跃式研究，而不是追踪的持续性研究。我们对法、英行政法的研究都是如此，对法治非典型、非代表性国家，以及法治欠发达国家行政法的研究更是如此。比如在亚洲，我们主要研究日本、韩国以及台湾和香港地区的行政法，而对越南、泰国、菲律宾、马来西亚、新加坡等亚洲国家的行政法基本上是漠不关心、不闻不问的。

准确、全面、客观、及时地介绍和研究外国行政法，需要一个正确的研究导向和良好的研究环境，需要学者的努力，也需要杂志、媒体、出版界等的支持与配合。如果介绍和研究外国法的文章、论文很难被发表，势必影响我们对外国行政法的研究。

(二) 丰富的研究资料的提供和研究成果的共享

我们不可能常年在国外研究外国行政法②，在国内对外国行政法的研究第一手资料尤为重要，即便是在资讯如此发达的今天。这就使得外国法的研究者一定要有很好的外语基础。但由于我们研究的第一手客观资料，包括国外的理论研究、立法、司法、执法等的最新动态，很难通过学术刊物的发表予以推广而让更多的人所利用，所以研究难以形成规模，成果难以让他人共享，重复劳动、重复研究的现象比较严重。例如，日本于1999年制定了情报公开法③，关于其中文翻译，有一种说法是"《情报公开法》中文翻译最早发表在刘杰著:《知情权与信息公开法》，第296～311页，清华大学出版社，2005年版"④。而实际上，朱芒在2003年翻译的《日本信息公开法》应该更早一些。⑤ 即便是朱芒的翻译，也是在《日本信息公开法》通过颁布若干年以后，翻译的也并不够及时。更进一步而言，当今日本很多的行政法动态我们都没有翻译过来。外国行政法和比较行政法研究者凭借个人所掌握的外文资料单兵作战，而那些没有国外资料或者不擅长外语的学者，因其无法共享其他学者的研究资料和成果，使其对外国行政法的了解、研究和借鉴存在一定的障碍。

所以我们需要一个平台、一个阵地，来展现我们对外国法、比较法的研究成果。亚太比较法研究会的成立，是我们向正确的方向上迈出的一大步，希望她能够充分发挥外国法学者的集团优势，提供更多、更新、更好的研究成果，并使大

① 张越编著:《英国行政法》,"阅读说明", 2页，北京，中国政法大学出版社，2004。

② 而实际上常年在国外的学者更多地是发挥其在研究中国法方面的优势，介绍和宣传中国法。

③ 全称《关于行政机关保有的情报公开的法律》，简称《日本情报公开法》，也可译为《日本信息公开法》。1999年5月14日法律第42号公布。

④ 《〈日本情报公开法〉中文翻译》，参见法信网：http://www.law863.com/Article/2006-02/7593.html。

⑤ 载罗豪才主编:《行政法论丛》，第6卷，586～592页，北京，法律出版社，2003。

家共同分享，从而共同推动我们对外国法和比较法研究的发展。

三、日本对中国行政法的研究及启示

中国在研究外国法，外国也在研究外国法，包括研究中国法。那么他们在研究外国法方面对我们研究外国法有何经验可以借鉴呢？这里我们以日本对中国行政法的研究情况为例①，看看国外是如何研究外国法的。

日本的中国法研究专家铃木贤在1993年曾经撰文，介绍日本对中国法研究的情况并对中国法研究学者作了世代划分。他认为，第一世代为战后的中国法研究学者，代表人物是平野义太郎、仁井田升、福岛正夫、幼方直吉、高桥勇治等；第二世代为“文化大革命”期间对中国法的主要研究学者，包括针生诚吉、浅井敦、稻子恒夫等，此外，还包括十一届三中全会之前的主要学者宫坂宏、向山宽夫人、大塚胜美等；第三世代是“文化大革命”后的中国法研究学者，主要是西村幸次郎、土屋英雄、木间正道、田中信行、土岐茂、野泽秀树、加藤宽昭、国谷知史、近田尚已等，他们构成了当时（1993年）中国法研究的主力军；第四世代是十一届三中全会之后的通山昭治、高见泽磨和铃木贤本人以及小口彦太等。此外，其他社会主义法的研究所看不到的一个现象，是中国留日学生中的佼佼者，如季卫东、王亚新、王晨、周作彩、周剑龙、杨建顺、王云海等，他们精通日本法，用西方的法学方法分析中国法的问题，作为中国法的研究群体而引人注目。②

从上述的“四个世代”的划分可以看出，日本对新中国成立以后的现代中国法的研究一直持续着，并涌现出众多的中国法专家，每个时代还有其代表人物。伴随着中国更多的学生和学者到日本学习、进修、访问、讲学，他们及时地把中国行政法治建设、发展的情况介绍给了日本的学术界和法律界，同时日本的中国法专家也经常来中国进行学术考察、交流，日本对中国法的研究可以说是非常全面、及时的。当然这也得益于日本的相关学术杂志注重国外法的介绍和比较法研究成果的发表而使外国法得到推广。

就行政法而言，日本主要是在中国《行政诉讼法》颁布实施以后开始关注中国行政法的。从开始的对中国行政法的一般介绍到现在的深入研究具体问题；从开始的较长的研究周期到现在的较快的研究速度；从开始的较窄的研究范围到现在的广泛的研究领域；从开始的较少的研究成果到现在的丰硕的研究成果，都反映出日本对中国行政法研究的进步和发展。

---

① 资料截止到2006年10月底。

② 参见［日］铃木贤：《围绕中国法的研究》，载社会主义法研究会编：《社会主义法的变容和分歧》，《社会主义法年报》，第11期，法律文化社，162～173页，1992。关于中国法研究的世代划分，还可参见［日］木间正道：《战后日本的中国法研究》，载《季刊中国研究》，第9期，63页以下，1988。

就研究专著而言，最有代表性的是两位中国留学生的博士论文，即张勇的《中国行政法的生成与展开——与日本法比较的视点》（信山社，1996年）和叶陵陵的《中国行政诉讼制度的特质》（中央大学出版社，1998年）。

就法律条文的翻译而言，土岐茂1992年翻译了1989年的《集会游行示威法》①；室井力、张勇1993年翻译了1990年的《行政复议条例》；室井力、吴微、张勇1994年翻译了同年的《国家赔偿法》；张勇1996年翻译了1989年的《行政诉讼法》；叶陵陵1998年翻译了1996年的《行政处罚法》和1997年的《行政监察法》；长谷川丰、南部广孝、吉村澄代1999年翻译了1998年的《高等教育法》；小高刚、申顺芬2000年翻译了1999年的行政复议法，等等。可以看出，中国重要的行政立法基本上都被翻译成了日文，而且中国籍学者的贡献很大。翻译的速度也很快，如果考虑到发表和出版的时间，有些中国法律的翻译、发表的速度是惊人的。

就研究论文而言，体现了这样几个特点：第一，数量越来越多。20世纪90年代初期，发表中国行政法的研究论文是个例，有的年份没有，有的年份只有一、二篇，而现在每年都有十几篇。第二，研究范围越来越广泛。以前主要研究行政法基本制度上的问题，现在涉及了行政法的各个领域，包括环境法、教育法等部门行政法。第三，研究内容越来越具体。开始的研究主要集中在对新的法律的具体内容、特色和问题点的研究上，而现在的一些研究则非常具体，如户籍政策的问题，土地法实施状况的调查，行政诉讼中“具体行政行为”的含义等。第四，对中国行政法治建设中的重大问题都有集中的研究。例如，对行政诉讼、行政复议、信访、行政赔偿的研究，对行政处罚、劳动教养、行政许可的研究，对情报公开、行政程序的研究，对公务员制度、依法行政的研究，对土地法、教育法、环境法的研究，等等。第五，很少有用中国行政法的经验来完善日本行政法的建议。日本人学者也好，中国人学者也好，都很少谈及日本需要借鉴、可以借鉴、怎样借鉴中国的行政法。

日本对中国行政法的研究给了我们如下启示：第一，研究成果的及时发表、出版；第二，跟踪的持续性研究；第三，可以单纯介绍、评价外国行政法而不必拘泥于对本国的意义；第四，对不同国籍学者不同的研究背景、研究思维、研究方法、研究结论的宽容和尊重。

① 翻译的时间是译文公开发表或出版的时间，法律的时间是法律公布的时间。

行政处理
——行政法上的法律行为?

李洪雷[*]

行政处理（Verwaltungsakt）是大陆法系行政法学的中心概念之一。以德国为代表的大陆法系国家行政法（学）的发展，在一定程度上即体现为行政处理概念的精确化及其相关制度的完善化，诸如行政处理与民法上法律行为和意思表示的关联性，行政处理的效力，行政处理的无效与可撤销的界限及各自条件，瑕疵行政处理的转换与补正等等，无不与行政法（学）的发达如影随形，同步演进。

法律行为（Rechtsgeschäft），是指法律主体旨在直接发生一定法律效果的行为，这一概念的核心要素是意思表示（Willenserklärung），即法律主体将自己意欲发生一定法律效果的意思向他人作出表示。法律行为和意思表示的功能在于促使法律规定的法律效果出现，从而具体实现法律。法律行为与意思表示本是民法（学）中的概念，而作为公法的行政法与作为私法的民法在基本构造上存在重大差异，行政法学与民法学的基本理念与理论体系也同样如此，因此在行政法学界也有许多学者从公法与私法制度构造的差异出发，认为法律行为与意思表示是专属于私法的概念，从根本上反对在行政法学中将其引入。那么行政法学中是否能够引入意思表示与法律行为的概念？如果能够引入，是否应根据行政法领域的实际状况对其内涵与相关规则加以重大调整？本文将在整理德国、日本、中国台湾地区、韩国和中国大陆相关学说的基础上，提出自己对这一问题的看法。

一、德国

（一）行政处理与法律行为和意思表示

行政处理是德国19世纪行政法理论的产物，其德文为Verwaltungsakt[①]，最

* 李洪雷，中国社会科学院法学研究所副研究员，法学博士。

① 新中国成立前以及目前的台湾地区学者译为“行政处分”，大陆学者多译为“行政行为”，如［德］毛雷尔：《德国行政法总论》，高家伟译，北京，法律出版社，2000；于安编著：《德国行政法》，北京，清华大学出版社，1999。

早是由行政法学鼻祖 Otto Mayer（奥托·梅耶）译自法文 acte administratif。但法文中的 acte administratif 是泛指各种依据公法或私法的各种行政措施，而 Mayer 在创造 Verwaltungsakt 一词时即将其限定于公法领域的具体行政措施。Mayer 在 1895 年出版的《德国行政法》第 1 卷中对行政处理所下的定义是：

行政在个案中对属民所为，决定何者为法之要求的官方表示（ein der Verwaltung zugehöriger obrigkeitlicher Ausspuch，der dem Unterthanen gegenüber im Einzelfall für ihn Rechtens sein soll）。

在 Mayer 之后，学者 Kormann（柯尔曼）受到 Laband（拉班德）的影响，希望借民法理论来解决公法上的问题。他起初对行政处理概念采最广义的界定，将国家机关或公共团体的所有行为包括进来。后来则将私法行为与事实行为，以及公证、通知等所谓的准法律行为排除，而仅以具有意思表示，即有法效意思的行为，视为行政处理。在 1910 年出版的《国家行为中的法律行为制度》（System der rechtsgeschaeftlichen Staatakte）一书中，他建立了一个以民法上的法律行为与意思表示概念来说明公法领域内行政处理的理论体系。他认为行政处理是具有法律行为性质的国家行为，而称其为"国家行为中的法律行为"。他认为这种国家行为中的法律行为与民法上的法律行为，并没有原则上的差异。国家机关的行为属于私法上的法律行为还是公法上的法律行为，区分的标准在于表意人是以私法上的权利主体还是公法上的权利主体作出意思表示。Kormann 的观点得到德国许多学者的赞同。Fleiner（弗莱纳）即接受了其理论，认为行政处理是行政机关利用官方权威所作出的，以发生法律效果为目的的行为。但同时也将公证与通知等所谓的准法律行为纳入了行政处理的范围。魏玛时代的著名公法学家 Jellinek（耶里内克）主张，行政处理是"行政机关对特定人所为，具有公权力之意思表示"，仍使用意思表示来对行政处理加以界定，但他同时认为，以民法上的营利业务（Geschaeft）[①] 来说明行使公权力并不妥当，尤其质疑将警察处理、征收处理与征税处理等视为法律行为。此后一直有学者反对用民法上的法律行为与意思表示来说明公法上的行政处理等行为。[②] 例如，德国著名民法学者 Werner Flume（弗卢梅）对行政处理与民法法律行为的差异作了细致的区分。他认为，私法上的法律关系通常需要复数的法律行为共同作用而形成，而公法上的法律关系通常都是通过单方行为而形成，因此他认为行政处理并非（民法上所称的）法律行为。具体而言，二者的区别包括：（1）民法上法

① 法律行为之德文为 Rechtsgeschäft，该词由 Rechts 与 Geschäft 组合而成，前者为法律，而后者具有营利业务、交易行为或事务的含义。

② 关于德国行政法学引入法律行为与意思表示建构行政行为概念体系的学说史，参见翁岳生：《论行政处分之概念》，载翁岳生：《行政法与现代法治国家》，该书于 1976 年 1 月初版，所引用者为 1989 年 10 月第 9 版。

律行为是私法自治的体现，而行政处理形成的法律关系通常是单方要求相对人必须接受，其正当性直接来自于法律而非私人意思，并且需要遵循依法行政原则。(2) 民法上法律行为既然以自我决定为前提，则必然关注是否存在意思表示瑕疵与法律行为能力欠缺等影响自我决定的问题，但行政处理的关键则在于内容是否符合法律保留与法律优位原则。(3) 行政处理虽然也与民法上法律行为一样具有目的指向性，但这是法律的要求，而非受制于行政的意思要素（Willensmoment）。当具备一定法律构成要件的事实存在时，公务员即应作出一定行政处理，其在此并无创造性以及合乎自我意思的形成空间。(4) 行政机关的主观要素有时也具有重要性，例如在行政机关具有裁量空间时。但这与民法上法律行为中的自我决定仍有不同。因为行政裁量并非自由裁量，尽管在裁量范围内公务员可以根据自己的意志作出决定，但必须进行合义务的裁量并要以实现公益为目的，否则将构成裁量瑕疵。(5) 行政处理具有高权性。行政处理本身可以作为强制的执行名义，而民法上法律行为的强制执行有赖于法院的裁判。行政处理违法原则上被撤销前仍为有效，无效为例外；而民法上的法律行为如果违反强制规定，即不具效力。行政处理也比民法上法律行为更为严格地受到信赖保护原则的限制。(6) 行政处理的内容基本上受限于法律的规定，而民法上法律行为中表意人拥有对于法律行为内容的形成自由，从而对于后者内容的确定要比前者困难得多。①

德国现行《联邦行政程序法》对行政处理所作的定义是：

行政机关在公法领域中，为规制个别事件，以直接对外发生法律效果为目的，所作的各种处置、决定或其他公法措施。

这一界定在用语上强调了行政处理是一种“规制”（Regelung），并且以直接对外发生法律效果为“目的”，在其中尽管没有出现法律行为与意思表示的概念，但在解释上则完全可以将这一内涵纳入。目前德国许多通行的行政法教科书，如 Maurer，Wolff，Erichsen，Battis 等人的教科书，均从意思表示的角度对法定的行政处理规制要件加以界定。例如 Maurer 认为：

行政处理具有规制的属性。规制是一种具有法律拘束力的命令，是一种以实现某种法律效果为目的的意思表示（或相互协调一致的多个意思表示）。法律效果表现为法律权利或者义务的设定、变更、废弃，或者具有法律拘束力的确认，或者——如果承认对物的行政行为——决定物的法律地位。②

在德国行政法学者看来，规制的实质即为意思表示，在他们看来，只有通过引入规制或者意思表示的要素，才能将行政处理与行政上的事实行为（Realakte）区

---

① Vgl. Werner Flume, Allgemeiner Teil des bürgerlichen Rechts, Bd. 2, 1965, S. 41 f. 转引自程明修：《行政法上之意思表示、法律行为与行政处分》，载程明修：《行政法上之法律行为与法律关系理论》，81 页以下，台北，新学林出版股份有限公司。

② ［德］毛雷尔：《行政法学总论》，183 页。本译文据德文原文略有改动。

分开来。①

行政处理属于意思表示，但它与行政机关的其他意思表示在法律效果上存在区别，例如，在法律救济上，对行政处理不服应提起撤销诉讼或课予义务诉讼，而对于其他意思表示则应提起一般给付诉讼。因此，除了应将其与作为双方意思表示一致产物的行政契约区分开来以外，还应与其他的“单纯的”行政法上意思表示区分开：(1) 在规制作用方面，行政处理是行政机关单方规制作用，而单纯的行政法上意思表示不具有单方规制性质。(2) 在强制执行方面，下命行政处理具有执行力，可以作为执行名义，而单纯行政法上意思表示不具有执行力。(3) 在主体方面，行政处理的主体只能是行政机关，而单纯的行政法上意思表示主体比较多样。(4) 在法律效果上，行政处理必须对外直接发生法律效果，而单纯的行政法上意思表示可能仅对内部产生法律效果。

德国学者根据行政处理规制的内容，一般将行政处理分为下命处理、形成处理和确认处理：(1) 下命处理（befehlende Verwaltungsakte，Verfügungen），即是以命令或禁止的形式对相对人设定特定作为、不作为或容忍义务的行政处理。下命处理所设定的行为义务，相对人如果不执行即无法达成目的，因而具有强制执行的必要。在各种行政处理中也仅有下命处理有强制执行的问题。(2) 形成处理（gestaltende Verwaltungsakte），即用以设定、变更或废止具体法律关系的行政处理。广义而言，命令或禁止也是形成处理的形式。但对形成处理一般采取狭义的理解，将以命令与禁止形式出现的行政处理排除在外，其最典型的形式是行政许可。(3) 确认处理（feststellende Verwaltungsakte），指确认权利或义务，或确认在法律上具有重要性的人或物的法律性质的行政处理。德国传统行政法学上将行政机关的确认行为归于准法律行为之中，而根据现在的观点，确认处理虽然仅说明有关事项根据法律规定所原应有的效力，但因其具有法律拘束力，从而具有规制的性质，因此也应属于行政处理。例如，对依法律规定成立的公法金钱给付义务一旦经过行政处理（给付裁决，Leistungsbescheid））的确认，即产生如下法律效果：在确认存在时，行政机关不得拒绝给付或者要求退回所确认的给付；在行政具有裁量空间的情况下，确认处理可以强化私人的权利。可见，确认处理也具有某些创设效力（konstitutive Wirkung），其与形成处理的不同在于不以变更实质的法律地位为目的。

德国行政法学上对行政处理的讨论，除了其概念内涵与分类外，主要涉及的问题还有无效行政处理与可撤销行政处理的区别，行政处理的效力（如存续力、构成要件效力和确认效力、执行力）等。

---

① Erichsen，Hans-Uwe（Hrsg.），Allgemeines Verwaltungsrecht，Berlin 1994，10. Aufl，§22，Rdnr 1. 在 Erichsen 教授主编的此书中，专辟一节介绍行政法上的意思表示。

（二）行政处理与行政事实行为

行政事实行为（Verwaltungs-Realakte，Verwaltungstathandlungen），源于W. Jellinek在1931年所提出的单纯高权行为（schlichte Hoheitsverwaltung）的概念，其中包括建设街道、铺设绿地、兴建垃圾焚化炉、排除交通障碍等。行政事实行为没有规制内容，也无拘束力。Erichsen认为：

行政事实行为是行政主体所采取的一系列行为方式的总称，其与行政处理和意思表示的界限在于，并非旨在最终产生一定的法律效果（Rechtsfolg）而是直接产生某种事实上的效果（tatsaechlicher Erfolg）。[①]

德国行政法学上一般将事实行为区分为观念通知与单纯的事实作业，前者是具有通知或评估性质而不直接产生法律效果的宣告行为，如答复、警告、报告与鉴定等，均属提供资讯的"知之表示"（Wissenserklärung）；后者如警察清除交通路障、城市露天游泳池的养护、驾驶公务车辆等。Maurer认为事实行为包括：（1）公共警告，即行政机关或者其他政府机构对居民公开发布的声明，提示居民注意特定的工商业或者农业产品，或者其他现象，如所谓的青少年性行为。（2）非正式行政活动，主要是指行政决定作出时或者作出前，行政机关与公民之间进行协商或者其他形式的接触的行为。[②]

Klaus F. Röhl在其所著的《一般法学》中则认为：

行政的事实行为（Realakte der Verwalung）与法的行为（Rechtsakte）不同。其可分为规范引导的事实行为和其他事实行为。规范引导的事实行为（Normgeleitete Realakte），是指不能与行政处理一样引起法律状态变化的行为，它们仅仅表现为公法规范的实现以及对公民的事实上效果。至于规范引导事实行为之外的事实行为，人们可以举出的例子是，市长的公务旅行，公共街道的维修或者是记者招待会。许多所谓的新的国家行为形式，例如，对于对怀孕有危险的食物的公共警告，被归于规范引导的事实行为。对于这种行为不能提起《行政法院法》第42条规定的撤销诉讼。但根据《基本法》第19条与《行政法院法》第40条所规定的一般条款，行政法院在必要的情形中对此必须提供法律保护。[③]

在德国行政法学上，对于即时强制行为，包括对人的管制、对物的扣留等行为的性质存在争议。有学者认为，这类行为虽然与单纯的事实作业在外观上相似，但因为其实施本身蕴涵着科处相对人容忍义务的意思，所以也应认定为行政处理。[④]但有学者认为，在以前行政诉讼的受案范围限于行政处理的情况下，将即时强制

① Erichsen，Hans-Uwe（Hrsg.），Allgemeines Verwaltungsrecht，§30，Rdnr 1.

② 参见［德］毛雷尔：《行政法学总论》，391页以下。

③ Klaus F. Röhl，Allgemeine Rechtslehre，Carl Heymanns Verlag KG，2001，2. Aufl，S. 455.

④ Mayer/Kopp，Allgemeines Verwaltungsrecht，1985，S. 39；Drews/Wacke/Vogel/Martens，Gefahrenabwehr，S. 438ff. 转引自许宗力：《行政处分》，载翁岳生编：《行政处分》，647页，北京，中国法制出版社，2002。

理解为法律行为与行政处理，有助于对私人权利的保护，但在基本法时代，行政诉讼的受案范围已经超出了法律行为的范围，只要是对公民的权利义务造成影响，即使是事实行为也同样可以提起行政诉讼，事实行为与法律行为的区分只是影响诉讼类型而不涉及权利保护的必要性，因此应更多考虑概念本身的逻辑性。既然在实施即时强制的很多场合中相对人尚不明确，将其定性为行政处理，不是创造出一个没有相对人的行政处理类型，就是必须等事后通知相对人时才能生效，但这两种结果都很牵强，因此不如就将其定性为事实行为。①

事实行为虽然不以直接发生法律效果为目的，但也必须符合法律的规定。法律行为以发生法律效果为目的，因此若违法会产生对其法律效力的影响问题。而事实行为既然不以直接发生法律效果为目的，在违法情形即不存在对法律效力的影响问题，但行政机关有义务去除违法事实行为造成的状态，并且在可能的和可预期的范围之内恢复合法的状态。因违法的事实行为而遭受损害的公民享有相应的结果除去请求权和回复原状请求权，还可能产生损害赔偿请求权和补偿请求权。德国行政法院的权利保护不限于行政处理和其他法律行为，事实行为也在其中。②

（三）行政处理与准法律行为

民法学上将法律所允许的构成法律事实（即能够导致法律关系产生、变更或消灭的事实）的行为，分为表意行为与事实行为。其中表意行为，是指将一定的心理状态表现于外部，又可分为：(1) 知之表示，即观念通知或事实通知，包括纯粹观念的表示（如承认他人权利的存在），对事实的主张（如代理人主张代理权的存在），对事实的通知（如债权让与的通知、承诺迟到的通知、买卖标的物瑕疵的告知）等；(2) 情之表示，即对感情的表示；(3) 意之表示，即对意志的表示，包括意思通知（如催告）与意思表示。③ 在这些表示中，除意思表示以外的其他表示行为，如果能够导致法律关系的产生、变更或消灭，即构成准法律行为（geschäftsähniche Handlungen）。准法律行为中的表示行为并非旨在引起一种行为人希望产生的法律后果；在大多数情况下，行为人根本就没有意思可供表示。准法律行为与事实行为的相同之处即在于，其后果完全产生于法律，因而与行为人的意思无关；而法律行为之所以能够产生法律后果，是因为行为人具有引起法律后果的愿望（并将这种愿望表达了出来）。④ 这就是为什么法律行为可以成为私法自治的工具而准法律行为则不能的原因。

目前德国行政法学教科书中对于法律行为与事实行为的区分比较重视，而对

① 参见［德］毛雷尔：《行政法学总论》，491 页。
② 参见［德］毛雷尔：《行政法学总论》，392 页。
③ 参见史尚宽：《民法总论》，305 页，北京，中国政法大学出版社，2000。
④ 参见［德］梅迪库斯：《德国民法总论》，邵建东译，159 页，北京，法律出版社，2000。

准法律行为的概念缺乏深入探讨。从一些学者对事实行为的理解来看，似乎将行政机关所作意思表示以外的所有行为都纳入事实行为的范围，从而不再有准法律行为概念存在的空间。[①] 但在沃尔夫等人的教科书中，对于准法律行为还是作了简略的介绍。该书认为，准法律行为也是依据公法规范产生法律后果的行政上的法律活动，但其法律后果的产生独立于行为主体的认识表达或意思表示。其中包括：(1) 具有直接法律后果的通知。例如，关于权利救济的告示，具有使权利救济期限开始的法律后果。(2) 具有变更诉讼证明状态效果的证明或者认证，例如，户籍机关出具身份证明，《民法典》第 129 条规定的认证，登记机关的登记等。(3) 有关行政机关的法律意见、法律事实的答复。但这仅限于受答复人已经作了相应处置，从而行政机关应受信赖保护原则约束的情况。[②]

二、日本

(一) 传统学说

在日本，德语中的“Verwaltungsakt”被翻译为“行政行为”。尽管在日语中，行政行为一词存在最广义、广义、狭义与最狭义等多种不同的界定，但通说对行政行为的界定与德国通说对行政处理的界定基本相同。例如，田中二郎将行政行为界定为“行政厅依法行使公权力，就具体事实对国民实施法律规制的行为”[③]。南博方认为，“所谓行政行为，是指行政厅为了调整具体事实，作为权力的行使，对外部采取的产生直接法律效果的行为”[④]。原田尚彦认为，行政行为是“行政厅依据法律的规定，根据其单方面的判断，具体地决定国民的权利和义务及其他法律地位的行为”[⑤]。这种意义上的行政行为与日本实证法上的“行政厅的处分”概念大体相当，但二者也存在不一致之处。一般这种不一致的主要原因在于，行政处分是日本行政案件诉讼法中所运用的概念，为了有利于公民获得权利救济，在学说和判例上往往对这一概念作扩大的解释，导致其与学理上的行政行为之间产生了一定程度的差异。

① 林明锵教授在其所著：《论型式化之行政行为与未型式化之行政行为》中，在介绍德国形式行政之法律形式学说时，即将行政事实行为明确界定为除意思表示之外之任何行为。载《当代公法理论——翁岳生教授六秩诞辰祝寿论文集》，135 页，台北，月旦出版公司，1993。

② 参见［德］沃尔夫、巴霍夫、施托贝尔：《行政法》(第 2 卷)，高家伟译，141～142 页，北京，商务印书馆，2002。

③ ［日］田中二郎：《行政法总论》，264 页，有斐阁，1979。转引自杨建顺：《日本行政法通论》，362 页，北京，中国法制出版社，1998。

④ ［日］南博方：《日本行政法》，杨建顺、周作采译，33 页，北京，中国人民大学出版社，1988。

⑤ ［日］原田尚彦：《行政法要论》，113 页，学阳书房，1986。转引自杨建顺：《日本行政法通论》，363 页。

日本行政法上以前的通说、现在的多数说，将行政行为依据民法的法律行为论，分为法律行为性行政行为和准法律行为性行政行为。法律行为性行政行为，是指由行政厅作出意思表示的行政行为。而行政厅的意思表示，是指行政厅有希望某种法律效果发生的意识（效果意思），并将这种意思向外部表示的行为（表示行为）。因为是按照行政厅的效果意思而承认法律效果的发生，所以法律可以承认行政厅的行政裁量。并且只要在裁量权的范围内，也可以为其添加附款。法律行为性行政行为可分为命令性行为和形成性行为，命令性行为可以分为命令及禁止、许可、免除；形成性行为可分为特许及变更、剥夺权利的行为、认可、代理。

与此相对，所谓准法律行为性行政行为，是指根据行政厅的意思表示以外的判断或认识的表示（“观念表示”），由法律将其与一定的法律效果结合起来，而形成的行政行为。例如，在选举人簿上登记，是行使选举权的要件，所以只要有了登记，就发生可以行使选举权这样一种法律效果。在这种意义上，登记被称为准法律行为性行政行为。因为准法律性行政行为不是行政厅的意思而导致法律效果发生，“发生或者不发生何种效果，完全根据法来规定，而不是依据意思表示”，所以其内容没有承认行政厅裁量权的余地，也不能添加附款。准法律行为性行政行为又分为确认（指就特定的事实或法律关系的存在与否，以公共的权威进行判断并予以确定，例如，当选人的决定，地方自治团体分界性的裁定，养老保险金的裁定，建筑确认）、公证（是指对公众证明特定的事实或者法律关系存在的行为，例如，在户籍上记载，律师与建筑师的登记）、通知（是指对特定人或不特定的多数人通知一定事项的行为，例如，纳税的督促、代执行的告诫、特许申请的公告等）与受理（指将他人的行为作为有效的行为予以接受的行为。例如，各种申请、报告、不服申诉的受理）。①

日本行政法学上对事实行为的讨论较少，大多是在讨论行政行为概念时附带予以提及。有学者将事实行为分为精神性表示行为和物理性行为。前者是指不具有直接法效果的对外表示行为，包括行政指导、公证等。日本判例和学理认为，即使形式上是事实行为，但如果对国民的权利义务产生了直接的影响，就可以认可其行政处分性质，从而允许提起撤销诉讼。② 后者是事实作业或者直接对国民的身体、财产等施加实力的行为，例如，直接强制和即时执行。

（二）对传统学说之批评

在日本，将行政行为区分为法律行为性行政行为与准法律行为性行政行为自明治宪法时期始一直延续至今。但近年来对于这种分类方法学界多有批评，对其

---

① 参见杨建顺：《日本行政法通论》，367页以下。

② 参见［日］盐野宏：《行政法》，杨建顺译，324页以下，北京，法律出版社，1999。

实际意义亦表怀疑。著名行政法学者盐野宏的下属观点颇具代表性。

盐野宏对将行政行为与民法上法律行为相类比并无质疑：

在行政主体和私人之间的权利、义务关系变动时所运用的、包括契约在内的行政性精神作用，有各种各样的形态。在行政法学上，其中之一就是行政行为……现在，通常是在强调与民法上的法律行为相对比的意义上使用狭义的概念，我们在这里也按这种观点来理解。即：行政行为，是指行政活动之中，在具体场合具有直接法效果的行政的权力性行为。①

但他对于将行政行为分为法律行为性行政行为与准法律行为性行政行为予以质疑：

以前所采取的依行政行为内容及效果意思进行分类的方法，是依民法的法律行为以及国家和社会的二元区分这种基本的范畴为前提的，所以有其相应的意义，并且，即使在现在，和其细分类的用语一起，在学说上得以广泛采用，所以，有的作为行政法学的知识依然通用。但是，在现代……有人认为，此处所探讨的认可、特许等，与其说是行政行为的分类，倒不如说是对关于私人行为的规制方法的法体系分类。主张这种观点的学说更具有说服力。所以，在行政行为这种行为形式阶段维持这种分类，是不适当的。因此，从立足于行政过程论角度的行政的行为形式观点看，我认为倒不如彻底贯彻功能性见解，采取如下所述的命令性行为、形成性行为和确定性行为的三分方法更为适当。②

盐野宏还对传统上归入准法律行为的四类行为分别进行了检讨，基本上否认了将其归入准法律行为的观点：

关于确认，如果其所确定的内容产生公定力的话，被解释为具有确定法律关系等内容的行政行为，即具有行政行为内容上的分类之意义。此外，关于公证，判例认为，仅仅有对于公众的证明力，还不能赋予其作为行政行为的资格。与此相对，关于通知行为，具体地说，有的判例将其视同命令性行为，没有将其作为准法律行为独立地予以评价。至于受理，当被具体地赋予法效果时，到底应不应该作为和命令性行为、形成性行为不同的、独立的行政行为的种类来把握，也是疑问的。③

三、我国台湾地区

（一）传统学说

20 世纪 80 年代以前，我国台湾地区行政法学界延续大陆时期的行政法学说

① ［日］盐野宏：《行政法》，80 页。

② ［日］盐野宏：《行政法》，86 页。

③ 受理的观念，在行政程序法上也不存在。——原作者注。［日］盐野宏：《行政法》，86 页。

（该学说又受到德国与日本学说之深刻影响），均将意思表示作为“行政处分”的概念要素，重要学者如林纪东、管欧、史尚宽和马君硕等均是如此。例如，林纪东将行政处分界定为：

行政官署就具体事件，为公法上单方的意思表示，依其意思表示，而发生法律效果者。①

林纪东亦强调行政官署的法律行为与准法律行为之区别：

行政作用一语，原包括下列两种行为而言：（1）为以行政官署之意思表示，为其主要构成要素，依其意思表示之内容，而发生法律效果之行为，是为行政官署之法律行为，亦称法律行为的行政行为；（2）为以行政官署意思表示以外之心理表示，为其构成要素，不问行政官署之意思如何，径自发生法律效果之行为，是为行政官署之准法律行为，亦称准法律行为之行政行为。行政处分，则以行政官署之法律行为为限。②

……准法律行为的行政行为，则系表示某事之行为，就其需要表示而言，故与普通之行政行为相同，然其所表示者，仅为判断，认识或感情，而无发生法律效果之意思，故纵因而发生形成的效果，然其形成，并非基于行为人之意思，而专基于法律之力，其结果，乃构成准法律行为的行政行为与其他行政行为不同之二种法律上特色。（1）一般行政行为，系基于效果意思而发生效果者，故如其意思之内容相同，效果亦属相同；至于准法律行为之效果，则非基于行为人之意思，故纵系相同内容之行为，其效果因法律规定而不同。（2）一般行政行为，因系基于行为人之意思，而发生效果，故得依行为人之意思，限制其效果，从而得为附附款之行政行为；准法律行为之效果，则不基于行为之意思，故性质上不能附加附款。③

林纪东将准法律行为之行政行为分为有确认行为、公证行为、赏罚行为、通知行为及受理行为五种：（1）确认行为。确认行为是指当特定之法律事实或法律关系之存在有争执或有疑义时，国家以公的权威，判断或认定其争执或疑义，而公告于众的行为。确认行为并非企图发生某种效果，而仅以确定特定之事实或权利存在与否为目的，故非形成的行为而为宣告的行为。确认行为所认定者具有公的权威，除因有正当权限之官署加以推翻外，任何人均不得证明其与事实不合而推翻其确定力。（2）公证行为。公证是对于特定法律事实或法律关系之存在予以公的证明的行为。公证与确认不同，不属判断之表示，而为认识之表示。公证行为的直接效果在于其所证明之事实发生公的证据力。所谓公的证据力是指在依反证而证明其违反真实以前，无须另求其他证据，即可推定其记载之真实。可见公

① 林纪东：《行政法》，304页，台北，三民书局，1980。

② 林纪东：《行政法》，305页。

③ 林纪东：《行政法》，354页。

证与确认不同，并不发生公的确定力，而仅予以证据力。（3）赏罚行为。[1] 国家或公共团体对于一定主体可能加以赏罚，其内容如为赋予权利或剥夺权利，则为形成处分，如为科以过怠金等命以义务，则为下命处分；但偶尔也有不具这些实质之内容而仅表彰善行或谴责恶行的。这种表彰或谴责，如非以公定之一定形式行之，则为单纯之事实行为，不应视为行政行为。然如以一定之形式公表，则非单纯之事实行为，而是不以效果意思为要素之准法律行为（观念表示行为）。由此所生的效果是对于公报之申诫等事之记载有忍受之义务，然其效果并非基于当事人之意思而生，而系基于法令规定之结果。（4）通知行为。即使相关人知晓某事的行为。各种公权力行为要发生效力均有使受其拘束者知悉之必要，故通知为此类行为的共通要素。当通知在这些行为中不另生法律效果之时，仅为事实行为，并非行政行为，但如附带而生一定之法律效果，则为准法律行为之行政行为。（5）受理行为。这是指以他人表示为有效表示而受理之行为，如各种声请书、诉愿书之受理。受理是行政官署的意思行为，因此与单纯到达不同，必须行政官署以其为有效之文件，有依据法令加以处理之意思，才能称为受理。

林纪东亦注意行政处分作为法律行为与事实行为在概念上的区分。他认为：

事实行为谓全不发生法律效果，或虽发生法律效果，然其效果之发生，乃系于外界之事实状态，并非由于行政权心理作用之行为。行政作为之为事实行为者，故亦甚多，如道路之筑造，狂犬之扑杀等皆是，事实行为亦不乏发生法律效果者，然其效果之发生，系由于外界之变化，因法规规定而直接发生，非由于行为之结果，故不置于行政作用之列。由于行政处分是行政作用的一种类型，既然事实行为不属行政作用，当然也就不可能为行政处分。[2]

（二）对传统学说之批判

对传统行政法学区分法律行为的行政作用与准法律行为的行政作用，一直存在一定程度的批评。[3] 留学德国的台湾著名行政法学者翁岳生教授在发表于台大法学院《社会科学论丛》（第 20 辑）（1970 年 7 月）的一篇经典论文中，对以意思表示和法律行为解释行政处分的传统进行了全面解构。他认为：

藉民法上法律行为与意思表示之概念解释公法上之行为，似不妥当。行政机关之行为中，纵使能够发现意思之因素，这种行政机关公法上之意思，亦与民法上之意思表示，有本质上之不同。因此，民法上法律行为与意思表示之规定，不

① 多数台湾行政法学著作对准法律行为的分类中均不包括这一种类。

② 林纪东：《行政法》，294 页。

③ 例如管欧即认为，行政行为究竟是法律行为还是准法律行为，其认定的标准与界限，有时极为困难，例如，作为处分书的“通知”与作为观念表示的“通知”有时难以分清；“证明”行为有时也发生权利义务的得、丧、变更的结果，从而与“确认”行为之间难以区别。参见管欧：《中国行政法总论》，自刊 10 版修订本，428 页。

能借以规律行政处分。并且区别“法律行为之行政行为”与“准法律行为之行政行为”亦缺少意义可言：盖观念表示之法律效果，悉依法令之规定为准，而含有意思表示之所谓“法律行为之行政行为”，亦并非完全依表意人之意思为凭，而常须受表示于外部之客观形态或法令之支配。因此之故，行政法上之“法的行为”（Rechtsakt），皆应依其行为，是否发生法律效果为断。纵使非精神行为，如扑杀患有传染病之狗，强制治疗，或强制接种预防痘或预防针等，既发生一定法律效果，是亦属于“法的行为”，而非单纯之“事实行为”（Realakt），叶立尼克将其名之为“要求忍受之行政处分”（Verwaltungsakt auf Duldung），颇有见地……基于上述说明，行政机关之行为，是否为行政处分，不问其为精神行为或事实行为，皆视其发生法律效果与否而定。

翁亦认为：

行政处分排除适用民法有关法律行为与意思表示之结果，做成行政处分者，已不以人之行为为限。如今，由于技术之发达，逐渐以机器代替人之行为，因此产生所谓“机械作成之行政行为”之新观念。[①]

从上引可见，翁岳生教授全面否定了传统上从民法法律行为角度对行政处分概念所作的界定。他不仅否定了行政法上法律行为（意思表示）与准法律行为（知之表示与观念通知等）之间的界限，甚至已取消了法律行为与发生法律效果之事实行为的界限。翁岳生教授的这一观念产生了重大的影响，许多行政法学者因之放弃了这种分类。[②]

例如陈秀美认为：

行政处分之定义，依“我国”行政法学者之通说，所谓行政处分系行政机关就具体事件，为公法上单方之意思表示，因而发生法律效果者。依此定义，可知“我国”学者对行政处分之说明，乃借用民法上意思表示与法律行为，解释公法上之行为。此种说明方式，仅于行政处分设定、变更或废止行政机关于人民之间的法律关系时，始有可能。但行政处分之概念内，并不包含有类似民法上之行政机关与人民间之法律关系。因民法上法律关系之本质为权利义务之对等关系，当事人之任何一方不能优越于他方，而行政处分之公法理论，却建立于国家与公共团体优越地位之基础上。故私法上法律行为之意思表示，原则上仅为表意人自己设定义务，而行政处分之本质却是基于法令，以单方之决定强制个人作为或不作为为其要件。同时，意思自由为民法之重大原则，但行政机关之行为则受依法行政原理之拘束，并无意思之自由，纵使行政处分中有意思之存在，但此种公法上

① 翁岳生：《论行政处分之概念》，载翁岳生：《行政法与现代法治国家》，15页，该书于1976年1月初版，所引用者为1989年10月第9版。

② 实际上，史尚宽在其早期所著的《行政法论》（1954）一书中即已指出民法上的法律行为与行政处分之不同有二：其一，民法上的法律行为原则上行为者自负其责，而在行政处分原则上拘束行为人以外之人；其二，行政处分应自团体的立场为之，民法上法律行为可任个人自由。

意思表示与民法上法律行为之意思并不尽同。例如，在民法上，未成年人或禁治产人所为之意思表示会影响其意思表示效果。而公法上之意思表示，公务员之精神状态未必使机关之意思表示归于无效。故精神失常之公务员于无意识或精神错乱状态所为之行政处分，如该处分客观上已具备合法之要件，其效力并不因而受影响。又如因科技电脑程式所为之处分书，如税单等机械作出之处分书，其操作人等意识状态如何，既非判断行政处分效力之要素。此或为近年来公法学者，趋向于摒弃援用民法上之法律行为或意思表示以说明行政处分之原因。①

目前台湾地区的一些教材中根本不提及法律行为与意思表示的概念。有的学者则试图修正传统上所认定为行政处分与意思表示、事实行为的关系。例如，陈新民认为：

原则上，行政处分是行政机关之成员（公务员）所颁布，以意思表示为主要方式，但亦可为其他之行为，亦即不必依循民法之意思表示，例如“事实行为”依法可产生法律效果时，也可属行政处分。②

台湾地区《行政程序法》第92条规定，“本法所称行政处分，系指行政机关就公法上具体事项所谓之决定或其他公权力措施而对外直接产生法律效果之单方行政行为”。其中也未出现法律行为与意思表示等字眼。

（三）新近学说之趋势

但近年来，越来越多的台湾地区行政法学者强调以意思表示与法律行为来分析行政处分概念，并将其与行政法上的事实行为相区分，这似乎已成为台湾地区行政法学的一个新趋势。

陈敏教授引用德国学者 Maurer 的观点认为：

行政处分，乃行政机关单方所为之规制措施。在此所谓之‘规制’（Regelung），系以设定法律效果为目的，具体法律拘束力之意思表示。规制之法律效果，在于设定、变更或废弃权利及义务，或对权利义务为有拘束力之确认。行政处分为行政机关之公权力规制措施，亦即根据公法所为之规制措施。行政机关，不仅在外观上具有处理行政事务之公权力，并且以行使公权力之意思而做成之规制，如具备行政处分之其他要件，即为行政处分。行政机关在行政法上所为之意思表示，而非行使公权力者，并非行政处分。

“我国”有关法规之规定以及学理论述，常仅以单方行政行为说明行政处分，未能彰显其为法律行为之本质。采用“规制”或“规定”之用语，虽与一般说明行政处分之方式不同，但可以明确表现行政处分如同行政契约及法规命令一样均

---

① 陈秀美：《行政诉讼上有关行政处分之研究》，司法周刊社，1989，43页。

② 例如警察的搜查证件行为、强制打针、即时强制之行为属于事实行为等，既然已使人民产生服从之义务，亦可认为是行政处分。德国学者 W. Jellinek 称之为“强制忍受命令的行政处分”。——此注释为原作所加。参见陈新民：《行政法总论》，修订6版，206～207页，台北，三民书局，1997。

属于公行政的公法法律行为。读者如不习惯“规制”之用语，不妨在观念上径以“意思表示”替换之。[①]

在陈敏教授所撰写的行政法教科书中亦仿德国学者 Erichsen，辟专节介绍行政法上意思表示的一般规则。

关于事实行为，陈敏教授采纳德国学者 Wolff 等的观点，将其定义为公行政一切不以发生法律效果为目的、而以发生事实效果为目的的行政措施。他认为行政事实行为不具规制内容，也无拘束力。但陈教授亦接受林纪东教授的传统观点，认为行政事实行为也并非全无法律效果，只不过这一效果并非该行为的目的之所在，而是配合一定的状况而间接产生。例如，违法的事实行为也可能产生防御请求权和损害赔偿请求权。他将行政事实行为区分为三种，即知之表示，是各种不以发生法律拘束力为目的，也即不具有法效意思的表示行为，例如，提供资讯、警告、建议、报告、鉴定与说明等；执行行为和事实作业。[②]

吴庚教授考察了德国行政处分的概念发展史，指出在德国，自 Kormann 在 1910 年开始以民法上的法律行为诠释行政处分概念以后，学者多接受其观点，第二次世界大战以后，行政法学者亟思摆脱民法之影响，而 1976 年德国联邦行政程序法对行政处分的定义中也未出现法律行为或意思表示之概念，因此以意思表示解释行政处分的做法日渐减少。[③] 但吴庚仍坚持将意思表示作为行政处分的要素，“不仅因为行政程序法及诉讼法以行政行为作为处分之上位概念之故，同时在实务上亦有其实益”。吴庚教授同时也指出，意思表示尽管是公法与私法上法律行为的共同特征，但二者仍有差异。因为私法上意思表示的效力只是本身受其拘束，而形成行政处分的意思表示如果是对相对人课予义务，相对人应受其拘束，与民法上的意思表示大异其趣；并且民法上的意思表示对表意人的识别能力等极为重视，一旦有所欠缺则影响意思表示之效力，而公法上关于行政处分作成之公务员，其个人精神状态并非重要因素。因为行政处分并非公务员个人心理意愿之表示，而是多数公务员共同参与之机关的意思表示，这在合议机关尤其明显，因此精神状态不健全公务员所做的行为，如果内容合法适当即不生瑕疵的问题而视为当然有效。[④]

吴庚教授对事实行为亦接受德国学者 Erichsen 的定义，强调其为行政主体所为直接发生事实上效果的行为，与对外发生法律效果的行政处分或其他意思表示不同。吴庚将行政法上之事实行为分为四种：(1) 内部行为。(2) 认知表示。认知表示（Wissenerklaeung）也可称为通知行为（Mittelungshandlung），台湾地区行政实务上的观念通知即属此。(3) 实施行为。(4) 强制措施。[⑤] 但吴庚教授

---

① 陈敏：《行政法总论》，3 版，303 页以下，台北，三民书局，2003。

② 参见陈敏：《行政法总论》，3 版，611 页以下。

③ 实际上从笔者掌握的德文文献来看，吴庚教授的这一认识可能并不符合德国的实际情况。

④ 参见吴庚：《行政法之理论与实用》，200 页，北京，中国人民大学出版社，2005。

⑤ 参见吴庚：《行政法之理论与实用》，285～286 页。

在讨论观念通知与行政处分之界限时提出，在公法领域认知表示也可能发生与意思表示相同之法律效果，然则在此情形下其还是否属于事实行为，还是与民法一样属于准法律行为，或者已经构成了一种规制从而属于作为法律行为的行政处分，则未见讨论。[①]

许宗力教授认为，行政处分必须是行政机关所谓直接发生法律效果的法律行为，也就是对权利与（或）义务产生规制（Regelung）作用，或者说导致权利与（或）义务发生、变更、消灭或者确认的行为。行政处分因则可视为是行政法上的一种意思表示（Willenserklärung）。[②]

李惠宗教授认为，根据德国和台湾地区行政程序法，行政机关的决定或者其他公权力措施是行政处分的一个要素，这实际是指该行为具有公权力的规制性效果（regelnde Wirkung）。所谓行政决定也属公权力措施的一种形态，是指行政机关针对人民直接依据法规的规定，将抽象的法律规定予以具体化的意思表示。其他公权力措施与一般事实行为（Realakte）不同，应加区辨。区辨行政处分与事实行为之意义在于决定对哪种行为可提起哪种行政诉讼。其他公权力措施是指行政机关的行为，虽未明确将某种法律效果具体化表现于外，但因法规已就特定情形明文规定其法律效果，故该公权力措施即会与各该规定之法律效果自动联结，从而产生规制（Regeln）或形成的作用，例如，水资源保护区的划定、计划区域的划定、建筑线的制定、1999 年“九二一大地震”影响下房屋的全倒或半倒的判定等。[③] 按照李惠宗的理解，其他公权力措施所指的主要即应为传统上所言的准法律行为的行政行为。

李建良教授在其于 2002 年所撰长篇论文《论行政法上之意思表示》，亦明确承认行政处分作为行政法上意思表示的性质。[④]

程明修教授在 2005 年发表了一篇论文《行政法上之意思表示、法律行为与行政处分》，对相关问题作了深入探讨。该文的基本立场，是认为援用民法上意思表示的概念来说明行政处分这一法律行为并无不妥，行政处分为行政法上的法律行为，以意思表示为其概念核心，特别是其中的法效意思乃是与行政法上的准法律行为和事实行为的区分基准。该文强调行政处分必须具有规制目的，即通过行政官署的意思来型塑一个法律状态，法律效果的发生正是基于所谓的官署意思，而非单纯地根据法律规定。[⑤] 该文对翁岳生教授过度扩大行政处分的概念内涵导致出现准法律行为的行政处分与事实行为的行政处分等概念予以了批判。对

① 参见吴庚：《行政法之理论与实用》，215 页。

② 参见许宗力：《行政处分》，载翁岳生编：《行政法》（上），638 页。

③ 参见李惠宗：《行政法要义》，339 页以下，台北，五南图书出版公司，2002。

④ 参见李建良：《论行政法上之意思表示》，载《新世纪经济法制之建构与挑战》，205 页以下，台北，元照出版公司，2002。

⑤ 程教授还认为，行政处分必须能够对外直接产生法律效果这一直接性特征，与规制的目的性之间存在密切的联系，也即只有当公权力措施所造成的法律效果是行政官署所意欲产生的直接性要件才可能具备。

于确认行为这一传统上认为是准法律行为的行为，该文肯定了其行政处理性质，并认为一般的确认行为因为其规制效果而同样具有形成性或创设性的效力，因为它通过具有拘束力的表示而宣示了抽象的相关法律条文在特殊的具体事实上的要求，澄清了具有开放性和不确定性的法规范在个案中的意义，并且行政机关在事实认定与法律解释和涵摄上均具有一定的创造性空间。[①]

陈爱娥教授认为，行政处分之所以能够与行政法上的事实行为与准法律行为区分开，并不在于它是否对外发生法律效果，而在于它包含了行政法上的意思表示，换句话说，行政处分之所以能够产生一定的法律效果是因为作成行政处分者拟（gerichtet）产生一定的法律效果并且得到法律秩序的承认。至于行政机关是否拟作成行政处分，其通过行政处分救济要产生什么样的法律效果，取决于行政处分之意思表示的内容，具体而言，首先应从行政处分的主文中去探求，如果主文不清晰，也不排除从理由说明中进行分析。[②] 关于直接法律效果，她认为这一要求的内容，是行政机关应在行政处分中指出其所希望达到的法律效果为何。

另外值得注意的一个现象是，除了陈爱娥、程明修和李震山等极少数的例外，绝大多数台湾行政法学者都不再讨论行政法上的准法律行为，即使他们中的许多仍然用法律行为和意思表示来阐释行政处分的概念。根据笔者的理解，他们似乎大多将传统上的准法律行为纳入了事实行为的范畴。

四、韩国

韩国行政法属于大陆法系的传统，受到日本与德国行政法的深刻影响。目前其多数说仍类推民法上的行为分类，根据是以意思表示为构成要素，还是以意思表示以外的精神作用（意识、判断等）的表示为要素，将行政行为概念分为法律行为性行政行为和准法律行为性行政行为。法律行为性行政行为是指其法律效果伴随行政厅的效果意思的内容而发生的行为，而准法律行为性行政行为则是以行政厅单纯的精神作用的表现为依据，其效果由法令规定所赋予的行为。由于准法律行为性行政行为不是根据行政厅的意思发生法律效果的，所以行政厅不具备有关其内容的判断权（裁量权），此外在其上不能添加附款，这被认为是对二者加以区分的实益。[③]

与日本一样，现在韩国有一些行政法学者亦对于这种分类进行了批判，认为行政厅的意思不是公务员个人的、心理的意思，而是法的运用及执行意思，不过

---

① 参见程明修：《行政法上之意思表示、法律行为与行政处分》，载程明修：《行政法上之法律行为与法律关系理论》，85页以下，台北，新学林出版股份有限公司。

② 参见陈爱娥：《行政处分存否的认定标准与行政法院“适用”大法官解释的方法——行政法院八十九年度判字第一六五八号判决评释》，载《法令月刊》第51卷第10期，227页以下。

③ 参见［韩］金东熙：《行政法》，赵峰译，179页，北京，中国人民大学出版社，2008。

是对法规中具体的、客观的内容的实现。因此把私法上法律行为中的意思要素引进行政行为中是不妥当的。韩国汉城大学著名行政法教授金东熙对这个问题的观点则比较繁复。他既认为这种批判言之有据，不过他同时认为传统的区分在一定范围内仍有其合理性，但接着又对这种区分的实效性提出了怀疑：

但是有时根据法规的内容会赋予行政厅一定的判断权，并且法律效果要完全与行政厅的判断等精神作用结合在一起。不可否认在这种情况下，行政厅在其判断权范围内根据其意思内容发生法律效果。而在这种限度内，区分法律行为性行政行为与准法律行为性行政行为并不存在基本的问题，因此这时可暂时用公认的观点来对二者进行区分。但是如果区分两者的实益仅停留在是否认定裁量权或是否允许附款的程度上，那么这只是一个对具体的根据法规进行解释的问题，又何必将行政行为划分为上述的两大范畴并加以区分呢?①

韩国行政法学上将准法律行为性行政行为分为：(1) 确认。确认是指对于特定事实或法律关系有疑问时，凭借公的权威来判断（确认、确定、宣告）其是否存在以及是否正确的行为。它不同于属于形成性行为的特许，不能设定新的法律关系，而是将既存的事实或法律关系确定为有权的行为。由于确认是判断、确定某事实或法律关系是否存在以及是否正确的行为，所以它具有法的宣告性行为以及广义的司法行为的性质。确认的共通效果就是产生不可变力，这种不可变力不能随意变更有权确定的事实，因此其具体效果要根据各个法律的规定而有所不同。(2) 公证。公证是对特定事实或法律关系是否存在进行公的证明的行政行为，即关于疑问或无须质疑的事项运用公的权威来证明的行为。原则上公证的性质属于要式行为，由于它是单纯的认识作用，所以只要特定事实或法律关系在客观上存在，就受到必须进行公证的羁束。公证的共通效果在于能产生公的证据力。但是这种公证的证据力仅将其真实性推定到当存在对已证明的行为的反证时。所以存在对它的反证时，可以不等待行政厅的取消就对其证据力提出争辩并将其颠倒。在这种公的证据力以外，还有何种效果发生，根据个别法律的规定而不同。公证可以是权利行使要件（在选举人名册中的登记）、权利成立要件（在房地产登记簿上的登记）和效力要件（在矿业从业人员册上的注册）。(3) 通知。所谓通知是指向特定人或不特定的多数人通知特定事实的行为。这里所说的通知其自身是独立的行政行为，这是它与特定的法规命令或行政行为的发生效力的要件——公布、交付或送达的区别。通知有时是通知关于某些事实的观念（特许出愿公告、入籍告示），有时是通知意思（批准营业的告示、替代执行的戒告、督促纳税）。无论是哪种通知，其效果都不是根据行为人的意思发生的，而不过是法律在通知这种行政厅的作用中结合有一定的法律效果。有时在行政厅的通知行为中没有结合任何法律效果，它只属于事实行为，不是这里所说的通知。(4) 受

① ［韩］金东熙：《行政法》，180 页。

理。受理是指将他人的行为接受为有效行为的行为。受理与到达或接收这两种单纯的事实不同，是行政厅将他人的行为判断为有效行为而接受的被动的意思行为。

在韩国行政法上，对行政法上事实行为的界定，主要源自德国法，即不以发生一定法律效果为目的，而直接带来事实上的结果的行政主体行为方式的整体，也可以称其为与精神作用及其内容无关，对客观的事实或其结果产生一定的法的效果的行为。在这一点上，以效果意思或其他精神作用为要素，根据其内容或是法律规定，可以划分为发生法律效果的行为和其他法的行为。韩国学者将事实行为分为物理性事实行为和精神性事实行为。这是根据相关行为是单纯的物理行为，还是以一定的精神作用为内容的行为对事实行为进行的分类。公共设施（道路、公共建筑）等的设置、维持行为，预防接种行为，代执行的执行行为等属于前者；行政调查、报告、警告、行政指导等都属于后者。①

五、中国大陆

在中国大陆，尽管行政处理仍仅属于学理上的概念，但具体行政行为则已经被立法者采纳为立法概念，具体行政行为构成了人民法院和行政复议机关判断是否受理诉讼和复议申请的一个重要标准。大陆学者对行政行为以及具体行政行为概念讨论中所涉及的诸多问题，均与行政处理概念的性质存在密切的联系。②

大陆多数学者在讨论具体行政行为概念时，都运用法律行为的概念，但对这一概念的理解存在很大差别。有的将其理解为我国法理学中的法律行为，即具有法律后果、能够引起法律关系产生、变更或消灭的行为。有的则将其理解为大陆法系民法学中的法律行为概念。

杨海坤教授认为，从行政行为是否直接产生法律效果为标准，可将行政行为分为行政法律行为、准行政法律行为和行政事实行为。行政法律行为是行政主体

---

① 参见［韩］金东熙：《行政法》，146页以下。

② 1991年《最高人民法院关于贯彻执行〈中华人民共和国行政诉讼法〉若干问题的意见（试行）》中对具体行政行为作了如下的界定：具体行政行为是指“国家行政机关和行政机关工作人员、法律法规授权的组织或者个人在行政管理活动中行使行政职权，针对特定的公民、法人或其他组织，就特定的具体事项，作出的有关该公民、法人或者其他组织权利义务的单方行为”。这一概念与我们讨论的行政处理概念大体相当。1991年的司法解释现在已经被1999年制定的《最高人民法院关于执行〈中华人民共和国行政诉讼法〉若干问题的解释》所取代。在新司法解释中，对具体行政行为概念的内涵没有进行明确的界定，其对具体行政行为的理解体现在所作的对行政诉讼受案范围的排除规定中。根据新司法解释的精神，可以认为，具体行政行为和行政处理在以下方面存在相似之处：（1）二者的主体原则上均是行政主体。（2）二者均是针对行政法上的具体事项作出。（3）二者均对外部直接导致一定的法律效果或法律后果。行政处理和具体行政行为的差别体现在如下几个方面：（1）行政处理是单方行为；具体行政行为既可以是单方行为，也可以是双方行为。（2）行政处理是法律行为，具体行政行为既可以是法律行为，也可以是事实行为。

基于行政职权的意思表示而对外直接产生法律效果的行为。准行政法律行为是行政主体基于行政职权的观念表示间接产生法律效果的行为。行政事实行为是行政主体具有行政职权因素的对外旨在产生事实上的结果，不发生法律效果的行为。对行政事实行为，可以以是否为行政主体的主观意图行为为标准划分为表示性与非表示性事实行为。①

叶必丰教授对行政行为性质的理解比较繁复。他认为，行政行为是一种法律行为，不过他对法律行为的理解，在概念界定上仅强调其法律效果性，但在具体阐释时则将意思表示的概念引进来。不过与民法学将意思表示作为法律行为的核心要素又有所不同，他认为所有主体的行为都是一种意思表示，但并非所有的意思表示都是法律行为，只有当这种意思表示具有了为相对人设定、变更或消灭某种权利义务关系的内容时，才具有法律意义而构成法律行为。经过这样的限定，他强调了法律行为的目的性特征，在最终结论上与民法学者以及大陆法系行政法学对法律行为的理解并无不同。他还认为，行政确认与证明时将某种权利义务关系从不稳定或者不明确的状态加以稳定和明确，也应视为一种法律效果，因此也应属于行政行为。②

余军教授尽管仍然用意思表示来界定行政法律行为，但他在翁岳生教授观点的影响之下，通过引入“客观意思说”和“拟制法律行为”的概念而使得其内涵得到了大幅扩张：

行政处分、具体行政行为必须是行政机关（行政主体）直接发生法律效果的行为，也就是对相对人权利与义务产生规制的行为。这一特征使其成为行政法上的法律行为。值得关注的问题是，行政法律行为的理论基础已从最初的源自民法的“效果意思表示说”演变成现今通行之“客观意思说”。判断一个行政行为是否为法律行为，只以该行为是否直接发生法律效果，是否对行政相对人的权利义务产生拘束（规制）为断，而不管该法律效果是依行政机关（行政主体）的意思表示，还是依法律规定而生。“客观意思说”扩张了行政法律行为的涵盖范围。与此相应，行政事实行为应该界定为对相对人不直接产生拘束（法律效果）的行为。这个标准已使行政法上的法律行为与民事法律行为发生了根本的区别……这种行政法律行为理论，已全然不顾行政机关行为的主观意图，而仅以行为的客观效果为判断标准。以传统理论标准划分出来的事实行为或是准法律行为，只要在客观上对特定相对人的权益产生了直接影响或拘束，即可视为发生法律效果的行政法律行为（行政处分）。

新的行政法律行为在很大程度上是拟制的法律行为，传统理论中的事实行

① 参见应松年主编：《当代中国行政法》（所引部分为杨海坤所撰），426 页，北京，中国方正出版社，2005。

② 参见姜明安主编：《行政法与行政诉讼法》，152 页，北京，北京大学出版社、高等教育出版社，1999。

为、准法律行为只要在客观上产生了法律效果，即被拟制为法律行为。"客观意思"成为行政法上特有的一种意思表示，它将行政法律行为与民法上经典法律行为理论有机地联系起来，使行政法律行为在形式上并未脱离经典法律行为制度以意思表示进行具体的设权活动的原初意义。但是两者之间形式的联系并不能掩盖其实质的不同。①

关于行政事实行为的界定，总体而言，我国学者受法国行政法的影响比较深。例如，陈端洪教授认为，事实行为包括不直接发生法律效力但又与法律行为相联系的行为，虽然产生法律后果与行政机关的意思无关的行为，或者完全没有法律意义的行为。② 再如章剑生教授认为，行政行为是指行政主体以不产生法律拘束力，而以影响或改变事实状态为目的的行为。但它也可能对相对人的合法权益造成事实上的损害。③

但也有学者在一定程度上借鉴了民法中对事实行为的界定。阎尔宝教授认为，行政事实行为是指行政主体在实施行政管理、履行服务职能过程中作出的不以设定、变更或消灭行政法律关系为目的的行为。行政事实行为中不包含行政主体的意思表示内容，并非对权利义务作出具有法律拘束力的处置。④ 行政事实行为包括权力性事实行为与非权力性事实行为，权力性事实行为包括行政检查和行政强制措施。非权力性事实行为的种类有：(1) 资讯处理行为。(2) 作出决定后的非权力性实施行为。(3) 履行公共服务职能的行为。⑤ 也有学者特别强调物理作用与精神作用的区别。例如，刘勉义认为，行政事实行为应仅指行政机关及其工作人员所从事的客观物质活动，即对人或物的直接处置行为，而不以行政机关的任何精神作用作为其构成要素。⑥

六、对若干争论之检讨

(一) 行政处理与法律行为——法律行为与自治有必然的联系吗?

在民法学上，法律行为是指一个或多个人从事的一项行为或者若干项具有内

---

① 余军：《行政处分概念与具体行政行为概念的比较分析》，载《公法研究》，第3辑，78页以下，北京，商务印书馆，2005。应当指出，所谓行政法律行为的理论基础已从最初的源自民法的"效果意思表示说"演变成现今通行之"客观意思说"，只是部分学者的个人观察与国外行政法学的实际状况未必一致。

② 参见陈端洪：《中国行政法》，67页，北京，法律出版社，1998。

③ 参见姜明安主编：《行政法与行政诉讼法》，256，北京，北京大学出版社、高等教育出版社，1999。

④ 参见应松年主编：《当代中国行政法》(下)，1091页，北京，中国方正出版社，2005。

⑤ 参见阎尔宝：《论行政事实行为》，载《行政法学研究》，1998 (2)。

⑥ 参见刘勉义：《论行政行为与行政机关事实行为的界分》，载刘莘等主编：《中国行政法学新理念》，113页，北京，中国方正出版社，1997。

在联系的行为，其目的是为了引起某种私法上的法律后果，也即使私人相互之间的法律关系发生变更。一般认为，法律行为的核心要素在于意思表示，即表意人向他人发出的表示，表意人据此向他人表明，根据其意思，某项特定的法律后果或一系列法律后果应该发生并产生效力。[①] 每个人都通过法律行为和意思表示的手段，来构成同其他人之间的法律关系；从而法律行为构成实现私法自治这一基本原则的工具。[②] 凯尔森对此有清晰的论述：

法律行为（legal transaction）是个人由法律秩序授权在法律上调整某些关系的行为。这是创造法律的行为，因为它产生了参与行为的当事人的法律义务和权利。但同时，它也是一个适用法律的行为，因而它就既创造法律又适用法律。当事人利用了使法律行为成为可能的一般规范。由于参与法律行为，他们也就适用了这些一般法律规范。法律秩序由于给予个人以通过法律行为调整其相互关系的可能性，也就承认个人有某种法律上的自治。当事人的所谓“私人自治”（private autonomy）就体现在法律行为的创造法律功能上。通过法律行为，人们创造调整当事人相互行为的个人规范，有时甚至是一般规范。[③]

法律行为概念的本质，从分析法学的角度，实质上是一种“权力”的作用。19世纪下半叶的德国潘德克顿法学家温德夏特（1817—1892）较早提出法律权力的概念。他认为，法律所授予的利益除了权利外还有权力，某人拥有权力，并不立刻就在他人身上产生与之相关联的法律上的不利益，但是具有权力的人可以通过其行为将法律上的不利益在未来强加于他人。在英国法学界，最早将权力的概念从权利（right）的概念中区分出来的法学家是萨尔蒙德（Salmond）。他指出，当这种权力被授予政府官员时，它是公法性质的，但它也可以是私法性质的，在私法领域，决定他人的法律关系的权力通常称为“authority”，而决定自己的法律关系的权力通常称为“capacity”。美国分析法学家霍菲尔德将权力概念作为法律概念的最小公分母（权利 right 与义务 duty，权力 power 与责任 liability，特权 privilege 与无权利 no right，豁免 immunity 与无权力 disability）之一，他认为，所谓权力就是指A与B之间存在一种法律关系，A能够通过自己的行为创设A与B或B与其他人之间的法律关系。而责任就是指B应当承受A通过

---

① 德国民法典的立法理由书指出，意思表示与法律行为一般是同义的表达方式，使用意思表示，是侧重于意思表达的本身过程，或者由于意思表示仅是某项法律行为事实构成的组成部分，例如，合同这一法律行为的成立就必须要有要约和承诺这两项意思表示。但德国一些民法学者认为，在意思表示之外，意思实现也可能构成法律行为，它是指行为并不是通过行为人表达法律行为的意思的方式而使法律后果产生，而是以创设相应状态的方式，使行为人所希冀的法律后果实现。意思实现纯粹是一种实施行为，而不是表示行为，主要体现为先占无主动产和抛弃动产上的所有权。参见拉伦茨：《德国民法通论》（下），王晓晔等译，429～430页，北京，法律出版社，2003。

② 参见［德］拉伦茨：《德国民法通论》（下），426页。

③ ［美］凯尔森：《法与国家的一般理论》，沈宗灵译，155页，北京，中国大百科全书出版社，1996。原文 legal transaction 是德文 Rechtsgeschäft 的英文翻译，沈宗灵教授译为私法行为，本文作者在引用时将其改为常用的法律行为。

自己行为所创设的A与B之间或B与其他人之间的法律关系。无论权力是否行使，只要在一法律主体上存在权力，那么，在另一法律主体上就必然存在与之相关联的法律上的不利益，这就是责任。① 政府官员的所谓“权力”，其本质就是政府官员可以通过自己的行为来创设公民与国家之间的法律关系。霍菲尔德认为，一种特定的法律关系的变化可以由两种事实产生：一是为人的意志所不能控制的事实，二是为人的意志所能控制的事实。而法律权力就是通过第二种事实来实现的。霍菲尔德关于两种事实的区分实际上就是民法学关于事件及事实行为和法律行为的区分，而法律权力（power）必然是通过法律行为而不是事实行为来实现的。② 为反对边沁的法律命令说，哈特提出设定义务只是法律的任务之一，法律的另一个任务在于赋予“权力”，它使得人们能够在某些情况下自愿地实现法律关系的变化。③ 哈特从而将法律规则分为设定义务的规则与授权的规则。前者是法律自己直接来加以规定，直接规定某人必须干什么，某人不得干什么；后者是法律并不直接规定，而是授权某一个人通过自己的意思表示创设。

民法中的法律行为就是一个授权规范，它授权市民社会当中的每一个人可以通过自己的意思表示来创设与自己有关的法律关系。哈特进而认为：

规定有效合同、遗嘱和婚约订立方式的法律规则，并不要求人民必须以某种方式行动，而不顾他们愿意与否。这种法律不强加责任或义务，而是通过授予任命以某些制定的程序，遵循某些条件，在法律强制框架范围内创设权利和义务结构，来为个人提供实现他们愿望的便利……如此授予个人以合同、遗嘱、婚约等方式形成与他人法律关系的权力，是法律对社会生活的最大贡献之一。④

民法上的法律行为与意思表示概念固然是体现私法自治原则的重要概念装置，但法律行为概念本身只是一个技术性的概念，只不过是指法律承认某个法主体可以通过自己的行为（或多个法主体的共同行为）创设自己意欲实现的法律状态，其与意思自治并无必然的关系，法律之所以作出这种承认，或者是为了保证法律关系的具体和明确，为了纠正法定主义调整方式的不足⑤，或者为了个案正义，也可能是为了保障私人意思自治。因此对法律行为与意思表示概念功能与性质的判断，只是与一定的背景相联系的产物。在有的背景下，法律行为与意思表示可以体现出自治性质，而在其他背景下，完全也有可能是他治的性质，具有决

---

① 参见［美］霍菲尔德：《司法推理中应用的基本法律概念》，载陈端洪：《宪治与主权》，北京，法律出版社，2007。

② 参见王涌：《私权的分析与建构——民法的分析法学基础》，中国政法大学1999年博士论文，53页以下。

③ 参见［英］麦考密克：《作为制度事实的法律》，载［英］麦考密克、［德］魏因贝格尔：《制度法论》，周叶谦译，76页，北京，中国政法大学出版社，1994。

④ ［英］哈特：《法律的概念》，张文显等译，30页，北京，中国大百科全书出版社，1996。

⑤ 关于法定主义调整方式的局限性，参见董安生：《民事法律行为》，49页以下，北京，中国人民大学出版社，1994。

定性的因素为：法律将以法律行为和意思表示方式设定具体法律关系这样一种法律上的权力授予了谁。法律可以授权给私人，使其可以通过自己的意思表示行为设定自己的权利义务，为自己立法，因此是自治。但我们也应看到，法律所授予的权力不仅有私人性质的，也有公共或官方性质的，“这种权力在司法、立法和行政这三个部门到处可见”①。在行政法领域，最为典型的就是行政处理，在其中，通过行政机关单方面意思表示，为私人设定某种权利义务，确定自身（最终是国家）与私人自己的法律关系，这是“为他人立法”，或者用 Mayer 的话来说，是“在个案中确定何者为法之要求”，因此不是自治而是他治，也即法律承认某个主体可以按照自己的意志（在法律的范围）单方面地为他人设定义务，这就是行政法上行政处理概念与民法上法律行为的不同性质与功能。

应当注意的是，与民事法律行为与意思表示制度围绕着行为的效力展开一样，行政法上的行政处理制度也是围绕着其效力问题展开的。这体现了两种法律制度的内在共同之处：都关注行为效力的确定，而这正是权力规范与义务规范、法律行为与事实行为的根本区别所在，对此民法学家与法理学家均有认识。法理学家认为，与授权相关的规定所关注的不是阻止命令或禁止人做某事，而是效力的问题，通过确定其所实施的行为是否在授权的范围内、是否符合法定的方式与程序等，从而确定其是否有效。民法学家认为，民法对法律行为的法律评价表现为效力评价，而法律行为制度的强制规范也主要表现为效力性规范，这与事实行为和侵权行为等强调对事实构成的违法性评价明显不同。② 当然，行政机关及其工作人员与私人不同，其同时还承担着合法行为的义务，因此行政机关及其工作人员不应采取会导致行政处理效力缺损的措施，这是其法律上的义务，这从而导致行政行为效力缺损的要件与导致行政机关及其工作人员的责任要件存在很大程度的重合；但即使如此，行政处理的效力缺损与行政机关及其工作人员所承担的法律责任在概念逻辑上仍然是两个不同的问题，从制度实践来看，并非在行政处理存在效力缺损时均会导致行政机关及其工作人员的赔偿责任与违纪责任，无效、可撤销的行为要件与侵权、违纪责任的行为要件迥乎不同。因为法律安定性原则和信赖保护原则的要求，违法行政行为也不一定无效或可撤销。

至于在解释上对行政法上的意思表示重视客观表示而不重视主观意思，意思表示错误也不能构成撤销的理由等，这只是公私法中意思表示具体规则的差异，并且这种差异也不是绝对的。实际上，在民法上，对于需相对人受理的意思表示的解释，当事人对意思内容理解不同时，通说认为并不以确定表意人的真实意思为目的，而是从信赖保护原则出发，查知可以被相对人理解为表意人意思的东

① ［英］哈特：《法律的概念》，31 页。麦考密克也认为，它使人们有某种“方便”，让他们选择或是以某种规定的方式达到某法定的后果，或者使在不受干扰的情况下依法行使，对于官员们行使的公共权力也可以这样说。

② 参见董安生：《民事法律行为》，124 页以下。

西，这被称为规范性的意思（normativen Willen）。[①] 另外，票据行为尽管是民法上的法律行为，但基于外观主义，即使在出票时存在错误与诈欺等情事，在涉及第三人时，也不能影响票据行为的效力。[②] 行政机关公务员的意思也并非如有的学者所说对行政行为的效力全无影响。据多数说，公务员在作成决定时如果受到不能抗拒的心理胁迫或直接的实力强制时，公务员的行为应属重大明显瑕疵而无效甚至根本不成立行政处理。[③] 无论如何，行政法上意思表示与民法上意思表示在具体规则上存在一定程度的差异，并不能导致我们否定意思表示核心内涵在两个法域的共同存在，从而也就不能否定意思表示概念在行政法领域的适用，包括对行政机关的适用。正如我们不能因为行政契约与民事契约具体规则的差别，公法人与私法人规则的差别，行政侵权与民事侵权规则的差别，行政诉讼与民事诉讼的差别，而否定它们均属于契约、法人、侵权与诉讼一样。

另外承认机械作出的行政处理，也不应作为承认否定行政法上意思表示概念的论据。实际上，自动化所带来的法律问题，不仅在行政法领域存在，在民法领域同样存在。民法教科书中多半会讨论自动化的意思表示，民法通说认为，复杂的电子设备仅仅执行人所下达的指令，因此电子设备的表示，仍可回溯到人的意思。这并不能导致法律行为脱离意思表示基础的结论。[④] 而主体的单纯沉默在一定情况下被拟制为法律行为，也并非行政法上独有的现象。在民法上，在特定的情形下，沉默以及其他任何一种不使用话语或符号的行为，也可能具有法律行为上的意思表示的意义。[⑤]

（二）法律行为与事实行为的区分

对行政法上的事实行为的研究长期以来受到很大的忽视，即使是在重视概念分析的德国行政法学中，行政事实行为也被认为“立于法的灰色地带”、“教义学上被忽略者”、“属未被理解的领域”等，而日本学者高木光则戏谑地称之为“收养过程有疑问的养子”[⑥]。

关于行政法上的事实行为，首先应注意的是不产生法律后果的行为能否构成行政法上的事实行为。这个问题是在与民法上事实行为概念比较中产生的。民法上的事实行为，仅限于能够导致一定法律后果的行为。而对于行政法上的事实行为，通说认为，则不限于能够导致法律后果的行为，没有法律后果的行为也包括在其中。笔者认为，这主要是因为行政法学与民法学上对事实行为讨论的着眼点

① 参见［德］梅迪库斯：《德国民法总论》，239页以下，北京，法律出版社，2004。

② 除了行政机关所作的行政处理和其他意思表示外，如下文所述，还有私人所作的行政法上的意思表示，其规则与民法意思表示规则存在相似之处甚多，可以援用民法规定之处也甚多。

③ 参见陈敏：《行政法总论》，401、411页。

④ 参见黄立：《民法总则》，238页，北京，中国政法大学出版社，2002。

⑤ 参见［德］拉伦茨：《德国民法通论》（下），485页。

⑥ 转引自陈春生：《事实行为》，载翁岳生编：《行政法》（下），898页。

不同，行政法上的事实行为是从行政机关的活动这一角度出发提出的，因此要回答行政机关不具有法律后果的活动的归属问题，而民法上的事实行为则是从能够导致法律关系的产生、变更或消灭的法律事实角度提出的。而且，行政法以规范行政活动为任务，行政机关实施的不具有法律后果的行为与可能违法从而造成法律后果的行为之间，其界限很容易被超越，从而将其纳入同一概念范畴有其现实意义，并且这类行为也同样应在行政机关的权限范围之内实施，从依法行政的原则角度，仍有关注的必要，而民法以私法自治为原则，则不需要作这方面的考量。

从目前行政法学界对行政事实行为的理解来看，还有许多问题尚缺乏一致的观点。例如，事实行为到底是否能够发生法律效果？学者在对行政事实行为的内涵加以界定时，大多认为事实行为不以发生法律上的效果而是以事实上的效果为目的。但也有学者（如林纪东、陈敏）强调，事实行为也可能附带产生一定的法律效果，但这种法律效果的产生是因为外界的事实状态，而非由于行政权的心理作用。但对于这里的法律效果，也有不同的理解，有的学者主要理解为救济法方面的效果，例如在事实行为违法情况下的回复原状请求权等，有的学者主要理解为实体法上的拘束效果。陈春生则主张，只要能够导致一定法律效果产生的，例如扑杀有传染病之狗或强制治疗等，因导致相关人的容忍义务，就应认定其为行政处理或其他行政法律行为，而不再属于事实行为，从而保证学理上的前后一致。

那么，行政法上的事实行为是否因其可导致法律效果产生、变更或消灭，就具有了法律行为的性质了呢？笔者认为，应坚持法律行为与事实行为之间的界限，将对于能够直接导致法律效果产生的表示行为或精神作用，纳入法律行为的概念（参见下文法律行为与准法律行为的区分），而对于非表示行为或物理行为，即使能够直接导致法律效果的产生，也应保留于事实行为的范畴之中。从而行政事实行为中实际包含两类行为，一类是行政机关所实施的不直接产生法律效果的行为，另一类是能够直接导致一定法律效果产生的非表意行为。作这种概念界定的理由在于：首先，某些物理性事实行为虽然能够导致法律效果的产生、变更或消灭，但这一后果与行政机关的意志无关，不仅不是直接由行政机关的意思所导致，也不需要行政机关的意思与法律规定相结合，因此与法律行为之间的界限还是明确的。其次，传统上将一些事实行为纳入行政处理概念之中，这是因为以往行政诉讼受案范围或者裁判种类的限制导致事实行为难以得到有效救济，而从保障私人权利救济的立场出发对法律行为和行政处理作扩大解释，这尽管有其实际效用，但在各国行政诉讼的受案范围均不限于法律行为之后，已经失其意义。最后，也是最为重要的是，将导致法律效果产生的非表示行为或物理行为纳入行政处理的内涵，将导致许多理论上的困境，例如，对于物理行为不存在效力的撤销问题，从而在救济方式上也无法利用针对行政处理的撤销诉讼。

从目前行政法学界对事实行为的界定，也难以把握事实行为与准法律行为的关系。因为主体意志以外的原因而产生法律效果的行为，从民法学和传统行政法学的角度来看，应包括准法律行为与事实行为，前者是除意思表示以外的表示行为，而后者不是表示行为。但根据目前多数学者对事实行为的定义，只要不以发生法律上效果为目的的行为都纳入了事实行为的内涵，而传统观点认为准法律行为也不是以发生法律效果为目的的，这就必然导致认为准法律行为也属于事实行为。诸多学者在讨论观念通知等表意行为发生法律效果的情形时，也很少将其纳入准法律行为的范畴，这就导致了准法律行为与事实行为关系的混乱。对于这一问题我将于下文进行探讨。

（三）法律行为与准法律行为的区分

对行政机关的法律行为与准法律行为加以区分，这是传统行政行为理论受到最多的批判之一，前文对此已有所涉及。尽管目前准法律行为的概念似乎还没有被完全抛弃，但其地位可以说是岌岌可危，而且传统上被纳入准法律行为类型之中的行为，许多也已被归入其他类型之中。例如确认行为，传统上认为属于典型的准法律行为之一，但现在德国通说已经承认其具有规制和法律行为性质，而归于行政处理之中。代执行中的告诫也是同样如此。对于目前讨论最多、与准法律行为关系密切的公众警告（知之表示）等行为，争论的焦点也在于其属于不发生法律效果的事实行为还是具有规制效果的法律行为，而很少见到对于其准法律行为性的讨论。

其他表示行为与意思表示同样是行为人意志的表达，对于那些能够直接引起法律效果产生的其他表示行为而言，与法律行为在具体规则上的差异实际上非常有限，与法律行为内部某些不同种类行为（例如，单方法律行为与双方法律行为）的差别相比，可能还要小些。

尽管意思表现（Willensäußerung）或通知等的内容都涉及法律关系或有法律意义的事件，但它们所引起的法律所规定的法律后果的出现，则不是最初所考虑的，也未考虑具体情况下是否有这样的法律后果；但无论如何，这里的表示原则上或至少是有意识地作出的，并且具有法律上的意义。由于这些行为导致一定的法律后果的出现，所以，人们要求，从事这些行为的当事人必须要知道他所从事活动的法律意义，以及能够判断这些行为的后果的能力，因此对于这些活动原则上必须适用有关行为能力的法律规定。此外，由于这些行为涉及表示行为，而这些表示行为具有公开的含义，并且是针对特定人的，所以它们也应适用法律规定的关于需要接受的意思表示的规定，关于从接受者的观点出发对意思表示的解释的有关规定，以及在大多数情况下，也准用法律关于意思表示瑕疵和代理的规定。但对任何一种情况都需要审查，看它们在多大范围内和法律行为的意思表示是相似的，以及可以准用哪些有关规定。①

① ［德］拉伦茨：《德国民法通论》（下），712～713页。

在民法上区分法律行为和准法律行为的根本基础，实际上并非具体规则的差别，而是价值功能的不同，即法律行为与私法自治之间存在密切的关联，而既然准法律行为所导致的法律效果之产生并非表意人之所欲，则准法律行为当然与私法自治无涉。而从行政法的角度而言，无论是行政处理这一行政机关的法律行为，还是传统上的准法律行为，都并非自治理念的体现，而只是行政法对社会关系调整的工具，因此在民法中存在的障碍在行政法中是不存在的。从而只要行政机关的法律行为和准法律行为在具体规则上不存在很大的差异，就完全可以不区分法律行为与准法律行为，从而将准法律行为纳入法律行为的概念范畴之中。

那么行政机关的法律行为和准法律行为是否存在足以导致对其予以不同归类的差别呢？笔者的观点是否定的。传统上认为行政机关的法律行为与准法律行为最为主要的差别，在于行政机关在法律行为中具有一定的裁量和判断空间，从而可以对法律行为附加附款，而对于准法律行为则没有这样的自主判断空间，也不能对其附加附款。但一方面，行政机关的法律行为中存在羁束行为和裁量行为之分，只有对于裁量行为才可以附加附款，而对于羁束行为，除有法律明文规定或者为确保行政行为法定要件的履行而以该要件为附款内容外，一般不得附加附款。另一方面，准法律行为不得附加附款的规则也是相对的，例如，对于准法律行为的效力产生存在附加期限的余地①，断言准法律行为在任何场合都不能附加附款也是有疑问的。② 此外，准法律行为既然是能够直接产生法律效果的表示行为，则在对其效力的认定和利用撤销诉讼取消其效力等方面都不存在逻辑上的障碍。③

为了将传统上的准法律行为纳入行政处理的范畴，可以扩大解释作为行政处理概念要件的规制、法律行为或意思表示，将传统上认为不属于意思表示的其他表示行为或者精神作用纳入其中。大陆有学者提出，可以将行政机关所作的具有法律效果的准法律行为与事实行为拟制为行政机关的意思表示行为。④ 这种观点是有启发意义的，但考虑到物理性的事实行为并非表示行为，即使其在一定情形下能够直接导致法律效果的产生，其与行政处理等意思表示行为之间仍存在明显的差别，将具有直接法律效果的事实行为拟制为意思表示缺乏客观基础。但是对于传统上被认为是意思表示以外的表示行为，例如所谓的观念通知等，只要能够直接导致对外法律效果产生，就完全可以拟制为在其中行政机关有产生该法律效果的相关意思存在。应当指出，作这一拟制的目的并非为了扩大权利救济的范

① 参见杨建顺：《日本行政法通论》，372页。

② 日本东京地方法院即有承认对准法律行为的行政行为附加附款的判例。参见［日］室井 力主编：《日本现代行政法》，117页，北京，中国政法大学出版社，1995。

③ 对于传统认为属于准法律行为的公证行为，如盐野宏所提出的，如果只是承认其暂定的证据效力，能否认为其具有直接的法律效果，尚有疑问。

④ 传统行政法学理论中也存在拟制行政处理的概念，但这指的是行政机关对于私人申请怠于作出决定的情况，拟制为否定或肯定的行政处理，与这里的拟制所指有所不同。

围，因为对于作为中国行政诉讼受案范围的具体行政行为，根据最高人民法院的司法解释，并不采取法律行为标准，而以对公民权利义务是否产生实际影响为标准。拟制的理据仅在于二者在概念构造与法律效果上的相似。

另外应注意的是，在界定能够直接导致法律效果产生的表示行为时，应扩大对直接法律效果的理解，不限于实体法上的法律效果，程序法上的法律效果也应纳入其范围。许宗力教授的如下观点是适切的：

行政机关在最终行政决定作成之前的准备行为，如通知补正资料、对先决问题从事鉴定等，因尚不生具体法律效果，并不具独立意义，故定性为观念通知而否定其行政处分性格，当不致有若何疑问。惟准备行为中，亦类多诸多拒绝证据调查之请求、拒绝准予阅览卷宗或拒绝准予到场表示意见等涉及程序正义的所谓程序行为（Verfahrenshandlungen）。这类行为固与最终作成的实质决定尚属有间，但不能说不直接发生一定的法律效果，至少如程序法所承认的程序权，乃至宪法基本权的程序保障功能受到不利影响即是，固本文倾向于承认其行政处分性格。[①]

如果不将法律效果限于实体法上的效果而是扩及程序法上的效果，就可以将传统上认为不具有法律效果意思的程序法上表示行为也纳入意思表示和规制的概念范围，从而承认所谓程序性行政处理。[②]

① 许宗力：《行政处分》，载翁岳生编：《行政法》（上），644页。

② 但应注意的是，对程序性行政处理的承认并不意味着即可对其提起行政诉讼，对此应结合行政程序的职权调查原则、程序经济、个别程序性行政处理与最终实体性行政处理的关联等加以综合考察。

中国行政法学的外国法渊源

何海波*

虽然中国古代曾有发达的行政体系和成熟的文官制度，现代意义上的行政法和行政法学最初却是现代化大潮中的舶来品。在当代行政法学的发展过程中，中国自身的政治和社会背景无疑为行政法学提供了最为根本的土壤，并塑造了中国行政法学的基本品格。但是，若干西方国家的行政法理论、制度和实践，为中国行政法做着知识铺垫和价值参照，并启示着中国行政法未来的前景。在不同的时期，不同国家的法律传统在中国的土壤上留下过清晰的印痕。

本文旨在梳理中国行政法学的外国法渊源，分析不同法律传统在各个时期对中国行政法学的影响。我将以清末民国对日本法学的继受、新中国对苏维埃法学的继受、20 世纪 80 年代后对西方国家法学的继受为顺序，依次展开。对外国法的继受主要关注对外国法学理的继受，讨论时注意了中国学者的留学背景、翻译和介绍外国法的著作和文章，以及行政法论文中对外国文献的引用情况。文章最后，对中国行政法学继受和研究外国行政法的状况作了一个总结和反思。

一、取法东瀛，体系初定

现代意义上的中国行政法学肇始于清末的“赴日研习法政运动”①。当时的留日学生中，出现了一个关注和钻研行政法的小型群体，他们翻译、编译了最早的一批行政法学著作。1902 年，东京译书社出版了白作霖汉译的《比较行政法》（浮田和民日译），同样在日本的译书汇编社出版了董鸿祎辑译的《日本行政法纲领》。这是迄今为止发现的最早的中文行政法译著。次年，商务印书馆出版了日

---

* 何海波，法学博士，清华大学法学院副教授。本文发表于《比较法研究》2007 年第 6 期。何勤华教授、叶必丰教授和宋华琳博士阅读了本文初稿，并提出补充和修改建议。在中国人民大学比较行政法研究所举办的“比较行政法学术研讨会”上，刘文静、田思源、张翔、刘飞宇、吕艳滨、马英娟、莫于川、朱芒、王天华、高秦伟、刘艺等多位学者对本文作了评论。朋友聂鑫帮我复印了多本民国时期的行政法著作，我的研究助理王志协助我整理了早期行政法文献目录。特此感谢。

① 关于赴日研习法政运动的描述，参见王健：《中国近代的法律教育》，76～112 页，北京，中国政法大学出版社，2001。

本学者清水澄《行政法泛论》的中文版。至1908年，用中文出版的行政法学著作已达二十余种（见附录1）。像当时其他部门法一样，“这些书籍的内容大多来自经过简单加工的课堂笔记、日本教师的著作或讲义、日文教科书的编译文本”①。也是在这一段时间，日本学者织田万首先尝试以中国行政法为对象，撰写著作《清国行政法》②；日本学者冈田朝太郎在京师法律学堂的讲课中，于1907年率先开设了行政法课程。③ 尚无证据显示中国学者在这一阶段讲授和研究中国行政法，也不清楚行政法学最早的拓荒者相互之间是否存在学术上的交流。但从译著的规模来看，似乎可以说：在清朝覆亡前，中国现代行政法学已经诞生，日本法学则是其最初的母乳。

进入民国后，法科兴盛，行政法被列为必修课程之一，受过日本教育的中国行政法学者开始登台执教。④ 例如，钟庚言、白鹏飞分别在朝阳大学、北京大学等校讲授行政法。翻译日本行政法学著作热情不减，对日本学理的继受也没有动摇。从译介的著作来看，对早期留日学生影响较大的行政法学者有清水澄、织田万和美浓部达吉。⑤ 尤其是执教于东京帝国大学的法学泰斗美浓部达吉，“吾国法界人士负笈东瀛者，多出其门”⑥。他的著作被多次翻译出版，其中他的《行政法总论》在同一时期就有三个中文译本，可谓洛阳纸贵。⑦ 虽然中国学者在一定程度上开始了行政法学本土化的努力，包括撰写自己的行政法教科书⑧、论述“三民主义”和“五权宪法”，但是，只要对照白鹏飞、范扬等人的著作和美浓部达吉的著作，从理论体系、概念到观点，不难发现诸多雷同⑨，以至于有人把当

---

① 王健：《晚清法学新词的创制及其与日本的关系》，载日本法在线http：//www.japanlawinfo.com/news.asp? id=391。

② 参见［日］织田万：《清国行政法》，陈兴年、梁继栋、郑篪译，上海，上海广智书局，1907。

③ 参见何勤华：《中国近代行政法学的诞生与成长》，载《政治与法律》，2004（2）。

④ 参见李贵连《二十世纪初期的中国法学》，载李贵连主编：《二十世纪的中国法学》，41～53页，北京，北京大学出版社，1998。北大的情况，参见李贵连等编：《百年法学：北京大学法学院院史（1904—2004）》，北京，北京大学出版社，2004。

⑤ 对织田万和美浓部达吉的介绍，参见何勤华主编：《二十世纪百位法律家》，377、380页，北京，法律出版社，2001。

⑥ ［日］美浓部达吉：《行政法撮要》，程邻芳、陈思谦译，译者序，上海，商务印书馆，1934。

⑦ 它们是：《行政法总论》，黄屈译，民智书局，1933；《日本行政法摄要》，杨开甲译，民智书局，1933；《行政法摄要》，程邻芳、陈思谦译，上海，商务印书馆，1934。此外，美浓部达吉行政法方面的著作被翻译成中文出版的，还有：《日本公用征收法释义》，李信臣编译，内务部编译处，1919；《行政裁判法》，邓定人译，上海，商务印书馆，1933；《公法与私法》，黄冯明译，上海，商务印书馆，1937。

⑧ 它们之中影响较大的主要有：钟庚言的《行政法总论》、《行政法分论》，白鹏飞的《行政法大纲》，徐仲白的《中国行政法论》，赵琛的《行政法总论》，马君硕的《中国行政法总论》，范扬的《行政法总论》，等等。关于早期行政法著作的评介，参见陈新民：《公法学札记》，北京，中国政法大学出版社，2001，第8篇“行政法学的拓荒者：浅介几本中国早年的行政法教科书”；何勤华：《中国法学史》第3卷，300页以下，北京，法律出版社，2006。

⑨ 参见叶必丰：《二十世纪中国行政法学的回顾与定位》，载《法律评论》，1998（4）；沈岿：《1949年以前行政法学研究梗概》，载法律思想网http：//law-thinker.com/show.asp? id=2247；何勤华：《中国近代行政法学的诞生与成长》，载《政治与法律》，2004（2）。

时的行政法学称为“日本行政法学的摹本”[①]。

与翻译日本行政法的热情形成对照的是，当时的行政法学界对日本以外的世界关注很少。从清末到民国，翻译和撰写的其他国家的行政法著作实在寥寥，基本上只有美国古德诺的《比较行政法》、日本织田万的《德国行政法》、法国裴德埒弥的《法国行政法》和陈体强的《英国行政法论》。[②] 即使介绍别国行政法，大多也是转译日本学者的著作。虽然在那个时代的文献目录中偶尔能够看到其他国家的著作[③]，但它们似乎没有对中国行政法学产生多大影响。日本法和其他国家行政法在当时中国的不同境遇，显然跟行政法学者的留学背景有关。那些曾经翻译或者编译最早一批行政法著作的人清一色地留学日本，就是在 20 年代后活跃在法学界的学者（如钟庚言、白鹏飞、朱章宝、徐仲白、范扬、赵琛、马君硕、张映南、林纪东），也几乎都是留学日本的（参见附录 2）。直到 40 年代后，才有陶天南、王名扬留学法国，陈体强、楼邦彦、龚祥瑞留学英国。[④] 而那时，中国行政法学早已被日本学说所支配，难以扭转；不久之后，在社会主义革命的洪流中，不分英美法德日，“旧法学”被一冲而走。

在这场洪流到来之前，通过对日本法学的继受，行政法学的理论框架和概念体系基本上成形了。当代行政法学的理论范畴，例如总论和分论，行政法关系和行政法原则，行政组织法、行政行为法和行政救济法，在三四十年代的著作中即已定型。我们今天使用的大部分行政法学概念（其中包括四十余个核心概念，见附录 3），如行政法、行政权、行政法关系、行政行为、行政行为的效力、（行政）自由裁量、法定程序、行政诉讼、行政救济等，在民国时期即已确立。甚至被普遍认为是当代中国行政法所独创的“抽象行政行为”和“具体行政行为”的区分，在民国著作中就已出现。[⑤] 中国行政法学在她的婴幼年时期对日本法的继受，也塑造了它大陆法的基本骨架。

---

① 上引沈岿《1949 年以前行政法学研究梗概》。

② 分别为美国葛德奈（古德诺）的《比较行政法》，民友社转译浮田和民，1913（该书还有谢晓石的译本《美法英德比较行政法》，南昌普益书局，1931；日本织田万的《德国行政法》，梁继栋译，广智书局，1904；法国裴德埒弥的《法国行政法》（上编），张其域、项方等译，上海，商务印书馆，1912；陈体强的《英国行政法论》，上海，商务印书馆，1945。此外，还有《和属印度行政法》，著译和出版情况不详。

③ 例如，范扬的《行政法总论》在参考书目中，除了日本、德奥外，列举了法、英、美诸国不同文字的 16 部著作；马君硕的《中国行政法总论》也在参考书目中列举了包括戴西、古德诺、迪金森在内的 5 部普通法国家的著作。

④ 陶天南的留学时间待考，一说是 30 年代。陈体强留学英国前曾撰写《英国行政法论》，此后他似乎再也没有研究行政法了，而以国际法学者著称。楼邦彦曾经讲授行政法，但主要的学术贡献也不在行政法。

⑤ 参见范扬：《行政法总论》，158 页，北京，中国方正出版社，2005。书中作“抽象的行政行为”、“具体的行政行为”。

中华人民共和国成立后，旧法统终结，旧学理遭到批判。然而，到了法学研究恢复、当代行政法学初创的时期，那些图书馆中尘封的民国法学著作却成为一笔珍贵的遗产。不少行政法学者看过这些著作，并借鉴了其中的一些研究成果。[①] 王名扬教授在编写《行政法概要》“行政行为”一章时，参考了他 20 世纪 40 年代在武汉大学教书时的讲稿。[②] 通过这些桥梁，民国时期行政法的核心概念和理论体系对当代行政法产生了直接的影响。由于这种学术发展的路径依赖，虽然中国大陆在晚近受到英美法的浸润，但行政法学基本上还保留着大陆法的骨架。

进入 80 年代后，中国大陆行政法通过借鉴我国台湾地区的学术成果，在一定意义上延续了大陆法系的传统。尤其在中国大陆行政法的初创时期，台湾地区的行政法学受到大陆同行的高度重视。一些图书馆曾以“海外中文图书”的名义引进了一批台湾地区学者的法律著作，例如，管欧的《中国行政法总论》（蓝星公司 1981 年）、林纪东的《行政法新论》（三民书局 1976 年）等。[③] 从 1997 年开始，“海峡两岸行政法学研讨会”一年一次，在两岸轮流举行。[④] 台湾地区学者翁岳生主编的巨著《行政法》和陈新民的《中国行政法学原理》分别在大陆出版。以之为代表的学术交流，也增进了大陆学界对台湾地区行政法、进而欧陆行政法的了解。

二、由盛而衰的苏维埃行政法

20 世纪 50 年代的中国，是苏联法学一统天下的时代。[⑤] 苏联专家司徒节尼金（C. C. Студеники）等分别在中国人民大学、北京政法学院等校讲授“苏维埃行政法”，由中国学生记述和整理。中国人民大学国家法教研室组织翻译了 4

① 在法学教材编辑部行政法概要编写组编的《行政法资料选编》（法律出版社，1984）附录四“行政法参考资料”中，就能够看到民国时期的著作。应松年教授说，在他步入行政法学研究领域之前，就看过范扬的《行政法总论》等著作。姜明安教授称，马君硕的《中国行政法总论》是他读到的第一本行政法著作，也是他大学毕业后从事行政法研究的主要诱因。参见当代中国法学名家编辑委员会编：《当代中国法学名家》，705 页，北京，人民法院出版社，2005。在他的早期著作中，还引用了林纪东的《行政法提要》、马君硕的《中国行政法总论》、管欧的《行政法各论》、张映南的《行政法泛论》等几部民国时期的著作。参见姜明安：《行政法学》，太原，山西人民出版社，1985，第一章“导论”。

② 参见何海波编著：《法治的脚步声：中国行政法大事记（1978—2004）》，22～24 页，北京，中国政法大学出版社，2004，“第一部行政法学统编教材《行政法概要》”。

③ 罗豪才主编的《行政法论》（光明日报出版社，1988）在书后“主要参考书目”中列举了管欧、程仲模、陈鉴波、张家洋、马君硕等多本台湾地区学者的著作。

④ 可能是受学者直接交流的影响，从 1998 年开始，《行政法学研究》文章征引台湾地区文献的比例陡然增高。参见附录 5。

⑤ 关于苏联法学的引进和中国人民大学在当中的角色，参见方流芳：《中国法学教育观察》，载http://www.unusuniversus.com/admin/html/UploadFiles/2004615141747281.doc。

本苏联的行政法著作。[①] 它们在当时翻译的全部苏联法学著作中只占一个极小的比例[②]，却几乎是当时行政法学的全部内容。经过二十多年的停顿后，随着我国法学研究的恢复，翻译苏联行政法的工作继续进行。[③] 南斯拉夫、波兰、保加利亚等东欧社会主义国家的行政法，也有一些译介（参见附录 4）。直到 80 年代中期，苏维埃行政法即使不是“外国行政法”的主流，也是一个重要部分。

这些具有浓重的“管理论”色彩的著作，相当符合我国当时的社会状况和意识形态，很快被中国当代的行政法学者吸收。在这些著作中，行政法的观念被描述为国家管理的法，是为保障国家政策的贯彻，是整个社会管理的一部分；行政法的渊源高度弥散，包括主管部门颁布的各种工作指示和规范性文件，但排除所有的不成文法；国家管理的基本原则多为政治层面的原则，法治原则并不被着重强调。[④] “这时的行政法，更多情况下，是在一个金字塔型科层官僚体系下，展开的行政去规制社会之法。”[⑤] 在 80 年代前期的一些行政法著作中，我们能够清楚地辨析苏维埃行政法的影响。[⑥] 苏维埃行政法无疑构成了我国当代行政法学初创时期的一个重要知识源头。

进入 90 年代后，对西方国家行政法了解和研究增多，而对苏维埃行政法的关注和研究趋向衰落。根据宋华琳和苏苗罕两位博士整理的文章目录统计，80 年代介绍苏联行政法的文章和译文达 35 篇，虽然明显低于日本（71 篇）、美国（56 篇），但与法国（40 篇）、英国（29 篇）大体相当，明显高出联邦德国（12 篇）；

---

① 它们是：司徒节尼金的《苏维埃行政法：总则》（1953）、《苏维埃行政法：分则》（1955），符拉索夫的《苏维埃行政法提纲》（1954），以及《苏维埃行政法论文选译：第一辑》（1957）。中国人民大学国家法教研室还编辑了《中华人民共和国行政法［总则］参考资料（第 1 辑）》（1956）。这几本著作均由中国人民大学出版社出版。

此外，苏联行政法还有科托克的《苏联行政法概论》（中央人民政府法制委员会编辑，萨大为译，人民出版社，1951），选译的克拉夫楚克 C. C. 等撰写的苏联大百科全书《国家法 行政法》（王庶译，法律出版社，1955）。

② 1952 年～1956 年，中国翻译、出版了 165 种苏联法学教材。参见汤能松、王清云、张蕴华、阎亚林：《探索的轨迹：中国法学教育发展史略》，北京，法律出版社，1995，转引自方流芳：《中国法学教育观察》，载 http://www.unusuniversus.com/admin/html/UploadFiles/2004615141747281.doc。另一个耐人寻味的事实是，当时派到苏联留学的人员中，似乎没有专门学习行政法的。

③ 相继出版的著作有：马诺辛等的《苏维埃行政法》（黄道秀译，群众出版社，1983），科兹洛夫等主编的《苏联国民经济管理的行政法原则》（中毅、林芳译，法律出版社，1987），瓦西林科夫主编的《苏维埃行政法总论》（姜明安、武树臣译，北京大学出版社，1988），以及任允正等翻译的《俄罗斯联邦行政违法行为法典》（法律出版社，1987）。1986 年，西南政法学院司法行政教研室还编印过李亚南译、贺善征校的《苏俄行政违法行为法典》，但未正式出版。

④ 参见司徒节尼金：《苏维埃行政法：总则》，中国人民大学国家法教研室译，北京，中国人民大学出版社，1953；马诺辛等：《苏维埃行政法》，黄道秀译，北京，群众出版社，1983；瓦西林科夫主编：《苏维埃行政法总论》，姜明安等译，北京，北京大学出版社，1988。

⑤ 朱新力、宋华琳：《现代行政法学的建构与政府规制研究的兴起》，载《法律科学》，2005（5）。

⑥ 例如，姜明安的《行政法学》（山西人民出版社，1985），在阐述行政法的历史发展、国家工作人员、外国的行政法制监督、行政诉讼时，都介绍了苏联的相关情况。其他的著作，还可参见西南政法学院国家与法的理论教研室编：《中华人民共和国行政法概论》，校内教学用书，1982；王珉灿主编：《行政法概要》，北京，法律出版社，1983；应松年、朱维究：《行政法总论》，北京，工人出版社，1985；罗豪才：《行政法论》，北京，光明日报出版社，1988。

进入90年代，总共只有4篇（分别为1990年～1992年）。[①] 由于同样的原因，对东欧社会主义国家行政法的介绍，80年代还能零星见到几篇（保加利亚4篇、波兰3篇），90年代以后几乎完全消失。苏联解体后，对俄罗斯行政法的研究出现了十多年的沉寂，直到2002年以后才得以陆续恢复。[②] 不仅如此，法学论文中引用苏联或者俄罗斯行政法的文献变得非常罕见。自1993年《行政法学研究》创刊至今，苏联（包括俄罗斯）著作或者法律在全部文章中仅仅被引用了10次（见附录5），而同期引用美国文献达到652次。

与之同时，中国学界对苏联行政法所反映的理念进行了深刻的反思和批判。当行政法学界为“控权论”和“平衡论”展开激烈争辩的时候，他们却把矛头共同指向苏联行政法所代表的“管理论”。即使此后“新管理论”被引进后，它们所持的理念和所用的词汇（如“公共选择”、“行政政策”），与当初苏联的法学早已不可同日而语。除了“行政法主体”、“行政违法”、“行政责任”等概念，苏维埃行政法对中国行政法学曾有的影响，几乎被完全抹去痕迹。作为苏联的继承者，俄罗斯的经验（例如社会转型中国有资产的管理）无疑值得中国的行政法学者珍视，俄罗斯的行政法学在中国必定会有它应有的地位。但是，就今天而言，它显然没有受到重视。

三、西法东渐、五国丰登

西方国家行政法对初创时期的当代中国行政法学影响很少。除了意识形态上的障碍，一个重要的原因是，当时有关西方国家行政法的知识极端贫乏。20世纪80年代初期，当行政法学重新兴起，中国学界与西方国家已经隔绝了30年。除了一些零星的介绍，在80年代中期以前，根本没有西方行政法的著作。1983年的《行政法概要》在介绍西方行政法著作时，列举了一些著作，在谈到英国时完全遗漏了当时已成权威的两本著作：韦德的《行政法》和德·史密斯的《行政行为的司法审查》。

1984年，在中国政法大学举办的为期两周的行政法研究班上，比利时根特大学行政法荣誉教授德·迈耶尔应邀主讲比利时行政法。[③] 这可能是三十多年来，第一位西方行政法学者登上中国的讲台。虽然这次讲课几乎没有留下什么文字的东西，但它是中国重新接触西方行政法的开端。此后，美国的盖尔洪教授等

① 参见宋华琳、苏苗罕：《外国行政法和比较行政法译文篇目年表（1977年～2005年）》，未发表。

② 2002年～2005年期间有12篇文章、两本著作发表。两本著作，即《俄罗斯联邦行政违法法典》，刘向文译，北京，中国人民大学出版社，2004；刘春萍：《转型期的俄罗斯联邦行政法》，北京，法律出版社，2005。张树华、李雅君的《俄罗斯社会保障法律制度》，载《法学》，1998（4），可能是苏联解体后10年内唯一的一篇。

③ 详情参见何海波编著：《法治的脚步声：中国行政法大事记（1978—2004）》，“行政法研究班”，31页，北京，中国政法大学出版社，2004。

外国行政法学者纷纷赴华讲学或者参与研讨。[①]

真正给当代中国行政法带来早期的外国法知识的，是龚祥瑞和王名扬两位分别留学英、法的学者。龚祥瑞教授的《比较宪法与行政法》，是他 80 年代初期在北京大学讲课的讲义基础上整理而成。这本书介绍了国外文官制度、行政裁判所等制度，以及"越权无效"、"自然正义"等行政法原则，为中国行政法注入了新的理念。很多学生受到震撼和启发，至今还有人引用这本书。王名扬教授的《英国行政法》(1986 年)、《法国行政法》(1988 年) 和《美国行政法》(1995 年) 三部曲，以其准确、清晰的叙述和翔实、新颖的资料，成为介绍外国行政法的经典。这几本书浇灌了两代行政法学人，至今仍被频繁引用。[②]

西方行政法学的中译本也在 80 年代中期出现。1986 年，群众出版社出版了第一本美国行政法著作的中译本，伯纳德·施瓦茨的《行政法》(徐炳译)。1988 年，中国人民大学出版社出版了第一本日本行政法著作的中译本，南博方的《日本行政法》(杨建顺等译)。迄今为止，中国学者翻译外国行政法的著作已近二十本，其中包括英国韦德的《行政法》、日本盐野宏的《行政法》和德国毛雷尔的《行政法总论》。

对国外法律的介绍，在行政立法研究组成立后，也紧锣密鼓地展开。从 1987 年 1 月至 1989 年 1 月，编印了 9 期《行政立法研究参考资料》，先后组织翻译了美国、原苏联、日本、瑞士、联邦德国、法国、英国、南斯拉夫等国的 26 部法律或者一些法律的介绍。[③] 当时译介这批法律主要是出于制定《行政法通则》和《行政诉讼法》的需要，它的长远意义则是为中国行政法积累了外国法知识。后来应松年主编的《外国行政程序法汇编》(中国法制出版社，1999 年)、胡建淼主编的《中外行政法规：分解与比较》(法律出版社，2004 年)，也是这方面的一个重要的基础性工作。

今天中国学者翻译、介绍外国行政法著作或者引用外国文献，虽然再没有出现 50 年代那样的"一边倒"的情况，但几乎完全限于英、美、法、德、日这 5

---

① 参见何海波编著：《法治的脚步声：中国行政法大事记（1978—2004）》，21 页，"中美法学交流委员会成立"；91 页，"中法行政法学研讨会"；181 页，"中德行政法理论研讨会"；224 页，"中美行政程序法研讨会"；244 页，"国际人权法在国内的实施国际研讨会"、"行政许可法国际研讨会"；262 页，"中美行政诉讼法国际研讨会"；以及历次东亚行政法学研讨会。

② 苏力教授根据中文社会科学引文索引提供的资料，对 1998 年～2002 年期间法学著作的引用情况所作的统计表明，王名扬的《美国行政法》被引用 194 次，在所有的法学"教科书型著作"中位居榜首；他的《法国行政法》被引用 170 次，排第 4；《英国行政法》被引用 104 次，排第 12 位。苏力：《也许正在发生：转型中国的法学》，北京，法律出版社，2004，第一章"从法学著作引证看中国法学"，尤其是第 64 页。顺便指出，罗豪才主编的《行政法学》(1996) 被引用达 187 次，在所有的法学"教科书型著作"中位居第二。

③ 详情参见何海波编著：《法治的脚步声：中国行政法大事记（1978—2004）》，51～52 页，北京，中国政法大学出版社，2004，"《行政立法研究参考资料》"。这些译介后来收进以"本书编辑组"名义编的《行政诉讼参考资料萃编》(中国政法大学出版社，1988)，和以"行政立法研究组"名义编译的《外国国家赔偿、行政程序、行政诉讼法规汇编》(中国政法大学出版社，1994)。

个公认的法治发达国家。一般的外国行政法教程，通常也只涉及这5个国家，或者其中的4个。[①] 译介和讨论外国行政法的文章，也呈现出同样的偏好。在宋华琳和苏苗罕博士统计的全部1 546篇文章中，上述5国就达1 173篇（其中有少量重复计算）；这还不包括那二百七十多篇以“外国”、“西方”、“中外（中西）”为题、基本上也不出这5国的讨论。介绍和讨论其他国家的文章，只是一个不起眼的零头（见附录4）。再来看看法学文章中征引的外国文献。根据对1993年～2005年《行政法学研究》所发表文章的统计，征引这5国的文献达1 181次，而征引其他所有国家和地区（不包括台湾地区）只有153次（见附录5）。

下面分别讨论这5国中各个国家对中国当代行政法的影响。

美国行政法可能是当代中国学界关注最多的。[②] 对美国法的热衷，除了它在经济和文化上的强势，还得益于语言因素。相当一批行政法学者曾在美国做过学术访问，其中包括罗豪才、王名扬、姜明安等数十人。各个图书馆美国行政法的英文著作相对丰富，年轻的学生通过互联网就能轻易地获得许多美国法的资料。正因如此，中国学界对美国行政法的介绍和讨论可能是最广、最深的。根据宋华琳和苏苗罕博士的整理，在1977年至2005年中国大陆学者译介的外国（比较）行政法的文章和著作中，讨论美国行政法的文章多达391篇，占全部文章中的四分之一，其中涉及美国的法律比较达49篇，在各国中都是最多的（见附录4）。中国学者在文章中征引的美国文献，无疑也最多的。在1993年～2005年的《行政法学研究》中，征引美国的立法、判例和学说达到652次，占征引的全部文献的10.3%（见附录5）。行政规制及其缓和、公共选择和博弈、公共行政的改进、宪法权利保护、政府信息的公开、司法审查的范围和标准、正当程序原则和听证制度的建立、行政诉讼举证责任的分配……几乎每论及一个主题，中国学者“言必称美国”，浏览文章脚注，几乎十步之内，行必见美国。

日本也是我国法学界关注最多的国家之一。杨建顺、朱芒等多位学者曾留学日本，中日学者往来频繁，东亚行政法学会等组织也为中日行政法交流提供了渠道。目前，已经翻译出版了5本日本行政法著作和一本介绍日本行政法的著作。[③]

---

① 例如，张正钊主编的《外国行政法概论》，北京，中国人民大学出版社，1990（该书还介绍了原苏联、南斯拉夫等国的行政法）；王名扬主编的《法、美、英、日行政法简明教程》，太原，山西人民出版社，1991；姜明安主编的《外国行政法教程》，北京，法律出版社，1993；应松年主编的《四国行政法》，北京，中国政法大学出版社，2005。介绍外国行政法涉及国家最多的无疑是胡建淼的《比较行政法：二十国行政法评述》，北京，法律出版社，1999。

② 有关中国学界对美国行政法的研究状况，可参见宋华琳：《中国的美国行政法研究：一个学术史的概观》，载《浙江学刊》，2005（6）。

③ 它们是：南博方的《日本行政法》，杨建顺、周作彩译，北京，中国人民大学出版社，1988；西冈等合著的《现代行政法概论》，康树华译，兰州，甘肃人民出版社，1990；和田英夫的《现代行政法》，倪建民、潘世圣译，北京，中国广播电视出版社，1993；室井力主编的《日本现代行政法》，吴微译，北京，中国政法大学出版社，1995；盐野宏的《行政法》，杨建顺译，北京，法律出版社，1999。此外，还有中国学者杨建顺的《日本行政法通论》，北京，中国法制出版社，1998。

据宋华琳和苏苗罕两位博士的整理，在1977年至2005年中国大陆学者译介的外国（比较）行政法的文章和著作中，日本题材的几乎与美国相当（见附录4）。但在文章中引用日本文献，与美国相比有明显差距（见附录5）。虽然中国行政法在她的婴幼年时期深受日本影响，但在最近二十多年，日本行政法提供给中国的理念似乎不多。行政指导可能是少数鲜明地打上日本烙印的概念和原理之一。

从翻译的教科书看，对德国行政法的介绍是最多的，甚至超过日本。① 相应地，在文章中引用德国文献，2002年以来有明显增长（见附录5）。但由于语言的障碍，研究德国行政法的学者群体较小，对德国行政法的专题讨论与译著数量也不成比例。尽管如此，德国法上的“法律保留”、“法律优先”、“特别权力关系”、“比例原则”、“信赖保护原则”等概念和原则，先是间接、而后直接地被中国学者所知悉和接受。

在5个主要的西方国家中，我们对法国行政法的了解最贫乏。王名扬的《法国行政法》几乎代表了大陆学者在该领域的全部知识。② 那些早期引进的知识和概念，如行政法院、公务理论、公务法人等，曾经激发了中国学者的学术想象力和争鸣③；而今，学界对法国行政法的最新发展却几乎一无所知。对英国行政法的了解也存在比较明显的“时间差”④。这个拥有一连串为我们所熟悉的名字和名词的国度，现在却让我们感到如此陌生。如果不是王名扬、韦德的两本著作，英国行政法几乎要从人们的视线中消失。考虑到法国和英国是行政法不同传统的母国，这种状况是令人非常遗憾的。

总体而言，中国当代的行政法学界，犹如多国行政法的一个国际大卖场，各种不同的概念、原则和制度纷纷在这里被展出、被购买。行政法学兼收并蓄，形成了以大陆法传统为骨架、注入英美法因素的一个混合体。在应松年教授主编的二百一十多万字的《当代中国行政法》（中国方正出版社，2005年）中，既有单独的行政行为法编，又有单独的行政程序法编，显然是大陆法和英美法两个不同

① 它们是：平特纳的《德国普通行政法》，朱林译，北京，中国政法大学出版社，1999；罗尔夫·斯特博的《德国经济行政法》，苏颖霞、陈少康译，北京，中国政法大学出版社，1999；哈特穆特·毛雷尔的《行政法学总论》，高家伟译，北京，法律出版社，2000；奥托·迈耶的《德国行政法》，刘飞译，北京，商务印书馆，2002；汉斯·沃尔夫等的《行政法》，高家伟译，北京，商务印书馆，2002；胡芬的《行政诉讼法》，莫光华译，北京，法律出版社，2003；乌茨·施利斯基的《经济公法》，喻文光译，北京，法律出版社，2006。

② 2002年国家行政学院出版社出版的古斯塔夫·佩泽尔的《法国行政法》（廖坤明、周洁译，张凝校）稍稍弥补了这方面的缺憾。但这本小册子只是教科书的一个纲要。

③ 例如，法国的“公务理论”曾经激发中国学者提出“中国行政法的理论基础”这一命题。参见应松年、朱维究、方彦：《行政法学理论基础问题初探》，载《北京政法学院学报》，1983（2）。这一命题后来又引发出管理论、控权论和平衡论的争鸣。

④ 张越的《英国行政法》（中国政法大学出版社，2004），是这方面的一个“补白”。关于英国行政法晚近发展的一点粗浅介绍，参见何海波：《英国行政法20年》，载中国人民大学宪政与行政法治研究中心编的《宪政与行政法治发展报告（2004年—2005年卷）》，北京，中国人民大学出版社，2006。

传统的融合。这种影响开始渗透到行政立法中。《行政处罚法》和《行政许可法》这两部堪称独一无二的立法，也可以看做是不同法律传统影响的结果：行政处罚和行政许可这种单独立法似乎承继和发展了大陆法国家的行政行为分类的传统，而其中的解决方案（特别是对程序的倚重）显然受到普通法传统的影响。在行政立法研究组起草的《行政程序法（试拟稿）》中，我们同样能看到大陆法和英美法不同传统的交集。

四、总结与反思

自上个世纪初行政法学在中国滥觞，它始终紧密追随外国行政法，并笼罩在外国法的强烈影响之中。外国法的学说和制度构成了中国行政法学重要的智识渊源，也构成了行政法学研究中的正当性依据。从第一批中文行政法著作到今天数以百计和千计的译介、讨论外国法的书籍和文章，从我们所使用的行政法概念到我们所信奉的行政法原则，还有行政法学论文中引用外国文献的庞大比例，无不证明这一点。在1993年～2005年《行政法学研究》所发表的文章中（不包括专门介绍外国法的文章），引用外国和我国台湾地区的文献2 511次，占全部引用文献（6 301次）的39.9％（见附录5）。这恐怕是任何一个法治发达国家的学者都难以想象的数字！中国学者对外国学说和制度的重视，从根本上讲是我们作为法治后发达国家在特定阶段的产物。它也构成中国行政法学在这一阶段的重要特征。在可预见的未来，这种趋势仍将延续。

对不同国家行政法的选择性继受，反映了中国行政法学界的整体价值取向。在中国行政法学一个世纪的源流中，先是日本行政法主宰，后是苏维埃行政法昙花一现；最近二十年来，西方行政法声势浩大，其中尤以美国法最盛。中国学者在不同时期对不同国家行政法的偏重，有着地缘（清末民初赴日研习法政）、语言（对英语国家的普遍重视）和官方意识形态（对苏维埃行政法的移植）等多方面原因。但学者群体自身在法治建构中的价值取向似乎更有解释力。无论是取法日本、照抄苏联还是借鉴美国，学者群体可能都有“××的今天就是中国的明天”的潜意识指引。这种潜意识帮助克服了地理和语言的障碍，并一定程度上超越了官方的意识形态。同时，它也反映了学者群体的偏见，导致对与中国景况相似的转型国家和发展中国家关注甚少，甚至对中国正在发生的行政法实践也可能视而不见。这种超前意识在一定程度上造成了理论与现实的脱节。当我们的眼光盯着西方的理念和制度时，殊不知我们的双脚却仍然踩在中国现实的土地上。

对外国行政法的研究，在广度和深度上都还存在明显的不足。从整体上，对外国行政法的了解还停留在译介外国教科书和法律文本的层面上；对于一个外国法律制度的社会背景、历史演变和实践状况，则很少关注。[①] 我们所得到的书本的知识多于实践的智慧，常常知其然而不知其所以然，甚至讲不清具体问题的究竟（例如行政许可、应急法制或者城市规划）。在引用外国文献之风盛行的另一面，却是引用资源的单薄。所引用的外国行政法文献，明显集中在王名扬的“三部曲”以及韦德、盐野宏、毛雷尔等人的少数译著上，基本上为二手资料。从1993年～2005年的《行政法学研究》中，援引原始文献的只有257次（不包括专门介绍外国法的文章），只占引用外国文献（不包括我国台湾地区）总数的4.5%（见附录5）。法学文章中引用外国原始文献比例偏少，暗示大多数作者尚不具备深入研究外国法的能力。即使引用二手文献，绝大多数也是引证教科书型的译介著作，而相当数量的高质量的论文基本上被忽视了。[②] 这可以部分地归咎于检索工具的落后，但也暴露了学界的浮躁。在这样的意义上，王名扬的“三部曲”以及韦德、盐野宏、毛雷尔等人的译著被如此密集地引用，是作者和译者的大幸，却是学界的不幸。

与外国行政法的兴盛形成鲜明对照的是对中国传统行政法的冷落。虽然中国行政法学没有“古典史”[③]，中国古代行政法体系的发达却是不容否定的事实。如果说在现代行政法学的初创时期，为了构建学科体系而划清与古代行政法的界线，甚至不惜否认古代行政法的存在，那么，在行政法学已经日益成熟的今天，我们是否有必要回过头来审视和研究中国古代的行政法？只要承认我们的传统仍然或隐或现地存在于今天的法律实践之中，谁又能否认研究中国古代行政法对于解决当今中国问题的意义呢？[④] 然而，除了法制史学者撰写的寥寥可数的几本著作[⑤]，这方面几乎没有像样的研究。即使这几本著作，也很少进入行政法学者的视野。这种现象可以部分地归咎于传统的断裂，但缺少有针对性的研究也难辞其咎。

经过上百年、特别是最近二十多年的摸索和借鉴，中国行政法似乎不知不觉

---

① 直到近年，罗豪才教授组织翻译了几本外国行政法的经典著作，对外国行政法理论渊源的了解才有所加深。其中包括：德国奥托·迈耶的《德国行政法》，刘飞译，北京，商务印书馆，2002；法国奥里乌的《行政法与公法精要》，龚觅等译，沈阳，辽海出版社、春风文艺出版社，1999；狄骥的《公法的变迁 法律与国家》，郑戈、冷静译，沈阳，辽海出版社、春风文艺出版社，1999；英国马丁·洛克林的《公法与政治理论》，郑戈译，北京，商务印书馆，2002；美国理查德·斯图尔特的《美国行政法的重构》，沈岿译，北京，商务印书馆，2002。

② 参见宋华琳：《中国的美国行政法研究——一个学术史的概观》，载《浙江学刊》，2005（6）。

③ 于安：《外国行政法学在我国的引入和利用》，载《政法论坛》，2006（1）。

④ 例如，孔飞力：《叫魂：1768年中国妖术大恐慌》，陈兼、刘昶译，上海，上海三联书店，1999；张小也：《清代私盐问题研究》，北京，社会科学文献出版社，2001；秦晖：《并税式改革与“黄宗羲定律”》，载中国乡村网http：//www.china-village.org/ReadNews.asp? NewsID=2573&newsnameID=22&newsname=秦晖。这几个作品似乎都算不上行政法学，但对于理解当前中国行政法面临的问题仍然不失启发意义。

⑤ 参见张晋藩主编：《中国古代行政管理体制研究》，北京，光明日报出版社，1988；蒲坚：《中国古代行政立法》，北京，北京大学出版社，1990；张晋藩、李铁：《中国行政法史》，北京，中国政法大学出版社，1991；陈国平：《明代行政法研究》（中国政法大学1991年博士论文）。

地形成了自己的品格。如果说初期行政法学著作，包括名为“中国行政法”的教科书，只是纸上谈兵地论述行政法学的基本原理①，那么今天的行政法开始具有释义学上的意义。特别是以《行政诉讼法》、《行政复议法》、《国家赔偿法》、《行政处罚法》、《行政许可法》、《立法法》等一系列法律的颁布为标志，中国行政法已经形成了一套概念体系和规则体系，形成了认识和解决问题的特定语境。任何引用西方行政法理论和制度来解释或者解决中国问题，例如，有法不依、违法立法、司法不公，都可能遇到圆凿方枘的尴尬。本文的意图不是讨论比较法研究的意义和方法，这里只想强调，外国的经验有助于开启我们的思路，但中国行政法归根到底必须面对和解决中国的问题。套用一句老话，就是“世界眼光，中国问题”。

未来的中国行政法学是否有可能吸取两大法系、多个国家的智慧，积极回应中国问题，做出“中国特色、中国风格、中国气派”②？进而，中国的行政法学在长期的移植和借鉴之后，是否能够给世界法学贡献自己的经验和智慧？

附录 1　　早期的行政法著作（—1930 年）③

年份	作者	书名	出版社	备注（版本和资料来源）
1902	［美］葛德奈（古德诺），［日］浮田和民日译，白作霖转译	比较行政法	（东京）译书社	上海民友社 1913 年再版
1902	董鸿祎辑译	日本行政法纲领	（东京）译书汇编社	田涛，俞江，何勤华
1903	［日］清水澄	行政法泛论	（上海）商务印书馆	叶必丰，何勤华
1903	［日］小林魁郎，范迪吉等译	行政裁判法论	（上海）会文学社	“普通百科全书”，线装。俞江
1903	丁额著，王纯译	普鲁士行政法典	（上海）开明书局	皮纯协，叶必丰
1903	作新社编	行政法	（上海）作新社	铅印本。俞江

① 何勤华教授注意到，由于当时中国缺少重要的行政法典，民国时期的著作“基本的模式都是先介绍论述行政、行政法和行政法学的基本内涵，行政组织、行政作用（行政行为是重点）、行政救济等的基本原理，然后运用西方行政法理论来具体阐述中国在五权宪法的体制下各个行政机关的组织和功能（行政法各论部分），像其他学科那样依据法典的条文作一条条的释义的作品几乎没有。”何勤华：《中国近代行政法学的诞生与成长》，载《政治与法律》，2004（2）。

② 罗豪才：《坚持科学发展观 推动公法理论创新》，载《行政法论丛》第 9 卷，北京，法律出版社，2006。

③ 由于本人未见多数原书，而主要依靠参核各种文献、索引，故在备注栏分别标明图书的保存信息或者资料来源，以供查核。“资料选编”，为法学教材编辑部行政法概要编写组：《行政法资料选编》，北京，法律出版社，1984；“总书目”，为北京图书馆编：《民国时期总书目（1911—1949）·法律》，北京，书目文献出版社，1990；“大词典”，为陈兴良主编：《中国法学著作大词典》，北京，中国政法大学出版社，1992；“国图”、“上图”“北大”、“人大”，分别为国家图书馆、上海图书馆、北人图书馆、人大图书馆经电子检索显示的藏书。“皮纯协”，指皮纯协主编：《行政法学》，315～317 页，北京，群众出版社，2000；“姜明安”，指姜明安主编：《行政法与行政诉讼法》，738 页，北京，高等教育出版社、北京大学出版社，2005；其他人名，相应指引篇后的参考文献。

续前表

年份	作者	书名	出版社	备注（版本和资料来源）
1904	［日］有贺长雄，陈运鹏译	行政法	南洋公学	田涛，俞江
1904	［日］织田万著，梁继栋译	德国行政法	（上海）广智书局	叶必丰
1904	唐肯编著	日本地方行政法精义	（天津）阳湖汪公馆	叶必丰
1904	刘荃业编译	行政法	（上海）作新社	北大
1905	［日］清水直义，刘荃业译	实验学校行政法	（北京）学务官书局	线装铅印。国图
不祥	［日］清水直义，沈纮译	国民教育法	教育世界社	线装铅印。国图
1905	［日］清水澄、松本顺吉，曹履贞编辑	行政法	（东京）湖北法政编辑社	“法政丛编”。北大，何勤华，俞江
1905	夏同龢	行政法	（东京）并木活版所	“法政粹编”。上图
1906	［日］织田万，陈兴年、梁继栋、郑篪译	清国行政法	（上海）广智书局	清华
1906	［日］织田万，清国法学研究社译	清国行政法	（东京）清国留学生会馆	俞江
1906	［日］祷苗代，徐志绎等译	日本教育行政法		田涛
1906	［日］大道良太等，周仲曾译	最近警察法教科书	（上海）文明书局	田涛
1907	［日］清水澄，金泯澜译	行政法泛论	商务印书馆	1911年4版，1913年6版人大，总书目，国图
1907	［日］清水澄，卢弼、黄炳言译	行政法		
1907	顾昌世编译	日本行政法		“通社丛书”。田涛
1907	［日］广中佐兵卫，胡敏译	卫生行政法	（东京）秀光社	国图
1907	裴楠、李继兴、卢笃新编译	行政法	（东京）并木活版所	北大
1907	［日］美浓部达吉，熊范舆编译	行政法总论	（天津）丙午社	资料选编，俞江，人大（标为“群益书社”）
1907	［日］美浓部达吉，陈崇基编译	行政法各论	（天津）丙午社	“法政讲义”。1912年3版，清华

续前表

年份	作者	书名	出版社	备注（版本和资料来源）
1908	[日] 清水澄，商务印书馆编译所译	行政法各论	商务印书馆	1912年4版，1913年5版，1917年7版，1919年。国图，上图，人大
1912	[日] 冈田朝太郎，熊元翰整理	(京师法律学堂行政法讲义)	安徽法学社	何勤华
1912	黄炳言（述）	行政法各论	中央政法专门学校	国图
1912	熊范舆	行政法总论	（上海）商务印书馆	第3版。姜明安
1912	[法] 裴德埒弥，张其域、项方、姜汉澄、王庆骥译	法国行政法（上编）	商务印书馆	上图。中下编是否出版不详。
1912	上海科学书局编辑所	行政法总论表解	（上海）科学书局	上图
1913	上海科学书局编辑所	行政法各论表解	（上海）科学书局	上图
1913	孙丕基	比较行政法表解（上、下册）	（上海）科学书局	何勤华，上图
1913	[美] 葛德奈（古德诺），转译浮田和民	比较行政法	（上海）民友社	国图
1913	邵义、李光第编辑	行政法		旧平装书。人大
1914	临时台湾旧惯调查会	清国行政法（8册）	东京	上图
1914	东方法学会编	行政法要览	泰东书局	资料选编
1915	黄俊	行政法总论	北平民国学院	国图
1919	林翰	中国现行行政法	北京琉璃厂文益印刷局	再版，北大
1921	钟庚言	行政法总论	朝阳大学法律科讲义	总书目，现存1923年版
1923	钟庚言	行政法各论	朝阳大学法律科讲义	姜明安
1923	梁泰仁	行政行为论	晋阳日报社	叶必丰
1924	汪文玑	违警罚法释义		人大
1927	白鹏飞	行政法总论	商务印书馆	“学艺丛书”。资料选编，1928年人大、武大
1927	李祖荫	行政法各论	朝阳大学法律科讲义	人大
1928	民国法政学会（编）	中央行政法		人大
1928	民国法政学会（编）	省行政法		人大

续前表

年份	作者	书名	出版社	备注（版本和资料来源）
1928	民国法政学会（编）	市行政法		人大，下册 1929 年
1928	民国法政学会（编）	县行政法		人大
1928	内政部	内政法规		
1929	朱采真	行政法新论	（上海）世界书局	1931 年 3 版人大，国图，大词典
1929	林环生	行政法概要	（上海）世界书局	上图
1929	郑定人	中国考试制度研究	（上海）民智书店	大词典
1930	白鹏飞	行政法各论	商务印书馆	前书自序
不详	不详	和属印度行政法	不详	

附录 2　　影响中国行政法的学者①

学者	教育背景	活动	资料来源
［日］清水澄			
［日］织田万 1868—1945	1889～1892 东京帝国大学法科大学，东京大学研究生院，1896～1899 留学法、德	1899～1930 京都帝国大学法科大学教授（1901～1907 法科大学校长），参与筹建京都法政学校（后立命馆大学）	百位法律家
［日］美浓部达吉 1873～1948	1897 年毕业东京帝国大学法科大学，1899～1902 留学德、法、英	1902～1934 任教于东京帝国大学	百位法律家
［日］冈田朝太郎	东京帝国大学法科，曾赴德、法、意留学	京师法律学堂，1907 年起开设行政法；后任教京师大学堂（1910～1915）、京师法政学堂和朝阳大学	何勤华
钟庚言		朝阳大学	
白鹏飞 1889—1948	东京帝国大学	北京法政大学、北京大学法律系（1923、24、29）、广西大学（1938—），北平大学法商学院院长（1931—）、广西大学校长、国民政府监察委员	百年法学

① 资料来源分别是：《中国法学家词典》，北京，中国劳动出版社，1991；陈新民：《公法学札记》，第 8 篇“行政法学的拓荒者：浅介几本中国早年的行政法教科书”，北京，中国政法大学出版社，2001；何勤华：《二十世纪百位法律家》，北京，法律出版社，2001；何勤华：《中国近代行政法学的诞生与成长》，载《政治与法律》，2004（2）；邹荣《校勘前言》，载范扬《行政法总论》，北京，中国方正出版社，2005；邬纪明：《武大老教师著述及相关资料篇名索引》，载 http：//www.lib.whu.edu.cn/gjg/files/teacher.doc#陶天南。
熊范舆、陈崇基、徐仲白、马君硕、朱采真等学者，缺少资料，待查。

续前表

学者	教育背景	活动	资料来源
范扬 1899—1962	1919年起，在东京高等学校、东京帝国大学	曾任教南京中央大学、安徽大学、中山大学、同济大学、复旦大学	邹荣
赵琛 1899—1969	明治大学（—1924）	任教安徽大学、复旦大学、法政大学和政治大学，曾任立法委员、高等法院推事、司法行政部代理部长	
朱章宝	东京帝国大学	上海法学院、暨南大学、大夏大学	陈新民
张映南 1892—1959	日本法政大学、早稻田大学攻读法律	1930年9月后，任教北京大学、清华大学，广西大学（1936—），武汉大学，	百年法学
林纪东 1915—1990	北京朝阳大学法学学士，后入日本明治大学研究院研究	在大陆的政治大学、中央大学、暨南大学任教授，后任台湾大学、东吴大学等校教授，曾任台湾地区“司法院”大法官	
管欧 1904—	北平朝阳大学毕业，获法学士学位	后长期担任法官职务	何勤华
陈体强 1917—1983	1939清华毕业，1945—1948留学牛津大学	任教清华大学（1948～1950），后任职中国人民外交学会编译委员会，国际关系研究所、国际法研究所和国际问题研究所，外交学院教授	
楼邦彦	清华毕业，留学英国	先后任教西南联大、武大、重庆中央大学、北京政法学院、北京大学法律系（1939）	
龚祥瑞 1911—1996	清华毕业，留学英国LSE（1935～1938）、法国（1939）	西南联大、中央大学、北京大学（1954～1995）	
陶天南	留学法国	武汉大学法律系（1933—）、中央大学	郛纪明
王名扬 1916—2008	武汉大学（1937—）、中央大学（1940—），留学巴黎大学（1948～1953）	北京政法学院（1958）、北京外贸学院、中国政法大学（1983—）	

附录 3　行政法学概念体系的继受（从美浓部达吉、白鹏飞、范扬的著作到当代行政法学）①

	美浓部达吉	白鹏飞 《行政法大纲》	范扬 《行政法总论》	当代中国行政法
行政法基本概念	行政	行政	行政	行政
	行政权	实质意义之行政	实质上之行政	实质意义之行政
		形式意义之行政	形式上之行政	形式意义之行政
				公行政/私行政
				国家行政/公共行政
				行政国家
	行政权	行政权		行政权
		行政权之作用	行政之种类	行政之种类
		警察	警察行政	规制行政
		保育	保育行政	给付行政
	行政法	行政法	行政法	行政法
	行政法之法源	行政法之法源	行政法之法源	行政法的渊源
	制定法	制定法	成文法	成文法
	习惯法	习惯法	习惯法	不成文法
	理法	条理法	理法	
	行政法学		行政法学	行政法学
			行政学	行政学
				行政法的历史
行政法律关系			行政上之法律关系	行政法律关系
	公法关系	公法关系	公法关系	公法关系
	私法关系	私法关系	私法关系	私法关系
	特别权力关系	特别权力关系	特别权力关系	特别权力关系
	公权	公权	公权	公权
			反射利益	反射利益
行政法原则	行政法之基础原则		行政法之基本法则	行政法的基本原则
	法治主义		法治行政主义	行政法治
			依法行政	依法行政
				行政合法性

① 本表的依据分别是：美浓部达吉：《行政法撮要》，程邻芳、陈思谦译，上海，商务印书馆，1934；白鹏飞：《行政法大纲》，好望书店，1935（1932 年初版）；范扬：《行政法总论》，上海，商务印书馆，1937，中国方正出版社，2005 年勘校出版。当代中国行政法，主要参考姜明安主编的《行政法与行政诉讼法》，2 版，北京，北京大学出版社、高等教育出版社，2005；应松年主编：《当代中国行政法》，北京，中国方正出版社，2005。

需要指出的是，本表旨在显示从日本行政法、民国行政法到当代中国行政法之间的渊源关系；至于法律继受中的选择吸收问题，则是另外一个主题（相信也是一个很好的论文题目），本表并不着重。例如，美浓部达吉在论及日本行政法的原则时，除了法治主义，还提出中央集权与地方分权、自由主义、法律平等、私有财产等原则。但后面几项似乎很少被当时和今天的学者接受。

还需指出，本表主要显示不同教科书中的概念体系，而不是著作本身的体系。为编排方便，对教科书体系作了某些调整。例如，在美浓部达吉和白鹏飞的著作中，行政行为、甚至“行政上之损害赔偿”都放在第一章，先于行政组织部分。

续前表

	美浓部达吉	白鹏飞《行政法大纲》	范扬《行政法总论》	当代中国行政法
行政法原则				行政合理性
			行政权之界限	行政法的具体原则
				正当程序原则
				比例原则
				信赖保护原则
			羁束裁量	
			自由裁量	自由裁量
			裁量行政	
行政组织	行政组织	行政组织	行政组织	行政组织
	行政机关	行政机关	行政机关	行政机关
		单一制	单独制	首长负责制
		合议制	合议制	委员会制
			独裁制	
		行政官署	行政官署	行政主体
	行政官厅			法律授权的组织
	行政官厅之代理			
	委任行政	委任行政	委任行政	行政委托
			行政监督	行政监督
	官制	官制	官制	公务员制度
		官职		公务员职位
	官吏	官吏	官吏	公务员
	官吏之权利	官吏之义务	官吏之义务	公务员的义务
	官吏之义务	官吏之责任	官吏之权利	公务员的权利
	官吏法律上之责任	官吏之权利	官吏之责任	公务员的责任
	公共组合	公共团体	自治团体	
	地方自治	自治行政	自治行政	
	营造物法人		营造物	公营造物
			公物	公物
行政行为			行政作用	行政活动
	行政行为	行政行为	行政行为	行政行为
	行政行为之分类	行政行为之种类	行政行为之种类	行政行为的种类
	依职权为之与依申请为之		依职权为之与依申请为之	依职权行为与依申请行为
	羁束行为与裁量行为		羁束行为与裁量行为	羁束行为与裁量行为

续前表

	美浓部达吉	白鹏飞《行政法大纲》	范扬《行政法总论》	当代中国行政法
行政行为	法律行为的与准法律行为的	法律行为之与准法律行为之		
			抽象的行政行为	抽象行政行为
				行政立法
			行政规章	行政规章
			行政规程	行政规定
			具体的行政行为	具体行政行为
	行政处分	行政处分	行政处分	
	公法上之契约	行政契约	行政契约	行政契约
			行政合同行为	
			准行政行为	准行政行为
	行政罚		行政罚	行政处罚
				行政许可
				行政指导
	行政行为之附款	行政行为之附款	行政处分之附款	附条件的行政行为
			行政处分之成立	行政行为的成立
	行政行为之效力	行政行为之效力	行政处分之效力	行政行为的效力
		拘束力	拘束力	拘束力
		确定力	确定力	确定力
		执行力	执行力	执行力
	行政行为之无效	行政行为之无效	行政处分之无效	行政行为的无效
	行政行为之撤销	行政行为之撤销	行政处分之撤销	行政行为的撤销
				行政强制措施
				即时强制
	行政上之强制执行	行政上之强制执行	行政上之强制执行	行政强制执行
	代执行	代执行	代执行	代执行
	执行罚	执行罚	执行罚	执行罚
	直接强制	直接强制	直接强制	直接强制
	强制征收	强制征收		
行政救济	行政上之争讼	行政争讼		行政争议
			行政救济	行政救济
	诉愿	诉愿	诉愿	行政复议
	行政诉讼	行政诉讼	行政诉讼	行政诉讼
				信访
				国家赔偿
	行政上之损害赔偿	行政上之损害赔偿	行政上之损害赔偿	行政赔偿
	行政上之损失补偿	行政上之损失补偿		损失补偿

附录 4 **外国（比较）行政法译介著作统计**①

国别	篇数	国别	篇数
美国	391（49）	俄罗斯	12（3）
日本	388（17）	荷兰	12
英国	132（27）	波兰、南斯拉夫、印度、意大利、瑞士	5
德国	131（15）	保加利亚、西班牙、奥地利	4
法国	111（7）	巴西、越南	0
韩国	41（4）	国外（或外国）	191
苏联	35	西方	57
澳大利亚	23	中外（或中西）	30
加拿大、瑞典	17		

附录 5 **《行政法学研究》文献引用统计**②

年份	引文总数	美国	日本	德国	英国	法国	苏联（俄）	其他国家	台湾地区
1993	88	7	1		3（2）	2	1	2（1）	3

① 本表根据宋华琳、苏苗罕：《外国行政法和比较行政法译文篇目年表（1977 年—2005 年）》统计。年表共收列著作 1 546 篇。

附录表格所列篇数，包括篇名显示某一国家的文章，从作者国别和文章标题推断讨论该国行政法的文章，以及涉及该国的多国比较文章（篇数在括号中标明）。“外国（国外）”、“西方”、“中外（中西）”等标题过于笼统，不计入具体国家，但检索结果附后。

② 《行政法学研究》的文章可能有些参差不齐，总体上也不是以原创性见长。但它作为行政法学专业唯一的核心刊物，时间跨度比较大，作者群体广泛，应当能够代表行政法学研究的一般状况。

引用文献，包括学术著作、法律文件、判例、领导讲话和媒体报道，不包括纯粹的外国法译文、介绍、考察报告。例如，陈建福的《制度行政程序法若干基本问题的思考》（1996.2）和《中美行政执行制度比较》（2001.1），提及大量的美、英、澳等国的文献，予以统计；《韦德的第七版〈行政法〉和最近英国行政法的发展》（1997.3）、《德国行政法学的先驱者》（1998.1）、《政府管制研究：美国行政法学发展新趋势评介》（1998.4）、《德国行政法学中行政主体概念的探讨》（2000.1）、《日本行政指导制度及其法律控制理论》（2001.3）等等，包含数量可观的注释，但没有统计。

本项统计关注引文的篇数，而不是引注的数目。一个引注中包括多篇引文的，分别计算；同一个文献在文章中重复出现的，重复统计。纯粹的说明性注释，例如“此处所称的行政行为仅指具体行政行为”、“联邦制是一种典型的分权方式”，不予统计。

引用的内容不但包括正统意义上的行政法学著作，也包括基本上属于法理学、政治学、经济学等学科的著作，例如，博登海默的《法理学法哲学及其方法》、孟德斯鸠的《论法的精神》。

涉及各国的引文，以翻译或者介绍外国法的著作为准，例如，王名扬的《法国行政法》、法国勒内·达维的《当代主要法律体系》。包含多国行政法的著作，例如，龚祥瑞的《比较宪法与行政法》、姜明安的《外国行政法教程》、胡建淼的《十国行政法》，根据正文指涉的内容归入相应的国家。域外学者撰写的外国行政法，根据其讨论所涉及的国别，归入相应的国家，例如，印度赛夫著、台湾地区周伟译的《德国行政法》一般归入德国。外国学者的著作，如果无法从正文判别其讨论的国家，则归入作者所属国家，例如，美国博登海默的《法理学法哲学及其方法》通常归入美国。马、恩、列宁的著作（数量不大）计算在引文总数中，但不计算到各自国家（地区）。

引用原文的数量已经包括在前面的统计中，但在括号内专门标出。转引的原文，不计算到原文中。

由于某些文章大量征引特定国家或者地区的文献，例如，台湾地区学者蔡文斌的《关于立法怠惰的国家赔偿责任》（1998.4）、《行政争讼与行政程序》（1999.4）、吴万得的《论行政立法的概念及其意义》（2000.2）、白维贤等的《中美行政执行制度比较》（2001.1），使得个别国家和地区的文献的引用率在特定年份被大大提高了。但在总体上，本表的统计仍然能够反映各自国家和地区的情况。

续前表

年份	引文总数	美国	日本	德国	英国	法国	苏联（俄）	其他国家	台湾地区
1994	108	16（3）	4		5	5	1	1	2
1995	173	27（8）	7	5	18（6）	15		6（4）	4
1996	285	31（16）	4	3	25（14）	11		27（22）	7
1997	361	56（2）	22	9（2）	20	18		4	18
1998	489	62（9）	34（2）	23	39（1）	25	2	16	64
1999	447	27（4）	25（1）	18	18	8	1	3	52
2000	559	26（3）	50（5）	25	27（9）	31		20	65
2001	581	67（26）	53（22）	31	20（4）	8		7	60
2002	678	47（4）	20	43（12）	15	24	1	7	83
2003	697	50（2）	33	53（2）	26（2）	19	3	8（1）	67
2004	1026	122（23）	48	86（1）	37（8）	24		16（1）	66
2005	809	114（30）	36	44	21	18	1	26（5）	56
总数	6 301	652（130）	337（30）	340（17）	274（46）	208	10	143（34）	547

参考文献：关于清末和民国时期行政法著作的研究

法学教材编辑部．行政法资料选编．北京：法律出版社，1984

北京图书馆编．民国时期总书目（1911—1949）·法律．北京：书目文献出版社，1990

中国政法大学图书馆编．中国法律图书总书目．北京：中国政法大学出版社，1991

叶必丰．二十世纪中国行政法学的回顾与定位．法律评论，1998（4）

田涛，李祝环．清末外国法学引进书目．附录：清末外国法学引进书目．中外法学，2000（3）

陈新民．公法学札记．第8篇“行政法学的拓荒者：浅介几本中国早年的行政法教科书”．北京：中国政法大学出版社，2001

何勤华．中国近代行政法学的诞生与成长．政治与法律，2004（2）

俞江．清末法学（1901—1911）书目备考．慕弘斋．http：//www.muhong. com/ReadNews. asp? NewsID=304

东亚经济一体化与法制协调

- 王贵松　美浓部达吉与中国的公法学
- 冯玉军　全球化背景下东亚共通法治的建构
- 杨东　论东亚经济一体化与我国的东亚法制协调战略

美浓部达吉与中国的公法学

王贵松*

中国近代法学的产生源自于清末的输入，而近代法学与以往的律学等的最大分歧就在于公法学，特别是宪法思想的贯彻。日本在中国近代法学的诞生中发挥了不可替代的举足轻重的作用，而美浓部达吉的公法学思想在中国的传播则是其中的杰出代表。

一、美浓部达吉其人其说

美浓部达吉（みのべたつきち，Minobe Tatsukichi），生于 1873 年 5 月 7 日，卒于 1948 年 5 月 23 日，日本兵库县高砂市人。1897 年东京帝国大学（后更名为东京大学）毕业后，在内务省工作。1899 年，留学于德国、法国和英国，三年的留学生涯大部分时间在德国度过，将研究中心置于比较宪法史，并醉心于德国公法学家耶利内克（G・Jellinek）的学说。1900 年就任东京帝国大学比较法制史助教授，1902 年（时年 30 岁）升格为教授，1908 年开始兼任行政法第一讲座，1911 年担任行政法第一讲座，1920 年开始兼任宪法第二讲座教授。[①] 先在东京大学开坛授课，后在一桥大学、法政大学、九州大学、早稻田大学等诸多大学讲学，弟子云集，其直接指导的学生宫泽俊义、田中二郎、田上穰治、柳濑良干、鹈饲信成、清宫四郎等亦成为日本战后公法学的一代名家。

美浓部达吉在法学研究上颇有建树，在政治上亦有一定影响。美浓部达吉一生勤勉有加，共有近百部著作问世，文章共计 593 篇。[②] 在那个没有电脑的爬格子时代，其写作速度是惊人的。美浓部达吉才思敏捷，记忆力过人，以至于写作时常常文不加点，便可直接刊行。其代表作五百余页的《宪法撮要》便是在短短

---

* 王贵松，法学博士，中国人民大学法学院副教授。本文发表于《比较法研究》2010 年第 5 期，114～125 页。

① 参见［日］美濃部達吉：《議会政治の検討》，581～585 页，人文书房，2003。

② 文章统计参见［日］松田義男編：《美濃部達吉著作目録》，2009-10-25，载http：//www5.ocn.ne.jp/～ymatsuda/。

的一个暑假之内写就，文不加点，几乎没有修改的痕迹。[①] 第二次世界大战后，已是古稀之年的美浓部达吉仍然笔耕不辍，在不到三年的时间里以超人的努力完成了《改订宪法撮要》、《新宪法概论》、《新宪法逐条解说》、《新宪法的基本原理》、《美国宪法概论》、《日本国宪法原论》、《选举法详说》、《行政法序论》等8部著作，令人惊叹不已。也许正是因为过于勤奋，身材瘦弱的美浓部达吉75岁便与世长辞，其战后行政法新著《行政法序论》成为其未完结的遗著。美浓部达吉的宪法学说由宫泽俊义继承、转而由芦部信喜发扬光大，形成今天日本宪法学的通说；其行政法思想由田中二郎继承、转而由盐野宏传承至今，形成当下日本行政法学的通说。时至今日，日本仍有不少学者在研究美浓部达吉的思想，其著作也一再重新印刷。[②] 美浓部达吉在日本公法学史上具有开创性的贡献，堪称日本公法学的鼻祖、宪法学和行政法学的一代巨擘，其地位无可替代。

二、美浓部达吉公法学在中国的输入

美浓部达吉未曾到过中国，其学说却在中国生根发芽遍地开花。这得益于美浓部达吉公法学自身的魅力，得益于中国早期公法学者的译介。

（一）美浓部达吉公法学的译著

据笔者的收集统计，美浓部达吉的著作被翻译成中文的合计23部。[③] 在外国学者的法学著作被译成中文的数量中，美浓部达吉首屈一指，无出其右，甚至在所有学科中也可能是著作被译为中文最多的一位作家。即便放眼世界法学，一国学者的著作被译成外文的数量，美浓部达吉可能也会空前绝后。被译成中文的美浓部达吉公法学著作如下表所示。

---

① 参见［日］清宮四郎：《美濃部達吉先生の人と学問》，载《法学セミナー》第157号，1969（4），145页。

② 美浓部达吉的著作多由有斐阁出版，其中《宪法撮要》、《日本行政法》、《日本国宪法原论》等著作由有斐阁自身多次重新印刷；还有其他出版社转印出版，如人文书房（ゆまに書房）在2003年时复刻了《宪法讲话》、《现代宪政评论》、《议会政治研究》三部著作；高见胜利于2007年编辑出版了《美浓部达吉著作集》（慈学社）；最新的研究论文有西村裕一的《美濃部達吉の憲法学に関する一考察》（载《國家學會雜誌》，第121卷第11～12号，2008（12），1 017～1 071页）等。

③ 该统计不包括同一个书名不同的译本。有学者还指出，另有两部书译成中文，其一是《商事行政法》，日本明治大学编印，其二是《法律概论》，上海，商务印书馆，1937。参见美浓部达吉著，黄冯明译，周旋勘校：《公法与私法》，校者前言第3页，北京，中国政法大学出版社，2003。但笔者未能核实，美浓部达吉并无此日文著作，前者即便查询明治大学图书馆网站亦不曾查得，故均未统计在内。另外，还有部分著作声明系参考美浓部达吉的著作而成，例如，杨树谷编的《地方制度》（政法学社，1904），亦未计算在内。

序号	书名	译者或编译者	出版社	时间	备注
1	地方制度要义	作新社译	上海：作新社	1903	
2	宪法泛论	袁希濂译	上海：普及书局	1905	
3	宪法讲义	王运嘉、刘蕃译	东京：宪学社	1907	
4	（改正）府县制郡制要义	汪郁年译	普及书局	1907	原著为1899年出版
5	行政法总论	熊范舆编辑	天津：丙午社	1907	
6	行政法各论	陈崇基编辑	丙午社	1907	法政讲义第一集第四册
7	国法学讲义	金泯澜编译	商务印书馆	1910	
8	比较宪法	刘作霖编	政法学社	1911	原著为美浓部达吉日本大学之国法学讲义（1905）。政法述义第三种。
9	选举法纲要	毕厚、张步先译	北京：内务部编译处	1918	原著《選挙法大意》1914年出版
10	日本公用征收法释义	李信臣编译	内务部编译处	1919	
11	日本警察法释义	李信臣编译	内务部编译处	1919	
12	宪法学原理	欧宗祐、何作霖译述	上海：商务印书馆	1925年初版 1927年二版	原著《日本憲法 第一卷》1921年出版第1版。2003年中国政法大学出版社重印。
13	议会制度论	邹敬芳译	上海：华通书局	1931	2005年中国政法大学出版社
14	日本行政法撮要（上、下）	杨开甲译	上海：民智书局	1933	原著1924年出版第1版
15	行政法总论	黄屈译	民智书局	1933	
16	行政裁判法	邓定人译	商务印书馆	1933	原著为1929年出版。2005年中国政法大学出版社重印。
17	行政法撮要	程邻芳、陈思谦译	商务印书馆	1934	据1933年日文第4版译
18	法之本质	林纪东译	商务印书馆	1936	原著为1935年出版。中文版1966年（台湾）商务印书馆重印；2006年中国政法大学出版社重印。

续前表

序号	书名	译者或编译者	出版社	时间	备注
19	公法与私法	陈正明译	汉口：陈正明律师事务所	1937	原著为1935年出版。黄冯明译本曾列入万有文库，汉译世界名著系列；1966年台湾商务印书馆重印；2003年中国政法大学出版社重印。
		黄冯明译	商务印书馆	1937	
20	日本新宪法释义	陈固亭译	台北：中正书局	1951	原著《新憲法逐条解説》为1947年出版
21	各国宪法源泉三种合编	［德］挨里捏克（现译W·耶利内克）原著，美浓部达吉原译，林万里、陈承泽转译	中国图书公司	1908	日文原著为1906年出版
22	欧洲大陆市政论	［美］埃尔巴德著，美浓部达吉原译，胡尔霖转译	商务印书馆	1907年第1版，1916年第4版	日文原著为1899年出版
23	世界最新之宪法	美浓部达吉原译，王揖唐转译	不详	1922	原著名为《欧洲諸国戦後の新憲法》，1922年版

美浓部达吉还有部分论文被译成中文。例如，（1）程鹏年译：《公共团体（公法人）之观念》，载于《新译界》第3号，1906年；（2）谷钟秀译：《地方自治会之意义及议会参事会之组织》，载于《新译界》第3号，1906年；（3）唐演译：《论日本宪法之立法事项及其范围》，载于《学海》第1年第2号、第3号、第4号（甲编），1908年①；（4）杜国庠译：《议会者国民之代表机关也》，载于《宪政新志》第8号，1910年3月，第95～102页；（5）明水编译：《最近欧美各国立宪政治之趋势》，载于《国风报》第2年第10号，1911年4月②；（6）王宏实译：《议会之质问权》，载于《学艺》第1卷第2号，1917年。③

美浓部达吉翻译的欧美的著作甚至也被转译为中文。除上表中德国著名国法学大师耶利内克的《各国宪法源泉三种合编》④、美国埃尔巴德的《欧洲大陆市政论》等图书外，还包括个别论文，如耶利内克（原译为耶里匿克）的《宪法变

① 上述三篇篇名参见何勤华、李秀清主编：《民国法学论文精粹》（第2卷·宪政法律篇），附录之“民国时期宪政论文篇名索引”，北京，法律出版社，2002。

② 该文收录于何勤华、李秀清主编：《民国法学论文精粹》（第2卷·宪政法律篇），844～854页，北京，法律出版社，2002。

③ 该文收录于何勤华、李秀清主编：《民国法学论文精粹》（第2卷·宪政法律篇），341～347页，北京，法律出版社，2002。

④ 具体包括《人权宣言论》、《论少数者之权利》和《历史上国家之种种相》。

化论》由美浓部达吉翻译成日文并加以介绍，再由杜国庠将其转译为中文，发表于《宪政新志》，后转载至《庸言》第一卷第17号、第18号（1913年）。[①]

（二）美浓部达吉公法学译著的特点

美浓部达吉有如此之多的著作被译成中文并不是偶然的。它是精心选择的结果，并具有可靠的翻译质量，这为其传播奠定了坚实的基础。

1. 精心的选择

明治时期（1868—1912）的日本公法学界以神权学派的国体论宪法学为主导，美浓部达吉以自由主义、民主主义的立宪学派形象出现，无疑给整个学界带来巨大的冲击。然而，这对于清末民初留学日本的中国学子来说，如一股春风拂来，美浓部达吉的讲学获得了广大学子的热烈欢迎。美浓部达吉的学说符合他们追求进步、寻找救国救民之路的需求。[②] 大正时期（1912—1926）直至昭和时期（1926—1989）初期天皇机关说事件发生之际，经过美浓部·上杉论争之后，美浓部达吉学说渐成主流，受到追捧也是理所当然。这一时期美浓部达吉的著作被译成中文是最多的。1935年天皇机关说事件之后，美浓部达吉学说受到打压，而1937年日本侵华战争全面爆发，此后对美浓部达吉著作的翻译陷于停顿。直至战后，才由与日本有颇多接触的陈固亭翻译了美浓部达吉战后的新著《日本新宪法释义》，在台北出版，这也是最后一本美浓部达吉的中译著作。

美浓部达吉公法学著作的翻译是精心选择的结果。例如，《宪法学原理》的翻译则完全由陈启修（惺农）先生介绍该书的文章（北京大学《社会科学季刊》第1卷第2号）所鼓动。陈启修1913年在东京大学攻读法科，并在新文化运动中扮演过重要的角色。陈氏在文章中称《宪法学原理》的长处在于原理的研究和及时的研究，在原理上可与耶利内克的《一般国家学》、狄骥的《宪法学》等相媲美，在及时性上更是独步于其他人。[③] 这种认识是十分专业性的肯定，翻译这样的人推荐的著作应当是值得信赖的。

2. 可靠的翻译

美浓部达吉公法学著作的翻译质量是可靠的，不仅翻译准确，而且译笔流畅。这得益于以下两个方面的保障：第一，译者均有留学日本的背景。这里列举一二。(1)《宪法泛论》的译者袁希濂（？—1950），1904年东渡，留学东京法政大学。(2)《日本行政法撮要》的译者杨开甲（1896—1973），1928年毕业于日本东京帝国

---

① 如此，德儒耶利内克的著作文章早在20世纪初就已借助于美浓部达吉而有了中文版，实在令人啧啧称赞。只是令人遗憾的是，现如今，这些作品已埋没于故纸之中。

② 李大钊1915年在早稻田大学读书的第一学年，其“帝国宪法”课的教授便是美浓部达吉（该门课的成绩为75分）。参见韩一德：《李大钊留学日本时期的史实考察》，载《近代史研究》，1989（1），305、307页。

③ 参见［日］美浓部达吉著，欧宗祐、何作霖译：《宪法学原理》，序第3～4页、译者之言第1页，北京，中国政法大学出版社，2003。

大学，回国后曾任国民政府考试院编译局编译。(3)《公法与私法》的译者黄冯明(1912—?)，1933年入九州帝国大学学习行政学，1937年毕业回国参加抗战。(4)《日本新宪法释义》的译者陈固亭（1902—1970），1932年毕业，公费赴日本入明治大学新闻科学习，毕业后在日本东京帝国大学新闻室任研究员。（5）林纪东(1915—1990)，于朝阳大学毕业后赴日本明治大学研究。(6)《耶利内克氏宪法变化论》的译者杜国庠（1889—1961），1907年东渡日本留学，相继进入早稻田大学留学生部普通科、第一高等学校预科，再升入第一高等学校。1916年秋，进入京都帝国大学政治经济科，于1919年毕业，取得经济学学士学位。留学时间长达12年之久。

第二，译者熟识美浓部达吉。前已述及，美浓部达吉在诸多大学讲学，弟子门生不计其数。美浓部达吉著作的某些译者就是曾聆听过美浓部达吉讲课的学生。“博士为机关人格说之倡导者，吾国法界人士之负笈东瀛者，多出其门。”[①] 例如，《宪法讲义》的译者王运嘉称，“美浓部博士，东儒之泰斗也，任东京帝国大学法科教授，今兼任法政大学讲席，译者从肄业焉”[②]。《行政法总论》的译者熊范舆指出：“本讲义为美浓部博士最近最详之本，译者亲临博士口授，复遍搜其平日讲义，皆无有较近且详于此本者，爰亟译之。”[③]《比较宪法》的编者刘作霖指出：“是编为日本美浓部达吉博士所口授，并参考其日本大学之国法学讲义编辑而成，揭领提纲，解说明晰，其重要在比较各国制度之同异，参以批评，使读者恍然于其得失利弊，而知所取法焉。”[④] 由此等熟识美浓部达吉的人士翻译其著作，其质量是有保证的。核对原文亦可发现，确实如此。

值得注意的是，美浓部达吉的某些中译著作是没有日文原著的。例如，李信臣1919年编译出版的《日本公用征收法释义》、《日本警察法释义》并没有日文版对应的书。美浓部达吉1936年才在有斐阁出版了《公用收用法原理》。《日本警察法释义》是根据美浓部达吉的讲义和《日本行政法》中的警察法部分而译出的。[⑤] 这从另一个侧面也反映出译者对美浓部达吉的熟识程度。

三、美浓部达吉公法学在中国的传播

美浓部达吉如此之多的公法学著作在中国得到了广泛传播，垂之久远，对中国的公法学的产生和发展发挥了重要的影响。

（一）对中国近代公法学的影响

清末民初的公法学者多接受日本的公法学教育，甚至直接受教于美浓部达

① ［日］美浓部达吉著，程邻芳、陈思谦译：《行政法撮要》，译者序，上海，商务印书馆，1934。
② ［日］美浓部达吉讲述，王运嘉、刘蕃译：《宪法讲义》，序言21页，宪学社，1907。
③ ［日］美浓部达吉著，熊范舆译述：《行政法总论》，行政法总论及各论例言，丙午社，1907。
④ ［日］美浓部达吉口授，刘作霖编：《比较宪法》，例言第1页，政法学社，1911。
⑤ 参见［日］美浓部达吉著，李信臣编译：《日本警察法释义》，例言，内务部编译处，1919。

吉，对美浓部达吉推崇备至，视其为“日本法学界的耆宿”、“宪法学和行政法学的权威”①。这里仅以民国期间的著作对美浓部达吉著作的引用为例，来说明美浓部达吉对近代中国公法学的影响。

在民国期间，朝阳大学法律科讲义为名声最大、影响最广的讲义之一，已至洛阳纸贵的地步。其中，钟赓言教授的《宪法讲义大纲》、《行政法总论》与《行政法各论》在很大程度上参考了美浓部达吉的著作。《宪法讲义大纲》着重参考的是《日本宪法 第一卷》（即中译本《宪法学原理》）和《宪法讲话》。《行政法总论》和《行政法各论》所承继的是美浓部达吉的《行政法讲义》、《日本行政法》（上下卷）。钟赓言系东京大学法学士，受到美浓部达吉的影响亦是理所当然。在传播外国法方面，如果说美浓部达吉是日本的 W. 耶利内克，那么或许可以说，钟赓言是中国的美浓部达吉，继承美浓部达吉，又不拘泥于美浓部达吉。

白鹏飞（东京大学法学硕士）系美浓部达吉的弟子，其《行政法总论》与美浓部达吉的《行政法撮要》无论在体系上还是观点表述上，均十分相似。白鹏飞坦承：“法学贵在发见，不贵在创设。世之所谓创设者，非妄即伪耳……倘是编能以抄胥之劳，为海内同治斯学者所谅，而助后进者以一苇之航，则区区之幸矣……是编出自吾师美浓部博士多年之指导……特志一言于此，以表谢意。”② 而白鹏飞的这一著作对其他行政法学者也有很大影响，不少书均将其列为参考书目之一。

范扬（东京大学法学士）在其《行政法总论》的主要参考书目中，除了列举了白鹏飞的《行政法总论》外，还列举了美浓部达吉的 4 部著作，分别是《日本行政法总论》及各论上卷二册、《行政法撮要》上下二卷、《行政裁判法》、《公法判例大系》上下二卷。③ 林纪东编著的《中国行政法总论》，共 118 个注释，其中学术性引证注释 27 个，除了多次提及范扬的《行政法总论》外，也对岛村他三郎、野村淳治、凯尔森、清水澄、佐佐木惣一等人亦有介绍或引用，但仍以美浓部达吉著作的引用介绍为最，共有 7 次引用，引用的著作分别为《公法与私法》、《行政法撮要》和《行政法总论》，并在美浓部达吉的名字前后分别冠以“日本法学大家”、“日儒”、“博士”之衔。④ 在宪法方面，章友江的《比较宪法》几乎各编各章均会引用参考美浓部达吉的著作，具体而言包括《宪法学原理》和《议会制度论》两部。⑤ 即便是没有加注说明或者列举参考文献，有的也能很明显看出引用了美浓部达吉的著作。例如，张知本（毕业于日本法政大学）的《宪法论》，在谈及公私法的划分、私法公法化的问题时应当是引用了美浓部达吉的《公法与私法》一书。⑥

---

① ［日］美浓部达吉著，黄冯明译：《公法与私法》，卷头语第 1 页，北京，中国政法大学出版社，2003。

② 白鹏飞编：《行政法总论》，导言，上海，商务印书馆，1927。

③ 参见范扬：《行政法总论》，266 页，北京，中国方正出版社，2005。（原为商务印书馆 1937 年第 2 版）

④ 参见林纪东编著：《中国行政法总论》，221、243、247、256、260、263 页，正中书局，1947。

⑤ 参见章友江编：《比较宪法》，好望书店，1933。

⑥ 参见张知本：《宪法论》，28～29 页，北京，中国方正出版社，2004。（原为上海法学编译社 1933 年出版）

即便是英美法或法国法背景的人，也会时常引用美浓部达吉的著作。举例而言，法国巴黎大学法学博士王世杰和哈佛大学哲学博士钱端升合著的《比较宪法》一书在谈及行政机关制定独立命令时就引用了美浓部达吉的《宪法撮要》。①留美的马君硕博士在其《中国行政法总论》中也多次引用美浓部达吉的观点（《行政法撮要》和《行政法总论》），例如，美浓部达吉主张的界定行政之控除说、行政法的界定、行政法与刑法的关系、行政习惯法、行政法学的研究方法、公法与私法的区别等。②

（二）对中国当代公法学的影响

在新中国，特别是在法学恢复和发展时期，美浓部达吉公法学仍能对中国当代公法学产生持续的影响力。在这一过程中，2003 年是一个分水岭。2003 年之前，美浓部达吉的著作或通过民国期间的版本，或通过台湾地区的重新印刷，在学术界仍有一席之地。以"法治国家"入宪后的 1999 年年初至 2002 年年底的 4 年计算，中国期刊网收录的文章共有 27 篇引用了美浓部达吉的著作③，其中，CSSCI 杂志、集刊上共有 18 篇文章 22 次引用了 6 部美浓部达吉的著作，其中《中国法学》有 4 篇文章 5 次引用之多。《公法与私法》共被引用 7 次，位居首位④，《宪法学原理》共被引用 5 次⑤，《法之本质》、《行政裁判法》分别被引用 3 次⑥，《日本行政法》、《行政法撮要》分别被引用 2 次。⑦ 当时台湾地区书籍仍较难获取，而民国时期的版本更是难以寻觅。十分难得的是，这些文章中多数引用的是民国时期的版本，

① 参见王世杰、钱端升：《比较宪法》，273 页，北京，中国政法大学出版社，1997。（原为商务印书馆 1936 年版）

② 参见马君硕：《中国行政法总论》，2、8、10、18、29、57 页，上海，商务印书馆，1947。

③ ［日］南博方著，杨建顺译：《行政诉讼和解的法理》（上、下）（载《环球法律评论》2001（1）、（4））中几次提及美浓部达吉的著作，因系日本学者的引用，没有统计在该数字中。另外，有两篇文章完全一致，以 1 篇计算。

④ 具体文章是童之伟：《法律关系的内容重估和概念重整》，载《中国法学》，1999（6）（2 次引用）；王克稳：《论市场主体的基本经济权利及其行政法安排》，载《中国法学》，2001（3）；朱晓喆：《自然人的隐喻——对我国民法中"自然人"一词的语言研究》，载《北大法律评论》第 4 卷第 2 辑（2001）；赵世义：《为私法正名》，载《中国法学》，2002（4）；熊伟：《论税收优先权与担保物权的竞合》，载《法学评论》，2002（4）；郁建兴：《国家与社会关系视野中的中国公法变迁》，载《浙江社会科学》，2002（5）。

⑤ 具体文章是刘嗣元：《宪政程序正义论略》，载《法商研究》，2001（3）；馨元：《宪法概念的分析》，载《现代法学》，2002（2）；熊文钊：《宪法是什么》，载《江苏社会科学》，2002（1）（3 次引用）。

⑥ 引用《法之本质》的文章是罗筱琦、陈界融：《交易习惯研究》，载《法学家》，2002（2）；罗筱琦：《"交易习惯"研究》，载《现代法学》，2002（2）；杨心宇、徐怀宇：《法的本体论思考——对苏维埃法概念的再思考》，载《政治与法律》，2002（2）。

引用《行政裁判法》的文章是朱芒：《日本的行政许可——基本理论和制度》，载《中外法学》，1999（4）；武乾：《论北洋政府的行政诉讼制度》，载《中国法学》，1999（5）；杨立宪：《论行政事实行为的界定》，载《行政法学研究》，2001（1）（系转引）。

⑦ 引用《日本行政法》的文章是朱芒：《外国法的意义与中国问题意识——简评于安：〈德国行政法〉》，载《法学》，2001（1）；温辉：《受教育权入宪研究》，载《法学家》，2001（2）（系转引）。

引用《行政法撮要》的文章是何峻：《行政权力与公民权利研究》，载《中共浙江省委党校学报》，1999（3）；何峻：《行政适当与失当》，载《探索》，1999（3）。

这一方面体现出学者治学的严谨，另一方面也显示出美浓部达吉学说无穷的魅力和生命力。

值得注意的是，上述文章中的《日本行政法》系日文图书，换言之，在某些人看来，今天的行政法学研究仍然需要征引美浓部达吉尚未译为中文的著作。在这一阶段，美浓部达吉日文著作被引用的还有《行政法序论》（有斐阁 1948 年版）。①

自 2003 年开始，美浓部达吉的 5 部著作——《公法与私法》、《宪法学原理》、《行政裁判法》、《议会制度论》、《法之本质》，经重新点校，在中国政法大学出版社“中国近代法学译丛”中相继出版。由此，美浓部达吉著作的引用率逐步攀升，人们对美浓部达吉这位百年前的日本学者的青睐不亚于当代中国的法学家。2003 年 1 月至 2009 年 12 月，根据中国期刊网的检索，共有 278 篇文章引用了美浓部达吉的著作。五本书均有引用，但引用率仍以《公法与私法》为最。以《中国法学》为例，共有 6 篇文章 8 次引用了美浓部达吉的著作，其中 6 篇文章均引用了《公法与私法》一书，《行政裁判法》则有 2 次引用。②

四、美浓部达吉公法学给中国公法学的贡献

美浓部达吉公法学对中国公法学的影响是持久的，对形成和发展中国公法学的贡献是卓越的，也是多方位的。这里仅选取美浓部达吉公法学中较有特色、对当下中国仍不乏现实意义的几点贡献予以介绍。③

---

① 引用的文章是：姚其立、抗维克、朱毅锴：《审批制度与行政体制的概念》，载《扬州教育学院学报》，2002（1），13 页。

② 《中国法学》的这 6 篇文章是：袁曙宏：《建立统一的公法学》，2003（5）；沈岿：《行政行为公定力与妨害公务——兼论公定力理论研究之发展进路》，2006（5）；童之伟：《宪法民法关系之实像与幻影——民法根本说的法理评析》，2006（6）；应松年、何海波：《行政法学的新面相：2005—2006 年行政法学研究述评》，2007（1）；赵红梅：《私法社会化的反思与批判——社会法学的视角》，2008（6）；邓刚宏：《论我国行政诉讼功能模式及其理论价值》，2009（5）。

③ 美浓部达吉最著名的思想莫过于国家法人说和天皇机关说，并与东京帝国大学教授国体论者的上杉慎吉展开论争（美浓部・上杉论争）。美浓部达吉在这一论争中获得了学界多数人的支持，其民主主义的志向获得了广泛的共鸣。应当说，明治宪法是由神权主义的国家主义的保守派人士制定的，美浓部达吉能在这种背景下获得论争的胜利是非常不易的。但其学说给人以反国体的印象，这一理论论争在军国主义甚嚣尘上之际，引发了政治上的轩然大波。1935 年，天皇机关说在国会中成为问题，被认为违反国体。随即美浓部达吉的《宪法撮要》等五部著作被禁止发行，美浓部达吉因此辞去贵族院敕选议员。这就是著名的天皇机关说事件。美浓部达吉的这一学说虽然在中国有一定介绍，但并没有发挥实际的作用，因为中国已于 1912 年在亚洲率先实现了共和制。关于天皇机关说的简单介绍可参见胡泽吾：《日本宪法学上天皇机关说之论争》，载何勤华、李秀清主编：《民国法学论文精粹》（第 2 卷・宪政法律篇），1011 页以下，北京，法律出版社，2002；何勤华：《20 世纪日本法学》，255～258 页，北京，商务印书馆，2003；［日］宫沢俊義：《機関説事件と美濃部達吉先生》，载《法律時報》第 20 卷第 8 号，1948（8），42 页以下；详细介绍可参见［日］宫沢俊義：《天皇機関説事件》，东京，有斐阁，1970。

（一）公法学的古典自由主义底色

“日本宪法学者中从自由的进步的立场解释宪法者，自然首推美浓部达吉氏。美浓部是个自由主义者，为适应时代的发展，在解释宪法学上极力与传统主义者及保守主义者争战，凡关日本宪法有陷入半封建性或保守性的可能者，伊总极力回避，而代之以自由的进步的解释。美浓部氏这样促成资本主义的发展，并助长宪法政治的建设，所以成了日本宪法的权威者。”① 国家法人说和天皇机关说便是其自由主义、民主主义的最好表征。美浓部达吉身处君主立宪时代，虽然仍难以脱离忠君思想的羁绊，但比较当时的传统观念，其思想无疑是进步的、自由的。而且，由于中日两国政治背景的不同，美浓部达吉对天皇制的忠诚并没有影响到中国。

在行政法学方面，美浓部达吉的自由主义思想体现得也较为明显。从小的方面来说，后述的依法律行政论、美浓部三原则即是明证。如果从对中国的贡献的角度来说，最大的贡献莫过于行政法学的三段式体系：行政组织法→行政作用法（行政行为法）→行政救济法（行政争讼法）。首先是从组织法上确定行政机关的权限；再从行政权运行的角度看如何规范行政权；最后如果行政权侵犯了私人的权益，如何施以行政救济。这在本质上是一种控权论的路径，体现的是古典自由主义的脉络。不信任行政权，防止行政权不当干涉私人的领域，这是其行政法学诸多原理的出发点。美浓部达吉一方面较为信赖国家权力，另一方面又设计了一套制度来防止行政权为非作歹。美浓部达吉的这一体系为中国行政法学所继承，历经百年未曾动摇，即便是 80 年代管理论盛行之际亦是如此。其原因在于，80 年代中国大陆行政法学者的知识给养部分来源于台湾学者管欧、林纪东、马君硕等人的著作②，而后述这些学者无不受到美浓部达吉的影响。

（二）法解释学的实证路线

在美浓部达吉的著作里，充斥着法解释学的基本路径，他试图用法学的方法而不是政治学或者其他学科的方法去解释宪法和行政法现象。最为明显的是他十分强调宪法学的法学性。美浓部达吉在其《宪法学原理》一书中有一个非常特别的安排，名为“宪法学原理”，却以“法”开篇，谈法的本质、法学的任务和研究方法、基本观念等，此后 4 章分别谈国家、统治权和主权、国家的

① 胡泽吾：《日本宪法学上天皇机关说之论争》，载何勤华、李秀清主编：《民国法学论文精粹》（第 2 卷·宪政法律篇），1013～1014 页，北京，法律出版社，2002。

② 例如，姜明安教授在读大学时期，课余时间在图书馆看了一些国民政府时期法学教授写的行政法著作，如马君硕的《中国行政法总论》、管欧的《行政法各论》、林纪东的《行政法提要》、陈体强的《英国行政法论》等。参见姜明安：《风雨潇潇曾几何——忆北大法律系 77 级的老师、同学》，载《法制日报》，2007-05-27，第 14 版。

组织、立宪政体，最后一章才是“宪法”。这一安排可不是严重“跑题”，而是与其自身的定位相关的。它是从法学的角度对宪法进行原理性的分析，而且它只是“日本宪法”的第一卷。遍观美浓部达吉的著作，他十分注重现行法的规定及其适用，即便是在《公法与私法》这样原理性的著作中亦是如此。该书除了引述德国、法国的判例学说之外，还大量引用了日本的立法和大审院的判例，判例信手拈来，或褒或贬，所增添的不仅是著作的可读性，更多的是公法学的实证性。

而这种法解释学的研究方法对中国近代的公法学具有相当大的影响。宪法是一门政治性很强的法，可以从政治学的角度去研究，也可以从法学的角度去研究。在清末民初，政治学的研究路径占据主流，在美浓部达吉公法学传入之后，作为法学的宪法学逐渐形成，开拓性的代表者为钟赓言的《宪法讲义大纲》和白鹏飞的《宪法及宪政》，他们均沿袭了美浓部达吉的法解释学的实证路线。在行政法学领域，自日本行政法学传入之始，便是遵循了法学的路数，美浓部达吉的著作更是推波助澜，将这种路径贯彻到底，以至于到新中国建立之前，行政法学没有发展出法学之外的诸如法社会学、法史学的研究路径。在新中国建立之后，整个大陆公法学界在研究方法上出现转向，阶级分析的方法充斥其间。但台湾地区的公法学研究仍在延续法解释学的实证传统，林纪东的 4 卷本《“中华民国宪法”逐条释义》（三民书局）更是将其推至极致。在改革开放之后，台湾地区的著作通过各种形式影响大陆，大陆行政法学在短暂地偏离之后，重新回归到法解释学的路上来①；而宪法学则在政治学等方法之外重新建立起了法解释学的研究方法。

（三）公法与私法的相对二元论

公法与私法的划分虽然由来已久，但从原理上探究两者之间关系的著作却是少见的。《公法与私法》一书是美浓部达吉在天皇机关说事件后于 1935 年年底写就的一部著作，1937 年就在中国同时出现了两个中文译本，一方面足以验证该书的魅力，另一方面也可证明当时中国学者把握美浓部达吉乃至日本法学的及时性。该书对公法与私法的区别及其关系作出了全面的归纳和积极的探索。美浓部达吉反对凯尔森的公法与私法一元论的观点，但也反对过分强调两者的区别，认为两者并非性质完全不同、适用的原理各异，两者之间有关联，可以相互转换。该学说可以称之为“公法与私法的相对二元论”。

该书自翻译出版以来，一直颇受青睐。林纪东先生曾言，日本法学大家

---

① 那种认为中国当代行政法学在方法上最紧要的是建立法解释学（或法教义学）的观点，是不妥当的，它完全无视了中国行政法学自民初至今的优良传统。是否广泛存在法解释学与解释技术是否发达是不同的问题。

美浓部达吉的《公法与私法》“就公法与私法之区别、公法与私法之共通性及特殊性、公法与私法之关联等问题，剖析甚详，洵值一读”[①]。以至于出版之后，每每谈及公法或私法，甚至民法学者在界定民法的私法属性时，都会引用该书。即便在当前，或许正是因其契合了时下的“公法热”与建设法治国家的社会需求，该书仍有很高的引证率，而且在美浓部达吉的中文著作中引用率最高。

（四）依法律行政论

美浓部达吉曾留学德国，并在1903年就将德国行政法学之父奥特·玛雅（Otto Mayer）的《德国行政法》译成日文（四卷），积极传播其法治国的思想。美浓部达吉在其行政法著作中常以权力分立开篇，将其立足于立宪政治，如此以法治主义为原则便顺理成章。他一再强调行政权的作用要严格依据法律，明确行政权的界限，这也显示出其自由主义、民主主义的志向。起初，他论及行政与法律的关系时基本上直接转述奥特·玛雅的观点，即法律保留、法律的最强力和法律的拘束力三点[②]，后来则将其具体化为4个原则：第一，行政权之作用，不得与法规相抵触；第二，行政权若非以法规之根据为基础，则不得命令人民以义务，或侵害其权利；第三，行政权若非根据法规，则不得对于特定人免除法规所规定的义务，或为特定人设定权利；第四，即使行政权的自由裁量为法规所准许，其裁量权亦须依所准予之界限，遵循其所准予之内容，服从法规的限制。[③]

美浓部达吉的这种关于行政与法律之间关系的界定，亦为中国公法学者所接纳。白鹏飞在其著作中几乎原封不动地照单全收。[④] 后来，马君硕虽然从美国法的角度将其表述为“行政上之法律支配”或“法治行政”，但在内容上与美浓部达吉的观点并无多大的差异，只是将其扩充为5点要求：第一，行政行为须遵守法律而不得与法律相抵触；第二，限制人民自由及权利或使负担义务须有法律根据；第三，为人民设定权利或免除义务须有法律根据；第四，行政上之羁束裁量行为仍须合于法规要求；第五，应以法律规定之事项不得以行政命令定之。[⑤]

（五）美浓部达吉三原则

美浓部达吉曾就自由裁量行为提出了三点判断标准：“第一，侵害人民之权利，或命人民负担，或限制其自由之处分，无论何者，均不得为自由裁量之行

① 林纪东编著：《中国行政法总论》，221页，正中书局，1947。

② 参见［日］美浓部达吉著，熊范舆译述：《行政法总论》，13～17页，丙午社，1907。

③ 参见［日］美浓部达吉著，杨开甲译：《日本行政法撮要》（上卷），15～28页，民智书局，1933。

④ 参见白鹏飞：《行政法大纲》（上卷总论），16～22页，好望书店，1935。

⑤ 参见马君硕：《中国行政法总论》，49～53页，上海，商务印书馆，1947。

为。第二，为人民新设定权利，及其他与利益于人民之处分，法律除特与人民以要求其利益之权利外，其原则皆为自由裁量之行为。第三，不直接发生左右人民权利义务效果之行为，除法律特加限制者外，其原则皆为自由裁量之行为。”① 这被称之为“美浓部三原则”。该学说是美浓部达吉行政法学的一大特色，也成为东京学派区别于京都学派的一个重要内容。该学说对中国行政法学也产生了重要的影响。

以民国为例，白鹏飞在其著作中写道，“法律问题之自由裁量，非适合于公益与否之裁量，乃何者为法规所要求之裁量也。或人民负担义务，限制权利，设定特权等，惟限于国法所认许者，方得为之，纵成文法规并无限定，而许行政权以自由裁量，此际行政机关，亦仅可对于各个事件，考察其何者为国法之所要求而决定之耳，倘其裁量错误，而命人民以不当负担之义务，限制不当限制之权利，即为裁量权之误用，与违法与裁量权之超过同”②。这一认识可谓对美浓部达吉三原则的继承。陈新民教授曾言，“白鹏飞早在 1927 年已对自由裁量的观念作了极清晰的分析。相形之下，中国行政法学及实务迄今对裁量概念仍有甚多的误解与不清，岂不令人慨叹再三！”③ 而白鹏飞的思想正是来源于美浓部达吉。以当代中国为例，现任最高人民法院法官王振宇认为，授益性行政行为还是侵益性行政行为的性质是影响法院审查行政裁量的因素之一。“法律没有规定时，不得对公民作出不利处分，这是法律保留原则决定的，但是法律保留并不禁止行政机关对公民作出授益性处分。也就是说，行政机关在这时有较大的自由裁量权。”④ 王法官的观点很明显受到了美浓部达吉三原则的影响，他还运用了日本行政法学上“处分”的概念。

五、垂范长久的美浓部达吉公法学

沧海横流，方显英雄本色。虽然美浓部达吉公法学在今天已显出这样或那样的不足，虽然美浓部达吉的个别著作已沉寂于故纸之中，但它的主体部分仍然光彩夺目，仍是我们案头不可或缺的著作。美浓部达吉公法学历经百年青春依旧，令人感慨欷歔。这种生命力来源于美浓部达吉比较法学的深厚功底，植根于美浓部达吉自由主义的赤子情怀。近百部著作、近六百篇文章，仅从数量上亦可折射出美浓部达吉的努力拼搏。而在国家主义猖獗的年代，美浓部达吉却能极力倡导

① ［日］美浓部达吉著，邓定人译：《行政裁判法》，98 页，北京，中国政法大学出版社，2005。(原为商务印书馆 1933 年版)

② 白鹏飞编：《行政法总论》，8～9 页，上海，商务印书馆，1932 年国难后第 1 版；白鹏飞：《行政法大纲》(上卷总论)，21～22 页，好望书店，1935。

③ 陈新民：《公法学札记》，221，北京，中国政法大学出版社，2001。

④ InWEnt 德国国际继续教育与发展协会、最高人民法院行政审判庭、国家法官学院编：《中德行政法与行政诉讼法实务指南——中国行政法官实践手册》，138 页，北京，中国法制出版社，2008。

自由民主主义，即便面对惊涛骇浪，亦无所畏惧，笔耕不辍。在当时的专制体制下，美浓部达吉及其公法学虽不免历史的局限，但仍有其用武之地，仍显示出独特的魅力。美浓部达吉本人直接培养了中国近代的诸多公法学人，其风骨和懿德也深深感染了当时的公法学者；体系完整、横跨宪行的美浓部达吉公法学直接哺育了中国早期的公法学，也给中国公法学的形成和发展提供了不竭的给养，从理论体系到具体的观点均为如此。美浓部达吉的勤勉、风骨和业绩，值得记取。

这里不妨引述商务印书馆对金泯澜翻译的美浓部达吉《国法学讲义》的介绍，该介绍可作为美浓部达吉公法学的一般评价：

美浓部达吉，日本公法学者之巨子也。本书有四长：一可为完全法学，专就法理观察，无政治见解历史情感搀于其间；二可为世界法学，说明共通法理，不偏于一国一地之特别情形；三可为经验法学，所说明者为现代法律现象，不徒骋于理想；四可为真正法学，力倡国家为统治权主体之论，一扫往日之陈言。[①]

该介绍最后还有一句对翻译的评价是“译笔尤雅畅明亮”。以雅畅明亮的笔调精准传递出的博大的美浓部达吉公法学思想，若不能在中国产生持久的影响，恐怕也是一件咄咄怪事吧。

---

① 该介绍刊登于筧克彦讲授、陈时夏笔述之《国法学》（商务印书馆 1912 年 5 月第 5 版）的封底版权页。

全球化背景下东亚共通法治的建构

冯玉军*

一、引言

毫无疑问，全球化的兴起预示着一个新时代的来临。全球化是当代世界的发展潮流与客观趋势，它深刻地触动和改变了世界经济、政治、法律、文化的格局，其影响所及，对每一个国家的发展现状与前景都产生出难以估量的后果。与此同时，全球化也还从实践领域向意识、思想领域扩散，成为人们思考问题、观察世界的新背景和新的视角框架。①

全球化背景下世界法律的“多元”，是基于历史的不可截断性和不可替代性，与众不同的人文、历史和自然地理条件下产生的民族文化、民族传统、集体认同、主权国家利益相适应的多元法律制度框架。它是在主权国家制定法基础之上国家与社会、制定法与习惯法、国内法与国际法、世界法与民族法相互统一的多元法律秩序的重叠，全球化背景下世界法律的“统一”，则是在多元中共存，在同一中分异；把那些属于全人类的东西从隐藏于阶级、民族、国家的形式中分离出来，把那些本来就具有非制度化的东西从已被制度化的禁锢中解放出来，并通过彼此间经济、政治、文化的互相适应、互相趋同，最终实现一系列矛盾的协调和消解。由此可见，法律对全球化回应的过程，就是一种法律多元秩序的互融共存的过程，其地区性中含有全球性，全球性并不抹杀地区性，而是体现在地区性之中，并受到地区性的影响。

从传统法律走向现代法律，从法律封闭走向与全球法律共存共荣，是法律文明史的必然趋势。当前，随着东亚地区经济一体化与政治合作的不断加深，建立东亚法学研究、法律教育和法制实践的互动机制，促进东亚共通法治建构的呼声

* 冯玉军，中国人民大学法学院教授、博士生导师。本文删去了部分重要的注释和正文内容，如希交流，请与作者电邮联系：yujunvon@gmail. com。

① 澳大利亚学者M. 沃特斯（M. Waters）就此评价说：“就像后现代主义是80年代的概念一样，全球化是90年代的概念，是我们赖以理解人类社会向第三个千年过渡的关键概念。”See Water . Malcolm, Globalization, London: Rout ledge, 1995, p. 179.

日益提高，并成为近年来东亚各国法哲学和法社会学发展的重要动向。本文借助于全球化背景下新法律与发展运动的视角，考察了实践中的东亚法治的既有成就与缺陷，在总结东亚所面临挑战与问题的基础上，着眼于东亚法律文化和社会治道的会通与创新，提出若干可行的思路。

二、东亚法律发展的历史阶段

众所周知，东亚首先是一个地理概念，它泛指欧亚大陆太平洋沿岸的边缘或半边缘地带，包括中国、朝鲜半岛、日本和东南亚。东亚也是一个文化概念，它在历史上是以中华文明（特别是儒家文化和佛教文化等）为核心形成和发展起来的，宏博深邃，源远流长，具有内在的共通性和相当强的内聚力。在法律传统上，东亚各国和地区在古代大都受到"中华法系"的影响，注重社会秩序的稳定、人人（自）关系的和谐以及多元纠纷解决机制的综合使用，进而形成了一个不同于西方的、有着鲜明东方特色的法律传统。19 世纪中期以降，东亚诸国被西方列强拉进了世界性的现代化进程，普遍经历了或正在经历着巨大的社会变革。这一过程在法律上的表现就是亚洲各国"法治"的百年实践，学者们通常称之为"外发型"或"追赶型"的法制现代化进程。而东亚国家法的近现代化，与欧美法密不可分，这也是一个不争的事实。当前东亚地区，特别是中、日、韩三国法律体系中的各项制度、原则和用语，许多都是从欧美（中韩两国后来遭受日本侵略，又全面借鉴了日本法）移植或改变而来，只是又考虑到本国的国情和文化传统而有所变化，原本来自外域的法律已然成为现代东亚法不可分离的重要的主体部分。

对于过去一百多年来东亚法律发展的历史进程，学界有多种阶段划分观点。而依本人观点，大体可分为三个主要阶段：

（一）殖民时代的"变法改制"阶段（19 世纪中叶至 20 世纪上半叶）

在南亚次大陆、新加坡、马来西亚、泰国以及中国香港地区，作为英国的殖民地移植了英国法；越南作为法国的殖民地移植了法国法；日本以 1868 年"明治维新"为起点，推行"君主立宪"和"脱亚入欧"的国策，照搬欧陆德国之法，力促法制现代化；韩国（一定意义上还包括中国东北和台湾地区）则在日本占领时期也出现了本土法律"殖民化"的情况。[①] 相形之下，从清末到中华民

① 一些西方法律史家对这场世界范围的法律移植运动评价极高。他们认为，西方（罗马）人对人类已知世界的征服共有三次：第一次是凭借武力，第二次是传播宗教，但都以失败而告终，第三次以法律征服世界，这次成功了。其最终的结果，是日本、韩国、中国台湾地区、泰国等，分别继受德国民法；中国大陆、越南、朝鲜则通过对前苏联法律体系的继受，间接地归属于大陆法系的影响范围（其中越南还受到法国民法的重要影响）；新加坡、中国香港等地则受到普通法系的显著影响。

国，我国法律则经历了更为复杂曲折的变迁过程，具体包括以下五个时期：（1）从19世纪40年代的第一次鸦片战争至60年代开始的洋务运动。林则徐和魏源称赞并主张学习西方先进的政治与法律。（2）从洋务运动到1898年“戊戌变法”。清朝政府在内外交困的情况下，不得不开始适度向西方学习，在经济制度、政治体制和法律运作方面进行改革，从而出现了学习、移植西方先进技术和接受西方先进制度的洋务运动。[①]（3）戊戌变法期间，中国掀起了移植西方法律的高潮。以康有为、梁启超为代表的维新派利用办学、办报等多种途径，宣传自己的变法主张。1898年6月11日至9月21日，光绪皇帝连续发布一百多道上谕，从各方面进行变法，其中大部分内容都涉及学习借鉴西方的思想与制度方面。（4）从1901年清政府宣布法律改革至1911年辛亥革命的修律活动。清朝统治者下诏委派沈家本、伍廷芳“参酌各国法律”进行修律。据统计，这一时期清政府修订法律馆共翻译外国著名法典与法学著作约九十种，制定或修订了《大清新刑律》、《大清民律草案》等十多部主要法典和法典草案，1910年，在沈家本的资助和支持下，京师法律学堂学员熊煜、王克忠等成立了北京法学会，法学会内设法政研究所，主办有《法学会杂志》，印行范围颇广。（5）中华民国时期（1912年1月至1949年1月），全面借鉴了西方成文法，制定了包括宪法、行政法、民商法、诉讼法等在内的一系列法律，编纂而成《六法全书》，并尝试在全国范围内推行，但其法治实践在大陆因战事而中断，而随着蒋氏统治败退台湾而在台湾地区继续施行。

（二）“冷战”时期凸显意识形态的“法律发展”阶段（“二战”以后至20世纪70年代末）

1945年以后，整个世界格局形成了以原苏联为首的社会主义国家和以美国为首的西方国家两极对峙的“冷战”状态。处在冷战前沿的东亚地区在所难免。一方面，中国、朝鲜、越南、老挝等国家在民族解放建国之后，主动学习和借鉴原苏联的社会主义法律体系及法律观念，共同形成了“社会主义法系”国家。以中国在20世纪五六十年代大规模学习、移植苏联法为例，首先在1949年10月彻底废除了“国民党政府的伪法统”和《六法全书》，整个50年代至60年代初，更是“一边倒”地派遣许多优秀青年前往苏东社会主义国家学习法律，同时邀请苏联法学专家到中国人民大学法律系讲解苏维埃法，而后再由该系年轻教师们向广大工农兵学员以及其他院校的法律教员进行转授。在此过程中，逐渐培养出了新中国法学的代表性人物，也造就了中国人民大学法学院成为中国法学教育“工作母机”的历史地位。另一方面，日本、韩国、新加坡、菲律宾等国家先后完成了亚洲第二波现代化，并以不同的方式全面移植和改造了西方法律，其中尤以美

① 参见陈鹏生主编：《中国法律思想通史》近代卷，63页，太原，山西人民出版社，1996。

国的宪政架构（三权分立、司法审查制度等）更成为日、韩等国法制设计的模本。特别值得一提的是，六七十年代欧美国家还以“援助第三世界”为名，向一些欠发达的东南亚、南亚国家派出“和平队”，以传播西方法律模式或者帮助所在国进行立法和法学教育方面的改革，通称“法律与发展运动”①。以上发生在社会主义和资本主义两大阵营的法律移植与发展虽然外在表现有所不同，但其实质都是后发国家基于意识形态的原因而向核心国家学习和移植法律，借以推动本国法律与法学的发展。

经历了“文革”之后，中国政府提出推行改革开放走中国特色社会主义道路的主张，从而既放弃了无条件移植原苏联法制的幼稚时期，又告别了“砸烂公检法”、“运动治国”的无政府主义，进入到一个重新审视和理解法律与发展的新阶段。

（三）兼顾“全球化”和“本土化”的“新法律发展”阶段（20世纪80年代至今）

日本是东亚第一个实现工业化的非西方国家。基于多种因素，它的经济高增长从20世纪50年代开始起步，并把这一势头带进了60年代和70年代的大部分时期。而与经济迅速发展相适应，自20世纪80年代以来，日本在政治和法律方面也越来越强调在适应国际基础上的独立性，希望全面而深入地推进其国内法律改革，走出一条以继受法为主，考虑本国国情的法律发展之路。

以韩国、新加坡、中国香港地区、中国台湾地区等为代表（亚洲“四小龙”）的新兴工业化经济体（NIEs）承接了日本经济起飞之后的比较优势，主要利用劳动密集型制造业和对外贸易实现了东亚经济增长和一体化的第二次浪潮。与此相应，这些国家和地区在参与国际经济分工的过程中，社会日益发展，其内部的民主法制建设和改革也渐趋深入，并在法制建设、法律教育和法学研究的国际化与先进化方面取得显著成效。

回顾20世纪70年代末80年代初改革开放的中国，除了坚持市场取向的经济体制改革和对外开放之外，以民主与法制为核心内容的政治体制改革也是成果丰硕：对内构建“中国特色的社会主义法律体系”，不断加快经济立法，制定新法、修改旧法、废除不适应形势的旧法律法规，推进司法改革，加强依法行政，从而使得“依法治国”的口号成为时代的最强音之一；对外则广泛吸收和借鉴了西方发达国家的法律制度，在人权保障、物权法定、合同自治、外商投资、国际贸易、知识产权、环境保护以及法律宣传和教育领域全面“与国际通行做法接轨”。对此，30年来不断强调法律现代化、国际化的一个显著标志就是，持续转

① ［美］安·塞德曼和罗伯特·塞德曼：《发展进程中的国家与法》，冯玉军、俞飞译，北京，法律出版社，2006。

型的中国社会也已经有了越来越多的法律，越来越多的法律工作者和法学教育机构，以及越来越多的现代法治因素。当然，单纯数量上的增加未必是中国法律走向现代化的必然要求，提高法律教育和人才培养质量才是法律发展的内在逻辑。而在以建构社会主义和谐社会为目标的今天，重视和加强对优秀传统法律文化的挖掘又成为题中应有之义。有鉴于以上重要因素，我们可以判断，当今的东亚地区已然进入一个坚持“东西交融”、“全球化”与“本土化”兼顾的新法律发展阶段。

三、东亚法治进程的区域发展特征

纵观东亚国家和地区的法律演进和法学发展的历史，可以看到，其法制现代化进程并非一帆风顺，而是困难重重且多有反复。“幸福的家庭大都相似，而不幸的家庭各有各的不幸”。东亚法治进程的诸多（兼有利弊）问题与独有特征大致包括以下几个方面：

（一）从法哲学和认识论层面看，“西方中心”的历史本体论使得“法治”概念本身以及一切与法律进步性有关的阐释话语都打上西方强势文化和霸权话语的烙印。

如果从历史本体论角度观察的话，通常被很多人视为人类一项伟大历史成就的“法治”，其实并非毫无偏私的自然选择，而是有其价值偏向和意识形态歧视的。众所周知，法治渊源于西方世界，经过近代欧洲“三R运动”的积累酝酿，初步形成于启蒙运动时期，伴随着数百年来西方世界的物质、精神以及制度文明在全球范围的扩张，它也逐步征服和取代了种种非西方的“地方性”法律形态，成为“现代”打破“传统”、进步推翻落后、文明战胜愚昧的革命利器和制度法宝。作为“现代化”事业的有机组成部分，“法治”获得并占据着某种支配性话语权力和应然地位，并成为我们这个时代的主流意识形态。时至今日，走向法治、实现法治已成为世界各民族和文明社会的共同选择。对于他们而言，法治不仅是可欲的，而且是必然的，其正当性不证自明。这方面的一个重要例证就是以“法治”为核心的西方制度文明在亚洲诸国和地区间的普遍移植与推广。

东亚是世界文明的重要发源地之一，有着古老悠久的历史传统。千百年来，逐渐形成了自己独特的多元民族文化以及与西方形态迥异的国家政治体制，创造了极为重要的人类精神文明成果。特别是以儒学思想为核心的东亚文明共同体，更是在长期的历史发展中，形成了自己独特的社会秩序理念和法制调整模式，千年传承未曾断绝。但是东亚国家和地区在学习、移植西方法律的同时，也出现了以“西方”标准对传统全盘否定和无条件自我批判的错误做法，片面追求民主、正义的抽象理念，形式主义的法条“法治”大行其道，推行“整体移植”或法律“大跃进”，从而造成了法律与固有文化传统、法律制定与法律执行之间的巨大鸿沟。本质上讲，西方法治传统并非什么“万灵药”或“百宝箱”，它很难超越国家、民族的区隔及其自身特殊的经济利益追求。作为社会治理手段之一的法律制度，也绝非一个自给自足的演绎体系，而是一种实践理性活动，是在现有的知识基础上对尽可能多的因素进行综合性思考基础上的判断。按照美国学者波斯纳的观点，在各民族和国家的实践中，并不具有统一的法理学。法理学可以是具有民族文化特色的，因为不同的民族会有不同的法律概念、法律制度和实践。① 事实上，西方法律在东亚“现代化”的过程中的确遭遇到当地法律文化和原有法律传统的顽强狙击。西方的法律原则与本地的法律传统之间的差异很大，很难在短期内相互结合和融合，常以多种方式发生冲突，其结果就是在殖民地、半殖民地形成了一种法律多元化状态，即两种或更多的法律相互作用的状态。②

（二）从法律发展特征上讲，不同于由社会自身力量的内部创新而形成的西方“内生型”法律变革，东亚地区的法律现代化走的是一条“外发型”道路，它是在国际环境影响下，整体社会受到外部冲击而引起内部的思想和政治变革进而推动法律变革的道路。其变革通常沿着“法律程序——法律规范——社会法律意识形态”的次序进行。

这一点，从日本、中国韩国前后相继，推进法律现代化的进程可见一斑。按照有些学者的观点，外发型或者追赶型法律现代化诚然可能具备某种“后发优势”，如可以选优汰劣，节约试错时间和避免失误，便于直接移植成功的典范等。但是，由于法律移植与社会文明调适的内在紧张，这种“后发优势”往往又转变为“后发劣势”。其鲜明的缺点，在于存在着以立法为本位、信奉法条主义以及法律的社会成本普遍偏高的“法治浪漫主义”症候。以近年来中国社会的法治变革为例，虽然在全面加快立法、推行司法改革、严格行政执法、增大法律相关投入等的作用下，人们收获了一定的社会稳定和法制成果，但同时也付出了相当巨大的成本代价，各种显性的和隐性的社会矛盾、社会危机也随之增多，社会整体系统内部出现了结构性失衡与程序紊乱的问题。③

显然，只是一味地在纸面上“加快立法”和移植西方法律，迷信于若干条外来的理想化的法律原则和逻辑自洽的规则，而不去考虑社会公众的现实生活及其具体诉求，未做到真正意义上的“以人为本”，就很容易造成这些法律的“水土

---

① 参见［美］波斯纳：《法理学问题》，苏力译，北京，中国政法大学出版社，1994。

② 从日中韩三国相继移植《德国民法典》以及其他各种从西方引入法律的实践结果来看，显然都未能结出理想的果实。全盘照搬的民法典在这三国都长期存在水土不服、橘逾淮而为枳的现象。韩国学者尹大奎教授就此分析说：“引入的西方式法律体系在韩国未能像在其欧洲母国那样恰当地发挥作用。这一失败或可归因于人民的消极态度，延续着旧时代携来的一系列负面的政治、经济和社会因素。考虑到其环境与西方的完全不同，这样的失败似亦无可避免。”参见 Pyong-Choon，Hahm，The Korean Political Tradition and Law：Essays in Korean Law and Legal History，Seoul：Hollym Corp.，1967，pp. 206-207。

③ 详细内容参见冯玉军：《法律的成本效益分析》，兰州，兰州大学出版社，2000。

不服”，产生官方以及法律人给予的“纸上正义”同社会民众所要求的实质正义之间横起的一堵高墙。的确，只有法律程序和规范的文本并不能无代价地带来社会正义，也很难在不损害原有民族文化传统的基础上建构具有东方特色的法制文明。与过去相比，中国的法律数量更多了，可又有谁敢说今日中国的社会公正就多了呢？不仅如此，在何谓正义、怎样实现正义这些至关重要的问题上，2003年在中国社会引起轩然大波的“刘涌案”就是典型，该案揭示了法律人共同体在理解和坚持现代“法治”理念方面的内在矛盾：他们一方面高倡程序正义，质疑公诉人依靠刑讯逼供得来之证据的合法性；另一方面，却又在普通民众强烈要求实现实质正义的呼声面前节节退让，遭遇法律正当性的“失语症”①。这一点，在日本明治维新初期以及第二次世界大战后重建法治时期也有所体现（例如，日本在20世纪七八十年代，因过分注重经济的高速增长，而忽视了对公司企业的社会责任要求，从而产生了以“水俣病”为代表的环境污染诉讼案件）；在韩国的李承晚、朴正熙、全斗焕等军事强人统治时期，也曾经模仿外国制定了一大批法律制度，但其中的大多数都是低效的，还有个别法律是反动的军事镇压之法，完全无视人民的自由与人权，最终被民主政治运动所推翻。与之相类似的情况，也出现在东南亚诸国的现代化进程中。从而为走在“后发型”法律发展道路上的东亚地区留下了深深的遗憾与难题。

（三）从法治建设的动力机制角度看，东亚地区的法制现代化存在严重的体制障碍，政府在法制现代化建设中起着举足轻重的主导作用，公民权利的保障机制相对缺乏，市民社会相对弱小，各类中间组织和公益团体尚欠发达，其对政府权力的监督更是付之阙如。

一般说来，亚洲传统社会具有封闭性、等级性、家长制、官本位的特点，这些都可能对作为法制运行支撑平台的社会结构、组织方式、决策过程、社会控制系统产生负面影响，从而在总体上制约法律调整的效果。从历史上看，日本的社会、经济、法制现代化就有先天不足之处，其过程可以被描述成：“明治维新与民族国家的建立——藩阀威权政治与自由经济并存——军国主义和对外掠夺——黑金政治与经济财阀的崛起——后民主时代与市场经济”的基本线索，其中有关军国主义政治与财阀经济的混合，对日本社会法治发展的负面影响是相当深远的。20世纪80年代以前的韩国，其社会现代化的过程则可以被描述成：“殖民地政治与经济——民族国家的建立——李承晚军事专制——朴正熙、全斗焕‘政

① 众多的严重社会不公问题和广大民众对社会公平的强烈诉求，在“法治中国”的话语背景下，主要通过一个个具体的法律案件进入我们的视野。例如：北京大学刘燕雯博士学位申诉案、齐玉苓维护公民受教育权案、孙大午非法集资案，到孙志刚事件及随后国家正式废除已实行长达五十余年的收容遣送制度，刘涌案件及随后法律家反对刑讯逼供的程序性苛责同普通民众追求实质正义的意见分歧，再到社会各界关于宪法第四次修改和人权入宪的大讨论，等等。从中可以发现，社会公众对社会公平和自身权利的诉求日益强烈，已经并正在继续书写着社会进步的辉煌篇章。

府主导型改革'与经济财阀的崛起——议宪政府与市场经济"，其中的威权政治和经济领域的快速增长之奇妙结合令人印象深刻。

从政治经济学的视角看，二战之后的东亚新兴经济体（如菲律宾、印尼、韩国、泰国、缅甸、中国台湾地区）的政治运行模式即是一种新权威主义（New Authoritarianism）政体，它介于民主政体和独裁政体之间、是民主制度建立以前经常采取的一种过渡形式，其内涵是通过强制性的政治整合维持秩序和稳定，以达到发展经济、促进社会进步的目的。由于运用现代自由经济和市场规则的优势，采取新权威主义策略的发展中国家，几乎都创造了举世瞩目的经济奇迹，并在权威主义的环境中孕育了政治多元的局面。值得注意的是，新权威主义政体并不排斥民主和法治。以东亚为代表的后发展国家在新权威政治形成之初，均先后颁布宪法，并承诺政治权威的行使必须以尊重和保障宪法实施为限，在宪法所设定的框架内展开国家与社会建设，宪法因此而获得名义上的权威。基于宪法与生俱来的根本性和至上性，宪法一经诞生，其最高统治的权威地位至少在文本上得到了有限承认。但是，从法治进程的结果来看，在现代化过程中，东亚后发展国家的法治演进并没有像英、美、法等西方国家那样，致力于对国家权力的分割与限制，建立以控制公权力为核心的法律体系和宪政机制。相反，东亚国家的法治发展致力于强化国家权力，以维持一种稳定的社会秩序为前提条件。为此，新权威主义政治盛行之下的东亚国家法治呈现出某种"国家主义法治"的症状。基于加强社会控制、保证权威合法性、实现"赶超"的努力以及权力本身的扩张性等，由此使得东亚国家的法律体系带有严重的工具主义和实用主义倾向，并服从于经济发展的现代化目标。宪法规范规定的公民权利和自由，以及公权力行使的法律程序规则，如果成为统治者权力实施的障碍，很容易在经济发展和社会稳定的借口之下被虚置、被规避、被政治规则僭越、突破。

（四）从法律实践的实现方式角度看，以民商法立法为主的经济性法制建设在东亚法治中占有举足轻重的地位，并成为东亚区域经济政治合作的先行领域。

近代法治是伴随着西欧各国资本主义制度的建立而诞生的，它也是西方近代文明的产物。但和西方国家以宪法和宪政为先导的法治建构模式不同，东亚因其历史惯性和实际需求，在不能改变或推翻专制（权威主义）政体的前提下，多数国家和地区都选择了以民商法典为主的经济立法先行，而将厉行宪政、催生民主自由政体放在第二位或较为次要的地位。

日本在保留并加强封建皇权的同时，积极向欧陆的法德两国学习，制定出了《日本民法典》。用《日本民法典》的起草者穗积陈重的话说，"日本的民法典就是在大量参照了西欧各国法律的基础上产生的'比较法的产物'，也是日本离开支那法族（中华法系）加入了欧洲法族的象征"。以民法典和商法典的制定为契机，尽管其他立法也经常出现西方法律思想同日本传统法律理念的冲突，然而日本民族独有的文化特性使得其既能够对西方法律加以借鉴和改造，又能对之进行相应的本土化，从而在19世纪末20世纪初基本完成了各个部门法典的制定和修改，形成了近代意义上的法律体系，为日本的近代化提供了制度保障。而根据韩国学者的研究，韩国民法的继承与创造大致可以分为五个阶段，并基于特定的时空背景而呈现出显著的阶段性特征：（1）1910年～1945年，日据时期受日本的影响采用了西洋近代法；（2）1945年～1960年，制定韩国民法的准备时期；(3) 1960年～1980年，已经制定的韩国民法本地化时期；（4）1980年～2000年，直接或间接采用德国和美国等国家的先进制度，追求多样性的时期；(5) 2000年至今，民法修正案的准备期以及对现代契约法的特性研究时期。其最重要的成果就是努力摆脱依用（日本）民法的束缚，导入了德国和美国的优秀法理并与韩国的实际情况相结合，并由法律实务界和法学家合作提出了民法典修订案。

再以中国过去30年来的立法实践看，积极奉行“急用先立”、“先粗后细”、“先易后难”的立法原则，其经济管理方面的法律法规，占全部已制定法律的80%以上。① 越南90年代以来，随着经济“革新”开放的不断深化，法律革新也被提到议事日程，其立法速度之快，也是世界罕见。自1992年实行市场经济后，越南每年都有新法律出台。其中《土地法》、《信贷法》、《破产法》等一些从未有过的经济法律纷纷推出。连最不发达的被称为“亚洲蜗牛”的老挝，也出现了活跃的经济立法势头。②

（五）从本土的法律自觉和法律创新角度看，在全面移植西方以“程序正义”和“形式理性”为核心的建构型法律治理模式外，适合东亚传统文化特点的“软性”调整手段大量存在和运用，成为东亚法律治理的优点或问题点。

在东亚社会，由于以国家制定法表现出来的“良法”资源相对稀缺，从而在日常行为处事、行政决策和案件审理中，充斥许多非正式规则（“潜规则”）和民间习惯，各类“打擦边球”、“私了”、“调解”、“和息”现象大量存在。它们在起到实质性社会调整作用的同时，却也成为国家法律供给的“替代品”，顺带降低了法律规则的边际收益和可预期效果，造成国家法律建设中的“通货膨胀”。对此，许多研究者都将一般社会规范特别是非正式规则承担重要社会职能归结为东亚文明的特色之一。他们中偏重于倡导东亚优势的学者认为，就正式规则和非正式惯例彼此间的关系和对交易成本的节约而言，非正式规则比正式法律也许更有效率，因为它们的实施依靠的是彼此间的信任和工作分散机制。信任可以减少监管的成本，并使投机行为最小化；而更为重要的是，在社会改革之初，由于原有体制的僵化和制度惯性，市场经济主体采取灵活的“打擦边球”的行为实际上成为一种制度创新行为，不但解决了交易成本，而且在此基础上构建了一套新的制

① 参见卞耀武：《社会主义市场经济法律体系》，24页，太原，山西人民出版社，1996。

② 参见温晓莉：《周边国家近年来“立法经济化”态势述评》，载《西南民族学院学报》，1996（3）。

度。这些学者指出，在那些不存在国家制定法或是法律无法执行的地方，经济活动的参与者们发展出一些以信誉为基础的机制以达到商业交易中至关重要的可预见性，而东亚地区的发展显然为探讨这些有关正式和非正式规范之关系的问题提供了肥沃的土壤。[①] 但与此同时，如果将在熟人圈中存在的非正式规则和“打擦边球”行为放在高度发达的市场经济环境中，前述优点又可能恰好变成东亚社会发展的“阿喀琉斯之踵”：过度依赖非正式规则以及任由法外规则的建立，就会使得有法不依、法外造法成为全民的偏好；依赖朋友和亲属提供信用担保，或者对本地信誉关系网的过分依赖，则会造就“裙带式”的资本/社会主义同和谐有序的“市民社会”之间的巨大鸿沟，造就“特权阶层”和权势集团，助长贪污腐败、导致社会共同秩序的破坏，严重者还会影响统治的合法性，甚至导致其政府的垮台。[②]

总之，上述种种优点和缺点杂然并存、利弊兼具的区域发展特征，既为全面建构合乎东亚的法治秩序开辟出巨大的空间，又成为束缚和影响东亚法律秩序优化的问题。而伴随着近年来东亚地区经济，特别是中国经济的飞速增长，法律与发展运动在本区域也有明显的复兴迹象。西方学者已有多篇文章分析了东亚经济发展中的法律和法律制度的作用，并为此提供了经验数据的支持。他们研究的一个重要结论是，对自觉的法律变革的条件进行多因素的考察是有效果的，前两次法律发展的浪潮正是大视角历史观下法律文明“挑战—回应”过程的组成部分。[③] 这同时也向东亚地区的法律学人提出了一个重要的问题：如何因应经济—社会发展的形势，以积极客观的态度探求东亚法律发展的文化背景及其合理性，使原本依靠企业与政府之间个人化的社会关系结构和集权体制向一种更开放和透明的由普适性规则所支配的体制转变，进而论证东亚共通法的建构可能，最终达致东亚法律文化和社会治道的会通与创新。

四、东亚法律文化和社会治道的会通与创新

我们现在已经知道，法治虽然具有其不可否认的优点，但也绝不是最佳的善，也绝不是唯一的选择。但是，由于强势文化的大力推行和二元文化认识论的

① See Tom Ginsburg, Does Law Matter for Economic Development? Evidence From East Asia, Law & Society Review, Volume 34, No. 3 (2000); See also Katharina Pistor and Philip A. Wellons, the Role of Law and Legal Institutions in Asian Economic Development, 1960 - 1995. New York: Oxford University Press, 1999.

② 菲律宾的独裁者马科斯、印度尼西亚的独裁者苏哈托均因为大搞裙带关系，贪污腐败而被人民推翻。此外，裙带资本主义不仅限制了推动更高的法律透明度的外国人的进入，而且还制约了那些不在受宠的关系网之内的本地企业的进入。这些问题都应当得到经验的和理论的探讨。

③ See Katharina Pistor & Philip A. Wellons, The Role of Law and Legal Institutions in Asian Economic Development 1960—1995, New York: Oxford University Press, 1999.

支持，法治似乎成了现在追求理想社会模式的唯一选择。仔细观察东亚社会及其法律文化的基本情形和最新进展，此言不虚。① 笔者早在2001年的第四届东亚法哲学研讨会上即撰文强调，针对当前东亚“法治”建设与社会发展之两难窘境，必须先找准东亚（或大中华）法哲学研究的理论结节点，即在于深入研究和正确认识两种相互关联又彼此对立的“法治”观。

第一条思维路线是回溯西方历史哲学的原典逻辑，重新解读近现代法治的“历史”本体观。细致梳理西方历史哲学发展史，从基督神学历史观起，经由维柯、黑格尔、斯宾格勒直至雅斯贝斯，他们不约而同、十分“自觉”地塑造和描绘出一幅向着特定目的前进的人类文明历史发展的“世界图景”，进而在这种虚幻的历史观念和研究范式基础上形成了以西方强势文明为核心的价值—文化指向的认识论体系。孟德斯鸠、卢梭、梅因、萨维尼等启蒙法学家受其影响并予以阐发，通过对法律生成演进“西方经验”的重述，将之贯穿在现代法治理论的全部概念、原理和体系当中，从而使近代西方法律思想深刻地浸染了“西方中心主义”研究范式和历史进化观念，并为之提供了理论奥援或逻辑证明。② 显然，认识到“法治”本身的局限性（无论是历史局限性还是地域局限性），同时以一种建设性的批判的眼光来看待东亚法治的发展无疑是最可行的选择。第二条思维路线则是在民族复兴和法律文化热的鼓舞下，一些学者借助于文化比较和批判的视角，回思本土制度资源和文明传统，试图通过对“本地”及“当下”法律问题的解决，挖掘出一套与西方道路迥然有别的新善治之道，以实现维新旧邦的目标。在此视角下，无论是新权威主义抑或“政法法学”，后现代法学抑或本土资源理论，民粹主义抑或新儒家“非法治的文化乡愁主义”，均对东亚法治的新近发展产生了一定影响，留下不少印迹，但与此同时，也留下了诸多尚待澄清和亟须解决的理论难题，其要么在逻辑上牵强附会、难以自证其说，要么孤芳自赏、陷入盲目自高自大的境地。

笔者就此认为，应该批判前者西方法治中带有鲜明霸权话语烙印的历史观念，按照“平等协商、能动建构”的原则参与并重塑世界法治的理想图景；应该批判和超越后者沉湎于后殖民（现代）主义、自我封闭、单向度发展的理论格局，促进以民主自由为核心的西方法律文明同东亚（或大中华）传统价值的会通交融。庶几方可推进多元化的世界法律文明体系的健康发展，实现人类共存共荣的美好前景。谨依拙见，着眼于东亚共通法治建构的核心要素，着眼于东亚法律文化和社会治道会通与创新的基本任务，我们可以就如下问题领域和层面进行更具体、深入的研究：

（一）东亚法治的基础:区域合作、东亚意识与东亚共同体

自20世纪90年代以来，全球化的影响遍及世界各个角落，波及政治、经

---

① 对此精辟的分析，请参见於兴中：《强势文化、二元认识论与法治》，载《清华法治论衡》第3辑。

② 参见冯玉军：《“法治”的历史阐释及其对现实的启示》，载《法学家》，2003（4）（总第79期）。

济、安全、社会文化及人们生活的方方面面。它使国际社会的贸易、融资、物资全球大循环，人们经济活动和文化生活日益国际化。而在全球化的发展过程中，也同时伴随着一个区域化的过程。因为国家在世界上首先是处于某个大的区域之内，首先是与它的周边相邻的国家发生关系。区域内相互联系的国家在政治、经济、安全、文化的相互联系与相互依存关系的建立，便形成了一个相对稳定的整体。同时，由于全球化给在经济上处于弱势的一些国家带来巨大的压力，它们很难以个体面对全球化所带来的冲击，必须有一个区域的整体作为依托，再走向世界。这样，地域相近或者在历史上有着紧密联系的国家便趋于形成一个整体，来面对全球化浪潮的冲击。所以说，在当今的国际社会，有两个趋势在并行发展，这就是全球化（全球资源整合及趋同）趋势和区域化（各个地区共同体和全球性国际组织内在强化）趋势。这种趋势以经济为主导，同时在国际政治、安全以及法律领域也具有重要意义。全球化与区域化是相互紧密联系的两个因素，它们既有联系又有区别，相互作用。区域化是全球化的基础和支撑，全球化则是区域化的最终结果。

区域化的实现，通常需要有一些重要因素来决定，这些因素包括：相互连接和接近的地缘环境、经济利益相互关联、保障安全的共同目标、相同相近的文化纽带、政治意愿的明确主导和核心国家的积极推动。20世纪八九十年代，作为世界第二经济大国的日本曾经是地区经济发展的领头羊，它提出了按“雁行模式”引导地区经济发展的设想。到了20世纪90年代末至21世纪初，经济飞速发展的中国日益成为东亚地区经济发展的稳定器和新的动力源。中日两国都有推动东亚区域合作的意愿，并有较强的综合实力。今后，以东盟十国为主导，中日两大国协调处理好相互关系，将在东亚区域合作中发挥双引擎的积极作用。

作为社会上层建筑的法律必然以精神层面的“东亚意识”（East Asian Awareness）和政治经济层面的东亚共同体为基础。站在文化哲学的角度，“亚洲意识”本质上乃是一种源自区域认同的历史反思，既包括对东亚地区在全球化时代世界经济政治格局中位置的理性认知，又体现为对“西方中心论”的批判意识。而在经济、政治和文化方面，主要表现为强调通过地区合作，以寻求共同经济利益、维护共同的传统和价值观。从现代东亚发展史看，20世纪前半叶由日本倡导建立的“大东亚共荣圈”虽然提出过不少区域合作的思想和行动措施，但因其殖民主义的本质而被东亚人民唾弃。1967年基于《曼谷宣言》建立起来的东南亚国家联盟（ASEAN）的成立，则正式宣告东亚地区以经济合作为基础的政治、经济、安全一体化合作组织的前景。建立在东盟三十多年合作发展基础之上的东亚区域合作，实质上是在一定时空范围内实现的局部全球化，在特定的时空条件下跨越各自边界，减少交易成本，合理配置资源，进而向经济以外的全面合作扩展。① 这种合作目前已经进入到一个良性互动和合作深化的阶段，参与的国家越来越多，达成的协议和共同行动越来越多。

但与此同时，我们也应该注意到，现实不利因素对东亚区域合作机制建立的消极影响也很明显。从历史上讲，东亚许多国家深受西方殖民主义统治之苦，日本军国主义曾在区域内肆意侵略扩张，东西方冷战期间，区域内一些国家曾互相对抗与敌视，甚至发生冲突乃至战争，朝鲜半岛南北双方和台湾海峡两岸至今仍处于分离状态，迄今这一“东亚悲剧”的影响仍然存在。现实地看，东亚地区国家社会制度不同、文化背景不同、发展程度也有很大差距，在东亚合作的发展方向、发展模式以及主导权等问题上，一些国家有着不同理解和诉求，彼此间未能完全相互理解与信任，有的国家对历史上的军国主义扩张的罪行不愿意真正反省，区域的领土问题不时冒出争端的火花，一些国家对中国的发展心存疑虑，消极的贸易保护主义和技术优势的保持阻滞了国家间的平等交流。这一切无疑都阻碍了东亚区域合作的顺利展开。这一切也恰恰证明了在迈向东亚共同体目标的漫长路上，需要各方在政治上互信共存，经济上互利共赢，安全上互助共济，文化上互鉴共进，法律上互通共守。只要总体方向正确，大家都采取和谐发展、互利共赢、开放包容的基本态度，构建“东亚共同体”以及“和谐东亚”的目标是可期的。总而言之，东亚区域一体化本身就是顺应全球化大潮的产物。尽管东亚地区交织着经济、政治、文化、意识形态以及历史记忆等多种错综复杂的纠葛与冲突，但是在求同存异的基础上，东亚意识的勃兴和东亚经济合作的新进程，则预示着世界经济政治格局未来的发展方向，昭示着世界经济的重心正在转回到它在西方兴起前的位置。

（二）东亚法治的政治途径：厉行宪政与民主转型

厉行宪政是东亚国家和地区在争取民族独立和民主共和建国的重要历史遗产。亚洲国家在取得民族独立以后宪政的发展大体都经历了这样一个过程，首先是选择宪政模式，然后根据自己的法律传统加以取舍，注入民族精神，对欧美的宪政模式加以改造，制定符合本国国情的宪法。既有的英、法、德、美宪政模式对亚洲各国的制宪过程产生了不同程度的影响。其中日本、韩国、泰国、新加坡、菲律宾、印度尼西亚在立宪过程中都不同程度地吸收了美国宪法的内容，这种情况在世界其他地方也都发生过，以至于二战结束以后在世界范围内出现了一个以美国宪政制度、人权制度和违宪审查制度为内容的第二次法律移植的潮流，与19世纪中期以来第一次法律移植的高潮，即以《法国民法典》和《德国民法典》为蓝本的编纂法典运动形成了对照。但是，选取某种西方的宪政模式还只是

① 在世界政治经济与国际关系领域，欧洲一体化模式被认为是与全球化并行不悖的区域一体化的典型模式，它不但在欧洲取得了成功，而且也适合于欧洲以外的其他地区，特别是日益区域化和合作化的东亚或亚太地区。

制宪的第一步，西方国家的经验只可能在有限的范围内起作用，多数东亚国家都主张不能简单地照搬美国宪法，而应在借鉴的同时兼顾本国的传统文化，以使借鉴的宪法体制亚洲化、本土化。此外，亚洲国家宪法的民族性、亚洲性更主要的还是体现在传统文化，特别是集体主义对宪政的影响上。17 世纪与 18 世纪形成的西方的宪政模式建立在个人主义的基础上，个人权利与自由在西方的宪政体制中具有至高无上的地位。虽然 20 世纪以来，以社会为本位的思想，强调个人对社会和国家的责任的思想在西方国家的宪法实践中得到加强，但从总体上说，西方的立宪主义仍然是以个人主义、自由主义为核心。而在东亚国家，强调集体主义则是它们共同的特征，正是在此意义上，这种集体主义又被称为“亚洲价值观”，其中包括个人对社会的义务、国家利益至上、社会优先等思想。①

然而如前所述，第二次世界大战以来东亚经济快速增长的政治体制，除了实行社会主义制度的中国、越南等国外，大部分没有采取西方的自由民主政体，而是采取了新权威主义或威权主义体制。但我们并不能以此为由而过分夸大政治集权下实行经济自由的合理性。究其原因，新权威主义虽然具有一定的历史合理性，但它毕竟只是第三世界后发展国家在经济起飞阶段的一种特殊政治形态，是现代化过渡时期的暂时现象，其在本质上对于社会经济和法律秩序安排的发展来说是不可持续的。当市民社会的力量变得足够强大，民众对财富及其他资源的权利日益形成巨大的政治参与压力时，权威政治及与其如影随形的“裙带（或贪腐）资本主义”也就必将结束其历史使命。自 20 世纪 80 年代中期以来，东亚一些权威政治体制国家（例如韩国、泰国、菲律宾），先后步入了转型期，不同程度地开始了政治民主化的进程，使政府主动行动与民众政治参与的压力形成一种良性互动，比较顺利地实现了从新权威主义到民主化的“软着陆”（一轮乃至多轮的和平移交政权）。由此，建基于政治民主化（或政治体制改革）和公众参与之上的宪政至上，成为东亚共通法的政治保障。

民主是人类共同追求的价值观和共同创造的文明成果。尽管在不同的历史阶段、不同的国家，民主的实现形式和途径各不相同，也没有统一的模式。但任何国家都承认政府的权力是人民赋予的，必须对人民负责，接受人民的监督。② 实行社会主义制度的中国，从来都不讳言民主或者将民主、法制、自由、人权、平等、博爱等人类共同追求的价值只当成资本主义的专利。而是实事求是地认为，“民主制度同任何真理一样，都要接受实践的考验，任何地区和国家，民主制度的状况、优劣，都要以实践为标准”。推行民主政治，就是要“保证人民的民主选举、民主决策、民主管理和民主监督的权利；就是要创造一种条件，让人民监

---

① 参见韩人元：《亚洲立宪主义研究》，41～135 页，北京，中国人民公安大学出版社，2000。

② 2006 年 9 月 2 日，中国温家宝总理接受芬兰《赫尔辛基新闻报》、英国路透社、《泰晤士报》、德国德新社、《法兰克福汇报》五家媒体联合采访时的回答。

督和批评政府；就是要在平等、公正和自由的环境下，让每一个人都得到全面的发展；就是要充分发挥人的创造精神和独立思维的能力”。笔者以为，如果抛开源自冷战思维的意识形态偏见，以上论述和政治宣示完全可以成为与东亚其他国家进行政治合作、达成互信的价值基石。[①]

（三）东亚法治的主体：多元利益基础上的市民社会与法律人共同体

一般关于法治主体的观点认为，国与国之间法律互通的前提是各国政府之间正式签订的协议和条约，如果没有政治国家层面的规范文件，则区际或全球法律的一体化犹如纸上谈兵，属于空中楼阁。其实不然，在奥地利法学家埃利希以及其他许多位法律社会学家看来，法律发展的真正重心不在自身，不在国家，而在于社会。社会生活中那些实际被人们所广泛遵循的规则，即“活法”（living law）构成了人类社会法律秩序的基础，进而构成法律秩序全球化的基础。在此意义上，法律全球化和区域化的社会基础并非来自各国政治的趋同，而是源于市民社会本身且驱使各个国家的人们走向现代经济社会的过程，它实际上是源于市民社会与经济交往的“活法”日益国（区）际化和规范化发展的结果。

由此，东亚法治的建构，自然也就离不开作为主体的东亚市民社会及法律人共同体。事实上，对于那些每天奔忙于东京、台北、香港、上海、新加坡、汉城以及纽约之间的许多律师而言，律师职业发展的国际市场化使得律师服务本身早已超越了国界。而伴随着东亚区域合作的深入展开，那些在跨国上市公司、律师事务所、投资银行、建筑事务所以及进出口商社工作的从业者也切身感受到超国境法律秩序的存在，它就是由私法主体（包括但不限于跨国公司、工会、新闻媒介联合体等）创设的、介乎各国国内法与国际法之间的“跨国家的东亚法”。其最初的表现形式包括技术标准、职业规则、跨国公司内部组织规章、人权、契约、仲裁及其他商法的制度，其存在的根本原因是经济全球化与政治多元化之间产生的巨大的制度真空[②]；而后逐渐渗透到更为宽广的领域，包括新商人习惯法、国际商事活动惯例、国际仲裁法庭等制度，各种国际经贸组织、行业协会、产业联盟、跨国公司等组织在不同领域内的实践，以及国际技术转让、全球股票市场、全球贸易自由化、金融领域的全球化等等，所有这些国际市民社会法制的新形式实际上都创造了一种崭新的、与传统国家法相互作用的“超国家（地域）”的法律空间。美国法学家弗里德曼指出：“从更为根本的意义上来说，这是一个法律文化趋同的时代，即随着时间的流逝，法律制度变得更为相似。法律文化，即不同国家的公众对法律的态度也必然如此。趋同反映了经济的相互依赖，以及

① 参见温家宝：《社会主义民主归根结底是让人民当家做主》，2007年3月16日十届全国人大五次会议闭幕式结束后温家宝总理答中外记者问。载http：//www.gov.cn/wszb/zhibo20070316b/content_552420.htm。

② See Teubnerg G，Global law without as state. Indiana：Dartmouth publishing Company Limited，1996.

世界文化的融为一体。即，当社会有相似的经历，呈现出交通和通讯的统一世界时，它们的法制也必然走到一起。”① 一个在全球化背景下出现的跨国家“知识阶层”②（包括供职于东亚不同国家和地区的法官、检察官乃至于法律学者）已然出现，并在其近乎一致的职业工作、训练中连接和型塑着东亚法律共同体的大致模样。

（四）东亚法治的文化内核：以民主自由为核心的西方法律文明同东亚传统价值的会通交融

关于东西方文明应该互相取长补短的研究结果汗牛充栋。多数人认为，区分“亚洲价值”并使之与“西方价值”兼容并包的态度是非常重要的，即在接受西方法治文明的同时不应该抛弃东亚原有的价值传统，并从中发掘出与法治相适应的文化因素来，进一步完善现有的现代法治模式。而在挖掘东亚传统文明中的可贵治理元素方面，学者们的总结也是见仁见智。美国经济学家吉姆·罗沃认定的“东亚价值”包括：家庭而不是个人是社会的首要单元，秩序重于自由，公益重于个人满足，因而相当尊重权威，节约，相信教育和努力工作的作用。③ 赫尔曼·卡恩指出，“对家庭、职业、任务和义务的严肃态度，帮助群体的倾向，相互关系的互补观念，公平、公正意识等”是亚洲传统中的治理元素。④ 杜维明教授则用“新儒家伦理”对“东亚的新型资本主义”作出了阐释。其基本点是对“责任感”的强调，具体表现在：（1）重视社会的团结，在一个特殊的团体中寻求我们合适的位置。（2）极为重视个人的自我修养和自我约束（特别是在精神上和心理上的约束）。重视一致的达成。但却不是通过把一种特殊的意志强加于社会各阶层，而是通过一个共同磋商的渐进过程，让团体中的一大部分参与其间。（3）强调教育的重要性。但不是从知识的积累出发，而是从性格锻炼和个性形成出发。它试图造就对于一个更大的、更持久的目标的信念和承诺。（4）政府受到支持，并且认为是“关键性的”。只有一个有道德、有活力和有创造性的政府，才能领导人民。（5）极为重视历史、文化和传统的意识。重视通过经验获得知识。通过经验传递的智慧，胜过信息的积累。⑤ 在提到如何在东亚传统价值当中会同西方民主自由传统时，韩大元教授指出，“（东亚）共同体文化意识中需要注入现代人权观念，使社会主体享有丰富而广泛的自由；在家庭伦理关系中注入平

① ［美］劳伦斯·M·弗里德曼：《存在一个现代法律文化吗？》，刘旺洪译，载《法制现代化研究》，第4卷，415～416页，南京，南京师范大学出版社，1998。

② David C. Yang, Globalization and the Transnational Asian “Knowledge Class”, 12 Asian Law Journal, 137-160. 2005; Stewart Kwoh, Building Bridges to Justice, 9 Asian Law Journal, 201-211, 2005.

③ 参见［美］吉姆·罗沃：《亚洲的崛起——美国为什么将随着亚洲的经济繁荣而繁荣》（1995），张绍宗译，250～260页，上海，上海人民出版社，1997。

④ See Herman Kahn, World Economic Development: 1979 and Beyond, William Morrow Press, 1979.

⑤ 参见［美］杜维明：《杜维明文集》，第2卷，121页，武汉，武汉出版社，2002。

等、民主的观念；在权力关系的合作与融合体制中注入相互制约与监督机制，保证权力活动的合法性；在社会生活中普及人权与法制意识，把人情关系的合理性纳入到法律规则之中，要求人们以规则办事，养成依法办事的习惯，等等”①。在提到中国文明的经验之于全球化时代的可能贡献时，季卫东教授则精心梳理出和而不同、双赢态度、渐次思维、追踪管理、责任系统、公论衡平等六大原理，展现了中国式法律秩序可以引入欧美现代法治范式的基本元素。②

总而言之，寻求“和谐”、承担责任、克己为人等始终是东亚哲学的核心内容。③ 无论如何，这种尝试开启东亚传统价值以适应现代社会发展的努力对于今天东亚区域合作而言，都是非常重要的，也是建立对话平台和求同存异的必要之道。

（五）东亚社会的治道创新：人所不欲，勿施于人

孔子曰：“己所不欲，勿施于人”，这句话连同体现于其中的“仁恕”、“和平”思想一直被认为是高度概括和表达了东西方共同伦理精神的黄金规则（包括基督教《圣经》、佛家经典以及伊斯兰教义等都有大致相似或相同的表述）。④ 有些人认为，孔夫子留下的这个处理人际关系和国际关系的黄金规则，可以作为沟通、搭建东亚共同体和东亚法治的基石。但如果从逻辑哲学层面认真分析的话，这个规则实际上存在一定的局限性。换言之，在古代社会中具有指针地位的黄金规则，却在当代社会里遭到了严重挑战，比如说，在多文化共享的社会空间里，各种文化（各种文明、宗教、传统和政治理想）甚至各种亚文化（女性主义、环保主义、同性共同体等）都拥有不同的价值观，这意味着它们在“想要的和不想要的”东西上有着不可通约的需要和评价标准，不同的国家、民族、地区和人群失去了价值共识，于是“己所不欲，勿施于人”黄金规则在现代社会里就没有能力处理这些新的价值问题了。为求解决这一突出问题，哲学家赵汀阳提出了“人所不欲，勿施于人”的新人际共识理论，其目的是克服由于价值多元而产生的文化冲突。换言之，所谓各种文化都认可的、据说可以作为第一普遍原则的黄金规则“己所不欲，勿施于人”表面上似乎表达了对他人的善意，其实隐藏着非常典型的主体观点霸权，它的思维出发点仍然是“己”，它只考虑到我不想要的东西就不要强加于人，根本没有去想他人真正想要的是什么，我可以单方面决定普遍的价值选择。而从纯粹理论上看，“人所不欲，勿施于人”原则能够满足严格意义上的普遍有效性要求。虽然这个创见还需深入质辩和论证，但是用之于调整未

---

① 韩大元：《东亚金融危机与东亚法治的价值》，第三届亚洲法哲学研讨会参会论文。

② 参见季卫东：《中国文明的经验与全球化时代的双向性法制范式转换》，载http：//www.gongfa.com/jiweidongBeijingforum2004.doc。

③ 有学者认为，“仁爱、和谐、公义和统一”是中华文明的特质、精神，是民族和国家的事业。不拘泥于“西化”之一途，依如述中国本土的“文明宪章”（治道），综采诸般“治式”，积极进行创新，即有国强民富、秩序良善之未来。参见黎晓平：《法治与“文明宪章”之治》，第四届亚洲法哲学研讨会提交论文。

④ 参见［德］孔汉思/库舍尔：《全球伦理：世界宗教议会宣言》，成都，四川人民出版社，1997。

来东亚共同体的诸多矛盾冲突，则有显见的益处。

如果我们从纯技术的角度看，法律全球化可能实现的途径不外有两种：统一与协调。政治统一下的法律全球化具有高效率，但由于历史和文化的原因使得不同民族国家在当代的统一成本极大，故此策略几乎不可能实现；协调策略在政治上虽是可行的，但在具体的法律操作中却很困难，这在数十年来从欧共体到欧盟期间各国谈判—破裂—再谈判的历程中可见一斑。因此，在法律的世界化过程中，也许最好的做法是：首先作为先决条件，承认对大家都是共同的规则，排除那些违反国家法制定的具有治外法权性质的法律，其次，对世界各国的法律进行比较，找出其异同，分析其不足缺漏，并在防止政治单边主义的基础上实现不同法律传统的融合。

（六）东亚法治的程序机制：多元化纠纷解决

东亚法治的理想就是建立一个多元和谐的区际社会——显而易见，这种和谐是有序、稳定和合理的，同时充满了差异、分歧、矛盾、活力和发展的契机。在面积极端广大、事务极其复杂的东亚地区，法治实施本身并不能保证社会不出现纠纷和冲突，同时也不能忽略通过矛盾和冲突促进社会发展的机会。我们必须通过合理的机制使纠纷与冲突不致冲破法制的堤坝，能够通过协商对话、调解协调和司法程序等多元化纠纷解决机制及时妥善地解决和处理这些问题，使法律能够正常实施，受到损害的权利得到合理救济，使合理的诉求得到满足，使法律与社会规范在纠纷解决的过程中不断得到确认与更新。从而使得东亚社会通过矛盾和纠纷的解决回归和谐。① 任何法律制度就其本质而言，都是文化的产物，都是与特定的民族语言、历史、习俗等密切相关的既有普遍性，又有特殊性的文明体系。借鉴吸收外国法律技术和法律文化，必须从本国的国情出发，即使是一些具有普遍性的法律技术，在借鉴和运用时，也必须解决与本国法律文化融合的问题，脱离本国法律文化的法律技术，必然是无源之水，无本之木。纵观现代法律国际化的实践，“文化”的跨越并非如此简单，法律技术规范的可移植与法律文化内涵的不可移植之间的矛盾始终存在，并不时爆发出来，产生与“法律现代化”进程相一致的法律文化冲突。为此，我们需要充分发挥东亚地区传统上法律与道德并重、注重协商调解等解纷资源，搭建更多的沟通管道，尽可能降低纠纷给社会带来的风险和危害，减少解决纠纷的成本和周期，使国与国之间、国内不同法律主体之间纠纷解决的效果达到最佳程度，则无疑也是建构东亚法律共同体和东亚法治社会的重要目标。

① 对内国范围内多元化纠纷解决机制的深入分析，可参见范愉：《非诉讼纠纷解决机制研究》，北京，中国人民大学出版社，2000。

论东亚经济一体化与我国的东亚法制协调战略

杨东*

序言：问题的提出

经济全球化与区域经济一体化是当今世界经济发展的两个特点。区域经济一体化的趋势日益明显。世界最大的两个区域经济合作体——北美自由贸易区和欧盟取得了显著发展。以中日韩三国为主的东北亚地区经济规模占据了东亚整体经济规模的90％左右，东北亚经济规模的迅速扩大正使其逐步成为继北美自由贸易区和欧盟之后的全球第三经济力量。

与欧盟经济圈与北美经济圈为代表的经济区域化相比较，东亚一体化尚处于萌芽阶段，区域内贸易与投资比例偏低，这与三国之间尚未达成任何区域经济合作形式的协议有很大关系。当中国成功地与东盟建立自由贸易区签署框架协议之后，中日韩这三个亚洲经济强国未来的合作前景则更加引人注目。如果三国能够成功建立中日韩自由贸易区，充分发挥经济一体化的促进作用，将会从根本上改变亚洲地区经济滞后的局面，会促进亚洲经济走向更高的层次。①

可以说，世界范围内的区域经济一体化已是一个世界性的潮流。但所谓东亚共同体的形成并不是那么简单的，它的形成不但要有共同体的经济基础，还要有政治上的安全保障，尤其要有法制方面的协调与一体化，否则，很难形成真正意义上的东亚共同体。

在近代以前，位于东亚的中日韩三国，它们共同受中国法文化的影响，到了近代以后，又不同程度地引进了欧洲法。第二次世界大战后，随着日韩两国资本主义经济的发展，以及改革开放后我国社会主义市场经济的快速发展，东亚三国的共同点逐渐增多。

---

* 杨东，中国人民大学法学院副教授、中国人民大学亚太法学研究院副院长、日本一桥大学法学博士。
本文获得教育部人文社会科学重点研究基地项目："欧洲一体化进程中法治原则的建构历程及其对中国的借鉴意义"的基金资助，项目批准号08JJDGJW254。

本文是中国人民大学明德学者培育项目《东亚法制一体化研究——历史渊源、理论基础、实现路径》的部分研究成果。

① 参见张洪亮：《浅析中日韩自由贸易区构想》，载《中国优秀硕士学位论文全文数据库》，2006年。

虽然不存在严格意义上的共通法，但随着加入 WTO 等国际性机构以及被 FTA 加进的规范呈现出许多普遍性，共通法的形成还是有可能的。并且在形成共通法之前的阶段，可以制定很多模范法，例如，合同法模范法、公司法模范法。本报告，对东亚法制协调或者东亚共通法进行研究后，提出在东亚一体化过程中我国的东亚法制协调战略以及对外法律交流援助战略等。

一、东亚一体化的现状和我国当前面临的主要问题

（一）东亚一体化的现状和构想

20 世纪 80 年代末、90 年代初，在北美和西欧经济联合与经济一体化发展的过程中，日本曾设想过东亚经济圈，马来西亚前总理马哈蒂尔也提出过“东亚经济集团构想”。

1997 年 12 月，首届东盟 10 国与中日韩三国领导人会议召开，正式开始了东亚“10＋3”的对话，形成了东亚合作机制。

经过亚洲金融危机以后，东亚各国越来越认识到区域内经济合作的重要意义。中国坚持人民币不贬值，使泰国、印尼和马来西亚避免了沉重打击，日本也通过“新宫泽构想”上述国家提供了 300 亿美元的资金援助。

2000 年 11 月，中国主动提出中国-东盟自由贸易区的建议。在第四次“10＋3”领导人会议上，各国就未来建立东亚自由贸易区达成了共识，会议决定成立东亚展望小组（EAVG），就东亚自由贸易区的前景和目标进行研究。

2001 年 11 月，第五次“10＋3”领导人会议，东亚展望小组提出研究报告，建议由“10＋3”框架向东亚机制过渡，把建立东亚共同体作为东亚合作的长期目标，同时建议召开东亚领导人会议。

2002 年 11 月，东亚研究小组（EASG）向“10＋3”首脑会议提出了关于建立东亚共同体的最终研究报告，提出了包括 17 个短期措施和 9 个中长期措施的政策建议。当月召开的第六次“10＋3”领导人会议通过了该研究报告，确立了建设东亚共同体的目标，并要求各国为此共同努力。

2003 年 10 月，在第七次“10＋3”领导会议上，中国国务院总理温家宝指出，中国政府支持“10＋3”在现有基础上，逐步深化实际合作，并提议举办东亚城市市长论坛，通过合作，共谋发展，联合自强，抓住机遇，战胜挑战，实现亚洲的共赢。

2004 年 11 月，第八次“10＋3”领导人会议正式宣布建立“东亚共同体”是东亚合作的长期目标，并决定在 2005 年 12 月召开第九次“10＋3”领导人会议期间，同时召开东亚领导人会议即东亚峰会（EAS）。

2005 年 2 月～4 月，东盟高级事务级会议和东盟外长会议就“10＋3”以外国家参加东亚峰会的标准达成了一致，具体条件为：第一，是参加《东南亚友好

条约》的国家；第二，是与东盟充分对话的国家；第三，是与东盟有实质性合作关系的国家。

2005年5月，“10+3”外长会议就澳大利亚、新西兰和印度参加东亚峰会达成原则性协议，同年7月，“10+3”外长会议就澳大利亚、新西兰、印度参加东亚峰会作出决定，同意三国按确定的条件参加东亚峰会。

2005年12月，第九次“10+3”领导人会议和首届东亚峰会同时在马来西亚首都吉隆坡召开，两个会议分别发表了“吉隆坡宣言”。表明：“10+3”是实现东亚共同体的主要手段，这一框架与区域内其他论坛和机制相辅相成，是整个地区框架不可分割的一部分；有利于地区和国际社会和平、安全、繁荣和进步的东亚共同体是东亚各国的长期目标，各国要为实现这一长期目标而共同努力。

2007年1月，第十次东盟与中日韩“10+3”领导人会议在菲律宾中部城市宿务举行。中国国务院总理温家宝在会议上发表重要讲话，就进一步提升“10+3”合作的层次与水平提出了5点倡议。

2007年11月，第十一次东盟与中日韩“10+3”领导人会议在新加坡举行。会议通过了第二份“东亚合作联合声明”及2007年至2017年“10+3”合作工作计划。温家宝总理在会议上发表题为《凝聚共识，再创辉煌》的讲话。

在2008年“东亚法哲学大会”上，日本早稻田大学的须纲隆夫教授向大会提交了《东亚地域主义和法制度化—东亚共同体宪章的建议》，须纲隆夫教授指出，在东亚的地域趋同中，强调应该注意法所起的作用的同时，构想东亚地域趋同的法律制度的设想是东亚所有法学家应承担的课题。在2007年7月召开的国际研讨会上公开发表了作为其成果的“东亚共同体宪章方案”。这次的报告在概述了此前围绕亚洲共同体的讨论之后，确认了法律制度化的必要性。其后，通过对考察东亚地区趋同的法律制度设想不可缺少的几个论点的讨论，明确了“东亚共同体宪章方案”的基本构思。须纲隆夫教授指出：以20世纪90年代以来发展的东亚各国经济关系的深化为背景，2000年的时候，构筑东亚共同体的议论在日本活跃起来。东亚共同体的构想不仅在民间研究人员、智囊团、经济团体，甚至已经发展成政府间的正式议题，即2005年的第一次东亚首脑会议采纳的“吉隆坡宣言”，确认东亚地区共同体构筑和东亚首脑会谈起的重要的作用。另外，在中日两国之间，2006年安倍首相访中的时候中日共同宣言的发表，表现出两国“确认共同推进东亚一体化的进程”。

须纲隆夫教授认为，与法律制度割离开来构筑东亚共同体是可能的。这时候的东亚共同体不可能成就法律上自由贸易协定的网络等内容。但是，这样的共同体不仅不能实现必要的地区合作，而且还与现在预定的地区合作的内容矛盾。因为意识到这样的问题，宪章方案的起草是按照具有法律拘束力的国际条约的形式进行的。须纲隆夫教授最后声明：如果说共同体的构筑是东亚地区各国一致的政治目标，就不能回避共同体设立条约方案的讨论。须纲隆夫教授还提到，日本政界人士希望并预测在 2015 年左右建成东亚共同体。[①]

(二) 东亚一体化过程中面临的共同课题

1. 能源、环保问题

中日两国主管部门举行“部长级能源政策对话”，探讨推进能源领域合作的方式；两国共同推进煤矿安全、煤炭清洁利用技术领域的合作，努力保证两国间煤炭贸易的稳定发展；两国共同推进核安全领域的人才培养，在核电设施建设领域开展合作；两国合作推动新能源、可再生能源领域的开发和利用；为落实 2007 年 1 月东亚峰会发表的《能源安全宿务宣言》，推动制订节能目标及行动计划，两国将共同推进节能和改善能源效率的合作；根据中国提案，2006 年 12 月中日美韩印 5 国能源部长会议在中国举行，今后将继续举行该会议，推动能源消费大国间的合作。

两国在应对气候变化领域也进行了合作。根据 2007 年 4 月中日关于进一步加强环保合作的联合声明、6 月在德国海利根达姆举行的八国集团同发展中国家领导人对话会议的相关讨论以及探讨了安倍首相“美丽星球 50”建议的中日两国领导人会谈的精神，两国应加强交流与合作，积极参与构建 2012 年以后气候变化有效框架的进程；推动 CDM 相关政策、法规、具体项目的信息交换。

两国在节能环保领域也进行了合作。两国在政府框架下推进中日节能环保示范项目，日本企业按照商业原则，开展企业诊断、可行性调查、引进设备等，建立多个适合普及推广的范例，改善中国企业的节能和环保状况；继续联合主办“中日节能环保综合论坛”；积极推进亚太清洁发展与气候伙伴关系（APP）项目，使中日企业间节能环保合作的具体商业项目进一步增长；为了完善中国的节能制度，加强执行能力，日本政府邀请中国政府及有关机构人员赴日进行政策研修；根据 2007 年 4 月 11 日中日关于进一步加强环保合作的联合声明，推动建设和完善循环型经济试验区示范项目的合作、企业环保监督员制度合作、煤炭火力发电站的脱硫、脱硝等技术合作、有害化学物质监控及管理政策等方面的合作。[②]

2. 历史问题

近代以前，中日韩三国之间已经存在国家间的交往，同时，民间领域的交流也在频繁展开。中国和周边国家的外交关系通常被称为朝贡关系。

中日韩在第二次世界大战后建立新国家的过程：日本的战后改革、朝鲜的分裂、中华人民共和国的成立，三国各有不同的历史。战后，以朝鲜战争为发端，东亚的冷战对立关系加强了。中日、韩日在冷战期间，中韩在冷战结束后都实现了邦交正常化。虽然如此，东亚的对立关系依然存在。冷战给战后的东亚带来了

① 参见梁剑兵：《东亚法哲学大会侧记（二）》，载《法天下周刊》www.fatianxia.com/weekly/。

② 参见《中日经贸合作中长期发展规划联合研究报告》的第四章——中长期重点合作领域和措施建议。

极大的影响，这主要表现在朝鲜的南北分裂和中国大陆与台湾地区之间的关系上。战前的问题一直遗留到战后的今天。①

3. 经济互补、共同发展问题

中日两国经贸关系仍面临很多严峻挑战："经冷"现象的出现，危害中日经贸关系的基础，中日能源、资源在国际上的恶性竞争较显著，两国近年来在货币汇率问题、产品质量问题、农产品化肥残留标准等方面摩擦不断，给回暖的中日关系带来了一定的负面影响，也阻碍了两国的共同发展。这些问题如果得不到妥善解决，将严重损害两国经贸关系的长远发展。②

4. 不稳定因素

典型的几个问题如朝鲜问题、我国台湾问题、日本侵占我国钓鱼岛问题、我国南海领土问题等。这些不稳定因素在近期内很难得到彻底的解决，而这些不稳定因素严重阻碍着东亚一体化的进程。各国应该本着互相尊重、互不干涉的原则，通过协力合作，积极解决这些影响大局的问题，为东亚的进一步发展开创有利的政治环境。

5. 东亚各国对东亚一体化的不同态度和打算

中国的态度和立场：(1) 积极推动东亚合作；(2) 坚持以合作谋和平、以合作促发展；(3) 积极支持东亚峰会；(4) 主张东亚合作坚持开放包容的原则；(5) 发挥如东盟地区论坛等合作组织和合作机制的作用；(6) 继续支持东盟在东亚合作进程中发挥主导作用。

日本的态度和立场：(1) 坚持开放的地区主义的原则；(2) 以促进功能性的合作为中心；(3) 尊重民主主义、自由、人权等普遍的价值观和 WTO 等制定的全球化规则；(4) 利用日本的经济实力、科技水平和市场经济经验等，在东亚经济联合中发挥主导作用。

根据首届东亚峰会发表的《吉隆坡宣言》，东亚峰会参加国的参加资格按东盟制定的标准确定，东亚峰会与东盟领导人会议同时举行，由东盟领导人会议东道国主办并担任会议主席，会议模式由东盟和其他参加国共同协商。由于东盟对东亚经济合作的主导权得到确认，东盟对东亚共同体采取了积极的态度。③

当前，非传统安全问题主要体现在反恐、防范自然灾害、打击跨国走私等领域。非传统安全因素的存在，其积极方面是能够很好地促进合作，因为非传统安全问题不是某个国家能完全独立解决的。传统领域会出现"零和"，而非传统领域的合作则是"多赢"。所以，这是一个很有潜力的合作领域，对东亚一体化将起到促进作用。

---

① 参见《东亚三国的近现代史》，北京，人民出版社，2005。

② 参见郑兴、魏庆玲：《中日关系即将跨越历史》，载《人民日报》，2007-11-02。

③ 参见《中日经贸合作中长期发展规划联合研究报告》的第四章——中长期重点合作领域和措施建议。

随着东亚区域经济一体化进程的推进，区域内各国（地区）之间的贸易与投资潜力将会得到深度挖掘，从而保证地区经济在未来的稳定发展。[①]

(三) 中国在东亚一体化过程中自身发展面临的主要课题

1. 形成市场经济体系和经济的持续增长（能源问题）

经济发展和结构调整归根结底要靠改革。要大胆探索、勇于创新、突破影响生产力发展的体制性障碍，逐步完善社会主义经济体制。改善投资环境、扩大利用外资、提高利用外资力量，继续保持经济的持续增长。

经济发展过程中要注意能源建设。能源建设要发挥资源优势，优化能源结构，提高利用效率，加强环境保护。发展新能源和可再生能源，扩大能源节约和综合利用技术。

2. 实现持续性的科学的发展（环境保护问题和循环经济问题）

实施可持续发展战略，是关系中华民族生存和发展的长远大计，继续严格控制人口数量，努力提高人口素质。合理使用、节约和保护资源，提高资源利用效率。加强生态建设，遏制生态恶化。加大环境保护和治理力度，开展环保教育，提高全民环保意识。20 世纪 90 年代以来，循环经济与知识经济一起，成为国际上两个重要的发展趋势。[②] 努力发展循环经济，对于我们这样一个资源和环境容量有限的人口大国，具有重要的现实意义。

3. 缩小区域间经济发展的差距

协调区域发展，关系经济发展、民族团结、社会稳定，关系最终实现共同富裕。区域协调要坚持从实际出发，积极进取、量力而行、统筹规划、科学论证、突出重点、分步实施。

4. 振兴教育和人才培养

人才是最宝贵的资源，当今和未来的国际竞争，说到底是人才的竞争。要把培养、吸收和利用好人才作为一项重大的战略任务切实抓好，普遍提高劳动者素质，建设一支宏大的高素质的人才队伍。

教育是培养人才的基础，对经济和社会发展具有先导性、全局性的作用，要适度超前发展。发展教育，要面向现代化、面向世界、面向未来，走改革和创新之路。[③]

5. 完善劳动和社会保障制度

扩大就业是促进经济发展和维护社会稳定的重要保证，也是宏观调控的一项重要内容。要继续保持经济较快增长，进一步发展劳动密集型产业，积极发展集体企业和个体私营企业，以提供更多的就业岗位。

---

① 参见张帆：《论“后雁行模式”时期的东亚区域经济一体化》，载《国际贸易问题》，2003（8）。

② 参见许文功：《循环经济的路上没有重点——一些国家发展循环经济的做法及启示》，载《信息导刊》，2005（4）。

③ 参见张健（中国教育学会顾问、教授）：《落实行动纲领，深化教育改革》。

完善的社保制度是社会主义市场经济体制的重要支柱，它关系改革发展、稳定的全局。要积极推进社会各个领域的保障事业。

6. 相关领域立法薄弱问题（知识产权保护、经济商事领域立法）

加强法制建设，重点建立和完善适应社会主义市场经济体制的法律体系。由于我国知识产权保护在立法和执法方面仍存在不足，所以，在目前跨国公司越来越重视投资国知识产权保护状况的情况下，为了进一步提升我国利用外资的水平和质量，就必须在知识产权保护的立法和执法上加大力度。在立法方面，我国应尽快完善知识产权保护的有关立法，健全知识产权保护制度。在执法方面，要加强宣传力度，提高企业和公众的知识产权保护意识，打破地方保护主义，加强不同执法部门的沟通，在执行上使行政、刑事和民事三种机制相互协调，加强对执法人员的业务培训，加大队伍建设，对侵权行为严厉惩治。[①]

中国长期没有融入到国际经济体系和国际社会中，没有机会参加有关国际经济贸易法律规则的规定，处于被动地执行、遵守国际贸易法律规则的地位，以致在国际经济贸易中的作用发挥受到了极大的限制。中国市场经济法律体系正处于建立和完善过程中，与服务贸易、知识产权保护和国际投资等有关的商事法律极为薄弱。加入 WTO，中国法律将面临调整。因此，应借鉴美国商事法典中开放性、能动性和具有保护功能的立法特性，依据 WTO 法律体系和国际商事惯例，制定和完善现代化的能与国际商事交易接轨的商事法律体系。[②]

（四）东亚一体化与东亚法制一体化

1. 经济全球化背景下，区域集团化趋势明显加强要求东亚一体化

区域经济一体化是世界经济发展的必然结果，自 20 世纪 50 年代末以来，一些地理相近的国家或地区间通过加强经济合作，为谋求风险成本和机会成本的最小化和利益的最大化，形成了一体化程度较高的区域经济合作组织或国家集团。[③]

区域经济发展进入 21 世纪，延续了 20 世纪 90 年代以来的迅猛发展态势并有所加强。首先，各种不同层次的区域集团数量大量增加，区域经济一体化的效果明显，许多国家为了谋求自身利益发展，积极参与了许多不同领域的区域经济集团。脱离区域经济集团的国家最终将在国际竞争中失去自身应有的地位。其次，一些区域集团的范围和规模不断扩大，区域经济集团的成员结构发生了较大的变化，世界经济已经形成了以欧盟、北美自由贸易区等超大区域集团为中心的格局，随着北美自由贸易区“南进”、欧盟“东扩”以及亚太经合组织制度化，世界经济的“三足鼎立”局面将会更加明显。再次，区域经济集团之间跨区域经

① 参见 Admin：《知识产权保护与利用外资的关系》，来源于mofcom. gov。

② 参见胡绪雨：《〈美国统一商法典〉对中国商法发展的启示》，载《政法论丛》，2002（6）。

③ 参见余乐芬：《区域经济集团化趋势研究》，载《先驱论坛》，2005（24）。

济合作日益频繁，出现了一些跨洲的双边、多边自由贸易区。各区域经济集团采取了开放政策，一方面扩大自身的势力范围，加强与非成员国的合作，另一方面在区域经济集团之间加强合作。北美自由贸易区带动拉美地区经济发展，与欧盟形成跨大西洋的泛自由贸易区。亚太经合组织更是地跨亚洲、北美洲、南美洲和大洋洲。跨洲的双边、多边自由贸易区正在成为主流。[①]

区域经济一体化是在经济全球化背景下进行的。在这个大趋势下，东亚也逐渐要实现一体化，否则很难顺应潮流。

2. 东亚一体化历程中的法制协调

经济基础决定上层建筑，作为上层建筑的法律服务于经济。东亚一体化必然要求对东亚各国的法制进行协调。

然而，在东亚一体化中，与欧洲相比，法的要素被轻视。确实，由 FTA 形成的经济一体化，与 APEC 不同，是以国际条约为基础构筑的，可以将此评价为一体化进入了新的阶段。但是，在经济一体化中，对于一体化中的法的意义和作用，却缺乏足够的认识。对于法的认识的欠缺，也反映在以共同货币的导入为目标的东亚共同体构想中，根本看不到关于国家主权的探讨。在这里可以看到的是，法只是被理解为作为从属于政治性决定而存在的。事实上，法有其自身的自律性发展机制，其价值是不能轻视的。[②]

充分发挥法的作用将更有力地促进东亚一体化的全面形成。当然，只是为了协调法制更好地为东亚一体化服务，而不是以牺牲各国或某个国家的主权为代价的。在法的协调或一体化方式上，我们可以借鉴欧盟的做法。

为了使法的一体化充分发挥其作用，进而有必要探讨以下课题：第一，由一体化的参加而产生的对参加国的国家主权的制约。WTO 的情况下，在美国，也展开过围绕司法化的纷争解决程序对国家主权的影响这一问题的论争。在欧盟型的一体化的情况下，围绕国家主权问题的讨论是不可缺少的。但是，在欧盟加盟国的宪法当中，对于向国际机构主权移交的问题，明确的规定很少。第二，负责一体化的国际组织中的民主主义。目前，欧盟和 WTO，被指出欠缺民主的正统性。地域的一体化得到深化的话，就会意识到地域一体化中的“民主主义不足”的问题。为此，对于在决定的过程中使市民社会的利益、意见得以充分体现的咨询机构的设置问题的探讨是必要的。在欧盟，经济社会评议会和地方委员会，发挥着咨询机构的作用。[③]

3. 为何强调东亚法制协调或法制一体化

欧盟也好，其他区域经济组织也好，都不是一成不变的。如果在这些处于动

---

① 参见沈丹阳、李光辉、李伟：《全球区域经济一体化第三次浪潮与建立“泛亚洲经济共同体”刍议》，载《国际经济合作》，2004 (6)。

②③ 参见［日］须纲隆夫：《推动东亚地区整合之际法律的角色》，载《法治论丛》，2005 (3)。

态状态的组织之间没有共同遵守的规则的存在，那么更高层次上的一体化是不可能得到实现的。经济上的一体化成果只有通过法律来巩固或维护才能得到保障，才能持续。没有法律的约束，一体化的进程将缺乏秩序。而没有秩序的进展，必然会使一体化进程缓慢甚至会导致退步，还必然要付出更多的物质代价，而因无序导致的成员间的谈判和摩擦将有增无减。

为了一体化的达成，各个成员国之间达成的共同法被各个成员国遵守是非常必要的一个手段。在此，还须形成相应的完备的共同法的执行机制。

4. 东亚法制一体化（协调）必然有利于促进东亚一体化的进程

东亚一体化的进程中的法的积极效果有：第一，法的一体化，可以防止一体化后退的效果。一体化不可能总是顺利的，一定要由法律作为防止一体化后退的屏障。第二，一体化所形成的加盟国之间的对立将是政治性对立，但只要由共同的法来推进一体化，政治上的对立将以法的纷争形态表现出来，此时，只要用理性的法律论证，由执行共同法的机构来解决即可。对于司法性的纷争解决，加盟国是习惯并熟练的，而且可以从中体会到对其有利的方面。这也对消除加盟国之间武力纷争的可能性作出了贡献。

东亚一体化，不是以法的框架为前提来进行探讨的。但是，将一体化的法的侧面，特别是一体化的法的存在形态，设定为探讨的对象是必要的。这是因为，像欧盟所揭示的那样，一体化的法的形态对于一体化的方式、将来的发展具有重大的影响。例如，东亚共同体，如果采用以主权移交为基础的一体化形态，优先于各国法的共同法的设立是可能的，并以包括单一市场在内的高度的经济一体化作为目标。在这种情况下，欧盟法的各个原则、理论是可以适用的。①

但是，不能设想东亚共同体的构想是以欧盟型的一体化来设定的。东亚共同体采用通常的政府间机构型的一体化形态的可能性是很高的。在这种情况下，法的作用是怎样的呢？这是一个我们必须应该研究的一个课题。

不仅限于国际法，现代的法是与“民主主义”、“基本的人权的尊重”、“平等”、“法的支配”等规范的价值观相结合的，如果要依靠法来实现一体化的话，那么一体化的内容就要体现这些规范的价值观。这是依靠法来实现一体化的本质的意义所在。通过一体化，各国间可以随之逐渐形成相通的价值观。②

二、欧洲一体化与法制协调的经验和教训

（一）欧洲一体化进程

现代意义上的欧洲一体化开始于第二次世界大战以后。当时的欧洲刚刚经过

① 参见梁剑兵：《东亚法哲学大会侧记（二）》，载《法天下周刊》www.fatianxia.com/weekly/。
② 参见［日］须纲隆夫：《推动东亚地区整合之际法律的角色》，载《法治论丛》，2005（3）。

战火的洗礼，百废待兴，局面微妙。一方面，欧洲的主要战胜国在胜利的喜悦尚未消退之际，就感受到了来自原苏联东欧集团的军事威胁。另一方面，德国虽然投降，但仍然具备东山再起的实力。战争虽然结束了，欧洲人仍然没有安全感。

与此同时，美国已经逐渐开始在国际政治和经济舞台上争演主角。1947 年，美国提出了旨在重建欧洲经济的马歇尔计划，为欧洲的战后恢复提供经济援助。在经济方面，欧洲国家在美国的敦促下成立了欧洲经济合作组织，其作用主要是协调欧洲各国经济政策，以努力实现成员国之间的自由贸易。在军事方面，欧洲 10 个主要国家和美国、加拿大于 1949 年共同缔结了《北大西洋公约》，成立了北大西洋公约组织，以加强北大西洋地区的集体防务，同以前苏联为首的东欧集团抗衡。欧洲人自己也在积极地推进欧洲一体化。1948 年，一个非政府论坛性质的欧洲大会在海牙召开。会上以决议的形式提出了一系列倡议，例如，建立欧洲议会、制定人权宪章、设立人权法院等。在舆论上为欧洲一体化的正式开始做了充分准备。1949 年，英、法、瑞典、挪威、丹麦、意大利、爱尔兰以及荷比卢三国共 10 个国家签订了《欧洲理事会章程》，设立欧洲理事会。严格地讲，这次行动只是一体化的前奏，但是欧洲理事会的工作仍然被认为是卓有成效的。一些重要的协定和《欧洲人权公约》、《欧洲社会安全公约》、《欧洲社会宪章》都是由欧洲理事会主持签署的。

真正的欧洲一体化开始于 1951 年。不少国家和学者将区域一体化分为建立自由贸易区、关税同盟、统一大市场、经济货币联盟和政治联盟 5 个层次。欧洲一体化从一开始就跨越了自由贸易区阶段，于 1968 年 7 月 1 日实现了关税同盟，于 1993 年基本建成欧洲统一大市场，1999 年 1 月 1 日欧元顺利启动，首先在 11 个成员国实现了货币联盟，目前正在建设和完善经济货币联盟的阶段，并在为实现政治联盟积极创造条件。

关税同盟：欧盟是以关税同盟为起点，着手建立共同市场，并向经济与货币联盟这种经济一体化的最高形式发展的。因此，关税同盟是欧洲联盟得以存在和发展的基础。欧盟于 1968 年 7 月 1 日完成了《罗马条约》赋予的取消成员国之间的贸易限制和关税以及统一各国对外关税税率的任务，比原计划提前一年半建成了关税同盟。

统一大市场：1985 年 6 月米兰首脑会议期间，欧委会正式提出了关于建设内部统一大市场的白皮书，其中列举了 300 项具体措施（最后定为 282 项），提出要在欧共体内部建立“无国界”的统一大市场，真正实行人员、商品、资本、服务的自由流通。1985 年 12 月，统一大市场白皮书得到理事会批准。为推进“白皮书”的实施，1986 年 2 月 17 日和 28 日分别在卢森堡和海牙举行的首脑会议签署了《单一欧洲文件》，提出了实施白皮书 282 项措施的具体计划和时间表，并提出最迟在 1993 年年初正式建立统一大市场。另外，文件还对《罗马条约》进行了第一次重要修改，以“有效多数”取代“一致同意”作为统一大市场有关事务的决策程序，有效地便利了理事会和委员会建设统一大市场的努力。1993年1月1日，欧洲统一大市场宣布基本建成，并正式投入运作。经过不断完善，取得了很多成果。为了进一步消除人员自由流动方面的障碍，1985年6月，法国、德国、荷兰、比利时、卢森堡5国在卢森堡与法国和德国交界的小镇申根签署了关于人员自由流通的协议，简称《申根协议》，意大利、西班牙、葡萄牙、希腊、奥地利也先后加入。1995年3月26日，《申根协议》首先在法、德、荷、比、卢、葡、西7国生效，7国人员及其他欧盟国家的人员均可在7国间自由来往，第三国人员只要取得一国的申根签证，也可在签证有效期内在7国之间自由通行。意大利和奥地利分别于1997年10月和12月开始执行《申根协议》，从1998年3月31日起，意大利和奥地利也都取消了与申根国家之间的所有边境检查，2000年希腊也开始执行《申根协议》。1996年12月，丹麦、芬兰和瑞典签署了同意加入《申根协议》的议定书。英国和爱尔兰目前尚未加入《申根协议》。

经济和货币联盟：简称经货联盟（EMU)。欧盟早在《罗马条约》第2条中就提出要“建立经济和货币联盟”。1969年12月，欧盟6个创始国举行首脑会议，作出了建立欧洲经货联盟的原则性决定，并于1970年提出了“维尔纳报告”(Werner Report)，提出了在10年间分三阶段建立经货联盟的设想。但这个设想最终没有实现。1989年6月欧洲经货联盟开始进入实质性建设时期。第一阶段从1990年7月开始，第二阶段自1994年1月开始，第三阶段从1999年1月开始。从第三阶段开始欧元开始在银行、外汇交易和公共债券等方面正式使用。①

欧洲一体化对东亚经济一体化的启示：（1）东亚国家应加强信任、争取共赢；（2）东亚经济一体化的发展可以考虑走机制化道路；（3）共同利益的正确选择是东亚经济一体化顺利发展的保障。②

（二）欧洲一体化面临的问题

欧洲一体化遇挫有以下原因：

1. 前进方向不明确

欧洲一体化进程经历了上述的4个阶段，根据先经济后政治的原则，正从经济一体化向政治一体化过渡。欧盟成为世界上一体化程度最高、综合实力最强的国家联合体。经过5次扩大，欧盟成员国已从最初的6个创始国增加到目前的27个。急速扩大新成员国的负面后果从宪法危机中反映出来，目前在是否继续扩大、扩大谁等问题上各成员国莫衷一是。欧盟宪法条约的拟订主要是为了通过“深化”欧盟运转机制以适应“扩大”后的需要；然而法国、荷兰两国全民公决的否决使得这一条约难以如期批准，且一时又找不到妥善的处理办法，从而成了

① “欧洲一体化”，引自《百度百科》。

② 参见张海冰：《欧洲一体化历程对东亚的启示》，载《世界经济研究》，2003（4）。

悬案。这表明欧盟一些成员国认识到，欧盟不能无限制地扩大。对如何推进一体化进程，以何种方式、何种速度向前推进，以及终极目标是什么，大家有着不同的想法。欧洲自身的定性和定位问题，成了一体化继续推进的“拦路虎”。

2. “火车头”渐失作用

德国和法国一直对欧洲一体化建设起着“火车头”的拉动作用。

进入21世纪以来，不过，德国的政局发生重大变化。这些政局的变动导致德国对外政策发生不小的变化。法国则经历了社会骚乱、学潮、工潮，致使法国忙于内部事务，无暇他顾。德法两国政局的变化造成的一个后果就是在多种因素的牵制下，双方在内外政策以及欧洲一体化建设等重大问题上出现了明显的分歧。诸因素造成法德联合共同推进欧洲一体化建设的形势正发生重大改变，它们的“火车头”作用已大为削弱乃至消失。

3. 经济形势不乐观

欧洲一体化面临的困境，与当前的政治、经济形势也是分不开的。在经济全球化加速发展、国际竞争空前激烈的今天，欧洲国家似乎失去了昔日的活力。它们的经济状况不仅比不上美、日等其他发达国家，而且发展速度更远逊于一些新兴的发展中国家。它们遇到了始料未及的棘手的经济社会问题。过去曾经对推动经济增长起过明显效应的一体化措施，似乎已不那么灵验。老成员国的经济发展速度远低于新成员国，欧元区国家的经济状况反不如非欧元区国家，而经济问题最为严峻的又恰恰是一体化的创始国。欧洲主要大国一个个都有些自顾不暇，没有更多的人力、物力去继续推进一体化，也使得它们就欧盟自身建设问题寻求并达成必要的妥协更加不易。

4. 美国因素增大

随着欧盟的不断发展壮大，特别是实现金融一体化后，使得美国日益强烈地感到欧洲一体化建设对美国形成挑战的压力。继而它逐步调整了欧洲一体化的对策，从过去的支持、默许演变为阻挠、制约。为了牵制、阻挠欧洲一体化进程，它一直采用的主要手段就是利用欧盟成员国之间的矛盾，进行分化瓦解，使之难以形成合力。

现今世人已越来越看清欧盟目前困境的重要成因之一，就是不顾后果、不考虑自身能力地大规模扩员。鼓吹加速扩大新成员最甚的是英国，而这背后可以看到美国的影子。[①]

（三）欧洲法制一体化的经验

欧盟的发展道路是一条法制化道路，以国际条约作为一体化存续和发展的基础。尽管欧盟是建立在国家间条约机制的基础上，但欧盟显然已经超脱了传统的

① “欧洲一体化”，引自《百度百科》。

国际组织的性质，具有了明显的超国家性。欧共体超国家性质最突出地表现在欧盟委员会和欧洲议会参与立法和由欧洲法院责成各成员国最高法院执行司法上。此外，欧盟发展过程中在基础条约中对其法律人格的确认，更加突显了欧盟的法治特征。欧盟法律体系广泛而深刻地作用于成员国之间、成员国与欧盟之间以及欧盟内部。最近的欧盟制宪讨论又将欧盟在法制化道路上推进了一步。①

作为制度性一体化，欧盟在一体化的每个阶段都制定有相关法律，成员国依此实施了一致的对外政策，也加强了内部的合作与交流，并使一体化不断地向更高的形式发展。《巴黎条约》建立了欧洲煤钢共同体，反映了特定经济部门的一体化。《罗马条约》建立了关税同盟，实行区域贸易自由化。《单一欧洲法院》对商品、劳务、人员和资本的自由流动列出了约三百项立法，并规定了完成这些立法的时间表。1993 年，欧洲统一大市场正式形成。随后，欧共体成员国签署了《马斯特里赫特条约》，并于 1999 年实现了经济货币联盟。欧盟也正在逐步迈向完全的经济一体化，对各种经济政策通过超国家机构进行协调和统一。②

（四）欧盟对外法律援助的经验

这里主要介绍最新的中欧法学院项目。

经过两年的商谈、筹备，欧盟同中国的法律教育合作项目——中国政法大学中欧法学院于 2008 年 10 月 23 日正式成立，旨在建立国际一流的法学院，加强中欧法律职业人士的联系、改善和提升中国法学教育。它由中国政府和欧盟委员会共同投资。欧盟委员会在未来 5 年内将提供 1 770 万欧元，中国则提供价值近 1 000万欧元的办学场地。此外，德国联邦政府、汉堡市、汉堡大学以及汉堡地区的国际性集团机构还将提供 758 万欧元。

中欧法学院将在中国开展三类项目，一是中国法律、法学硕士和欧洲法学硕士的双硕士项目；二是律师、法官和检察官培训项目；三是法学研究和法律咨询项目。这些项目旨在融合东西方法律理念，培养熟知中国法律和国际法的新一代法律从业者。

中欧法学院吸纳了 12 个国家 19 所法学院的优秀教授，包容了 7 种不同的法律传统，10 月 20 日，首届 57 名双硕士项目学生已正式上课。

中欧法学院的成立是中欧法律合作的结果。早在 2000 年，中欧双方就启动了中欧法律和司法合作项目，专门为中国法官、检察官和法律专业人员提供涉及欧洲法的培训。2005 年该合作项目结束，中国和欧盟决定在此基础上建立长期法律合作的机构。

---

① 参见范祚军：《中国—东盟自由贸易区推进策略与欧盟经验借鉴》，载《东南亚纵横》，2004（12）。

② 参见杨逢珉、孙定东：《欧盟区域治理的制度安排——兼论对长三角区域合作的启示》，载《世界经济研究》，2007（5）。

2007年1月，中国和欧盟委员会签署了组建中欧法学院的一系列协议，确定了该项目的承办机构须通过招、投标方式确定。2008年2月，中国政法大学和德国汉堡大学在项目招标中胜出。2008年9月17日，经教育部批准，中国政法大学中欧法学院成立。

中国政府对中欧法学院寄予厚望。2007年11月28日，在第四届中欧工商峰会上，国务院总理温家宝表示，“中欧工商管理学院已成为众多优秀管理人士的摇篮”，期待“中欧法学院能培养出大批学贯中西的法律人才”。中国国务院副总理李克强在成立仪式上指出，依法治国是中国的基本方略。随着中欧关系向纵深发展，中国需要了解、学习、借鉴欧洲先进的法律文化，培养通晓中欧法律的专业法律人才。中国政法大学有关人士表示，除了法学教育，中欧法学院还将为中国与欧盟各国在法学教育与研究、法律服务与合作方面提供新的平台。①

三、日本和韩国在法制协调与对外法律援助方面的经验

以区域内贸易和相互投资的扩大为基础，东亚各国的经贸关系得到迅速发展，相互依存关系也日趋密切，实际上已经形成了实实在在的东亚经济圈。东亚经济共同体的形成已经成为一个不可回转的必然的趋势。

虽然说东亚共同体发展中经济的一体化是主流，但这并不等于说经济一体化就是东亚一体化的全部内容，或者可以说那种单纯地追求经济一体化而认为不用进行其他方面的融合和交流的思想是错误的。根据马克思主义哲学原理——事物是普遍联系的观点和经济基础决定上层建筑，而上层建筑又反作用于经济基础的原理，仅仅强调经济方面的一体化而忽视与它有密切不可分的其他因素之间的调和的做法只能导致经济一体化最终的失败。反之，在强调经济一体化的同时，积极做好为之服务的法律等上层建筑的相互协调，将会更加促进经济一体化的进程，还会更加巩固经济方面一体化的成果。所以，在强调经济一体化的同时，我们必须注重法律方面的协调。这就要各国彼此之间积极开展法律交流活动，互相学习、借鉴其他国家法制建设中的经验。下面介绍一下作为我国的邻邦——日韩在法制协调与对外法律援助方面的经验。

（一）日本

1. 日本政府对华合作的新战略

2001年10月，日本也制定了《对中国经济协力计划》，明确了今后对华合作的总体方针。日方根据该《对中国经济协力计划》，提出新中日技术合作的新

① 参见兰方：《中国政法大学成立中欧法学院》，载《财经网》，2008-10-24，http://www.huaue.com。

发展方向及今后重点领域。将合作重点领域定为5项。

该计划的重心是：(a) 根据中国经济的发展情况，中国能够自行实施的事业由其独立完成；(b) 关于"政府开发援助大纲"的"原则"问题，要利用两国间交往的各种机会，继续向中国方面加以解释说明，促使中国方面加深认识和理解；(c) 在特定地区，对特定的课题投入援助资源，开展示范项目等，以力求富有成效地利用有限的援助资源；(d) 日本将进一步敦促中国方面加大宣传力度以及加强人员交流，充分利用日本所拥有的技能、技术知识，完成日本"人所共知"的援助计划；(e) 根据本计划，日本将就对华援助进行及时、恰当的评估，并将评估结果及时反映到今后的援助当中，同时对日本国民公开相关信息，力求得到国民的理解和支持。①

2. 日本执政党自民党的法律输出战略

日本自民党早在2005年前后也提出过制定相应的政策来统一JICA对外援助，也即在日本国内建立一个包括JICA在内的协调委员会，统一对外的技术援助和合作。(省略)

3. JICA中国经济法·企业法完善项目略

在前述日本外务省的《对中国经济协力计划》的指导下，近年来，日本政府的JICA技术合作的领域开始关注法律制度领域。对华技术合作，随着中国社会经济的发展，中国方面对援助的需求和期待有了一些变化。而日本也在以往所进行的技术转让、人才培养的基础上，开始重视对政策、制度等智力型的"软件"援助。主要体现在更加注重对法律制度领域的合作等援助领域发生变化。②

日本将支持建立规范经济活动的法律制度等，以建立良好的管理体制。在支持中国与世界经济接轨方面，对以下具体领域提供援助，包括完善制度及培养人才在内的促进市场经济化，加深对规范经济活动的国际标准及准则（包括WTO协议）的理解。在支援建立健全的管理体制方面，已经通过JICA的进修事业，介绍了日本的刑事司法及与科学技术相关的行政法规。面向地方政府工作人员，对其为实现依法治国、政务公开、提高工作效率所做的努力给予支持，并支持基层的启蒙教育活动。

就法律制度进行援助，其典型代表便是2004年11月18日开始的"中国经济法·企业法完善项目"。该项目实施以来，商务部已先后组织了一百余人次赴

① 参见杨东：《中日政府间JICA渠道技术合作（法律）对策调研》，天津市人民政府委托调研项目2008年1月。

② 还有其他变化，例如，援助方式，注重与其他的政府资金、民间资金的有效结合。合作对象开始变化，加大同商务部的合作。援助金额逐渐减少。加大对援助对象的监督和援助效果的评估。中日JICA渠道技术合作与政治联系更加紧密。由科学技术的调查及援助延伸到对中国资源能源及社会状况劳动的调查。以双边及地区合作为前提促进IT工作。参见杨东：《中日政府间JICA渠道技术合作（法律）对策调研》，天津市人民政府委托调研项目2008年1月。

日本进行反垄断法、公司法、市场流通法方面的研修，其中商务部派出五十多人次，其他人员来自全国人大财经委、全国人大常委会法工委、国务院法制办、国家工商总局以及地方商务部门。商务部条约法律司还先后在北京与日方专家召开了数十次研究会，与会人员包括来自全国人大财经委、全国人大常委会法工委、国务院法制办、国家发改委、中国人民银行、信息产业部、国家工商总局、中国证监会等政府机关的代表以及对外经贸大学、社科院、清华大学、中国政法大学等高校和研究机构的专家、学者。研究会就中方关注的公司法、反垄断法以及市场流通法等立法工作中的重点、难点问题进行了深入、充分、有效的交流。此外，项目组还汇编了公司法、反垄断法、市场流通法等研究报告集，翻译了反垄断法等相关日本法律资料。通过本项目的实施，中国将吸收借鉴日本在公司法、反垄断法、市场流通法三个领域成功的立法和执法经验，进一步提高相关法律法规的国际化水平。

中日经济法·企业法合作项目的开展对我国公司法、反垄断法和市场流通法等相关立法工作发挥了重要作用。该项目的积极推动不但有助于中方及时了解公司法、反垄断法和市场流通法立法和执法国际化的新形势、新发展，还有助于中方吸收和借鉴国外，特别是法律体系和文化传统与中国具有相似之处的日本，成功的立法与执法经验。这表明JICA渠道技术合作的援助领域由自然科学技术向社会科学领域及制度建设转变。①

日本多少会通过法律援助的方式对中国施加影响，但并非能够足以左右我国的法律制度。这种法律援助有助于中国法学家、法律界、政治家直接了解和学习日本的先进法治理念和法治经验，加快建设社会主义法治国家的进程。

4. JICA和全国人大法工委民法室的中国民诉法·仲裁法完善项目（略）

5. 日本环境、循环经济立法等领域的优势

日本在环境保护和循环经济立法方面，很多地方值得我们借鉴。一是政府加强环境规划研究；二是加强市场机制在治理环境问题中的力度；三是要提倡并大力弘扬健康、积极的消费理念与生活方式，形成全社会愿意为环保产品支出成本的消费理念与消费行为。

循环经济是实现经济、社会与环境可持续发展的经济范式。日本、德国等国均对循环经济进行了立法，尤其是日本，从基本法、综合法、专向法多个层面制定了循环经济法律法规。这些法律法规一方面保障了环境质量的改善，另一方面保证了日本经济的发展，为我们提供了有益的启示。

日本循环经济立法的历史背景：日本在战败以后为了重建第二次世界大战中荒废了的国土，赶上和超过世界上的先进国家，举国上下不顾一切地致力于产业复兴，专心于经济的增长。这一过程中，全国各地到处都在进行无视与自然相协

① 参见杨东：《中日政府间JICA渠道技术合作（法律）对策调研》，天津市人民政府委托调研项目2008年1月。

调的过分开发和工厂作业，从而给作为人类生存基础的自然环境带来了严重污染和极度恶化。20 世纪 90 年代至今，日本社会对环境保护的呼声越来越高，这要求日本在 21 世纪必须克服其环境与资源限制建立新型社会经济体系。

日本循环经济法律制度的现状及特点：1991 年，日本国会再次修订了 1970 年的《废弃物处理法》（该法至今已修改过 20 次），并通过了《资源有效利用促进法》。1993 年，日本又以减少人类对环境的负荷为理念制定了《环境基本法》，实现了环境立法从完备单项法律体系为目标走向法典化的重要一步。此后，《容器和包装物的分类收集与循环法》与《特种家用机器循环法》分别在 1995 年与 1998 年被通过。到 90 年代末，伴随着这三项法令的实施，日益增长的公众意识逐渐演变成为一种需要，需要改变了现存的社会经济体系，并发展出一种能使得日本在 21 世纪克服其环境与资源限制的新型社会经济体系。日本国际贸易工业部工业结构委员会在 1999 年 7 月准备了一份《循环经济规划》的报告，2000 年被命名为日本"资源循环型社会元年"，同年日本国会通过了 6 项法案：《建立循环型社会经济法》、《废弃物处理法》（修订）、《资源有效利用促进法》（修订）、《建筑材料循环法》、《可循环食品资源循环法》、《绿色采购法》。2002 年还通过了《车辆再生法》。

目前日本的循环经济立法是世界上最完备的，这也保证日本成为了资源循环利用率最高的国家。

虽然我国基本没有循环经济的立法实践，但国际国内的形势要求我国转变经济发展模式，发展循环经济。比较日本的循环经济立法背景及状况，我国目前的循环经济立法还只不过处于萌芽阶段，法律、法规对循环经济的规定零星而无可操作性，环境法的修改任重而道远。[①]

（二）韩国

韩国从 1963 年开始对发展中国家进行无偿与有偿的援助活动，并于 1991 年设立韩国国际协力团（KOICA），隶属于韩国外交通商部，代表韩国政府实施和管理对发展中国家的无偿援助和技术合作项目，加强同发展中国家的友好合作及相互交流，并支援其社会经济的发展。KOICA 的主旨是"合作建设一个更加美好的世界"，希望通过促进政治稳定和经济发展，来改变一些发展中国家的贫穷落后面貌。

KOICA 的援助政策分为地区援助政策和专项援助政策两个层面。地区政策，即制定符合受援国家具体情况的、中短期政府开发援助计划。目前，KOICA 的援助对象以亚洲为主，今后其还将与韩国国家社会一起为缓解撒哈拉沙漠以南非洲地区的紧张局势而努力，并逐步增加对中南美洲国家的援助。专项援助政策主要包括以下几个领域：（1）教育领域，为受援国提供扫盲及职业培训；（2）健康

---

① 参见董慧凝：《浅谈日本循环经济立法对我国环境立法的启示》，载《论文天下论文网》，http://www.lunwentianxia.com/。

医疗保健领域，为贫困人口提供卫生和医疗援助，降低儿童死亡率，改善产妇健康水平，减少致命疾病如艾滋病和疟疾，推进医疗和卫生条件的改善；(3) 制度建设领域，通过开设培训课程为受援国提供经济发展政策，增强其行政管理能力；(4) 信息技术领域，通过分享韩国先进的信息技术，消除发达国家和发展中国家在信息技术上的差距；(5) 农业领域，分享韩国先进的农业技术和农业生产经验，提高农民的收入，增加粮食产量。

为使各项援助政策切实落实，韩国政府向受援国派遣由具有奉献精神的优秀年轻人组成的韩国国家协力队。为此，韩国政府于 1994 年制定并颁布《国际协力人员相关法规》，并于 1995 年向中国等 5 国派遣了首批 20 人的国际协力队。

KOICA 对华援助概况：为促进中韩两国人民的友好往来和中国经济的发展，以及便于在中国更好地开展工作，1994 年 6 月 20 日，KOICA 在北京开设了中国事务所。

KOICA 中国事务所成立十多年来，通过邀请研修生、派遣韩国专家、派遣协力队员、开展专项技术合作项目和开发调查项目、物质支援与赈灾、援助 NGO 事业等方式与中国开展合作，援助中国的资金达 4 007.1 万美元（1991 年～2005 年)，对中国经济建设和科技发展起到了一定的推动作用。

具体援助及合作项目：(1) 邀请研修生；(2) 派遣韩国专家；(3) 派遣协力队员；(4) 与中国合作开发的项目有：1) 就业培训指导中心项目；2) 中国西部造林项目；3) 北京市密云水库保护示范项目；4) 沙尘暴检测网项目；5) 北京地区森林综合经营示范项目；(5) 开发调查项目；(6) 物资支援与赈灾工作；(7) 协助 NGO 事业。

未来规划：KOICA 中国事务所自成立以来，一直对中国进行无偿资金援助及技术援助，并取得了可喜成果。今后，KOICA 计划在环境、教育、IT、保健卫生等方面继续加强对华援助，不断推动中韩友谊与共同发展。同时考虑西部贫困地区、收入低下的农村以及经济力量薄弱的少数民族地区，KOICA 正考虑制订更为均衡的援助方案。为增加持续援助的有效性，KOICA 还会加强完工项目的后续管理工作。①

四、东亚法制一体化（东亚法制协调）过程中我国的地位和作用

(一) 东亚法制一体化对我国的好处

1. 借鉴东亚各国在商事经济法制方面的优秀立法经验为我所用

由于长期以来，自然经济在我国占主导地位，兼之阶级矛盾不断，故历代统

① 参见《韩国国际协力团及其对华援助概况》，载《国际青年与青年工作动态》，第 14 期。

治阶级都较注重法律作为专政工具的职能；同时，老百姓在重义轻利思想的影响下，亦不屑经商，商品经济发展缓慢；从而导致重刑轻民倾向在我国的长期存在，对刑事法律的研究亦甚于对民商法律的研究。

经过半个世纪的努力，我国社会主义法制建设取得了显著成效。民主、权利、自由、平等、公正等现代法学理念不仅得到我国社会的普遍认同，而且正在有力地推动着我国的政治、经济体制和法律制度的改革。这也体现在对于法律，已不再侧重于其阶级专政的工具职能，而是更注重发挥其调整各种社会关系、管理社会公共事务的职能。主张法律应从阶级专政的工具这一主要职能逐渐向社会公共事务管理这一职能转变。因此，长期以来在我国存在的重刑轻民倾向也发生了重大变化。对民商法律关系及其立法、司法研究超过了以往任何时期，在某种程度上，也超过了对刑事立法关系及其立法、司法的研究，对涉外民商事法律关系的研究则更是如此。随着我国加入 WTO，国内掀起了一场前所未有的学习、研究 WTO 规则的热潮。[①]

如今，区域经济一体化已成为世界的潮流，东亚一体化在逐步形成的过程中，我们应注重与国际民商事法律的接轨，积极融入到世界性的规则之中。而这需要我们不断借鉴、吸收、参考其他国家在这个领域的成果与经验。东亚一体化对于中国来说无疑是一个契机，我们应利用好这个机会，多多借鉴东亚各国在商事经济法制方面的优秀立法经验，并为我所用。

2. 在东亚各国之间的经济法制方面有利于东亚统一实体法制的形成

东亚各国自古以来联系紧密，在经济上互为依赖，很多在经济往来中形成的惯例和通行的一些做法已经悄然载入了各国的立法印迹里。不能否认，这些将有利于东亚各国之间统一实体法的形成。

3. 有利于促进东亚各国经济的发展、贸易的活跃

当某种行为有了可以遵循的秩序规则以后，它的效率将会更加提高，这是毋庸置疑的。东亚共同体也是一样的，这个组织里包括的国家很多，而其中的经济贸易交往行为则是不计其数。如果说在东亚法制一体化之前，东亚各国之间的经济贸易已经比较活跃，那么当法制一体化或者说共同体各国之间有了一系列共同遵循的规则以后，东亚各国之间的经贸来往以及其成效该有多么大，我们可以无限地去想象。

4. 有利于坚持开放的地区主义原则

政治、经济和安全保障等方面的许多问题都可以进行讨论和协商，具体包括：区域内政治和安全保障；消除贫困、缩小差距，实现经济一体化和经济增长；推动区域内贸易和投资的发展，促进贸易和投资自由化、便利化；加强金融合作，确保金融稳定；在技术转移、基础设施建设、环境保护、能源安全、预防传染病、预防

① 参见洪莉萍：《经济全球化进程中的中国法文化》，载《法治论丛》，2003 (5)。

地震和海啸等自然灾害以及人道主义援助等方面加强区域内合作等。

（二）我国加强对外法律交流和法律援助的必要性

1. 世界强国的普遍做法

像英国、美国、德国、法国、日本等国，在实力强大后均加大对外法制宣传和推广。比如，现今德国技术合作公司（GTZ）、日本国际协力机构、韩国国际协力团（KOICA）、中美法律交流研讨会、国际发展法律组织（IDLO）成员国大会、中欧知识产权工作组会议等。

2. 加强民主政治影响的必然要求

法制属于民主政治范畴，因此，其必然具有民主政治属性。在经济领域加强法制交流和合作，可以达到加强我国的民主政治影响的效果。

3. 法律为经济服务

通过对外法律援助，使得外国法制受到我国法制的影响，从而有利于我国企业对外投资，促进我国企业走出去战略的实现。

4. 软实力体现的必然途径

十七大报告中提出“文化软实力”，其属于软实力的一部分。

从发展国家软实力的战略高度谈增强文化的吸引力和感召力，是要使我们的文化能够更加有力地吸引和感召世界各国人民，使他们由衷地欢迎和喜爱中国文化，真挚地同情和支持中国人民的民族复兴事业。因此，一定要尊重世界各国人民，无论国家大小、强弱、贫富，都要平等相待、求同存异、取长补短、友好合作。这就要在文化建设中具有世界眼光，注重文化的世界性或全人类性。在文化建设中对这种共同性加以注重，并真诚地学习、借鉴它们的经验和长处，这有利于不同文化的沟通和共鸣。

5. 加强中国共产党的执政基础和执政能力，扩大对外的辐射力和影响力

中国共产党应对严峻挑战、完成历史使命，不但要进一步加强党的执政基础和执政能力建设，还要不断向外扩大辐射，增强影响力。这个过程中不能缺少的工作就是通过多种渠道和形式抓好法律法规的宣传和普及工作，不断增强群众的法律意识，通过国际合作和国际交流传播我国的法律，扩大我国法律在国际上的影响力。这是一个良性的互动过程，法律的传播和交流会同时扩大党的对外辐射力和影响力。

五、东亚法制一体化与我国对外法律援助的可行性研究

虽然，东亚各国在经济发展水平、经济体制、社会制度以及民族、宗教、历史、文化传统和意识形态等方面存在各种各样的差异，但是，还是存在许多共同点。同时，中国和日本是东亚的两个大国，对东亚区域经济、区域政治和区域安

全有着巨大影响力，在东亚自由贸易区和东亚共同体建设的过程中发挥着举足轻重的作用。因此，面临东亚自由贸易区和东亚共同体发展的历史潮流，中日两国应该以双边合作促进区域合作，在区域合作中解决双边矛盾，共同推动东亚自由贸易区和东亚共同体的进程。

（一）共同点

1. 共同受中国古代法文化的影响

东亚地区的古代法制都是受中华法制的影响，都属于中华法系。

日本著名法学家，东亚法哲学研究会主席，日本北海道大学教授今井弘道曾用欧洲一体化类比东亚一体化问题，希望东亚各国和地区在东亚共同经济圈的框架下进行共通的理解，而这种共通的理解应该在东亚共通的法文化背景，例如儒教文明、汉字文明下进行。而韩国延世大学的朴荣吉教授则在同意东亚一体化的构想的前提下指出，所谓东亚一体化应该是以共同的经济发展为前提的，主要是经济圈构想。至于东亚一体化是否有共通的法文化，朴荣吉教授持与今井弘道有不同的看法，其主要观点是“亚洲与欧洲不同，没有一个统一的宗教，这样就无法形成统一的、占据支配地位的法价值观、自然也无从形成东亚统一的法律文化。加之中韩与日本之间存在许多矛盾，因此东亚一体化走向政治层面的可能性不大。”中国法学家徐显明教授则认为，东方各国法治拥有共同的法价值观，这种价值观的核心价值是中国春秋战国时期儒法道墨各家共同提出的“和谐”价值。这种价值观不但具有普世价值的意义和地位，而且具有超越西方法价值观诸如自由、公平、正义的地位。①

2. 均不同程度遭受到西方列强的侵略

回眸东亚各国的历史，均曾不同程度地遭到过西方列强侵略。这个共同点也会促进东亚各国的合作与融合。

3. 在继受欧美法制方面具有很大共性

综观东亚各国的现行法，我们不难发现，东亚各国的法制都是在引进欧美先进法制的基础上实现的。要么是大陆法系，要么是英美法系。

4. 都采取了东西文化兼收并蓄

文化乃人类所共有的财富，各国各民族的文化可以相互借鉴、相互学习，在这种兼收并蓄的过程中让自己的文化更加完善并向更高的层次发展，这无疑就是所有文化所共同遵循的一个规律。东亚各国的文化也不例外。

比如中国是以传统的儒家思想为主，融会并吸收了各个学派和所有外来的思想文化。

---

① 参见［日］须纲隆夫：《推动东亚地区整合之际法律的角色》，载《法治论丛》，2005（3）。

5. 经济基础决定上层建筑

东亚各国的经济均取得很大的发展，如果进一步发展？面临着能源、环保等领域的问题。

共同体在采用政府间机构的情况下，要实现高度的经济化，也同样不得不依靠法的手段。也就是说，像欧盟的经验所示，在废除关税、数量的限制后，为了使一体化更加深化，对于加盟国之间的法规制的不同，不得不作为一种非关税壁垒来认识。进而，为了消除这种壁垒，某种立法机关或是司法机关是必要的，一体化必须面对宪法性选择。

另外，从欧盟的经验来看，在政府间机构中，编入独立作出判断的司法机关，是非常重要的。像 EEA（欧洲经济领域）的 EFTA（欧洲自由贸易共同体）法院那样，即使是在政府间机构当中，常设法院有效地发挥作用的例子是存在的。在司法机关的任务设定上必须慎重，需要顾及司法机关的机能与国内宪法的整合性。像 EFTA 法院那样，可以公布对于国内法院没有法的约束力的劝告性意见。这样的话，其接纳是可能的。①

欧盟的经验，显示着经济的一体化可以作为实现其他目的的手段发挥作用。欧洲一体化，以维持和平的目的开始，现在，这个目的依然没有改变。有必要留意的是，由经济的一体化，产生出解决其他问题的契机的可能性。在东亚的一体化中，政治性、历史性的阻碍因素的排除是必要的，在以往的过程中，显现出解决这类问题的难度。在欧盟，为了克服对历史问题认识的不同，于 1992 年公开出版了欧洲共同教科书，这显示出更高层次的一体化的条件由一体化自身创造出来的可能性。在日本，希望严格区分政治和经济，分别去解决这两者的问题的想法很强烈，但是，必须考虑两者之间的相互关系和影响。②

（二）可行点

可行点大致可归纳为以下几点：

1. 现行的经济商事法律的合作和交流在逐渐升温

我国和日本、韩国在公司法、证券法等领域均在进行合作交流。

例如，2004 年 11 月 18 日起，正式开始的为期 3 年的“中国经济法·企业法完善项目”和 2007 年 11 月 16 日正式启动的中日韩三国国际合作课题“东亚共通法合作项目”都是合作和交流不断加强的表现。

2. 我国可以通过学习和借鉴国外现今经验，设立一个专门的机构来负责对外法律援助。

日本成立专门的国际协力机构来从事相关的活动，德国有德国技术合作公司。那么中国的这种专门机构应该怎样设立？设立在什么部门？下面会有具体介绍。

---

①② 参见［日］须纲隆夫：《推动东亚地区整合之际法律的角色》，载《法治论丛》，2005 年 3 月。

3. 以欧盟为模板，加大民商、经济法制领域的交流合作

主要参考欧盟法制合作的经验，像欧盟宪法等的合作。

欧盟宪法不是凭空产生的，它是建立在过去近五十年中，欧洲国家缔结的一系列有关主权让渡及政府间合作的条约基础上的，如《罗马条约》、《马斯特里赫特条约》、《阿姆斯特丹条约》，以及《尼斯条约》等。推动欧洲一体化进程的制度建设大多源于这些条约，从本质上讲，欧盟宪法就是对制度建设过程中正式的和非正式的规则和实践加以法典化，并赋予新的定义。欧盟宪法确认了欧洲会议近年来已取得的实际权力，欧洲会议可以否决部长理事会通过的立法建议；修改了有资格多数表决制度（QMV），即提案的通过必须取得55%的成员国同意，并代表欧盟65%的人口；扩大了欧盟在某些新领域的权利（主要涉及社会公正）；新设立欧洲理事会主席一职，并由其任命欧盟外长；确认各成员国对欧盟的外交、防务和税收政策继续拥有否决权。

由此可见，制定欧盟宪法主要是为了巩固欧洲经济政治一体化已取得的成果，并在此基础上对进一步的政治一体化作有限度的推动。在欧盟制宪过程中，成员国之间的谈判十分艰苦，尽管最终达成了协议，但在欧洲统一问题上的分歧已经到了危机爆发的临界点。至此，欧洲一体化产生了这样一个悖论：假如没有欧盟宪法，欧洲作为一个社会体就无法存在下去；但是欧盟制宪引发的严重危机表明，依靠行政力量推动"欧洲共和国"的建设已成为强弩之末。问题的症结在于，欧洲一体化的背景在冷战后发生了深刻的变化，在全球化条件下国际政治经济关系的演变给欧洲一体化带来了前所未有的挑战。①

4. 通过法律文化的渗透作用来影响外国

历史相同、文化具有共通性、共同借鉴欧美法制。

5. 加强对外法律援助有利于我国企业对外投资

6. 亚洲国家、地区掀起学习中国法律的高潮

亚洲国家、地区选修中国法律的学生增多，留在当地教授中国法律的中国学者增多；来中国留学、研修中国法律的人员增多且高层次人士增多。

六、东亚法制一体化与我国对外法律援助面临的问题

1. 不同国体的国家能否进行法制一体化

(1) 虽然国体不同，但是对于私法领域的交流和合作同样可以进行

对于东亚共通法以及东亚一体化问题，徐显明教授认为，从外交和政治层面上看，东亚一体化不是没有可能，但是需要经过漫长曲折的过程和时间。至于东亚共通法，在正式的层面上也许不太容易形成一致看法，但是这不妨碍民间对此

① 参见岳健勇：《欧盟宪法危机及其根源》，载《读书》，2005 (9)。

问题的交流和讨论。[①]

随着世界经济全球化，各国不得不在私法领域内遵循越来越多的规则，谁如果不遵守，那将势必落后甚者还会面临被淘汰，这是一个无法否认的事实。我们能做的就是去接受并不断适应。在这个过程中，就要同各个国家，包括国体相同的也包括国体迥然不同的国家进行私法方面的交流和合作，只有这样才能跟得上时代的步伐。

（2）我国现今的法律移植实质上就是在学习国外的先进立法经验

法律移植即一个国家的法律制度的某些因素是从另一个国家的法律制度或许多国家的“法律集团”中输入的。自从人类进入资本主义时代以来，现代各国法律制度都不是封闭的、不与其他国家的法律制度交往而自我独立发展的。

多年以来，法史学者们对各部门法域的法律移植和继受问题曾经做过大量的细致研究，取得了许多成果：

就法律观念而言，中国近现代法上的一系列观念，如公法与私法的观念，部门法划分的观念，法律面前人人平等的观念，审判独立或司法独立的观念，三权分立或孙中山先生提出的五权独立的观念，在中国传统社会中是找不到的，它们完全是移植西方法律观念的产物。

就法律制度而言，中国近现代宪法上曾经出现过的总统制、内阁制、选举制、政党政治、代议制，民商法上的法人制度、物权制度、侵权行为制度、时效制度、代理制度、监护制度、亲属制度、继承制度、财产担保制度，刑事法律上的定罪量刑制度，诉讼法上的辩护制度、陪审制度、证据制度、律师制度，以及经济法、知识产权法等各个领域中的制度，应当说是移植了大陆法系的法律制度。

就法律原则而言，中国近现代宪法上的民主原则、平等原则、人民主权原则、公民的各项权利受到严格的法律保护原则，民商法上的公民个人民事权利能力平等原则、私有财产所有权受到严格保护原则、合同自由原则、过错责任与无过错责任相结合原则，刑法上的罪刑法定原则、罪刑相适应原则、法不溯及既往原则，刑事诉讼法上的无罪推定原则、一事不再理原则、不告不理原则，等等，也都是移植了外国的法律制度。

就法律的概念与术语等而言，中国近现代法上的法律专业名词，几乎都是经由日本而从西方传入的，如法律、法学、法医学、法律行为、仲裁、宪法、民法、刑法、公法、私法、主权、公民、权利、自然人、法人、成文法、动产、不动产、不当得利、无因管理等。这些概念和用语，至目前事实上已经完全本土化了，已经成为现代中国法律文化的一个组成部分。

中国自清末立法改革起，就仿照西方先进国家的做法，建立起西洋式的法律教育制度。

就法律职业而言，中国古代没有专业的法官，也没有检察官，更没有律师。中国近代型的法官、检察官和律师制度，都是在清末修律之后，从西方移植而来的。[②]

---

① 参见梁剑兵：《东亚法哲学大会侧记（二）》，载《法天下周刊》，www.fatianxia.com/weekly/。

② 参见冯玉军：《西法东渐与学术自觉：中国移植外国法研究综述》，载《甘肃社会科学》，2008（3）。

可见，法律制度的移植实质上就是在学习国外的先进立法经验。

但是法律移植的效果有好坏之分，好的效果能促进“输入国”的社会经济，坏的效果与“输入国”的社会制度格格不入。在法律移植问题上，一定要采取具体情况具体分析的态度，经验主义和教条主义都是不可取的。

（3）东亚一体化中的日本地位问题（从脱亚入欧到回归亚洲）

日本对东亚共同体的积极姿态：2002年以来，日本对东亚共同体持越来越积极的态度。

经过一系列的努力，2006年5月，日本内阁会议通过经济产业省提出的《经济全球化战略》，正式提出了“东亚EPA构想”，其成员包括东盟10国、中日韩以及印度、澳大利亚和新西兰；同年8月，日本政府在10＋3部长会议上正式向各国建议“东亚EPA构想”。由上述可见，东亚共同体在很大程度上是日本积极鼓动的结果。

日本对东亚共同体的基本立场是：第一，坚持开放的地区主义的原则，要确保东亚共同体的开放性、透明性和包容性，建立更为广泛的伙伴关系和紧密合作关系。第二，以促进功能性的合作为中心。鉴于东亚地区在经济发展水平、文化、民族、宗教、政治理念、安全保障政策等方面的多样性，像欧盟那样的一体化只能作为未来的长远目标。当前，要以推进广泛领域的功能性合作（缔结FTA/EPA，开展金融和跨国境问题方面的合作等）为中心，推动东亚共同体的发展和形成。第三，尊重民主主义、自由、人权等普遍的价值观和WTO等制定的全球化规则。第四，利用日本的经济实力、科技水平和市场经济经验等，在东亚经济联合中发挥主导作用。①

但是，尽管日本方面在积极努力想争取共同体中的主导地位，但是毕竟不是那么容易。

2. 我国对外法律援助面临的困境

（1）我国对外法律援助的方针问题

（2）如何处理法制对外输出和对外经济交往相结合

（3）如何贯彻法律援助为经济服务的方针

七、东亚法制一体化与我国对外法律援助的对策建议

1. 对外法律援助应该在现今对外交往中处于优先考量地位

对外法律援助不仅仅是扩大法律文化影响的一个做法，它更多的是为对外经济进一步发展而服务的。法律的对外援助实际上是和经济的对外扩张紧密联系在一起的。

经济对外扩张的主要内容就是海外投资，如果一国的海外投资方面的法制不

① 参见《中日经贸合作中长期发展规划联合研究报告》第四章——中长期重点合作领域和措施建议。

够完善，那么其经济扩张与对外法律援助就无从谈起。

纵观我国海外投资法制，不难发现其具有四个弊端：第一，散乱、不系统；第二，重管理轻鼓励与保护；第三，某些规定不合理；第四，内部不协调。

完善我国海外投资法制的设想：

（1）在法制体系上，应注意国内法制与国际法制的配套建设与协调。首先，在国内法制方面，应尽快建立健全有关海外投资的国内法律体系。对此，不少学者认为，我国应当建立一套既有海外投资基本法又有海外投资单行法的法律体系，当务之急是制定一部海外投资基本法。这种观点虽有一定道理，但我们不敢苟同。因为投资自由化是大势所趋，是WTO有关协定和国际投资条约的终极目的，我国应当有条件地逐步向这一目标迈进。更何况，我国对外投资的政策尚处于不稳定状态，如果国家制定的海外投资政策发生变动，海外投资基本法的规定也要随之更改，势必影响海外投资基本法的稳定性。再者，考察世界各国的海外投资立法，有些国家制定了有关海外投资的专门立法，如美国1948年制定并几经修改的《对外援助法》、日本1978年修订的《输出保险法》、罗马尼亚颁布的《关于在国外参加合资公司的法令》等等；也有的国家没有制定专门的海外投资法律，由有关外汇管理、税收、技术转让等国内法中的一些条款对海外投资问题作出规定。但是没有一个国家制定了海外投资基本法。因此，我们认为，我国应当采取制定海外投资单行法的立法模式。具体而言，应当制定以下几部单行法：1）海外投资审查法；2）海外投资促进法；3）海外投资保险法；4）海外投资管理法。其次，在国际法制方面，我国须与更多的国家、特别是发展中国家缔结双边投资保护条约，以便对我国海外投资提供更充分有力的法律保护。此外，我国还应积极参与有关多边投资公约的谈判，及时反映我国作为发展中国家的要求，以维护我国的利益。

（2）在法制内容上，应注意几个方面的完善：1）扩大海外投资的主体范围；2）建立海外投资的审批制度；3）健全鼓励海外投资的制度；4）建立海外投资保险制度；5）完善海外投资管理制度。①

在完善上述法制等基础上，我们也要参考日韩在对外法律援助方面的经验，积极进行对外法律援助，以提高我国在东亚共同体中的地位和作用，在共同体中争得优先的主导地位。

2. 政府应该加大对民间的东亚法制学术交流活动的支持力度

中国人民大学法学院和日本一桥大学、韩国釜山大学等现在就在进行相关的研究课题：“东亚的法继受与创造——面向东亚共通法的基础形成”的亚洲研究教育基地项目（以下简称“东亚共通法合作项目”）。

资本主义经济发展的现阶段，一个重要特征便是全球化。出现了全球化了的

---

① 参见冯会平：《论我国海外投资法制的完善》，载《社会主义研究》，2004（2）（总第154期）。

资本主义经济，地球上某一地区发生的事件，立即就波及全世界。与此同时，以欧盟经济圈与北美经济圈为代表的经济区域化也在蓬勃发展，东亚虽然还处于萌芽阶段，但也出现了同样的趋势。在这样的背景下，“东亚共通法的形成”也成为了人们关注的课题。

日本一桥大学法学院，联合中国人民大学法学院及釜山大学校法科大学，成功申请了日本政府的国家级课题，即从 2007 年开始为期 5 年的题为“东亚共通法合作项目”。

具体的研究目标由以下三个方面构成：(1) 中日韩三国的西欧法继受的历史研究；(2) 中日韩三国的法律制度的现状分析；(3) 提出面向东亚共通法的基础形成的具体建议。该项目还将致力于培养能够长期从事和参与该课题的年轻研究者。

“东亚共通法合作项目”的研究计划具体如下：

第一阶段（2007 年度）：整理中日韩三国（以下简称三国）各国国内积累下来的“东亚的法继受与创造”及“东亚共通法的基础”的相关研究成果，调查三国以外发表的相关研究，确认至今为止的研究所取得的最近成果，并对其中的问题与不足进行总结，探讨今后的研究的具体方法。于 2007 年 11 月 17、18 日在日本一桥大学召开了 2007 年度研讨会“东亚法研究的现状与未来”。

第二阶段（2008 年度）：研究三国在进入 19 世纪后被迫面对近代西洋法的时候各自的反应，继受了西洋法中的哪些内容，它们在各国固有的情况下又是如何变化的，以及法原理（法的支配、私的自治等）、公法、私法、司法制度、司法人员教育等主题的个别研究。2008 年度研讨会在中国人民大学法学院召开。

第三阶段（2009 年度）：将时间视点设定在第二次世界大战之后，就三国各自的法的发展与相互交流，对上述各个主题进行个别研究。2009 年度研讨会在日本一桥大学召开。

第四阶段（2010 年度）：在第一至第三阶段的研究成果基础上，分析三国的法的现状，找出它们的共同性与各自的异质性。2010 年度研讨会在韩国釜山大学校法科大学召开。

第五阶段（2011 年度）：在认识到第四阶段得出的共同面与异质面的基础上，探索构建东亚共通法基础的可能性，并探讨为了这一目的三国间应该如何相互协助与交流，进行具体的提议。2011 年度研讨会将在日本一桥大学召开。

“东亚的法继受与创造——面向东亚共通法的基础形成”的亚洲研究教育基地项目等均是民间的东亚一体化与法制交流合作的研究活动。今后要继续进行更多类似的民间交流与合作。这种民间活动的作用是非同小可的。当一切成为自然的时候那就是一个规则，所以，民间的合作与交流中形成的很多习惯与规则在不远的将来也许会成为法制协调中予以参考并纳入法条中的重要内容。

政府应该在合理的范围内，不断为民间交流提供物质和精神的鼓励，使民间交流与合作发挥其积极的推动东亚一体化的作用。

3. 加强我国的法律文化的扩张和渗透

在不断提高经济实力的同时，要注重法律文化的对外传播和渗透，这就要通过一系列对外法制和对外法律援助来实现该目标。只有我国的法律文化广泛被传播渗透，我们的法律才会被认可、被理解，也只有这样才会更加有利于吸引外来投资。

4. 掌握东亚法制一体化的主动权，使法律为政治服务

法与政治的关系最为密切，法有时被看做是政治的一个方面。政治是一种复杂的社会现象，是上层建筑中最活跃的部分，是经济的集中表现。

积极掌握了东亚法制一体化的主动权，这也是在共同体中提高我国政治影响力和政治地位的一个必要途径，有利于东亚对中国的正确评价和中国对东亚的影响力的增强。

5. 设立专门的对外法律援助机构

6. 明确对外法律援助的方针政策

既然对外法律援助是不可缺少的一个必须要完成的工作，那么我们就要全力以赴制定对外法律援助的方针政策，使对外法律援助有章可循，按照正常的轨道有序进行，发挥其应有的作用。

7. 与我国现实情况结合起来的能源、环保领域的交流合作

（1）与日本能源领域的合作

在本文前面也论述过日本在资源能源领域的成果和经验，日本在这个领域做得比较成功，值得我们学习。我国要根据自身的实际情况与日本进行该领域的合作，从中借鉴、学习它们的经验。

（2）日本北九州市与大连、青岛、天津之间的环黄海循环经济圈构想

1991年，国际东亚研究中心提出了环黄海经济圈的设想，以此为依据在北九州市和下关市的倡导下，成立了“东亚（环黄海）城市会议”来具体推动环黄海经济圈的形成。10个会员城市再加上日本的九州岛、韩国、中国辽宁省和山东省，环黄海地区分别占世界人口的比例为4.7%，GDP比例为3.8%，世界贸易比率为4.0%。为了应对经济全球化，加强地区经济的自立，地区需要自行制定本地区的发展方案，制定有特色的地区建设和城市建设的发展战略。同时，要明确地区之间、城市之间的合作体制，明确强化联合的方向，加强国际合作，带动地区的全面发展。为了顺应世界的潮流，成立了“东亚经济交流促进机构”，它的目的是通过城市和地区的合作与发展，加强相互的网络建设，促成新的大经济圈的形成。①

① 参见《东亚经济交流推进机构成立会议在日本北九州市举行》，引自《商务部网站》（信息来源：驻福冈总领馆经商室子站）。

其　他

- 朱景文　职业化的反思——中国法律工作者职业化的数据分析
- 李光宇　论正式制度与非正式制度的融合
- 王建学　整理　第二届东亚法治论坛研讨实录与综述
- 附录：第二届东亚法治论坛与会者名录

职业化的反思

——中国法律工作者职业化的数据分析

朱景文*

一、问题

改革开放以来，随着我国法制化的进程，法律工作者的数量和文化素质都获得了很大的提高，我国法官的数量已经从 1981 年的 6 万人发展到 2004 年的 19 万人，具有大学本科学历的法官达到 51.4%；检察官的数量从 1986 年的 9.7 万人发展到 2004 年的 12.6 万人，具有大学本科学历的检察官达到 44%；律师数量从 1981 年的 8 571 人发展到 2006 年的 13 万人，具有大学本科学历的律师达到 70%。作为培养法律职业后备军的大本营，高等法学教育机构已经从 1976 年的 8 所上升到 2006 年的 603 所，每年大专以上法律专业毕业生的数量已经从改革开放前不足 1 000 人发展到 2005 年超过 10 万人。从而大大改变了缺乏足够的法律执业人员，已有的法律执业者文化素质低的状况，为推进我国法制化进程起到了重要的作用。

但是，一个不容忽视的现象是，随着法律工作者职业化进程的推进，特别是随着职业准入考试制度，在我国西部地区由于没有足够数量的人员通过司法考试的分数线，出现了明显的“法官荒”、“检察官荒”、“律师荒”，在有些地区的法院甚至组成一个合议庭都有困难，新增加的法官数量甚至不足以弥补法官的自然减员。据司法部的统计，2004 年我国还有 206 个县没有一名律师。在我国法制化、职业化发展进程中，无论是法官、检察官、律师，还是法学专业毕业生的数量改革前后相比都有了成倍、成十倍，甚至成百倍的增长，为此国家在法律职业

---

* 朱景文，中国人民大学法学院教授，博士生导师。

本文写作得助于我所主持的《中国法律发展报告：数据库和指标体系》（北京，中国人民大学出版社，2007），感谢项目参加者所提供的大量数据，为本文的数据分析提供了基础。在本文写作的过程中，我有幸于 2007 年 11 月应邀在美国威斯康星大学举办的“发展中国家和转型国家的法律与社会”的研讨会上作了“法制化的反思——中国诉讼量的数据分析”的发言，感谢楚贝克（David Trubek）教授，马考利（Stewart Macaulay）教授，桑托斯（Boaventura de Sousa Santos）教授和奥索治（John Ohnesorge）教授对我的发言的非常有价值的评论。2008 年 5 月我参加了中国社会科学院法学研究所主办的“中国司法改革学术研讨会”，并在会上作了“正规化、半正规化、非正规化——中国法律工作者职业化的数据分析”的发言，感谢与会学者所提出的问题和批评意见。所有这些问题和意见都帮助本人对这一问题进一步思考。

的培养方面的投入更是不可同日而语。但是，为什么在这种情况下还会出现法律职业这样大的短缺，以致不能满足人民群众对法律服务的需要？问题出在哪儿？

关于职业化对社会发展的作用，最典型的是德国社会学家马克斯·韦伯的科层制理论。他曾经高度评价科层制对西方资本主义产生和发展的重要意义。他认为，作为理想类型的科层制具有专门化、等级制、规则化、非人格化、职业化、技术化六个特点，因而在协调其成员的活动和达到其特殊目的方面具有高效率。① 他把包含职业化②在内的科层制看做是资本主义之所以产生在西方而在其他文明没有产生的主要原因之一。西方资本主义的发展充分说明了职业化对社会发展的作用。美国 1890 年～1920 年的进步运动（Progressive Movement）和 30 年代的新政，法国和普鲁士的文官制度，当代欧盟的庞大的官僚体系都是科层制的典型代表，虽然在所有这些国家和国际组织，最终的决策权操纵在某些统治集团手中，但是大多数日常的政府活动基本上成为各个科学技术领域包括社会科学和公共管理科学的专家从事的技术事务。但韦伯的理论也受到许多学者的批判，科层制带来的不仅是效率，而且带来职业垄断，排斥公众参与，职业团体不是没有自身利益的技术官僚，不食人间烟火的社会精英，为了赢得自身利益的最大化，他们往往背离良知，依托于社会的强势集团。③ 就法律职业而言，同样存在这两种不同的评价，一方面法律职业是社会管理分工的产物，高度的职业化反映了社会需要，代表了法制的发达程度；另一方面，法律职业的发展伴随着职业垄断，不但把大量的没有取得法律执业资格的人员排斥在外，即使在法律职业内部也形成了一个金字塔式的等级体系，处在顶端的法律职业精英成为职业规则的制定者和执行者，而处在下层的一般法律工作者不但受到职业精英的监督而且每时每刻需要为生计而奔波。④

---

① See Max Weber，Economy and Society，E. Fischoff et al.（transl.），1968，New York：Bedminster Press. Ch. 9，S. 2.

② 可以对职业化作广义和狭义的理解。在狭义上，职业化指全职的工作者，而不是兼职或业余的；在广义上，职业化几乎包括科层制的所有特征，包括从事某一职业所需要的特殊技能，受过专门的训练，即技术化；包括规则化，即在科层制组织中，组织运行，包括成员间的活动与关系都受规则限制。也就是说，每位成员都了解自己所必须履行的岗位职责及组织运作的规范；也包括专门化、专业化，即在科层制组织中，作业是根据工作类型和目的进行划分的，具有很清楚的职责范围，它科学地划分每一工作单元，各个成员将接受组织分配的活动任务，并按分工原则专精于自己岗位职责的工作。还包括非人格化，即在科层制组织中，官员不得滥用其职权，个人的情绪不得影响组织的理性决策；公事与私事之间具有明确的界限；组织成员都按严格的法令和规章对待工作和业务交往，确保组织目标的实施。本文所使用的职业化一词是广义的，主要指专业化以及与之有密切关系的技术化。

③ See Martine Shapiro，The Globalization of Law，Indiana Journal of Global Legal Studies27（1993）；朱景文：《关于公法的全球化》，载夏勇主编：《公法》，第 2 卷，189 页，北京，法律出版社，2000。

④ See R. Abel & P. Lewis（ed.），Lawyers in Society，v. 3，Comparative Theories，Berkley：University of California Press，1989；J. Carlin，Lawyers' Ethics：A Survey of the New York City Bar，New York：Russell Sage Foundation，1966；朱景文：《关于律师职业发展的几个问题》，载张文显等主编：《司法改革报告：法律职业共同体研究》，北京，法律出版社，2003。

上述这些理论既表明了法律职业化给社会所带来的好处，也反映了其所带来的弊端。在某种程度上，西方法律职业化的进程如果从古罗马法学家算起近2000年，从资产阶级法治国家算起也有二百多年，进入20世纪中叶以后产生了对法律职业化的反思。作为后发国家，中国法律职业化的进程浓缩到改革开放以来的30年，我们既是法律职业化的好处的汲取者，也是其弊端的亲历者。本文试图从改革开放以来我国法律工作者职业化的数据分析入手，对这一问题进行剖析，并提出解决的思路，求教于学界同仁。

二、中国法律工作者职业化的进程

改革开放前，中国法律工作者远非职业化的，法院在解决纠纷中的作用很有限。由于商品经济不发达，个人财产关系简单，当时的民事案件主要是婚姻家庭纠纷。国民经济计划调整着国有企业之间的关系。而刑事案件与历次政治运动有着密切关系，最突出的是反革命罪。行政案件，所谓民告官的案件，几乎不存在。由于案件的性质简单，几乎不需要什么专门的法律知识，审判人员受过大学法律教育的只占很小比例。相反，社会纠纷主要通过人们所工作的单位或者所居住的居民委员会或村民委员会解决，如果不同单位的人员之间发生纠纷，则通过双方共同的主管部门加以解决。①

改革开放给中国社会所带来的重要变化就是社会关系的复杂化和利益的多元化。如果说在社会关系相对简单的时期依靠没有受过专门训练的法官、检察官和律师，审判工作、检察工作和法律服务还能够维系，大量的纠纷集中在单位或依靠人民调解，通过法院之外的途径解决，是一件很自然的事；在社会关系复杂化、利益多元化的条件下，人们活动的领域远远超过单位或所居住的地区，从争端的复杂性程度讲，无论刑事、民事、行政纠纷，都需要专门的法律知识，受过专门的法律训练的人才能成为纠纷的仲裁者。这就是我国改革开放初期法律工作

---

① 美国华裔学者李浩曾经把改革开放前的中国法律模式分为两类，一类是内部模式，一类是外部模式。所谓内部模式是我国在城市、农村的工厂、机关、学校、人民公社中广泛存在的人民调解委员会，它们实际执行着西方国家法律的大部分社会控制的职能，这些调解人员是在没有受到正规的法律教育又缺乏正式的法律的情况下，使用非正式的程序通过自愿从事着这方面的工作的，他们处理包括离婚、小偷小摸、伤害、家庭纠纷、未成年人犯罪等各种案件。调解制度几乎不需要时间去搜集证据，因为人们在日常的生活中相互了解十分清楚。调解决定能够十分迅速而又不需要花费金钱的情况下作出，不需要律师和其他专家参加。因此，它们与西方社会耗费时间、金钱、精力的形式化的法律制度形成了鲜明的对照，形成了一种“没有律师的法”。所谓“外部模式”则是指国家颁布的正式法律规则，他们由专门从事法律职业的国家干部执行。50年代内部模式曾经占统治地位，在司法改革的运动中中国从事法律职业的人员几乎全部清除或被迫改行。这一运动使中国法的外部模式处于几乎没有法律书籍、没有人能从事专门的法律工作的境地。而随着“文化大革命”的结束，法的外部模式逐渐地超过了内部模式，占据主导地位。参见 Victor H. Li，Law without Lawyers：A Comparative View of Law in China and the United States，Westview Press/Boulder，Colorado，1978。

者队伍所面临的基本情况。早在1980年邓小平同志就指出，我国目前干部队伍既缺乏数量，更缺乏专业知识和专业能力。“现在我们能担任司法工作的干部，包括法官、律师、审判官、检察官、专业警察，起码缺一百万。可以当律师的，当法官的，学过法律、懂得法律，而且执法公正、品德合格的专业干部很少。”[①] 他说，“一般资本主义国家考法官、考警察，条件很严格，我们更应该严格，除了必须通晓各项法律、政策、条例、程序、案例和有关的社会知识以外，特别要求大公无私、作风正派。”[②] 邓小平特别强调发展法学教育，1985年他在同彭真的谈话中提出：法律院校要扩大，要发展，我们从新中国成立以来就对法律学校注意不够。在一些国家，大学毕业以后还要学习法律专科。经济发达的国家领导人当中，许多是学过法律的。建设一个社会主义法制国家，没有大批法律院校怎么行呢？所以要大力扩大、发展法律院校。[③] 这些讲话为此后所开展的推进法律职业建设、实行职业准入制度——司法考试和大力发展法学教育奠定了基础。回顾改革开放以来中国法律工作者职业化的进程，正是按照邓小平同志当年所提出的这些要求前进的。下面我们将分别从改革开放以来法官、检察官、律师和公证员数量和学历的变化。分析我国法律职业的发展。

1. 法官

我国法官（包括法院院长、副院长、庭长、副庭长、审判员、助理审判员）数量1981年为60 439人，2002年增加到21万人，后来法官制度改革，法官精减，但2004年法官数量仍然有190 961人，比1981年增长了2.16倍。我国每10万人口拥有的法官数量1981年为6.08人，2004年为14.69人。

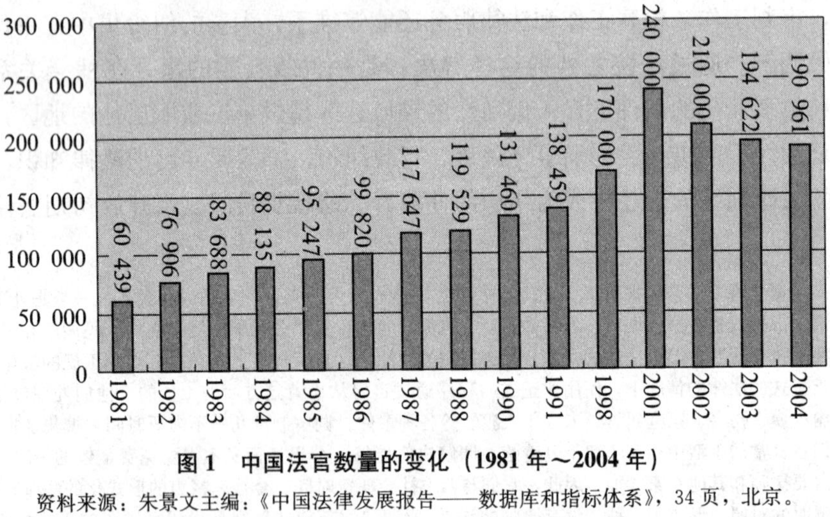

图1　中国法官数量的变化（1981年～2004年）

资料来源：朱景文主编：《中国法律发展报告——数据库和指标体系》，34页，北京。

① 邓小平：《目前的形势和任务》，载《邓小平文选》，2版，第2卷，263页，北京，人民出版社，1994。

② 邓小平：《精简军队，提高战斗力》，载《邓小平文选》，2版，第2卷，286页，北京，人民出版社，1994。

③ 转引自彭真：《论新时期的社会主义民主与法制建设》，288页，北京，中央文献出版社，1989。

在我国法官数量迅速提高的同时，法官的文化素质、专业素质也获得了很大的提高。由于历史的原因，我国法官的文化和专业素质一直不高，受过高等教育的只占很小的比例，许多审判人员来自其他行业，复转军人占相当大的比例，他们在担任审判工作以前并未受过法律教育。80年代中期以来，最高法院注重法官的专业教育，我国大专以上学历的法官比例已经从1987年的17.10%，在很短的时间内发展到1992年的66.60%，1995年又达到84.10%，2000年全部法官基本都达到大专以上的学历水平。1995年《法官法》规定，成为法官的学历要求是大专以上，2001年修改后的《法官法》对这项学历要求改为大学以上。我国大学以上学历的法官从《法官法》颁布时1995年占6.90%，10年后2004年占51.60%。[①]

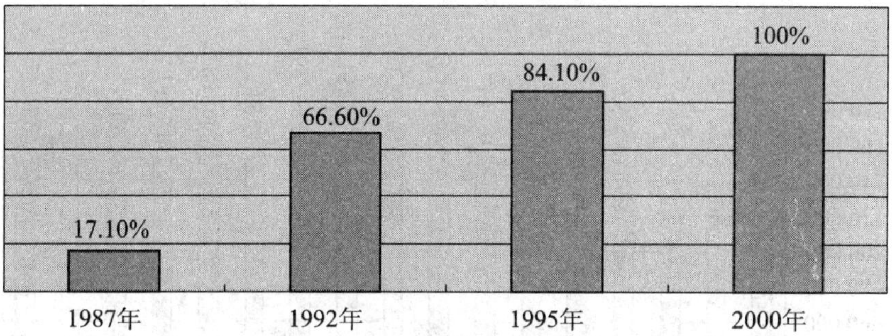

图2　中国法官大专以上学历的比例（1987年～2000年）

资料来源：《中国法律年鉴》1988，1994，1996，2001年卷。

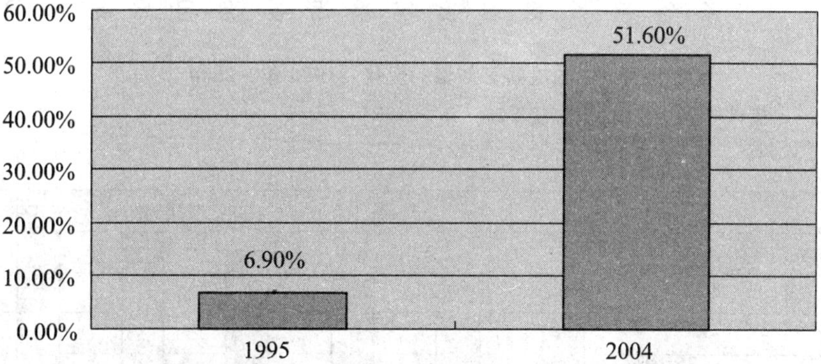

图3　中国法官大学本科以上学历百分比（1995年/2004年）

资料来源：《法官法检察官法实施十年 我国法官检察官整体素质不断提高》，载《人民日报》，2005-07-17，第1版。

① 2005年7月17日《人民日报》报道："法官法、检察官法实施10年来，全国法官中具有大学本科以上学历的，从1万余人增至9万余人，占法官总数的比例从6.90%提高到51.60%。"（记者吴兢《我国法官整体素质不断提高，出现三大转变》）；2006年2月26日《人民法院报》报道："2001年，全国各级法院法官中具有本科学历的6.93万人，具有博士、硕士学位的2 579人；截止2005年年底，全国法官中具有本科学历的人数已经达到11.5万人，具有博士、硕士学位的6 216人，占法官总数的比例分别比'十五'前上升了37.60%和2.50%。"（记者陈冰《历史和战略性的转变——全国法院教育培训工作综述》）。按此计算，2005年我国法官大学本科以上学历的百分比应为66.50%。

2. 检察官

中国检察官数量1986年为97 730人，2000年为171 189人，此后在检察制度改革中检察官精减，2004年我国检察官数量为126 246人，比1986年增长了29.20%。每100 000人口检察官数量1986年为9.12人，2004年为9.71人。

我国检察官具有大专以上学历的1985年为10.10%，2000年上升到76%；2001年我国修改《检察官法》，检察官的职业准入要求从大专变为大学本科学历，我国大学本科以上学历的检察官1998年为15.14%，2006年为67%。

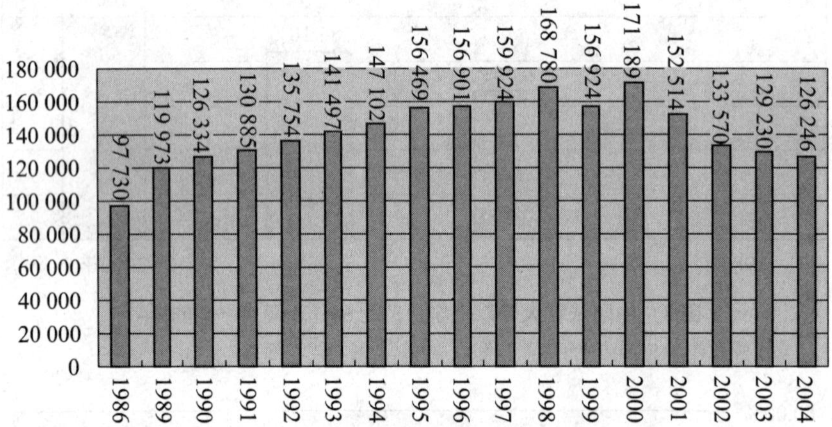

图4　中国检察官数量的变化（1986年～2004年）

资料来源：《中国法律年鉴》1987年～2005年各卷。

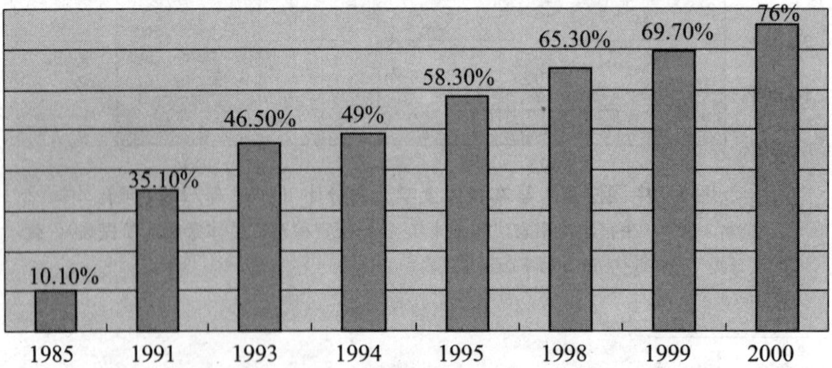

图5　中国检察人员大专以上学历百分比的变化（1985年～2000年）

资料来源：《中国法律年鉴》1987年～2001年各卷。

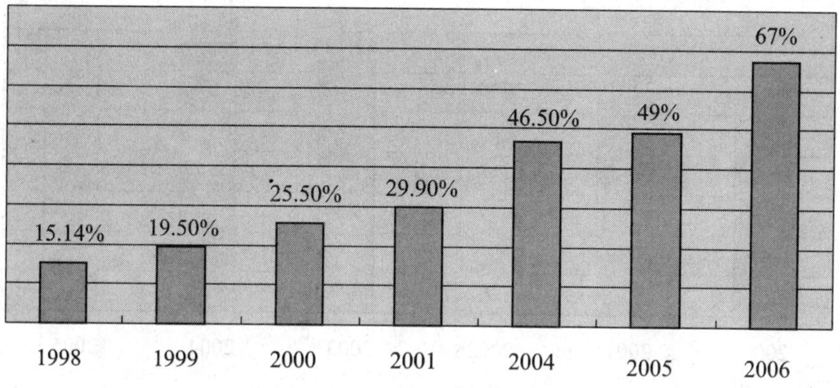

图6　中国检察官大学本科学历以上比例的变化（1998年～2006年）

资料来源：《中国法律年鉴》1999年～2007年各卷。

3. 律师

我国律师改革开放前最多的时期是1957年，全国共有3 000名律师。后来在“左”的思想影响下取消律师职业，直到1981年才恢复，1981年我国共有律师8 571人，后来律师数量逐年增长，2006年我国律师数量已经超过13万人，比1981年增长了14.2倍。我国每100 000人口律师数量1981年为0.86人，2006年为9.86人。

我国律师的学历水平在各项法律职业中一直是最好的，律师准入的条件为大学本科学历，2000年达到这一要求的占49.10%，2005年为70%。

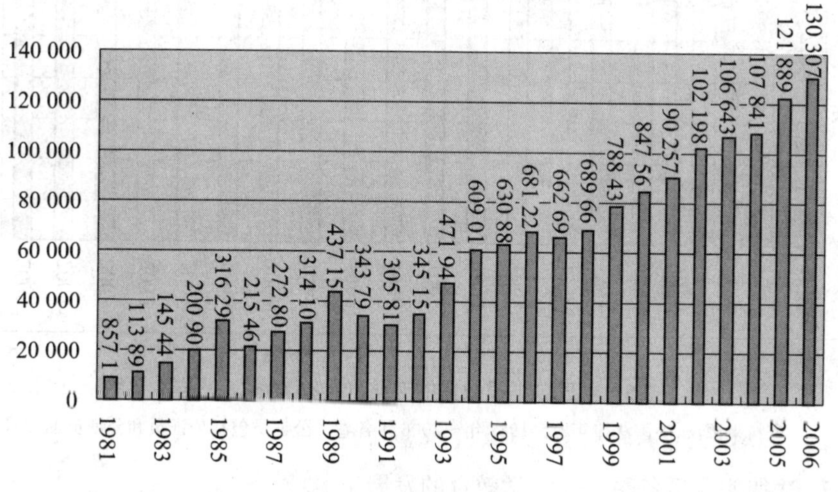

图7　中国律师数量的变化（1981年～2006年）

资料来源：《中国法律年鉴》1987年～2007年各卷。

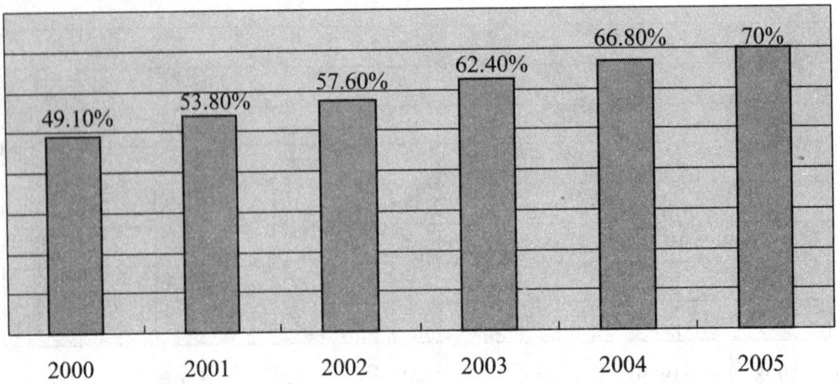

图 8　中国律师大学本科学历以上比例的变化（2000 年～2005 年）

资料来源：《中国律师年鉴》1999 年～2006 年各卷。

4. 公证员

我国公证员的数量 1986 年为 7 594 人，2005 年为 15 876 人，增长了 1.1 倍。每 100 000 人口公证员的数量 1986 年为 0.71 人 ，2005 年为 1.21 人。我国 2005 年通过《公证法》，公证员的职业准入条件与法官、检察官、律师相同，2005 年我国公证员大学本科以上学历的占 51.10%。

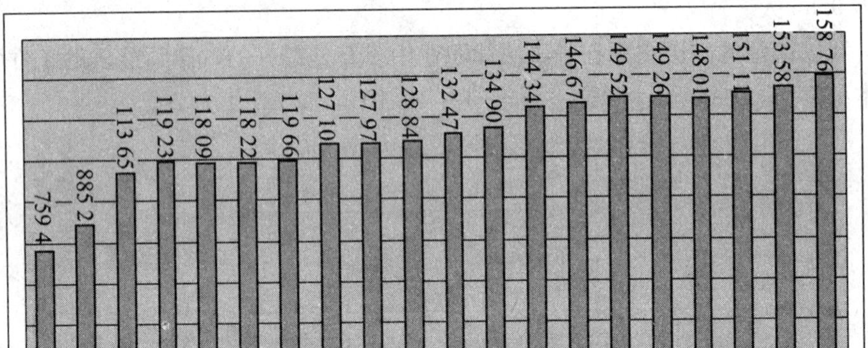

图 9　中国公证员数量的变化（1986 年～2005 年）

资料来源：《中国法律年鉴》1987 年～2006 年各卷。公证员包括公证员和公证员助理。

5. 法律职业后备军——法学教育的发展

职业化的发展还体现在作为法律职业的后备力量的法学教育的发展上。没有充足的法学教育资源，就不可能提供足够的、适应立法、司法、行政执法需要的法律人才。我国法学教育的发展，像法律职业的发展一样，改革开放初期基础极其薄弱、数量极其有限。经过二十几年的时间，法学教育获得了迅速的发展，无论从法律院校的数量，还是从招生、在校生和毕业生的数量，都增加了几十倍、甚至上百倍。与此同时，由人民法院和人民检察院主办的职业法学教育也获得了迅速的发展，大大缩小了我国现有法官和检察官专业素质与《法官法》和《检察官法》要求的差距。

我国高等学校法律院系 1949 年到 1976 年期间大部分时间只有 8 所，所谓"四院四系"，即北京政法学院、华东政法学院、西南政法学院和西北政法学院四所政法学院，北京大学法律系、中国人民大学法律系、吉林大学法律系和湖北大学法律系四所大学的法律系；1977 年恢复高校招生制度以后到 1989 年我国新建高等学校法律院系 54 所，1990 年到 1999 年新建 121 所，2000 年到 2003 年新建 206 所，截至 2003 年年底，我国共有高等院校法律院系 389 所，其中绝大部分是在改革开放以后建立的。尽管这些年来毕业生的分配已经成问题，人们都在担心法学院的办学质量，这种越来越多的设立法学院的趋势没有丝毫的降低的迹象，到 2006 年年底，我国高等院校法律院系的数量已经达到 603 所。

我国法律专业毕业生的数量 1991 年为 7 484 人（其中大专毕业生 1 399 人，本科毕业生 6 085 人），2005 年达到 103 242 人（大专毕业生 52 773 人，本科毕业生 50 469 人），比 1991 年增长了 12.8 倍。如果我们和改革开放前的数字作对比，这种差别就更为明显，1949 年到 1978 年我国共有法律专业的毕业生 27 900 人，平均每年毕业 930 人①，而 2005 年我国法律专业的毕业生人数超过了 10 万人，是改革开放前的 100 多倍！

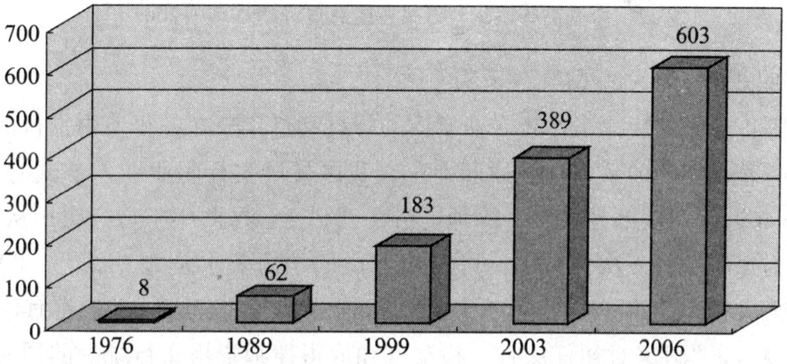

图 10　中国高等法学教育机构的数量（1976 年～2006 年）

资料来源：教育部发展规划司：《中国教育事业发展统计简报 2003》，提供数字绘制。2006 年数字参见：孙继斌等：《法学就业辉煌不再 中国法学教育走下神坛》，载《法制日报》，2008-04-13，第 1 版。

① 参见郑杭生主编：《中国人民大学社会发展报告（1994—1995）》，55 页，北京，中国人民大学出版社，1996。

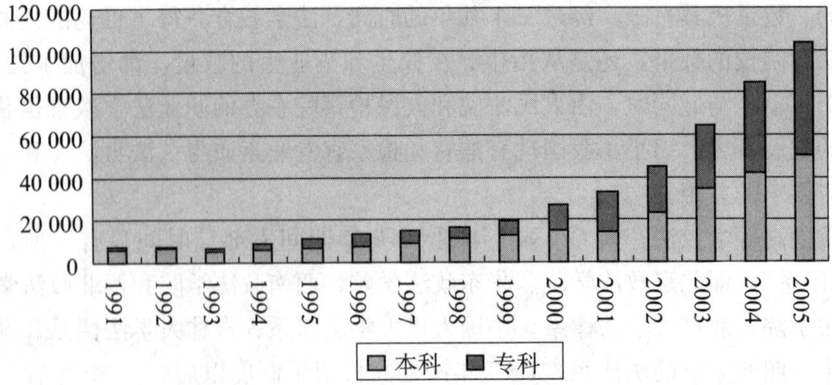

图 11　中国高等学校法学教育毕业生数量（1991 年～2005 年）

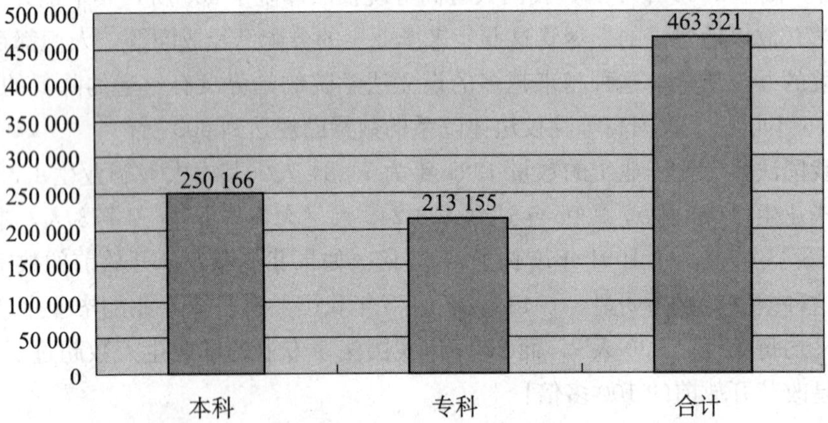

图 12　中国高等法学教育毕业生总量（1991 年～2005 年）

6. 职业准入——全国统一司法考试

我国正规化的法律工作者专业素质的提高和近年来在各行业中推行的职业准入制度有着密切的关系。在法律职业中，我国最早实行职业准入考试的是律师，从 1986 年起，司法部开始实行律师资格考试制度，每两年举行一次；从 1993 年起，改为每年举行一次。参加律师资格考试的学历要求是大专以上。2001 年九届全国人大常委会第 22、25 次会议修改、通过的《法官法》、《检察官法》、《律师法》规定，“国家对初任法官、检察官和取得律师资格实行统一的司法考试制度，国务院司法行政部门会同最高人民法院、最高人民检察院共同制定司法考试实施办法，由国务院司法行政部门负责实施”。参加司法考试的学历要求也相应改为大学本科。2005 年通过的《公证法》对公证员的准入条件也作出了规定，必须通过国家统一司法考试。到目前为止，要求通过国家统一司法考试的职业包括律师、法官、检察官和公证员。与此同时，《基层法律服务条例》和《企业法律服务条例》也分别对基层法律工作者和企业法律顾问的准入条件作出规定，他们都必须通过相应行业的执业资格考试，参加基层法律服务人员执业资格考试的学历要求是高中或中专，而企业法律顾问执业资格考试的学历要求是大学本科。

表 1　　中国法官、检察官、律师和公证员职业准入条件（2004 年）

职业	准入条件	学历要求	数量	达标百分比	达标人数
法官	国家统一司法考试	大学本科	190 691	51.60%	98 397
检察官	国家统一司法考试	大学本科	126 246	46.50%	58 704
律师	国家统一司法考试	大学本科	107 841	66.80%	72 038
公证员	国家统一司法考试	大学本科	15 358	51.12%	7 848
总数			440 136	53.83%	236 987

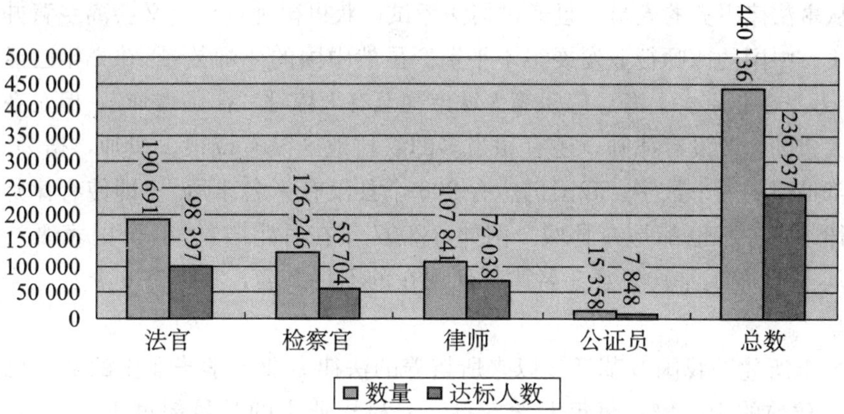

图 13　中国法官、检察官、律师和公证员达到大学本科学历的数量和比例（2004 年）

三、西部法律职业的短缺

我国法律工作者职业化的进程具有双重作用：一方面它提高了执业者的专业素质，促进了司法的专业水平和效率；另一方面由于我国正处在变革的过程中，新旧交替，近年来所推行的执业准入的考试，已经使我国一些地区出现了“法官荒”和“律师荒”。尽管对于西部一些省份全国统一司法考试的分数线已经有相当程度的照顾，但是在现职的法官、检察官队伍中，仍然没有足够数量的人员通过司法考试的分数线，使得他们不可能安心现职工作。而那些通过司法考试的人员，一旦通过，马上又要求调到条件更好的地区或者转到其他法律职业。① 再加

① 关于西部地区法官荒参见 2007 年 11 月 19 日—12 月 3 日《法制日报》西部地区法官荒系列报道：《四大难题导致宁夏法官队伍短缺，在这里我是一名“光杆司令”》（《法制日报》，2007-11-19，第 5 版）；《“马背上的法庭”还有多少，云南边疆地区法院法官奇缺》（《法制日报》，2007-11-20，第 5 版）；《这里需要后备人才，贵州法官队伍人员缺失情况调查》（《法制日报》，2007-11-21，第 5 版）；《我们这里“有编制没人”，新疆基层法院少数民族法官不足尤为突出》（《法制日报》，2007-11-22，第 5 版）；《一个县级法院只有 4 名法官》（《法制日报》，2007-11-24，第 5 版）；《老法官提前离岗 新“法官”难以进来 陕西省西安市郊县法院“法官荒”堪忧》（《法制日报》，2007-11-26，第 5 版）；《我们这里法官确实缺得厉害，凉山、甘孜、阿坝三个少数民族地区法官断层及流失相当严重》（《法制日报》，2007-11-30，第 5 版）；《我们的尴尬：进人难留人难》（《法制日报》，2007-12-03，第 5 版）。

上我国法官和检察官队伍实行像公务员一样的退休制度，就更加重了西部地区法律执业人员的短缺。

在律师执业中前几年也有类似的现象，一味强调律师准入，反对“土律师”、“赤脚律师”染指任何律师业务。但是，大量的实践表明，律师和律师事务所主要集中在城市地区，在广大农村地区很少有律师，农民得不到法律服务，而当地的各种“土律师”自然会填补这一空缺，满足法律服务市场的需求，尽管他们的服务质量可能不如正规化的律师。问题在于，正规化的律师不愿意到农村去。而当地从事法律服务的人员一旦通过司法考试，获得律师资格，又会离乡背井，远走高飞。中国的律师行业发展很不平衡。虽然中国的律师数量2006年已经达到了13万，在北京、上海、广州等大城市甚至有人惊呼“律师爆炸”，但是在全国还有大量的企业没有律师，还有相当多的农村地区没有或很少律师，据2004年司法部披露的一个数字，我国仍然有206个县没有一名律师。① 即使有律师的农村，律师事务所也都是在县城。例如，2007年在甘肃省的46个国家级贫困县中，从10年前的平均每县3名律师到现在的不足2名，其中有6个县竟无一名律师。②

如上所述，我国改革开放以来所培养的法律专业大学毕业生的数量已经是改革开放前的100倍，每年大学本科、专科毕业生的数量超过10万人，和改革开放初期由于没有足够的法律专业毕业生而造成的“复转军人进法院”的状况已经不可同日而语。由于法律专业的毕业生越来越多，就业问题已经成为摆在国家和毕业生个人面前的一个十分敏感的问题。根据教育部高校学生司2002年发布的数据，国务院部委院校法学专业的学生的综合就业率为77%，在全部214个专业中排在第187位，2002年以后法学专业毕业生的就业形势更加严峻，2005年成为垫底的专业。③ 为什么一方面法律职业毕业生就业困难，而另一方面却出现了西部地区法律职业者的严重短缺？这么多的法律专业毕业生到哪去了？

从就业的地区走向看，扣除待就业、出国留学和考研的比例，华北占22.8%，华东占25.8%，中南占35.2%，东北占6.5%，西北占4.8%，西南占4.9%。也就是说，我国法律专业毕业生大部分集中在华北、华东和中南地区，占83%，三地区人口占全国总人口67.3%；而东北、西南和西北地区法律专业毕业生占17%，人口占32.7%。无论从绝对比例还是从与人口比例的关系看，明显体现出法律专业毕业生就业走向的不平衡性。2008年由麦可思人力资源信息管理咨询有限公司披露的“中国高等教育追踪评估调查结果”显

① 参见王比学：《律师11.4万但分布不均衡 我国206个县无律师》，载《人民日报》，2005-06-08，第4版。

② 参见李开南：《西部律师在贫瘠的土地上守望公平》，载《法制日报》，2007-12-02，第8版。

③ 参见孙继斌等：《法学就业辉煌不再 中国法学教育走下神坛》，载《法制日报》，2008-04-13，第1版。

示，全国法学毕业生流向的地区则呈现“一边倒”的趋势，东部和沿海发达地区55%，中西部中等发达地区37%，东部和沿海中等发达地区6%，中西部不发达地区2%。① 由于历史的原因，我国法律职业的分布本来就不平衡，改革开放以后法律专业毕业生数量大大增长，但是它不但没有改变这种不平衡，而且变得更严重。

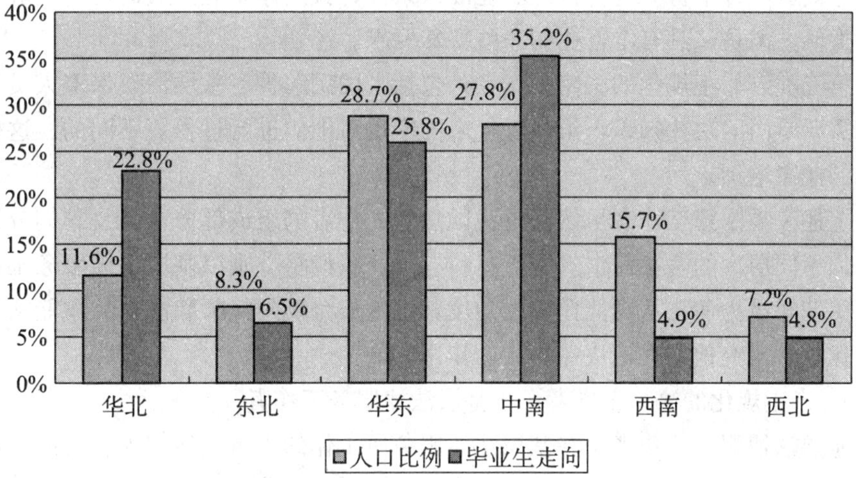

图14　各地区人口比例及法律专业毕业生的走向的比率（2002年）

资料来源：教育部高校学生司2002年发布的数据。

注释：华北包括北京、天津、河北、山西、内蒙古；东北包括黑龙江、辽宁、吉林；华东包括上海、浙江、江苏、安徽、福建、江西；中南包括山东、河南、湖南、湖北、广东、广西、海南；西南包括四川、重庆、贵州、云南、西藏；西北包括陕西、甘肃、青海、宁夏、新疆。

四、职业化的反思：正规化、半正规化、非正规化

中国法律工作者②不仅包括法官、检察官、律师和公证员，而且包括基层法律服务工作者、企业法律顾问、仲裁员、人民调解员、治安保卫人员等，他们在不同领域承担着大量的法律工作。就专业化要求而言，我们可以把我国的法律工

① 参见孙继斌等：《法学就业辉煌不再 中国法学教育走下神坛》，载《法制日报》，2008-04-13，第1版。

② 对法律工作者并没有一个严格的界定，而且在不同国家、不同法系，法律工作者或法律职业的范围也不同。立法者一般不包括在法律工作者或法律职业之内，而属于政治家的范畴。警察、工商行政管理人员、安全监察人员、质量监督员等属于行政管理人员，也不属于法律工作者的范围，尽管在解决纠纷的过程中，行政管理人员起着十分重要的作用（参见R. Abel & P. Lewis, Lawyers in Society, Civil Law World, Vol. 1. pp. 4-7. University of California Press, 1988；朱景文：《比较法社会学的框架和方法》，280~282页，北京，中国人民大学出版社，2001）。

作者分为三类：

第一类，正规化的法律工作者，包括法官、检察官、律师和公证员，国家对他们有统一的执业要求，统一的职业准入考试，在所有法律工作者中专业要求是最高的。

第二类，半正规化的法律工作者，包括基层法律服务工作者，企业法律顾问、仲裁员，各个行业有各自的职业准入条件，就法律专业素质而言，一般要比第一类低，但是又具有本行业的一些特殊要求。

第三类，非正规化的法律工作者，包括人民调解员、基层治安保卫人员，一般不需要专门的法律知识，虽然近年来国家也对他们进行过长短不同的、这样或那样的法律培训。

上述三类法律工作者虽然都是我国法律工作者的组成部分，但是它们分别满足人们不同层次的法律需求。由于材料有限，我们将分别以基层法律服务工作者和人民调解员为例，从功能比较的角度，把他们分别与律师和法官的职能从量上加以比较，研究他们在解决纠纷中的作用。

1. 半正规化的法律工作者——基层法律服务工作者

基层法律服务工作者是在基层法律服务所工作的人员，他们为当地的政府机关、群众自治组织、企事业单位、社会团体、承包经营户、个体工商户、合伙组织以及公民提供法律服务。1987 年我国共有乡镇法律服务人员六万多人，参加法律服务培训的 3.9 万人，拥有大专以上学历的仅占 5.6%。2000 年司法部规定只有通过一定的法律专业考试才可以担任基层法律服务工作者，并于当年举行了首次考试。这一制度严格了基层法律服务工作者的进入制度，提高了选拔的标准，自然也减少了进入的人数。2000 年发展到十二万多人，近年来准入限制，2003 年我国共有基层法律服务人员 9.3 万人，比 1987 年增长了 52%。其中参加基层法律服务培训的 6.8 万人，拥有大专以上学历的占 66.6%。

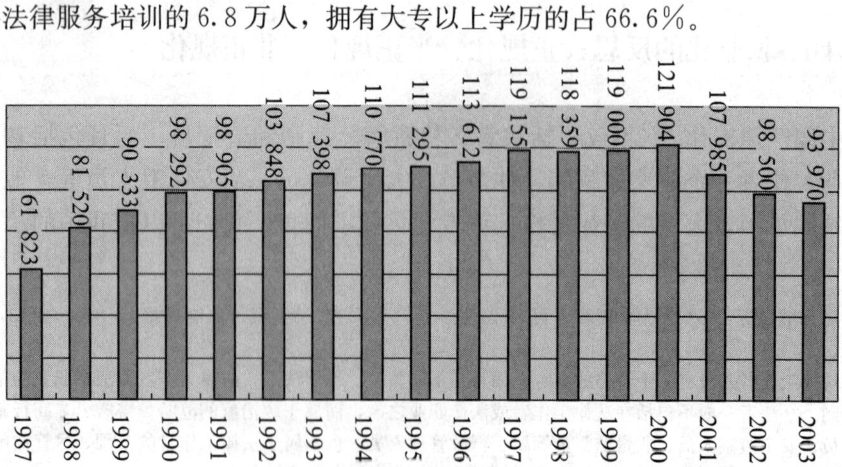

图 15　中国基层法律服务工作者的数量变化（1987 年～2003 年）

资料来源：《中国法律年鉴》1987 年～2004 年各卷。

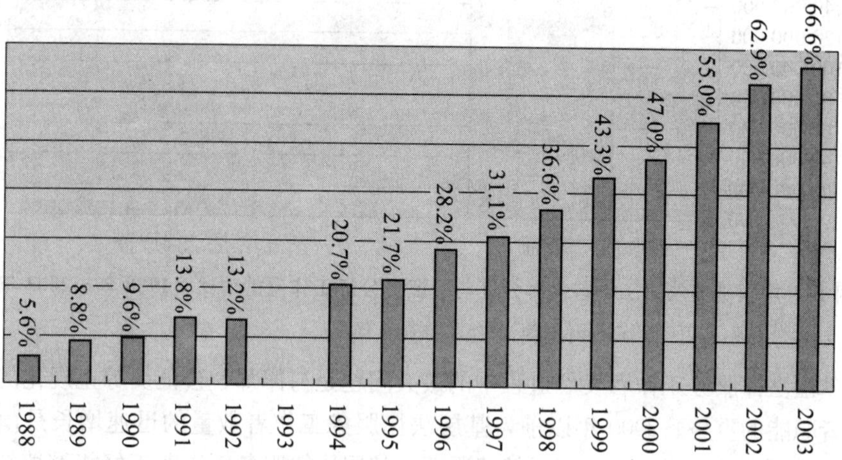

图 16　中国基层法律服务工作者大专以上学历的百分比的变化（1988 年～2003 年）

资料来源：《中国法律年鉴》1987 年～2004 年各卷。

从功能上看，基层法律服务工作者承担着大量的诉讼代理、非讼代理、法律咨询、法律顾问、代书法律文书和协办公证等由我国正规化的法律职业律师和公证员所执行的职能。1987 年～2003 年，基层法律服务工作者所承担的诉讼代理总量为 666 万件，而律师诉讼代理为 760 万件；非诉讼代理基层法律服务工作者为 1 257 万件，律师为 8 300 万件；法律咨询基层法律服务工作者为 10 522 万件，律师为 5 900 万件；法律顾问基层法律服务工作者为 522 万件，律师为 352 万件；代书法律文书基层法律服务工作者为 1 518 万件，律师为 1 430 万件；协办公证基层法律服务工作者为 3 427 万件，公证员为 16 000 万件。无论哪一项业务，基层法律服务工作者都占有相当大的比重，起着十分重要的作用。

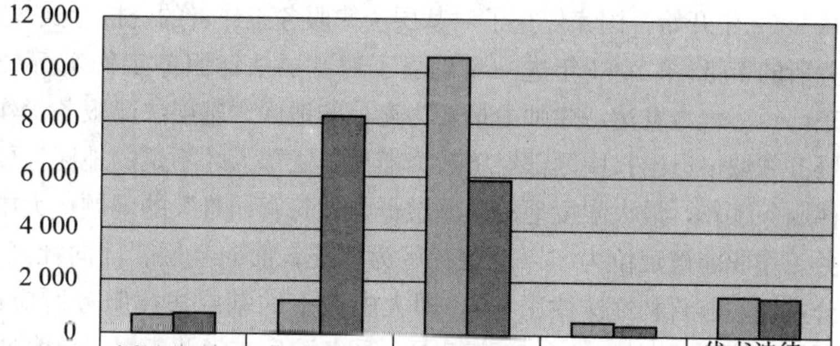

	诉讼代理	非讼代理	法律咨询	法律顾问	代书法律文书
基法工作者	666	1 257	10 522	522	1 518
律师	760	8 300	5 900	352	1 430

图 17　中国基层法律服务工作者与律师工作量的对比（1987 年～2003 年）

资料来源：《中国法律年鉴》1989 年～2004 年各卷。

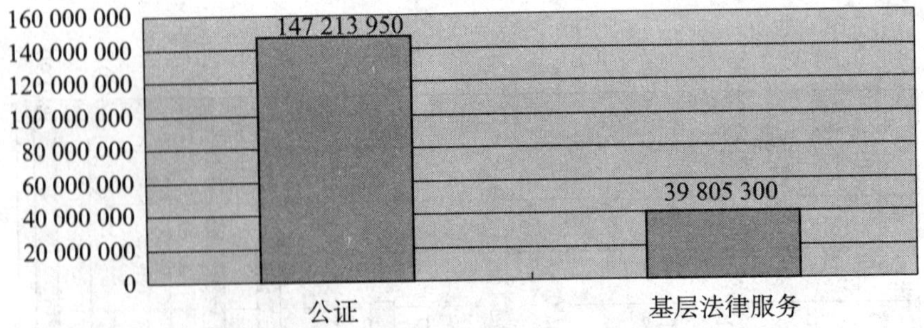

图 18　中国基层法律工作者代办公证与公证员公证工作量的对比（1988 年～2003 年）

资料来源：《中国法律年鉴》1989 年～2004 年各卷。

基层法律服务工作者发展过程中的最大问题是与律师、公证员等正规化的法律工作者职能的重叠。2000 年以前，基层法律服务工作者数量的迅速增长是由于律师、公证员数量的不足，在当时的情况下，基层法律服务工作者正好能够填补这一空缺。1987 年我国拥有律师 27 280 人，拥有基层法律服务工作者 61 283 人，律师所占的比重为 30.8%，2000 年拥有律师 84 756 人，拥有基层法律服务工作者 121 904人，律师所占比重为 41%。2002 年我国律师数量上升到 102 198 人，第一次超过基层法律服务工作者，律师比重也超过 50%。从 1987 年到 2003 年，基层法律服务工作者增长了 52%，而律师增长了 291%，远远超过基层法律服务工作者的增长率。在这种情况下，二者之间的互补关系逐渐转变为律师与基层法律服务工作者之间争案源的紧张关系。由于基层法律服务工作者所要求的学历低，没有通过全国统一的司法考试，却承担着与律师同样的职能，所以又被一些人称之为“二律师”。2000 年 3 月，司法部颁布了《基层法律服务所管理办法》，对基层法律服务所的任务和性质、设置原则、条件和程序、内部管理制度、司法行政机关对基层法律服务机构的管理作了全面的规定。2002 年司法部在上海召开了“全国大中城市社区法律服务工作座谈会”，提出大中城市街道法律服务所要从诉讼领域逐步调整出来。从 2002 年开始，国家停止了对基层法律服务工作者的资格考试[①]以及对基层法律服务所的审批。[②] 2003 年进一步确立了对基层法律服务工作实行分类指导的思想：东部经济较为发达、律师力量较为充足的地区，基层法律服务工作者要逐步从诉讼服务领域中退出；中西部经济较为滞后、法律人才不足的地区，要加快发展基层法律服务工作，最大限度地解决基层群众“打官司难”的问题。大中城市基层法律服务工作职能被定位为“以街道社区为依托，面向基层、面向社区、面向群众，提供公益性、非营利性法律服务”，即大中城市的基层法律服务所应该是公益性、非营利性法律服务实体。[③] 2004 年 5 月，国务院发布《关于第三批取消和调整行政

① 参见《关于基层法律服务所改革与发展的思考》，载上海司法行政网http://www.justice.gov.cn/sfxzw/ztbd/node190/node191/userobject1ai2255.html。

② 参见《红头文件引发行业震荡“二律师”要退场》，载四川新闻网 www.zy169.net。

③ 关于基层法律服务的发展的概述，材料主要来源于《中国法律年鉴》(1988 年～2004 年)，北京，法律出版社。结合其他材料通过整理得出。

审批项目的决定》（国发［2004］16号），取消了基层法律服务工作者执业资格认可和基层法律服务所设立核准这两项行政审批项目，基层法律服务以后的发展，将主要由各地方根据本地情况决定相应的制度和政策。从2004年开始，《中国法律年鉴》已经不再收录有关基层法律服务的统计资料。2008年6月开始施行的《律师法》第13条规定："没有取得律师执业证书的人员，不得以律师名义从事法律服务业务；除法律另有规定外，不得从事诉讼代理或者辩护业务。"从而为基层法律服务工作者退出诉讼领域奠定了法律基础，基层法律服务工作者承担诉讼业务成为不合法。

值得注意的是，上述种种转变对于规范法律服务市场、改变基层法律服务的混乱状态虽然具有积极意义，但是它是以保证律师对法律服务的垄断地位和以城市为中心展开的，在这一过程中，对律师法律服务挑战的基层法律服务工作者被边缘化甚至不合法化，保证了律师的案源，支付得起律师费用的发达地区和大城市人口的法律服务得到保证，但广大贫困地区和农村人口的法律服务则逐渐沦为"被人遗忘的角落"①。正像某些基层法律服务工作者所说的："我们面对的大多是贫困群体，如果说这块真的要退出法律服务市场的话，真正受到伤害的是那些群众。我跟他们打了十多年的交道，太了解他们了，他们需要法律援助，却请不起律师，律师要高价。如果现在把基层法律服务所全部撤掉，农村的法律服务基本就一片空白了。"②

① 关于为什么我国律师在农村和不发达地区数量很少，冉井富认为，主要出于两个原因，一是这些地区的法律需求少，二是由于法律服务的购买力弱，就法律需求而言，农村和不发达地区主要是传统的诉讼业务，而在城市和发达地区主要的需求正在转变为非讼业务，包括成立公司、办理财产转让、缔结契约、处理银行信贷、办理社会保险、雇佣工人、处理劳资纠纷、使用专利、纳税、订立遗嘱、外贸、对外投资、技术援助、参与仲裁和谈判等；就诉讼业务而言，由于农村和不发达地区人口流动少，诉讼费用昂贵，非诉讼纠纷解决机制，如基层法律服务、调解、私了等现象的存在，也使诉讼数量比城市和发达地区少。参见冉井富：《律师地区分布的非均衡性》，载郑永流主编：《法哲学与法社会学论丛》，2007（1），北京，北京大学出版社，2007。这一分析是有道理的。但是不应该因此认为农村和不发达地区缺乏法律需求，他们所缺乏的是像城市和发达地区那样的法律需求。应该指出，发达地区与不发达地区，城市与农村有不同的法律需求，需要不同的法律服务方式，农村和不发达地区需要律师服务少，并不表明那里没有纠纷，只不过这种纠纷不需要职业化的律师，基层法律服务、人民调解就可以把这些纠纷解决。20世纪有人曾经在研究以色列的基布兹时指出，实行集体主义的基布兹没有发展内部的司法制度，而实行私有制的基布兹发展了内部的司法制度。但是，问题在于实行集体所有制的社会同样有社会纠纷，只不过他们不是用现代意义的司法制度解决，而是通过人们都尊重的集体权威和行政命令，通过社会共识解决。参见R. Schwartz, Social Factors in the Development of Legal Control: A Case Study of Two Israeli Settlements, 63 Yale Law Journal 471, 1964. A. E. Shapiro, Law in the Kibbutz: A Reappraisal, 10 Law & Society Review 415 (1976); M. Saltman, Legality and Ideology in the Kibbutz Movement, 9 International Journal of the Sociology of Law 279 (1981)；朱景文主编：《法社会学》，209～214页，北京，中国人民大学出版社，2005。

② 张鹏：《10万基层法律服务工作者面临存废之争》，载《记者观察》，2008-06-04，http://news.sohu.com/20080604/n257277577.shtml。

表 2　中国基层法律工作者和律师的数量与比重的变化（1987 年～2003 年）

年	律师	基层法律服务人员	律师比重
1987	27 280	61 823	0.306 163
1988	31 410	81 520	0.278 137
1989	43 535	90 333	0.325 208
1990	38 769	98 292	0.282 859
1991	29 540	98 905	0.229 982
1992	34 515	103 848	0.249 453
1993	47 194	107 398	0.305 281
1994	60 901	110 770	0.354 754
1995	63 088	111 295	0.361 778
1996	68 122	113 612	0.374 845
1997	66 269	119 155	0.357 392
1998	68 966	118 359	0.368 162
1999	78 843	119 000	0.398 513
2000	84 756	121 904	0.410 123
2001	90 257	107 985	0.455 287
2002	102 198	98 500	0.509 213
2003	106 643	93 970	0.531 586
增长率（1987/2003）	291%	52%	22%

资料来源：《中国法律年鉴》1987 年～2004 年各卷。

注释：律师比重＝律师数量/（律师数量＋基层法律服务工作者数量）；增长率指 2003 年比 1987 年数量增长的百分比。

2. 非正规化的法律工作者——人民调解员

1981 年我国居民委员会和村民委员会共有人民调解员 476 万人，1991 年～1997 年人民调解员的数量曾经达到 1 000 万人，后来数量下降，2006 年我国共有人民调解员 498 万人。人民调解员不需要任何学历要求。如果对人民调解的决定不服，当事人可以向人民法院起诉。

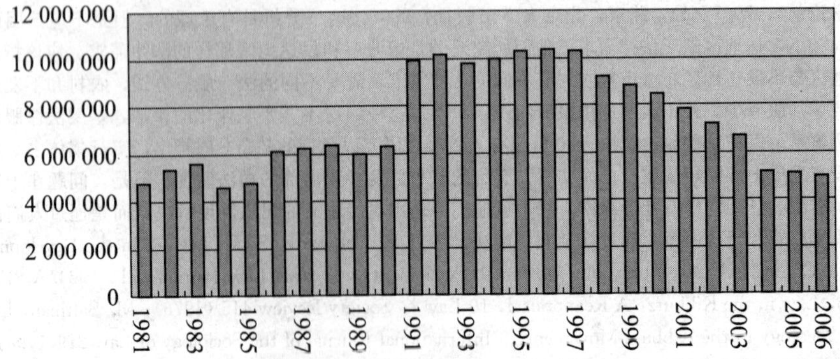

图 19　中国人民调解员的数量变化（1981 年～2006 年）

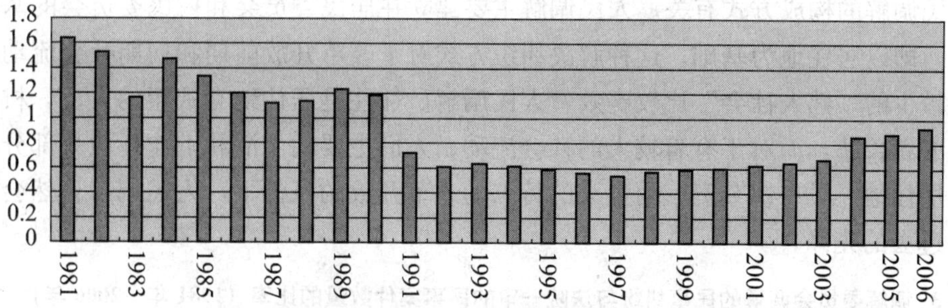

图 20　平均每名人民调解员每年调解案件数量（1981 年～2006 年）

人民调解在我国民事纠纷解决中一直起着十分重要的作用。1981 年～2006 年人民调解总数为 16 783 万件，而同期人民法院一审民事案件的收案数量为 8 004 万件，只相当于前者的一半。如果没有人民调解的作用，把这些民事纠纷都集中在法院解决，无疑将极大地增加法院的诉累。

然而，改革开放以来一个引人瞩目的发展趋势是调解的弱化与审判的强化①，人民调解的数量已经由 80 年代初期的 800 万件下降到 2000 年的四百多万件的水平；而法院一审民事案件的数量则从 66 万件上升到四百多万件的水平。人民调解的民事纠纷所占的比例从 80 年代初期的 90%左右下降到 2000 年前后的 50%左右的水平。1981 年～2004 年我国人民调解员的数量增长了 4.5%，而 1981 年～2004 年法官的数量增长了 216%。民间调解数量的下降与调解效率低有着密切关系，我国 1981 年有人民调解员 476 万人，调解民事纠纷 780 万件，每名调解员每年的调解纠纷的数量为 1.63 件，而 2006 年我国有调解员 498 万人，调解纠纷 463 万件，每名调解员每年调解纠纷 0.93 件。大大低于我国法官的年均审判量，1981 年为 19.5 件，2004 年为 29.5 件。② 当然，这与调解员是业余的，而法官是专业的有关；同时也与对于调解员的定位有关，我国调解员的数量大起大落，最多的年份超过 1 000 万人，而最少的年份只有四百多万人，我们估计，许多村干部或居民委员会干部，从来不实际调解民事纠纷，但也算在调解员的统计数字中。否则，每年调解不到一个案件，无论如何也说不过去。

我国人民调解作用的下降除了诉讼作用的加强以及调解效率低的原因外，与

① 关于改革开放后人民调解的弱化，参见陆思礼：《邓小平之后的中国纠纷解决：再谈毛泽东和调解》，载强世功主编：《调解、法制与现代性》，264～309 页，北京，中国法制出版社，2001；付华伶：《后毛泽东时代中国的人民调解制度》，载强世功主编：《调解、法制与现代性》，310～345 页；范愉：《纠纷解决的理论与实践》，476～477 页，北京，清华大学出版社，2007。

② 参见朱景文主编：《中国法律发展报告：数据库和指标体系》，18 页，表 1—08。考虑到我国相当一部分具有法官职称的人不承担审判职能，如院长、办公室、政工、人事、纪检、后勤以及执行等部门的负责人，大都有法官职务却不从事审判工作，执行案件不在审判案件统计之中。扣除上述人员，我国从事审判业务的法官数量要少得多，每名法官的年均审判量要比 30 件更多。而且我国法官年均审判数量分布很不平衡，比如北京、上海、深圳等大城市年均审判量超过 100 件，北京的朝阳、海淀、宣武等区甚至超过 300 件。

人民调解的构成方式有关。人民调解主要建立在居民委员会和村民委员会的基础上，即以居住地为基础。这种解决纠纷方式对于改革开放前期和初期社会流动人口较少的“熟人社会”比较奏效，人民调解员往往是居住地有威望的人士，村干部或者长辈，而对于有着较大的社会流动、人们主要的生活和工作环境大部分脱离居住地、具有快节奏、陌生人的特点的改革开放的条件下，人民调解自然会失去过去的光泽。

表 3 调解委员会调解的民事纠纷与法院一审的民事案件数量的比率（1981 年～2006 年）

年度	调解员 (A)	民间调解的 数量 (B)	法官	法院一审民 事案件数量 (C)	民间调解比重 B/ (B+C)	每名调解员 每年调解量 B/A
1981	4 767 700	7 805 400	60 439	673 926	0.921	1.64
1982	5 339 498	8 165 762	76 906	778 941	0.91	1.53
1983	5 557 721	6 477 494	83 688	799 989	0.89	1.17
1984	4 576 335	6 748 583	88 135	923 120	0.879	1.47
1985	4 738 738	6 332 912	95 247	1 072 170	0.855	1.34
1986	6 087 349	7 307 049	99 820	1 310 930	0.847	1.20
1987	6 205 813	6 966 053	117 647	1 579 675	0.815	1.12
1988	6 370 396	7 255 199	119 529	1 968 745	0.786	1.14
1989	5 937 110	7 341 030		2 511 017	0.745	1.24
1990	6 256 191	7 409 222	131 460	2 444 112	0.752	1.18
1991	9 914 135	7 125 524	138 459	2 448 178	0.744	0.72
1992	10 179 201	6 173 209		2 601 041	0.703	0.61
1993	9 766 519	6 222 958		2 983 667	0.676	0.64
1994	9 997 616	6 123 729		3 437 465	0.640	0.61
1995	10 258 684	6 028 481		3 997 339	0.601	0.59
1996	10 354 000	5 802 230		4 613 788	0.557	0.56
1997	10 273 940	5 543 166		4 760 928	0.538	0.54
1998	9 175 000	5 267 194	170 000	4 830 284	0.522	0.57
1999	8 803 000	5 188 646		5 054 857	0.506	0.59
2000	8 445 000	5 030 619		4 710 102	0.516	0.60
2001	7 793 000	4 861 695	240 000	4 615 017	0.513	0.62
2002	7 161 600	4 636 139	210 000	4 420 123	0.512	0.65
2003	6 692 000	4 492 157	194 622	4 410 236	0.505	0.67
2004	5 144 200	4 414 233	190 961	4 332 727	0.505	0.86
2005	5 096 500	4 486 800		4 380 095	0.506	0.88
2006	4 981 900	4 628 018		4 385 732	0.513	0.93
增长率	4.5%		216%			

资料来源：1986 年～2007 年各卷《中国法律年鉴》，并据此计算。

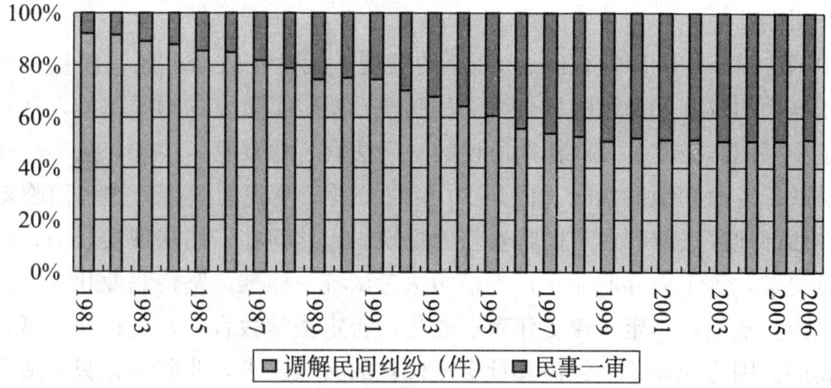

图 21　人民调解和民事一审案件数量的比例（1981 年～2006 年）

但是，居委会、村委会人民调解的削弱并不是调解本身的削弱。实际上，调解在单位、妇联、工商行政管理、消费者权益保护、房管、劳动争议、物业纠纷，以致治安、司法、仲裁等机构解决纠纷的过程中都起着重要的作用。[①] 以消费者权益保护为例，消费者投诉，无论通过法院、工商管理机构还是消费者协会，在近年来的民事纠纷中都占有相当大的比例。据消费者协会的统计，1999 年～2005 年消协共受理消费者投诉 496 万件，解决 474 万件，解决比率为 96%，支持起诉 73 996 件，支持起诉率为 1.5%。无疑，在消费者权益保护方面，消协起到了极大的分流作用。否则，这些案件集中到法院，通过诉讼解决将是不堪设想的。我们手头缺乏法院近年来受理的消费者权益保护案件的资料，但是同一期间法院所受理的一审民事案件中属于权属、侵权纠纷案件的总数为 312 万件，其中包括相当大的比例的不属于消费者权益保护的案件，可见消协在处理消费者权益保护纠纷方面所起到的重要作用。如何发挥群众性、行业性的非政府组织在解决纠纷中的作用是一个值得研究的课题。传统的调解是建立在居委会、村委会的基础上，而在城市化的过程中，人们之间关系的性质发生了很大变化，许多纠纷并不是以居住为基础产生的，居委会、村委会在处理这些纠纷时所发挥的作用极其有限，因此，应注意新型关系所需要的解决纠纷机制的特点。

表 4　　消费者协会受理消费者投诉和支持起诉的案件数量（1999 年～2005 年）

	1999	2000	2001	2002	2003	2004	2005	小计
受理数	720 410	706 496	721 161	690 062	695 142	724 229	703 822	4 961 322
解决数	701 270	679 437	681 604	649 909	670 344	687 465	672 964	4 742 993
解决比例	0.97	0.96	0.95	0.94	0.96	0.95	0.96	0.96
支持起诉	8 000	6 870	7 542	9 917	8 595	9 572	23 500	73 996
支持起诉率	0.011	0.009 7	0.010	0.014	0.012	0.013	0.033	0.015

资料来源：中国消费者协会。

① 参见范愉：《纠纷解决的理论与实践》，476～576 页。

3. 出路

中国法律工作者职业化经过30年的发展，无论在数量上还是质量上已经取得了相当大的成就，为我国社会主义法制建设奠定了重要的物质基础，从根本上改变了小平同志在改革开放初期所说的缺乏法官、检察官、律师，从事法律工作的人员缺乏专业知识的状况。但是30年的发展又使我国法律工作者面临新的问题，在西部地区法律职业者面临着新的短缺。出路何在？屈从现实压力，放宽司法考试要求，等于放弃职业化；严格司法考试统一标准，坚持职业化，如何应对现实压力？显然，否定法律工作者职业化，否定法学教育，否定司法考试，是没有出路的。因为职业化是经济和社会现代化的必然要求，非职业化只能适合社会关系简单、发展缓慢的状态，仅仅依靠普通人的正义观念、依靠多年来所形成的习惯、依靠领导的权威不可能把社会关系调整好。面对社会关系的复杂化、专门化，面对利益的多元化，面对社会经济的迅速发展，没有一个经过系统训练、具有专业知识和职业素质的法律工作者队伍是根本不可想象的。同时，无视我国法律职业建设中所出现的新问题，一味坚持以正规化的法律工作者队伍为中心的“大司法”路线[①]，甚至排斥其他解决纠纷的方式，排斥一切半正规化、非正规化的法律工作者，只能使越来越多的纠纷涌向法院，不但引起诉讼爆炸，使法官不堪重负，而且加重了当事人的负担，使法院的环境越来越恶化。因此，面对法律职业者新的短缺，现在解决问题的办法既不是因噎废食，放任自流，中断职业化进程，也不能不顾具体条件，一味坚持教条，而应该跳出只把问题局限在正规化的法律工作者，局限在法院、检察院、律师事务所的思路，而应该从解决争端的总体布局的高度思考我国法律工作者的分布。

首先，把正规化的要求主要在城市和发达地区实行，坚持全国统一司法考试的标准，保证法官、检察官、律师、公证员的质量，他们的公信力不仅在于他们是正规化的法律工作者，而且更在于“名至实归”，他们能明法辩理，提供比半正规化和非正规化的法律工作者更高质量的纠纷解决和法律服务。要建立正规

① 日本学者小岛武司指出，随着社会现代化的进程，面对日益增多的社会矛盾和冲突，解决冲突的方式基本上有两条途径，一条是以司法为中心的制度设计，把冲突主要集中在法院解决，即扩大法院规模，增加法官的数量和加大法官的审判量，这样就出现了越来越多的诉讼，越来越多的法官，越来越多的律师，越来越多的法学院这样一系列相关联的现象。与此同时，带来国家和个人越来越多的法律投入，以满足人们日益增多的法律需求。美国是这种大司法设计的典型。另一条则是通过非诉讼的方式，通过小司法的制度设计，即面对日益增多的社会冲突和矛盾，不鼓励人们通过法院解决，而是通过调解、仲裁、双方的直接谈判等方式解决纠纷，即使涌入法院的纠纷也要求首先经过调解或仲裁的程序，把非诉讼纠纷解决机制作为法院审判的前置程序。日本往往被看做是这种小司法设计的典型，日本成为发达国家中民事诉讼率最少、律师拥有率最小的国家。实际上，美国尽管诉讼量很大，但是大量的诉讼不是通过审判而是通过法院内部所设立的选择性纠纷解决机制处理，现在美国联邦法院只有5%的案件通过审判解决。参见［日］小岛武司：《比较法在移植外国法律中的第二任务》，载沈宗灵、王晨光编：《比较法学的新动向》，49页，北京，北京大学出版社；Marc Galanter，The Vanishing Trial：An Explanation of Trials and Related Matters in Federal and State Courts，1J. Empirical Legal Stud. 459（2004）。

化、半正规化和非正规化的法律工作者之间的梯层结构，保证司法的公正、高效、权威。为此，不应该使正规化的法律工作者的数量过大，受理的案件过多，法律工作者的数量可以通过司法考试调剂，案件数量可以通过诉讼费用或律师费用调剂，否则，正规化的法律工作者人数过多难以保证质量，案件过多任何优质的服务都会被洪水般涌来的案件冲垮。降低诉讼费用的做法可以起到便民、利民的效果，但是会使案件数量增长，使一些地区特别是大城市本来就紧张的人民群众的司法要求与司法机关有限的解决纠纷的能力之间的矛盾更加突出。[①]

其次，农村和不发达地区案件少，法律需求不同，大可不必采取城市和发达地区的法律模式，但是农村和不发达地区有自己特殊的法律需求，应该把基层法律服务建设的重点放在农村。基层法律服务工作者在收费等措施上与律师要有明显差别，形成等级系列，而不是竞争关系。即使农村的正规化法制建设，也应把重点放在便利百姓的人民法庭、司法所和派出所（"一庭二所"）的建设上。对这些机构的人员则应该采取更为灵活的措施，通过一些措施，鼓励年轻的法官和检察官到边远地区去工作。实际上，许多发达国家的审判制度在进入正规化的法院之前都设立了"治安法院"、"平民法院"之类的制度，那里的法官和正规化的法官有很多不同，他们没有受过专门的法律训练，也没有参加过律师考试或法官考试，如英国的治安官、美国的陪审员、德国的混合法庭中的非职业法官。[②] 他们所审理的案件一般都很简单，普通人的正义观念足以应付。如果是复杂的案件，他们会转到正规化的法院审理。回顾改革开放初期的情况，我国绝大部分法官没有受过大学法律教育，而是来自复转军人或其他职业，但是他们照样能承担审判的职能，其原因也和当时案件比较简单，普通人的正义观念足以胜任审判的要求相关。随着职业化的进程，一部分已经担任审判员、没有受过专门法律训练的人员经过自己的努力通过司法考试，成为正式的法官；还有一部分通不过司法考试，凭借他们多年的审判经验，他们完全可以继续担任简单案件的审判工作，须知简单案件在广大农村和不发达地区是案件的主要构成部分。上述区分也可以作为律师和基层法律服务工作者职能分工的依据，前者主要在正规化的法院从事辩护或代理，而后者主要在审理简单案件的机构提供法律服务，这样就不会存在二者之间争案源的紧张状态。

再次，人民调解的萎缩是一个值得注意的问题，它表明随着现代化进程，随着人口流动，以居住地为基础的纠纷解决方式的重要性正在降低。消协的兴起表明人民调解在现代社会仍然有极其广泛的发挥作用的空间。长期以来，在学术界一直存在着这样一种理论，似乎随着社会发展和人口流动，人们之间的关系将变得疏远，建立在熟人关系基础上的非正规化纠纷解决方式，特别是调解衰退，正

① 参见朱景文：《中国诉讼量分流的数据分析》，载《中国社会科学》，2008（3）。

② 参见王晨光：《法官的职业化及精英化》，载《人民法院报》，2002-06-10。

规化的纠纷解决方式，特别是诉讼将逐渐占据主导地位。[①] 实际上，这种理论是站不住脚的。大量的经验表明，即使在现代经济的条件下，人们之间长期形成的商业信赖仍然是制约商人交易的主要原则。在有着长期交往的企业之间，当他们之间发生纠纷，保持它们之间的长期合作和信赖比一场官司的胜负重要得多，因此，调解或妥协仍然是现代企业解决纠纷的首选方式。[②] 再加上正规化的解决纠纷方式成本高，诉讼费用和律师费用的考虑，非正规化的纠纷解决方式更具有明显的优势。这种情况不仅发生在像日本这样的有着儒家传统的东亚国家，即使是美国这样有着好诉传统的西方国家，20 世纪中期以来 ADR 的兴起也表明非正规化的纠纷解决方式在现代社会的生命力。要认真研究非正规化的法律工作者与正规化、半正规化的法律工作者之间的联系，我国大量的纠纷解决应该立足于非正规化的法律工作者，立足于纠纷当事人的自行解决和非正规化的纠纷解决方式，只有在这种解决方式不能奏效的情况下，才诉诸半正规化的法律工作者，通过基层法律服务工作者，通过基层的“一庭二所”加以解决，只把少量的争端，即那些严重犯罪和争议标的大的争端，那些复杂的争端留给正规化的法律工作者，法官、检察官、律师解决。实际上，我国人民调解制度已经创造了正规化、半正规化与非正规化法律工作者连接的经验，一方面我国基层人民调解委员会都设有司法助理员，指导和协助人民调解工作；另一方面，近几年我国正在创造“大调解”的经验，把人民调解、行政调解和司法调解有机地联系起来。

最后，不能把法律工作者建设只集中在正规化方面，与此相适应，法学教育也不能只集中在正规化的大学教育。我国法学教育必须以法律工作者为导向，但是法律工作者是多层次的，因此，法学教育同样也应该是多层次的，大学法学教育的目标可以瞄准正规化的法律工作者，法官、检察官、律师，而大专、中专的法学教育则可以瞄准基层的“一庭二所”和基层法律服务工作者，他们的需要量应该远远超过大学本科教育。还应该看到，现在大学法学教育已经从精英教育的模式转变为大众教育，即使是大学毕业可能也会有相当多的人员到基层去从事法律工作，而不能立即成为法官、检察官或律师。因此，必须鼓励大学毕业生到农村去，到不发达地区，并建立从半正规化向正规化的法律工作者过度的机制，例如，可以规定大学法律专业毕业生必须在基层的“一庭二所”或基层法律服务所工作一定年限，然后才能到正规化的法院、检察院和律师事务所工作。

---

① 参见［法］埃米尔·涂尔干：《社会分工论》，北京，三联书店，2004；Max Gluckman（1969），Concept in the Comparative Study of Tribal Law，in Laura Nader，(ed.)，Law in Culture and Society，Chicago：Aldine，p. 349；D. Black，Behavior of Law，pp. 40-41，Academic Press，1976；朱景文：《解决争端方式的选择——一个比较法社会学的分析》，载《吉林大学社会科学学报》，2003（5）。

② See Stewart Macaulay，“Non-Contractual Relations in Business：A Preliminary Study”，28American Sociological Review55（1963）； “Long-term Continuing Relations：The American Experience Regulating Dealerships and Franchises，” in C. Joerges (ed.) Franchising and the Law：Theoretical and Comparative Approaches in Europe and the United States，at 179-237（Nomos Verlagsgesellschaft 1991）.

在法律职业化的过程中，人们常常爱把法官和医生做对比，批评复转军人进法院，为什么长期以来总是理所当然地把每年从军队复员转业的许多人员安置到法院中？为什么不要求医院安置他们？以此来为法官的职业化辩护。[①] 这里我也想把他们做一个对比，不过是为法律工作者的非职业化辩护。20 世纪 60 年代发展起来的“赤脚医生”的经验，很值得汲取，正规化的医学院培养的大学生基本是为城市服务的，卫生部被称为“城市老爷部”，而广大农村地区很少见到他们的踪影，尽管新中国成立后，国家对医疗卫生和医学教育的投入都很多，但是农村仍然处于缺医少药的状态，“赤脚医生”就是在这种情况下发展起来的。“文革”中把赤脚医生捧上了天，认为他们的医术甚至高过城里大医院的医生，这是吹牛。但是他们的存在又是不可替代的，确实解决了广大农村地区一般医疗卫生保健问题。正规化的法律工作者确实应该比非正规化、半正规化的法律工作者的办案质量和服务质量更高，但他们在城里。如果我们只把法律职业的建设中心放在法官、检察官、律师，使“一庭二所”，基层法律服务工作者，人民调解员的建设放任自流，甚至边缘化，尽管我们可能培养出高水平的正规化的法官、检察官和律师队伍，建设成“世界一流”的法学院，但广大农村和不发达地区的基本法律需求无人问津，这绝不是我们依法治国，建设社会主义法治国家的目标。

① 参见贺卫方：《复转军人进法院》，载《南方周末》，1998-01-02。

论正式制度与非正式制度的融合

李光宇*

在我们的社会生活中，正式制度与非正式制度两者以完全不同的行为约束机制促进着人们之间的交易和合作。无论是在成熟的市场经济还是新兴的转轨国家，正式制度与非正式制度之间的共存、互动几乎存在于每个社会体中。然而，在中国由计划经济向市场经济转轨的过程中，在这个合作机制和秩序更迭交错的特殊阶段和背景下，正式制度和非正式制度之间的强烈冲撞更呈现出一种令改革开放推进者始料不及的放大效应。这一方面是由于在向规范的市场经济法治秩序转轨过程中，市场经济的正式规则尚没有完全确立，社会制度结构呈现出巨大的断裂与空白；另一方面，传统中国社会实质上是一个具有浓郁义务本位色彩的社会，人伦、人情这些左右人们日常生活交往规范的基本伦理道德就是根植于传统的社会人际关系而形成的，几千年的文化传统演进已使得非正式制度深深扎根于我们的社会结构之中，这使得非正式制度的影响在中国更具有典型性和强大的生命力。

一、正式制度与非正式制度之间的差异对比

不同的学者对制度有着不同的理解。西方旧制度学派的代表康芒斯说："如果要找出一种普遍的原则，适用于一切所谓属于制度的行为，我们可以把制度解释为集体行动控制个体行动。"① 山东大学黄少安教授给制度下了一个在国内被普遍接受的定义："制度是至少在特定社会范围内统一的，对单个社会成员的各种行为起约束作用的一系列规则；这种规则可以是正式的，如法律规则、组织章程等，也可以是非正式的，如道德规范、习俗等；各种各样的社会制度只能是各种社会关系的制度化或规范化或规格化，而不是对各种社会关系的创造；制度可以从不同的角度分类，如政治制度、经济制度，文化制度等……特定社会的各种制度相互影响、相互依存，构成一个有机整体，其中经济制度决定政治、法律等制度。"② 东西方多数新制度经济学家认为，制度是由正式制度和非正式制度两

* 李光宇，法学博士，经济学博士后，长春税务学院法学系副主任，教授。

① ［美］康芒斯：《制度经济学》，北京，商务印书馆，1962。

② 黄少安：《产权经济学导论》，济南，山东人民出版社，1995。

种规则要素构成的。正式制度是人们有意识建立起来的并以正式方式加以确定的各种制度安排，它通常是成文的并由权力机构来保证实施，如法律、政府法令、公司章程、商业合同等称为正式制度。非正式制度被演进变化中的社会关系所强化，如习俗、传统、道德伦理、意识形态等就是所谓的非正式制度。在人类行为的规则约束体系中，尽管正式制度构成了基本结构，但是对人们行为的具体约束大部分是由非正式制度来维持的。[①] 正如诺思所言，即使在最发达的经济中，正式规则也只占决定人们选择的总约束中的一小部分（尽管是非常重要的部分），人们行为选择的大部分行为空间是由非正式制度来约束的。[②] 主导我们日常生活的行为规则很大一部分是由非正式制度而不是正式制度所决定的。而与此同时，正式制度与非正式制度之间的互动，特别是在经济转轨和制度变迁过程中的互动，为我们揭示中国经济转轨过程中存在的问题提供了有利的线索。制度变迁理论的代表人物诺斯曾在其《制度、制度变迁和经济绩效》一书中提出，非正式规则与执行会影响正式规则在国与国之间的转移，虽然正式规则可能一夜间改变，但是非正式规则一般只能缓慢地改变。由于存在着不同的非正式准则和执行程序，因而从他国引入的正式规则并不能使一国经济产生与他国相似的绩效特征。诺斯认为，非正式制度是可以制约正式制度的，当正式制度与非正式制度存在着矛盾或不相容时，正式制度就会流于形式，或者在执行中变形，甚至无法实施。对于我国而言，在由政府主导的渐进式改革中，在缺乏市场相关知识和经验的背景下，我们大量的法律制度设计借鉴甚至移植了西方成熟市场经济国家的制度安排，这无疑在很大程度上减小了制度设计的成本，加速了市场化的进程。然而，在转轨过程中，当整个制度结构发生急剧变迁时，正式制度与非正式制度在变迁的时序上必然呈现出非同步性，由于非正式制度具有较强的历史延续性而往往表现出保守的特性，非正式制度与正式制度之间的冲突就会削弱正式制度规则的有效实施。例如，世界银行在《2020 年的中国》报告中指出，中国的法律体系运作情况堪忧，其原因在于“不是缺少法律，而是执法不力”，在一些关键领域，“纸上的法规远不同于具体实施的法规”。而中国的市场经济转型发展至今，资源的配置手段和社会的调节机制呈现出一种鲜明的复合性特征，既有公开化的法律制度规则，又有隐蔽性的非正式制度的关系规则，正式制度规则由于政府的强制法令而被组织和群体采纳，但组织内部可能采用非正式的行为规范来指导日常社会各方间的互动。从法经济学看来，最好的解释是制度变迁意味着一种公共财的

① 现代产权经济学的代表诺斯是这样定义制度的：制度是“一个社会的游戏规则，或更正式的说是人类设计的构建人们相互行为的约束条件，它们由正式规则（成文法、普通法、规章）、非正式规则（习俗、行为、规则和自我约束的行为规范）以及两者执行的特征组成”。[美] 道格拉斯·诺斯著，刘守英译，《制度：制度变迁与经济绩效》，上海，上海三联出版社，1994。

② 参见 [美] 道格拉斯·诺斯著，刘守英译，《制度：制度变迁与经济绩效》，上海，上海三联出版社，1994。

产生，“愈大的团体愈不容易生产最适量的公共财”，“大团体或者说潜在团体根本没有生产公共财的诱因，因为无论该公共财对团体整体而言是多么有价值，都无法有效地促使个别成员愿意支付达成潜在团体利益的组织费用，或去承担必要集体活动的各种成本”①。

（一）契约与身份

戴维斯指出，西方和中国商业管理实践中最大的差别就在于前者重视的是书面的契约和程序，后者重视的是个人之间的关系。费孝通先生在分析乡土中国时，提出了熟人社会的概念框架，他认为，传统中国社会是一个乡土社会或熟人社会，其主要特点是以亲情关系（包括血缘、地缘关系，亲戚、朋友关系）为基础，并且社会流动性小，人们基本上生活在一个熟人的圈子里。② 而在这个社会里，信任很大程度上是一种“由亲而信”，这里的亲，是指一种牢固的私人关系，可以是血缘之情，也可以是非血缘的交情。③ 在传统社会中，由于信任是在关系中获得的，因而陌生人之间难以给予信任，熟识才是人们交往的前提，熟人社会具有信息共享的优越性，行为人履约或失信的信息能够以较小的失真度迅速传遍生活圈子，因而，人们的交往和合作依靠的是一种以人格化为基础的特殊信任关系。在传统的乡土经济中，由于经济活动仅限于较小的社区范围内，拥有特殊信任关系的人格化交易成本就会比较低，但由于人格化的交易不具有交易扩展的潜能，不能扩展到一般的社会成员之间，不能成为一般的社会关系准则，所以一旦超出熟人或社区的圈子，就无法仅靠声誉和关系来进行交易，交易的成本急剧上升以至于很多交易无法实现，结果限制了企业和市场的规模。

在现代市场经济的发展过程中，在工业化、城市化的进程中，由于人口的流动迁徙，依靠血缘和地缘关系的熟人社会交往规则受到瓦解和冲击，那么，人与人之间的合作信任又靠什么来维系呢？为什么人们会信赖陌生人？因为在其背后是以法律为支撑的制度和契约。在市场经济的契约社会或法治社会中，人们之间交往合作和诚信的对象是整个社会上所有互不认识的陌生人，而不仅仅是熟人，契约可以使互不信任的陌生人交往，使他们通过契约而相互信任，因而这种信任关系是一种非人格化的普遍信任或契约信任，是正式制度。西方市场经济存在、演变和发展的一个重要基础就是人们对法律契约的认同和遵从，并由此而形成了整个社会普遍主义的信任关系和正式制度。在中国的经济转轨过程中，尽管市场经济的发展扩大了人们的交往空间，改变了人们的交往方式，城市化进程和大规模的人口流动将人们从熟人社会带入到了陌生人社会，然而，主导和制约人们行

---

① ［美］奥尔森：《集体行动的逻辑》，台北，远流出版事业股份有限公司，1991。

② 参见费孝通：《乡土中国》，北京，生活·读书·新知三联书店，1985。

③ 参见陆小娅、彭泗清：《信任缺失与重建》载《中国青年报》，1995-09-26。

为方式的信任基础却并不能实现自然而然的过渡。一方面，熟人社会的关系信任仍在持续，人情关系融入了制度的运作，在人们的日常生活中，找关系、托熟人已经成了一种习惯，无论是升学、找工作、看病，还是做生意、打官司……统统都要找关系；另一方面，法治社会的契约信任并没有确立，据中国人民银行研究局引用的调查资料显示：因信用缺失造成企业直接和间接损失每年高达 5 855 亿元，其中逃废债 1 800 亿元，合同欺诈 55 亿元，产假售假造成损失 2 000 亿元，因三角债和现款交易增加财务费用 2 000 亿元 。如果按照我国一年 GDP 新增的产值约 7 000 亿元计算，5 855 亿元信用损失几乎相当于我国每年新增产值的 83.6%。[①] 在这个信任机制失衡、缺失的转轨阶段，社会信任度已经降低到了可悲的最低点。

（二）他律与自律

如何保证交易双方真诚合作而不相互欺骗呢？怎样才能保障契约的如约履行呢？一般而言，存在着最基本的契约实施机制：正式制度即重复博弈的关系型契约。正式制度是一种典型的以国家强制力为后盾并由政府、法院实施的第三方契约实施机制。当交易双方订下有法律约束力的契约时，法律的制裁就会成为一种强大的威慑力来保证契约的履行。在交易双方的相互博弈中，法律可以通过改变博弈的支付结构和限制参与人的选择空间来影响参与人的理性选择。但是，法律机制的有效实施却受限于一定的条件，由于交易双方所订立的契约通常是不完全的，对于契约未规定的争议部分仅依靠法院的智识和判断力往往是不够的，而且契约的实施中经常会存在事件的不可观察性和第三方的无可证实性，这对于强调法律证据的司法判断而言也是无从确认的。此外，正式制度机制的实施往往是成本高昂的，诉讼费、律师费、所耗费的时间、精力乃至心理负担都有可能让当事人“望而却步”。

经济社会中的大量契约，依靠正式制度机制来保障实施的可能只是其中的一部分，即便在美国这样一个相对有效、健全的正式制度体制下，契约的执行也并不仅仅依赖于法院，而是企业之间的相互关系。[②] 社会关系网络下的重复博弈和关系型契约的执行依靠的是一种并不借助外部力量的自我实施机制。它是博弈的参与各方在特定的交易环境和支付结构下，根据各自的不同目标，自主选择各自的最优策略，所达到的一种自我均衡状态。社会关系网络下之所以能实现契约的自我执行，其原因在于：（1）社会关系网络的封闭性会导致网络内部的重复性交易频繁发生，理性的参与人会认为，维持长期的合作关系会比短期的背叛行为能带来更大的收益；（2）社会网络内部的信息共享会使得参与人遵守或违反契约的

① 参见《中国金融安全的必由之路：评中国信用数据库的建立》，载信用中国网：http://www.bjsme.gov.cn/xydb/xytx/xyyj/200603/t6117.htm。

② See Macaulay，Stewart. 1963，“Non-Contractual Relationships in Business：A Preliminary Study，” American Sociological Review 55-70.

信息得以迅速地扩散，声誉机制的作用会使参与人将有可能丧失未来交易机会的预期损失纳入其决策活动中；（3）社会关系网络内部的集体惩罚机制的存在，会使欺骗者面临被驱逐出网络，不仅失去未来的网络内部交易机会，而且与进入网络相关的专用性投资也会丧失殆尽的风险。科尔曼在其《人力资本创造中的社会资本》一文中分析了纽约钻石批发市场的交易机制，纽约钻石批发市场是由相互通婚比例较大、居住在布鲁克林的相同社区中且步入相同教堂的哈西丁派犹太人所构成，在这个封闭的社区内，由于成员之间存在着密切的联系，并通过家族、社区和宗教渊源提供了推进市场交易所必需的保证，如果该团体的任何成员以次充好或者把钻石占为己有而背信弃义，他将失去家族、宗教和社区的纽带。因此，尽管并不存在耗资巨大的复杂的正式契约保障机制，在他们之间几十万甚至数百万美元的昂贵钻石仍可以不经任何手续相互信任地交付。[①]

二、正式制度与非正式制度之间的相互链接

正式制度与非正式制度并不是完全对立的，它们是广义制度的组成部分，尽管前者起着更加重要和核心的作用，而且二者之间存在着种种关联与相互影响，但其自身也有各自的演化逻辑，实在不好说谁决定谁。制度意味着人们具有相对稳定的社会行为，必须严格遵守社会规范的行为属于正式制度的范畴，具有较大自发性和随意性的行为属于非正式制度的范畴。正式制度由于与国家社会之间、人与人之间的利害关系密切相关，自然离不开有效的奖惩机制，以避免社会失范所造成的种种危害；非正式制度由于与权力和利益的分配关系不大，因而多自然而然地形成与演化，具有较大的伸缩性和地方色彩。非正式制度往往具有更强的路径依赖性，它通常只能潜移默化、集腋成裘。正式制度的变迁大多是在非正式制度发生碰撞的情况下开始的。作为制度系统的两个重要构成部分，正式制度和非正式制度之间既存在着不可或缺的互补关系，又有着相互替代的竞争力。正式制度与非正式制度之间有着一种互动关系。一方面，正式制度必须与非正式制度保持目标的一致性，才能保持其稳定性；另一方面，非正式制度安排以道德、行为规范的形式出现，在一定时间序列中具有较强的稳定性。当它和正式制度安排相一致时，它可以维持正式制度的有效性，反之，组织中的个体总会选择遵从非正式制度安排。正式制度和非正式制度在很多方面有相似之处，当然也有区别。二者的主要区别是有无界限明确的组织来制定和监督实施。非正式制度一般经过人们长期互动选择演化而来，违反时没有专门的组织加以明确的显化惩罚，成员遵守制度是自愿的，而不是被迫的。有时非正式制度比正式制度有更强的生命力，它往往表现为人的道德观和社会共同接受的行为规范等，并且同

① 参见［美］达斯古普特著，张慧东译：《社会资本：一个多角度的观点》，北京，中国人民大学出版社，2005。

意识形态相联系，因为非正式制度的安排常常是在人们的社会经济生活中自发形成的。

（一）内在互补

在繁杂的社会生活中，正式制度是一项重要和基础的秩序系统，但并不是唯一的，非正式制度在社会生活的各个方面填补着正式制度机制缺失的空白。缺乏非正式制度的润滑剂作用，正式制度秩序就像一个死板、僵硬的机器，只能步履蹒跚地运行；而缺乏法律的正义和公平保障，非正式制度秩序就只能上演一幕幕混乱、寻租、腐败、特权、谄媚的丑剧。在人们的日常生活和社会交往中，非正式制度机制和私人秩序有可能比正式制度的公共秩序对人们的行为有更大范围的实际约束作用，而正式制度机制也只是在非正式机制对市场运行调节产生故障或问题时才予以维系、支撑和补救。如同沉浸于两千多年儒家文化中的中国传统法律文化，将“亲亲”、“尊尊”为主要特色的礼作为一种习惯、规范，成为维持社会秩序的重要机制，法则代表一种成文或正式的制度，在礼和法对社会的制约关系中，往往礼是第一位的，法是第二位的。孔子学说中的礼虽然是作为一种行为的尺度，但也体现了行礼的自觉性，主要是一种人的内在的约束而非强制的正式制度。

目前，越来越多的学者将研究视野和兴趣投入到非正式制度的研究之中，人们深刻地认识到非正式制度往往比正式制度更能决定经济增长和社会发展水平，有效的制度安排必然是正式制度和非正式制度的有机统一。非正式制度机制对经济发展和交易合作主要有以下几方面积极作用：（1）非正式制度有助于人们更便捷地获取各种信息、资源和商业机会，个体所拥有的关系网络越广泛，层次越高就越具有获取关键资源的控制力。特别是在经济转轨阶段，正式制度的缺失使人们从正常渠道获取资源、信息相对困难时，人们就会借助于非正式制度。例如，企业与政府部门的关键人物建立友好关系就容易获得优惠政策，与银行保持良好关系就容易获得贷款，结交和认识的社会层面越广就越容易获得各种商业机会。以创业企业的资金来源为例，全球创业观察 GEM 的报告显示，在 34 个参与调查的国家和地区中，2003 年创业企业的外部资金提供者有 49.4% 来自紧密的家庭成员，26.4% 来自朋友和邻居，7.9% 来自同事，6.9% 是其他亲戚，6.9% 是陌生人，可见非正式制度对创业融资活动影响颇大。[①]（2）非正式制度下的特殊信任和合作关系能有效降低制度运作实施中的交易成本和道德风险。在非正式制度所组成的共同体中，成员具有普遍认同的习俗、价值、社会规范以及人格化的特殊信任关系，它保证了经济交往合作的顺利进行，降低了契约的谈判、执行、监督的交易成本和未来的商业风险，避免了机会主义的欺诈和背叛行为。马

① 参见彭华涛：《创业企业社会网络的理论与实证研究》，武汉理工大学 2006 年博士论文。

克斯·韦伯认为："在中国，一切信任，一切商业关系的基石明显地建立在亲戚关系或亲属式的纯粹个人关系上面。"① 例如，企业的家族式管理就是对低信任度社会的一种适应性机制，以血缘关系为基础的企业组织，其内部结构简单，管理层次较少，行动者间具有较高的信任与合作能力，企业具有较高的灵活性和较强的抗风险能力。(3) 非正式制度为知识的扩散和溢出提供了有利的平台，是隐性知识传播的主要途径，是企业创新和核心竞争力的重要源泉。哈佛大学的Jasjit Singh在其《作为知识扩散驱动力的社会网络》一文中通过对1975年～1995年美国专利局的统计数据进行实证分析发现，社会网络是创新知识扩散、传播的重要渠道和推动力，它能超越地区、距离的限制而进行知识的外溢。② 纳塔拉詹加认为在技术创新中所学习和利用的显性知识只不过是冰山一角，而真正在技术创新中起主导作用的是隐藏于水面下的冰山——隐性知识。越来越多的研究表明非正式的非正式制度对技术创新起着很重要的作用，因为隐性知识的转移主要是通过一些非正式的非正式制度来实现的。③

（二）相互替代

Randall Peerenboom认为，尽管私人秩序、非正式制度等非正式规范对正式制度有一定的补充作用，而在各种社会经济环境下都会存在，例如，即便在美国也并不是所有的商业纠纷都会诉诸法院，而是通过道德、社会信任、市场机制的自我执行发挥作用，但对于社会转型阶段而言，市场的不完善和制度的脆弱使得非正式制度和非正式制度的替代作用更为明显。④ 在转轨时期的特殊背景下，在新兴经济发展初期，市场经济的正式规则尚没有建立，社会制度结构呈现断裂的特征，制度断裂损害了交易个体间信任的制度基础，为了减少风险和不确定性，人们在交易过程中就尽量利用非正式制度所提供的特殊信任关系在经济交易中发挥作用。例如，陆学艺、李培林的研究中发现，"中国的法律和各种政府间的机制并不能对外国资产与合同提供充分的保护，取而代之的是外国投资者更多依靠同中国地方当局、官僚机构以及个人之间的私人联系（关系），以此来保证和加强他的商业利益"⑤。Tom Ginsburg在《法律对经济发展是否重要？来自东亚的证据》一文中提出，在中国的弱正式制度保护下，解决信任问题和促成交易更多

---

① ［德］马克斯·韦伯著，于晓，陈维纲译：《新教伦理与资本主义精神》，北京，生活·读书·新知三联书店，1987。

② See Jasjit Singh, Social Networks as Drivers of Knowledge Diffusion, INSEAD working paper, 2003.

③ 参见［印］纳塔拉詹著，赵云飞译：《知识管理》，北京，中国大百科全书出版社，2002。

④ See Randall Peerenboom, Social Networks, Rule of Law and Economic Growth in China: The Elusive Pursuit of the Right Combination of Private and Public Ordering, Global Economic Review, Vol. 31, No. 2, 2002.

⑤ 陆学艺、李培林：《社会发展报告（1991—1995）》，沈阳，辽宁人民出版社，1996。

的是通过嵌入非正式制度的经济活动来实现的，而并非依赖于正式的正式制度体制。[①] 拉嘉·卡莉在其《转轨经济中的商业网络》一文中分析到，当法律制度不信任或不存在时，商业网络的作用就会凸显，而且当法律制度越薄弱，商业网络在经济中的作用就越大。而众多转轨国家的实证研究也对此观点予以了支持，无论是麦克米伦和克利斯托弗·伍德拉夫对越南私营企业如何应对不发达的法律和市场制度的考察，还是西蒙·约翰逊等人对俄罗斯、乌克兰以及波兰等东欧国家关系合同交易与法院替代关系的研究，抑或阿恩·比格斯顿等人对7个非洲国家中长期关系交易与费用高昂的法律制度在防止违约行为方面的比较，都不约而同地证实了一个观点，即非正式制度是脆弱的法律制度的重要替代。[②]

Carol Jones 分析认为，亚洲四小龙取得世人瞩目的经济成就应更多地归因于"关系之治"而非"法律之治"，并得出结论认为，正式的理性法律对于资本主义发展可能并不像韦伯所认为的那般重要。[③] 然而，亚洲的金融危机又重新唤起了人们对过度依赖关系，裙带资本主义，不透明的政治、法律、经济决策，缺乏法治所带来的种种弊端的关注和反思。学者们认为，关系网络虽然能够降低网络内成员之间的交易成本，但却对网络之外的个体造成了外部性，例如，不公平的竞争条件，过高的进入壁垒等。非正式制度使其成员在增加个人收益的同时带来了社会成本，并且，随着市场经济规模和交易范围扩展的内在需求的不断增长，关系网络所造成的社会效率损失就会越来越大，也越加需要正式制度机制的主导和替代。Douglas Guthrie 在《关系在中国经济转型中重要性衰减》中提出，随着中国正式制度变革步伐的逐步加快，尽管关系网络在商业实践中仍是一个重要的制度体系，但行为个体越来越重视正式制度机制的调节作用，在人们对正式制度信任度逐步增强的同时，非正式制度的吸引力也会逐渐减弱。[④]

（三）冲突矛盾

非正式制度虽然在缺乏正式制度稳固保障的交易环境中充当一种机制替代，但它却并不是一个良好的替代，它往往给社会的经济发展带来各种损失和低效率。在 Randall Peerenboom 的分析中将企业分为4种：第一种是无法凭借产品和服务的质量、价格在竞争的环境中生存，只能依靠关系存活；第二种是虽然有关系但是不需要依赖关系也可以在竞争的环境中生存；第三种是虽然缺乏关系但能

---

① See Tom Ginsburg，Review：Does Law Matter for Economic Development？Evidence From East Asia，Law & Society Review，Vol. 34，No. 3.（2000），pp. 829-856.

② 参见［美］彼得·穆雷尔著，韩光明译：《法律的价值：转轨经济中的评价》，北京，法律出版社，2006。

③ See Jones，Carol G.（1994），Capitalism，Globalism，and the Rule of Law：An Alternative Trajectory of Legal Change in China，Social & Legal Studies.

④ See Douglas Guthrie，The Declining Significance of Guanxi in China's Economic Transition，The China Quarterly，No. 154.（Jun.，1998）.

适应于竞争的市场环境，但却无法进入依赖于关系的不完全竞争市场；第四种是没有良好的关系，但都能在现有的市场中存活并获得成功。第一类和第二类企业代表着社会损失，因为这些企业会给社会造成无谓损失，而在关系网络体制下，这些低效企业仍能大量存活并导致资源的扭曲配置。[①] 此外，非正式制度常常导致商业交易关系的扭曲发展，容易滋生寻租、腐败。Edwards 和 Lawrence 指出，非正式制度会造成对政治、经济权力滥用的倾向，增加腐败，破坏开放的市场经济发展。[②]

在中国的市场经济转轨过程中，非正式制度削弱了正式制度实施的基础和作用，侵蚀着法治秩序的基石。市场经济是一个开放、平等、竞争的商品经济，而非正式制度则以关系远近、身份亲疏为界施以不同的交易规则，形成的是一个封闭、特权、垄断的关系经济；市场经济是一个强调秩序、公平的法治经济，而在非正式制度中，人情代替了法律，面子掩盖了规则，公平和正义的天平向关系倾斜。在非正式制度中，律师不需要去提高法律技能，因为面对一个案子时，他们依靠的是关系而不是法庭的辩论；会计师和评估师也不需要去磨炼他们的估价技能，因为资产的价格实际上是由从中获取好处的政府官员与交易者的共谋所决定的。此外，长期以来的历史文化浸染，已经使非正式制度成为中国社会构造的重要组成部分，成为社会的一个内在基础，非正式制度持久、广泛的影响力的积重难返不仅压缩和排挤着正式制度的生存空间，而且其与法律秩序的内在不相容会造成法律的移植中的路径依赖，会使社会秩序陷入低效率的“锁定”状态。非正式制度的一个重要特点就是建立关系网络的沉没成本很高且属于网络的专用性资产，并且存在规模经济的网络效应。也就是说，建立和维系非正式制度的固定沉没成本越高，体制转换的成本和阻力就越大，就越倾向于网络的内部交易，而网络的规模越大，对网络成员所带来的边际收益就会递增，由此而形成的一种正反馈机制就会使非正式制度系统不断自我强化，即便存在具有更高社会经济效率的新体制系统，非正式制度网络成员的既得利益也会阻止其向新模式的转变。

---

① See Randall Peerenboom, Social Networks, Rule of Law and Economic Growth in China: The Elusive Pursuit of the Right Combination of Private and Public Ordering, Global Economic Review, Vol. 31, No. 2, 2002.

② See Edwards, V. and Lawrence, P. (2000) Management in Eastern Europe. Palgrave, New York.

第二届东亚法治论坛研讨实录与综述

王建学* 整理

2008年11月22至23日，由中国人民大学法学院、日本一桥大学法学院、韩国釜山大学校法科大学和艾克斯马赛第三大学欧亚研究所联合主办的“第二届东亚法治论坛——西洋法在东亚的继受和创造”国际研讨会在中国人民大学明德法学楼隆重举行。来自法国、韩国、日本的贵宾和来自中国人民大学、北京大学、清华大学和中国社会科学院等高等法律院校和科研机构的近百位专家学者出席会议。

我们正处于经济全球化时代，地球上某一地区发生的事件，立即就会波及全世界。与此同时，以欧洲经济圈与北美经济圈为代表的区域化经济也在蓬勃发展，东亚地区出现了同样的趋势。在这样的背景下，“东亚共通法的形成”也成为人们关注的课题。中国人民大学法学院、日本一桥大学法学院和韩国釜山大学校法科大学合作申请了日本政府的国家级课题，即从2007年开始为期5年的题为“东亚的法继受与创造——面向东亚共通法的基础形成”的亚洲研究教育基地项目。本次论坛也是该合作科研课题的重要活动之一。

一、开幕式

2008年11月22日上午，论坛开幕式在明德法学楼国际学术报告中心举行。开幕式由中国人民大学法学院常务副院长韩大元教授主持。中国人民大学副校长冯惠玲教授、中国人民大学法学院院长王利明教授、法国艾克斯马赛第三大学荣誉校长克里斯蒂昂·路易特教授、日本一桥大学副校长山内进教授、日本大使馆长田雅之二等书记官先后致辞。

中国人民大学副校长冯惠玲教授首先在开幕致辞中指出，在经济全球化的时代背景下，世界各国和地区在政治、经济、法律和文化上的相互联系逐步加强，相互交流不断深化，相互影响日益扩大。与此同时，区域化经济也蓬勃发展，欧盟经济圈、北美经济圈等区域组织本身及其成员国内部形成了很有特色的法律制

* 王建学，厦门大学法学院助理教授，厦门大学—艾克斯马赛大学联合培养法学博士，中国人民大学法学院博士后（2008年～2011年），曾担任论坛会务筹办工作。

度和文化，这些对中国、日本、韩国等东亚国家的法律变革和发展产生了重要影响，也对东亚经济一体化、东亚法制一体化提供了借鉴意义，推动了东亚共通法的形成和发展。今天近百位来自海内外的专家学者齐聚一堂，以公法为中心，共同探讨西洋法在东亚的继受和创造，将为东亚经济圈的形成和东亚地区共通法律制度的发展提供重要的启示。中国政府提出的构建社会主义和谐社会的执政理念，包含着丰富的内容，东亚地区乃至世界范围内交流运作机制的协调发展，对于社会和谐、区域和谐、世界和谐都具有非常重要的意义。

中国人民大学法学院院长王利明教授也指出，中国是成文法国家，与法国、日本、韩国等欧洲和东亚国家一样，在法制背景和文化方面有许多共同之处。30年来，我国法制建设取得了重要的成就，特别是在立法方面，可以说现在已经初步形成了中国特色的社会主义法律体系。在这个过程中，应该说法国等欧洲大陆国家以及我们的近邻日本、韩国的法律制度对我们有很重要的借鉴意义，我们在立法中也广泛借鉴了这些国家的先进经验，在本次研讨会上，探讨大陆法系体系下各国的法律制度的相互借鉴融合问题，一定会有很多值得我们立法借鉴的启示，所以本次研讨会的意义是很深远的。

法国艾克斯马赛第三大学荣誉校长克里斯蒂昂·路易特教授在致辞中首先表达了对中国人民大学以及所有参加会议的代表的感谢，2008 年是中国人民大学法学院和法国艾克斯马赛第三大学合作 15 周年纪念之年，对于双方过去已经进行的合作和未来更密切的联系，他感到非常高兴。法国和中国的合作非常有意义，它为我们双方都带来一些经验，一种提示与思考，以及未来发展和演变的新的思路。

中国政法大学教授、中国宪法学研究会顾问廉希圣教授借用“有朋自远方来，不亦乐乎”表达了对远道而来的外国朋友的欢迎，他指出，中国的宪政建设既有本土化的问题，也有借鉴国外经验的问题。事实上，法国宪法对中国的影响是需要加以注意和研究的问题。本次会议的主题“西洋法在东亚的继受和创造”是一个有现实意义，非常值得深入探讨的课题。

日本一桥大学副校长山内进教授在致辞中首先代表一桥大学表达了对所有与会代表的感谢。他认为，在近代，东亚的法律也受到了欧美方面的影响，我们所研究的这个方向——东亚甚至亚洲的方向，与欧洲之间的关系是怎样结合的，这样的一个问题在 21 世纪甚至将来是一个值得深入探讨的问题。在这样的意义上，这次中国、韩国、日本、法国之间各位法学者聚集在此进行讨论，是一次非常有意义的会议。

韩国釜山大学法科大学院首席副院长姜大燮教授也指出，此次研讨会的主题是一个值得深入研究的重要课题。通过木次研讨会，也希望能够促进东亚各国的了解，使学术交流更为广泛。

最后，日本大使馆二等秘书长田雅之法官代表日本大使馆对研讨会的召开表示祝贺。中、日、韩三国有一个共同的传统文化历史，法的文化、交流、继受和创造是非常重要的，特别是在近代吸收欧洲法、西洋法当中具有很多的共性。通过这样一个学者之间的东亚法治论坛，成立东亚法律人的学者或者实务者的共同体，这对于日本政府也是非常有意义的。

随后，开幕式的议程圆满结束。

二、第一单元

在11月22日上午的第一单元中，学者们围绕“法国宪法对东亚宪政的影响”及相关问题召开了讨论。本单元由克里斯蒂昂·路易特教授和山内进教授主持。

法国艾克斯马赛第三大学宪法学教授安德烈·鲁教授率先发言。他发言的主题是法兰西“第五共和国的权力分立与平衡”。鲁教授从1789年《人权与公民权宣言》第16条的规定谈起，权力分立在法国宪法中极为重要。第五共和国宪法鉴于第四共和国的教训，为防止议会专权，保障行政权的自主性，加强了总统的地位，从而试图在权力之间建立一个新的平衡。对于第五共和国的分权制衡，鲁教授分两部分进行了介绍。一方面是第五共和国在合理议会型政体下采纳了经典的权力分立。这其中包括以议会制为模式的灵活分权，强调每种权力的自主性，以及增加共和国总统的裁决作用，从而保证了国家权力的正常运作和国家的延续。另一方面是第五共和国分权实践的失衡及其纠正。第五共和国宪法为纠正第四共和国的缺陷，加强对议会的限制，张扬行政的自主性，逐渐产生了分权向总统和政府偏离的趋势，主要体现在多数决定现象使行政权增强，从而使权力分立因偏向行政权而失衡。因此在2008年的宪法改革中，加强议会的作用、民主化等等又成为重要的主题。

第二个作主题发言的是日本九州大学法学部南野森教授。南野森教授从日本幕府末期到明治初期，再从明治初期到旧宪法制定，介绍了西洋法对日本宪法的影响。由幕府末期佩里访日（1853年）开始，经开国至1889年明治政府制定大日本帝国宪法之间不足四十年的历史里，作为区区远东岛国的日本至少从形式上勉强跻身于西方立宪主义国家之林。以天皇治权总揽为前提的大日本帝国宪法，基本达成了议会、政府、法院的三权分立体制，以及以“臣民权利”而非“人权”为内容，而且其中大部都可能被法律加以限制的权利保障体系。就1789年法国《人权宣言》第16条的意义而言，不得不承认，距此百年后的日本制定“宪法”这一事件本身就有极大的意义。此后，直至1945年第二次世界大战日本战败制定现行日本国宪法间的半个世纪，这部宪法一直是日本的最高法律而未作任何修改。如果说形式上的立宪主义宪法之上的宪法政治，有过像所谓的“大正民主”时期那样，“广为斟酌海外各国成法”，非常自由主义、立宪主义的时期的话，毋庸讳言，也有过像战争时期，特别是1935年以后的10年间那样，连形式的立宪主义都称不上的直接标榜"我国建国之体"的时期。日本的宪政就在此二者间大幅振荡。同时，对西方法律思想、西方法学的接受仍在继续（例如第二次世界大战时期对纳粹法学的接受），也还有许多引人深思的故事。

第三个作主题发言的是韩国岭南大学的朴仁洙教授，他全面地介绍了法国宪法对韩国宪法的影响。朴仁洙教授认为，现行韩国宪法的基本原理中成文宪法主义、国民主权主义、民主主义、权力分立制度、基本权利保障主义、立宪主义是受到了法国在1789年大革命前后形成的近代宪法的基本原理的影响，而1948年，大韩民国建国宪法中一方面规定了总统制为基本政府形态，一方面又在总统制的政府形态中设立了国务总理制与国务院制度，可以说也是受到了法国宪法的影响。就总体而言，法国宪法对于韩国宪法的影响可以用憧憬和恐惧来形容。大革命结束后，法国为了保障国民的自由和权利，分化了国家权力；为了将其制度化，制定了成文宪法以权力分立为指导制订了成文宪法，从而确立了近代宪法的基本原理。并且法国在经历了相当多的政治制度的同时，确立了高层次的民主主义和议会内阁制，在国民的自由保障和人权维护方向上为发达国家中的典型代表之一。或许韩国宪法因憧憬此内容才把它制度化的。但是1960年后半，韩国不顾南北被分断的状况，在谋求经济高度发展的过程中，为了行使总统的强权，1972年在修改宪法过程中援用了法国第五共和国的宪法第16条，这刻印了对法国宪法的恐惧。因为法国第四共和国使韩国的经济飞速发展，但国民的基本权利保障以及民主主义仅相当于落后的共和国水平，民主主义衰退需要总统行使紧急措施。

第一单元的三个主题发言结束之后，中国浙江大学的林来梵教授、日本一桥大学法学研究科坂口正二郎教授和澳门科技大学的李燕萍教授分别对主题发言进行了评议。林来梵教授认为，法国第五共和国的权力分立和平衡，对于中国学者来说是非常具有启发意义的，也是令我们羡慕的一个话题。法国宪法的思想，就是作为宪法文本前提的宪法思想，近代以来对中国产生过重要影响。有趣的是，这种影响在部分的情景下还通过日本间接地影响到中国。这使我们想到法的继受，尤其是西洋法在亚洲的继受这样一个现象，不仅是存在的，而且还存在着一种脉络。林教授还结合中国目前的政治实践，分析了当前的人民代表大会制度与法国当时的巴黎公社等的关联。坂口教授在评议中主要分析了西方宪法对日本宪法的影响的两个方面，一个是明治宪法受到了德国宪法的影响，宪法本身受法国的影响恐怕没有，但战后的宪法学，法国宪法学是很大的一个所谓的模范。另一点是就所谓的日本来说，受法国宪法影响，国民主权、民主主义非常强烈。此前一桥大学有三元探雄教授和樋口教授，他们都是研究法国宪法。李燕萍教授在评议中主要提到了以下几点：首先是，在理论层面，大家基本上都认同权力是要有平衡的，但是无论是法国的实践还是世界各国的实践，在制度实践过程中，会自觉不自觉的发生失衡的现象。这个制度是要不断地调整和修正的，这在很大程度上是林老师提出来的对于法国宪法为什么会反复频繁修改的原因。不能机械地理解权力分立，要看实践当中哪个权弱了，哪个权强了，要进行修正。其次是，世界各国的政治权力在运行中的趋势就是，权力自然而然地都会向行政权集中，有客观原因也有主观原因。但这种集中在成熟的宪政国家和宪政制度运行多年的地区来说，背后都有一个相对完全的政党制度在支持，所以宪法制需要不断调整，像法国教授在文章中也提到了，实际上是议会中分裂为多数派和少数派，行政权是和多数派结合在一起的，由此产生了不平衡。再次是，朴仁洙教授在论文中提到的法律命令制度，很值得深入研究，也许对于我们减少规范性文件的冲突有所帮助。

评议阶段结束后，第一单元进入自由提问和讨论阶段。学者们主要围绕着法国宪法修改中司法权加强的趋势，以及它与总统作为司法独立的保护者的关系，从法国《人权宣言》第16条出发权力分立与国民主权的关系问题，以及在日本宪法中，法国《人权宣言》的影响与儒家思想的影响的问题等进行了讨论。

三、第二单元

下午一点半，论坛进入了第二单元的讨论，主题仍为法国宪法对东亚宪政的影响。此单元由中国人民大学法学院胡锦光教授和韩国釜山大学校法科大学院首席副院长姜大燮教授主持。

首先由法国宪法委员会皮埃尔·若克斯先生进行主题发言，他大体上介绍了法国宪法委员会在整整五十年中的发展脉络。法国的合宪性审查制度是在大革命之后一个半世纪才建立的，而且，只是在20世纪70年代以后，它才获得快速的发展。其中的原因，大体上可以从人权宣言中获得答案。因为在人权宣言的第6章中找到法律是公意的表达，这也是卢梭哲学思想的核心。如果法律表达的是公意，怎么可能对它的正当性提出质疑呢？在法律和公意之上，不可能有资格对立法权进行审查和监督的裁判者和裁判职能，因为法官是法律的仆人，它只是法律的嘴巴。在法兰西的传统中，法官是不能对法律进行审查的。第五共和国的宪法委员会，即最初的设置是作为一个权力界限的监督者，即在合理议会制的体制下，保证通过限制议会来保证行政的自主性。但在20世纪70年代以来，它逐渐演变成为一个权利的捍卫者。在这50年的时间里，宪法委员会的职能、作用和程序都发生了一些变化，在2008年7月的宪法修改中，宪法委员会被允许接受从最高法院和最高行政法院层转来的案件，这些都使得或将使得宪法委员会的合宪性审查职能得到更充分的发挥。

第二位主题发言人是韩国釜山大学法科大学院金昇大教授，他从韩国近代以来制定的历部宪法的内容出发，详细分析了韩国宪法在不同时期受西洋法影响的情况。从首次制定的宪法为继受魏玛（Weimar）宪法的装饰型宪法，到第二共和国宪法为借鉴纯粹的议员内阁制理想型宪法，到第三共和国宪法为美国式总统制和联邦德国基本法的结合，到第四共和国宪法为假托法国戴高乐（de Gaulle）宪法的帝王型总统制，到第五共和国宪法为以军事独裁为目的的第三世界型总统制，以及最终到现行宪法为依据德国式宪法裁判制度保障宪法的实现。因此，就总体情形来看，韩国宪法对西洋法的继受是以德国法为主，还融合了美国法的宪法的继受，而法国宪法的影响则并不非常显眼。从实践来看，在韩国宪法对西洋法的继受过程中，对西方法的过分追求也产生了一些副作用，这也成为探索宪法领域的东方的价值基准的原因。

第三位主题发言人是湘潭大学法学院的夏新华教授，他因故没有到会，由南开大学的李晓兵博士代替他来介绍论文的基本观点。李晓兵首先介绍了夏新华教授论文中的主要观点，然后简要介绍了自己提交的论文的主要观点。夏新华教授提交的论文是法国宪政文化对民初中国立宪的影响。夏新华的主要观点是法国作为欧洲的第一个系统形成宪政文化的国家，它的宪政体制及其实践是具有世界影响力的。法国的宪政文化在中国的立宪过程中也产生了很大的影响。总地来说，在清朝的时候，清政府对法国的宪法实践是抵制的、拒绝的。到了民国之后，随着共和制成为中国宪政之路的选择之后，对法国的宪法理论及其宪法实践都产生了很大的认同，甚至开口必称法国如何、美国如何。在共和理念的支持下，对于法国宪政理念和实践的考察，其中责任内阁制和总统的选举方式以及最高的国家权力机关如何设计这三个方面，更凸现法国对中国的影响。就其自己的论文，李晓兵博士主要介绍了法国第五共和国宪法的诞生及其创造性，并将法国的双首长制体制与我国台湾地区的总统—行政院院长的双首长制进行了比较。

在评议阶段，水林彪进行了评议。他从三个方面进行了评议。第一个方面，对于若克斯先生的报告，他从中世纪后期的宪法理论开始，评价了立法成为一种审查的对象，立法权受到限制的观念变化。在欧洲法的传统当中，从最开始神的统治、法的统治直至议会的统治，同时对议会的统治进行反思。第二个方面，从16世纪以后，可以说是日本和欧洲比较接近的权力构造，但是德川家康以后，日本成为了一个军政国家，议会和司法权完全被否认的将军政权，这是德川家康所形成的政治体制。先是丰臣秀吉，之后是德川家康，借鉴了法国法和欧洲法的制度，在传统的基础上，如何能够保障司法权和立法权的关系。从法当中独立出行政权，但是在日本，首先行政权非常强大，在此基础上如何借鉴欧洲法的观念加强法的地位。我想不光是日本，韩国、中国也应该有类似的问题，这也是中日韩三国共同的特点。第三个方面是关于欧洲和亚洲的连接点，上午提到了关于儒家思想，特别是从宋代以后，朱子学、宋明理学，对韩国的李氏朝代以及氏族也产生了很大的影响。天命和天的支配，这些基本的到近代后出现的天赋人权这种普遍的价值观和人权观，在儒家思想中也是具备的。天赋人权，以天所赋有的权利，就是在权利基础上更加广泛的东西。这样一个思想和欧洲是不一样的。法国的人权宣言也好，自然权也好，一种自然法的基本思想，也就是天赋人权或者说神所富有的权利，这些领域好像表面上看亚洲和欧洲还是有很大区别，但实际上我们从根本上来考虑，亚洲儒家的基本思路和理念与欧洲的基本观点具有很大的共同性。

郑州大学苗连营教授第二个进行评议，主要对若克斯和夏新华的主题发言进行了评议。对于若克斯的发言，苗连营教授认为主要有两点启示，一个是任何一个国家对违宪审查制度的建议必须考虑到制度背景和理念，只有基于此才有持久的生命力。同时，若克斯先生对法国宪法委员会的回顾还提出了法国宪政的经验，虽然我们长期以来认为法国是一个典型的理论主导的国家，但是法国给我们的提示是，任何一个宪政制度的建立，从法国的元老院到 1958 年宪法委员会的确立，从开始的默默无闻到后来的大踏步的发展，任何一个国家的宪政发展都是渐进式的过程而不可能是一蹴而就的纯粹的理论建构。对于夏新华的论文，苗教授认为，一方面夏教授选择了民国初年立宪这样一个特定的时空，对法国宪政文化，对清末和民初的宪政影响进行了旁征博引的论证，介绍了很多争论和选择的过程，本来枯燥无味的文献资料，经过夏教授的妙笔生花变得生动灵活。但该文也存在一个遗憾，他的文章里明显的没有涉及本应涉及一个更深层次的宪政文化的问题，忽略了法国的宪政在文化上、观念上对近代中国的启蒙、渗透和传播的问题，同时也没有向我们展示法国宪政文化到底是什么样的图景。

韩国建国大学法学院崔润哲教授第三个进行评议。他认为，一般情况下，法的目的可以概括为正义，正义所固有的价值应该是一个社会性质。从法的一般性出发，法作为世界各国的一个共同语言，从历史上看，有罗马法被世界各地的国家所接受，也传播到世界的各个角落。德国的法制国家思想、法国的革命思想，从历史、文化等角度传播开来。各个国家对这些国家先进的观点能够继受并能够有再次的发展这是非常必要的。特别是对于一个没有民族主义和没有共和制过程的国家来说，在对处于民主共和制过渡的国家来说也是非常有借鉴意义的。从宪法领域来看这个问题，现在的民族主义宪法目的在于，尊重人作为人的尊严，保障人民作为主权者的自由基本权利。因此，上述已经被广泛讨论的各国的宪法制度、国民的基本权利保障等方面也是一个非常好的课题。

本单元最后一个进行评议的是中共中央党校政法部教授傅思明。傅教授主要提出以下几点意见，第一，从若克斯教授的演讲中，感到制宪者们创造什么样的宪法审查机构取决于历史的因素和当时的判断，后来的发展演变取决于时代的需要和人民的选择。第二，我们以前一般认为制约国家权力就是为了保障公民的权利。但是若克斯教授梳理了法国合宪性审查制度的演变，并对制约国家权力和保障公民权利进行了区分。根据 1958 年制宪者的设计，当时是作为宪法守护者的身份出现的宪法委员会。但是 1971 年随着合宪性审查范围的扩大，情况有了变化，转而倾向于保障公民权利。第三，若克斯教授向我们彰显了法国宪法委员会以什么样的形象出现在世界舞台上，当宪法委员会审查一部以前的甚至是20年、50年前的法律的合宪性的时候，的确让我们敬佩法国合宪性审查的权威性。第四，正如若克斯教授刚才指出的，法国的合宪性审查制度是独创的，但他也指出这一制度或许并不是世界上最好的，但是法国的经验的确值得我们进一步深思。就像世界上没有两片相同的树叶，根植于各国不同的土壤的制度也各有特色，但是继受性和创造性是必然的。在这方面，夏新华教授的论文中让我感受到特定的历史时期，制度的建构不是天上掉下来的。一个国家的政治形式如何选择的确会受到外国宪政的影响。夏新华教授向我们展示、勾勒了发展宪政文化对中国清末民初立宪如何产生影响。对宪政文化的抗拒和排斥，到政府形式的参照到效仿，都作了介绍。

在自由提问和讨论阶段，学者们主要围绕儒家思想与宗教的作用，自由民族主义秩序，法国行政法中的巴莱尔案件等问题进行了交流讨论。

四、第三单元

下午四点开始的第三单元主要议题是西洋法与东亚宪政。本单元由大芝亮教授和董和平教授主持。

本单元第一个作主题发言的是艾克斯马赛第三大学赛维尔·菲利普教授，其发言题目是地方公共团体在第五共和国宪法中的发展。法国在历史上长期存在中央集权传统，而第五共和国提供了一个很好的平衡妥协的中央国家和自由需求之间的模式。从此开始，法国接受权力下放和地方分权的观念。菲利普教授从对中央集权、权力下放和地方分权的基本概念的界定出发，介绍了由于地方分权原则被引入宪法，法国的国家结构所发生的相应变化。一方面是地方分权原则引起的单一制的特征问题。菲利普教授将其归纳为权力的单一性、领土的不可分割性、法国人民的唯一性这三个方面。另一方面是国家的地方分权组织如何出现，这也体现为三个方面：(1) 各个机构的自由，这表现为两个方面：一个是地方机构的选举，另一个是地方公共团体在议会参议院的代表制。(2) 以自治的方式保障的自由，这表现为两个方面：一个是自治的法律手段，一个是自治的财政手段。(3) 通过对地方公共团体的权限范围的尊重保障自由，这可以深入到两个想法：一个是地方公共团体的权限范围在与国家的关系中受到保护，另一个是该权限范围同样在与其他公法人的关系中受到保障。

山东大学的李道刚教授作了第二个主题发言，他主要以《远生遗著》为文本考察的对象，分析了欧陆自由宪政理念对民初新闻法治观的影响。报纸是公共的舆论机关，这是黄远生的第一个观点。个人如果不能在社会中表达感受和意见，而处处受到压抑，则难以想象社会如何去发现黑暗面并且去改善，更不能想象个人如何以其自己选择的方式发展人格。言论自由无论客观上正确与否，为一切文明国家所承认的基本权利之一。在一百年前的中国民初，这是另外一种现实。第二个观点，舆论自由是政党政治之基。黄远生批评另外一种倾向。因为有前面一种倾向，有报纸的乱象，有人提出来要禁止报纸。他说这种禁止言论自由是不可取的。他认为法治国家无论是君主立宪还是民主立宪的国家都不可以无党，政党与舆论、政治是形影不离的。政党的党派是舆论政治的分野。舆论政治湮灭之日就是共和破坏之时，他又从另外一个方面批判了另外一个倾向，党禁是另外一个危险的极端。第三个观点从新闻本身来看，应该做到两个方面，第一，他认为新闻神圣，消息必须真实。报纸的作用既然在于发挥真实，阐扬忧隐，新闻是以报道事实为主，绝不能凭主观臆想随意讲话。虚假的新闻不仅伤害个人，也伤害国家。一人杜撰万报誊写的局面是社会心理薄弱的表现，民众最容易得到启蒙。这个问题现在看比较简单，但是对当时中国的文化，特别是从中国传统文化来考察，还是一个非常进步的一个观点。我们知道，近代以来的西方哲学，包括法国的笛卡尔的心无二元，从主体去独立地观察客体，寻求真实，这样的努力是在这个观点中表达，并不是很简单。第二，报道应该理性、客观和持平。新闻报道必须客观公正，报道的事实要和真实相符。黄远生是把消息性的新闻和通讯做了一个区别。它主张消息神圣，要客观真实，通讯是自由的。

本单元的第三个主题发言是一桥大学法学院坂口正二郎教授，他阐述了战斗民主制与战后日本宪法学的发展。坂口先生说明自己要讨论的不是日本输入什么，而是日本没有输入什么。对于来自德国的战斗民主制的提法，主要是表达了自由和民主之敌不得享受自由民主这样一种观念。然而，在战后日本宪法学的发展中，战斗民主制并没有被采纳。当时的宪法学家宫泽认为民主的本质在于保障人权。任何情况下都不能舍弃这一本质。因此，民主即使是在以“特洛伊木马”的方式与敌人进行战斗的场合，也绝不应该与人权发生冲突，而是任何时候也必须基于人权进行战斗，从而在宪法哲学的层面上否定了“战斗民主制”。樋口也自觉地否认了“战斗民主制”。但樋口的理论较之宫泽的理论更加复杂，也更加意味深长。战后日本的宪法学拒绝战斗民主制有很多原因，但是总体上而言，战后日本对“战斗民主制”的拒绝是“宪法爱国主义”的一种形式。日本一直排斥立宪主义的思考方法，在立宪主义没有生根的前提下，即便采取战斗民主制也没有什么意义，不仅如此，反而会使国家权力被作为工作而加以利用，这种可能性很高。这样樋口自觉地拒绝战斗民主制的选择也是可以充分理解的选择。同时可以看出这种选择本身包含的战斗性。

在主题发言之后，国家行政学院任进教授首先对非利普教授的发言进行了评议。任教授指出，法国的行政组织法，尤其是地方行政组织是非常发达的，值得人们借鉴。法国地方制度对中国是有影响的，这至少体现在两个方面，一个是中央代表制度，另一个就是法国的巴黎公社，很大程度也影响了我们的地方制度。

但是如果说中国1954年宪法受影响比较大的不是法国而是原苏联。1954年宪法借鉴了1936年斯大林宪法的相关规定，主要是受到了原苏联的影响，另外一种地方制度，和法国不一样。菲利普教授介绍了法国第五共和国宪法里的相关规定，包括中央在地方代表职权的规定，代表国家监督行政，保证法律得到遵守。这些规定通过宪法的形式表现出来。我们国家的宪法有一个很大的缺陷，对地方制度规定得特别粗陋，这样使我们地方制度的改革缺乏严格的法律程序。法国的宪法经常修改，不断地与时俱进，这值得我们借鉴，我们今后要不断根据新的情况来改革地方制度。党的十七大提出来，有条件的地方，省可以直接管县。我们现在是世界上少有的有四个层级的体制，肯定是要改的。

接下来，北京大学甘超英教授进行了评议。对菲利普教授的论文，甘教授提出，从1789年革命以后到现在，法国是民主国家，但是在历史上不一定。否则也不需要制定这么多部宪法了。就因为民主模式不确定，宪法模式才多。第五共和国宪法真正建立了稳固的民主制。读了菲利普教授的论文以后我的想法是，第五共和国民主制度怎么建立的？觉得至少有一点在于尊重法国的政治传统、社会传统。实际上，民主制要能够真正地成功运行，基础就是要尊重传统。传统是一个制度运行的基础。对李道刚先生的发言，黄远生并不是民初普通的新闻官。黄远生在日本上学的时候，是大政时期，是日本思想最自由的时期，是不是这对黄远生有影响？关于坂口教授的论文，在现在的德国人的心目中，其实对战斗民主制是否定的。实际上，在德国的政治学界，他们不用战斗民主制，很奇怪，他们用防御式民主。防御式民主和战斗民主制是不一样的。本来应该是法学家用防御式的，描述这种民主制应是法学家来进行，结果是政治学家来描述。宪法当然不应该主动出击的，应该是防御性的。政治学应该是战斗性的，正好在德国相反，我读政治学的书，写的是防御式民主。另外，坂口教授认为社会主义国家宪法都是有战斗性的，但是我们强调一点，中国1982年宪法战斗性减弱了。1982年宪法以前，“敌富反坏右”都是战斗对象，其实就是阶级性。我们之后已经没有规定一部分为敌对阶级并与之进行战斗。我们保留了一些战斗性，就是台湾统一问题，对于分裂国家的问题，我们是要保护国家统一的。

本单元最后一个评议人是中岛宏教授。他对法国的赛维尔·菲利普教授提出了一些问题。第一个问题，法国市民意识和所谓的地方自治制度改革之间有很大的差异，确实在2003年、2004年的改革之后，法国的地方分权有了很大的发展和变化。但是大多数的法国人事实上是不是把法国看成是反中央集权的国家，是不是这样看？第二个问题，在法国的地方自治改革是试验的事务方式，或者是注名投票，这实际上是非常困难的。现在这种情况下，实际上这种试验的事务和注名投票方式是否能够行使呢？第三个问题，很大的权力都转让给了所谓的地方自治体，但是如果不同时给予这种财政权限的话，光有这种大量的自治权也不起作用。比如说在社会保障中，非常重要的财权之一的所谓的社会复归最低保障管理权，这种权利的委任对地方自治体而言是不是一个很大的负担呢？从财政的问题来看，法国是不是存在再一次中央集权的可能性？

在自由提问与讨论阶段，熊本大学的叶陵陵教授对战斗民主制的问题针对中国的宪政实践和宪法文本提出了问题，宪法的第 3 条有人民民主专制的内容。针对甘超英教授的观点，叶教授提出第 3 条难道真的只对台湾地区保留了战斗民主制，是不是对别的还保留了战斗民主制的内容呢？随后，叶教授和甘教授针对中国宪法中的战斗民主制问题展开了激烈的讨论和辩论。此阶段，几位主题发言人也对评议中提出的各种问题进行了适当的回应。

五、第四单元

11 月 23 日上午，会议进入第四单元，本单元主题为西洋法与东亚宪政。本单元由廉希圣教授和金昇大教授共同主持。

青木人志教授首先作了主题发言，其题目是日本接纳和改变西洋法的三个局面。他首先对日本对西洋法继承的开端和政治原因进行了分析，其后，他分析了西洋法对日本法的影响。明治初年至今，日本法不断地在接受多种西洋法的影响。将其历史简单化，我们可将西洋法对日本法的影响以时间顺序划为以下四个主要方面：(1) 法国法的影响，(2) 英国法的影响，(3) 德国法的影响和 (4) 美国法的影响。对于日本接纳和改变西洋法的三个局面，青木教授总结为：第一阶段，即在选择的阶段里，成为了被移植的对象的是哪国法，哪一部分思想被移植，分别为什么被移植等问题成为重要的研究课题。此时，不应当只将焦点放在“被接受或继受的部分”上，更重要的是应当将焦点适当地放到“未被接受或继受的部分”是什么和其未被接受或未被继受的理由是什么等问题的分析上。在第二阶段，即翻译阶段，将外国法的概念和理论，翻译成为想要接受它的国家的语言时，必然会出现因翻译上的技术问题而造成的意思和内容的微妙变化。第三即是“实际运用”的阶段。基本上，在选择、翻译和实际运用三个阶段的变化在东亚各国都应普遍发生，各国都应该加强研究。

浙江大学林来梵教授第二个进行主题发言，他主要讲述了中国立宪主义的发轫及其国外源流。主要讲几个方面，从历史的角度来考察西洋法通过复杂的路径引进到中国，在中国有关西洋法的思想，包括它的概念，发生变迁以及变迁的结构，还有它给我们的启发意义。为了对清王朝的立宪活动作全面的把握，林教授将立宪运动分为两个方面，一个方面是自上而下的立宪运动。另一方面是自下而上的立宪运动。沿着这两条线索我们可以分析一下，当时中国清末君主立宪主义的构想，到底里面存在什么样的结构。其背后所依据的是两种颇不相同的立宪理论，并均可分别追溯到源自于当时的日本等国外的明显影响。但在民族危亡的严峻情势之下，在政治文化的传统语境之中，这些源自于国外影响的立宪主义的具体内容也产生了微妙的嬗变，演化出本土的精神结构及实践倾向，对迄今为止的中国立宪思想及其实践，均仍具有深远的影响。在当今中国，即使将宪政理解为民主，其实际上也是更加重视通过吸收民众的力量来增进国家实力。这样的一种倾向，基本权利的保障，人的尊严，就可能受到忽视。这种立宪主义的精神构造可以说是中国继受了西方立宪主义之后所产生的重要的变化，仍然在影响着当今中国。

第三个主题发言由厦门大学法学院周刚志副教授作出，其发言的题目是反立宪党人主张什么？周刚志副教授通过对清末立宪运动中，反立宪党人的主张进行研究发现，反立宪党人以“中华政制传统”及“风土人情各异”为依据而对“仿行立宪”提出批评，迫使立宪派对其观点进行了少许修改。从后来中国宪政的经验教训来看，这些观点不乏真知灼见。中国未来立宪或改革之演进，尤其需要注重本国政治经济实践中利益关系之处理，从中总结与提炼有效的宪法规则，而非单纯对域外宪法规则的仿行与创建。

在评议阶段，山田洋教授介绍了日本继受外国法的情况的变化。除了被美国占领期以外，都是自发性的法的继受。对于现在来说，继受外国法的影响或者说它的作用起的是和以前不一样的，现在是全球化时代。从历史构造来说，在东亚地区如何进行一个共通化的探讨，通过这样一个研讨会的方式就是一个很好的民间学术团体交流的方式。我们可不可以构成一个东亚独自的价值观。包括昨天水林教授提到的关于历史构造中，东亚地区可不可以构成一个共通法，这是不是有效呢？达到一个什么样的共通程度呢？

熊文钊在接下来的评议中指出，中日韩三国对西洋法的继受有很多共同的源流，特别是中国，我们从中国很多的传统向现代法制转变的过程中，有了很多的启发。这也是非常有意义的。在当今这个时代，有许多的问题需要研究，我们二三十年立法的进程，是比较快的一个时期。这个时期移植的过程，实际上是一个应该了解自己的过程，近百年来我们所形成的一个新的法律范式是一个什么样的结构和基本的体征，现在仍然在继受、学习、移植西洋法制度所选择的方式和方法的这样一些问题的思考仍然具有现实意义。

王磊教授在评议中说，青木教授的发言中，日本对西洋法的继受介绍了两种模式非常有意义，一个是有选择性的，一个是强制性的。有选择性的是日本按照自己的要求来自主地选择，强制性的主要是指日本的宪法，因为日本是战败国。这种区别的模式对于我们今天看待中国的问题也还是很有意义的。林来梵教授的发言也很有启发。因为林来梵教授在他的报告中注意到了当时的清末立宪的国内的力量，除了外部的力量以外，还有一个国内本身的一种变革的力量。另外，林来梵教授对于西洋法在清末的时候，在中国立宪的时候，有两种分类，一种是自上而下的，还有一种是自下而上的，就是由民众的力量（推动的）。而周刚志教授的发言里，令人感受比较深的是，他除了清末当时有立宪的和革命的，革命党人之外，他分析了朝廷内部还有两派，另外他让我们关注的是反立宪党人考虑到中国的风俗、习惯、传统这一方面也是不可忽视的。

作为本单元最后一个评议人，文竣暎教授认为，青木先生是以非常有趣的方式展开讨论，有两点使我非常有兴趣，法庭安排的变化、权利的变化，这两点对我来说是印象深刻的，法庭结构的变化，通过这种变化来阐述权利关系。从传统的法庭模式转变到现代的法庭模式，我非常感兴趣的是，在法庭上当事人和被告说话方式以及辩论方式的变化是不是和以前有所不同呢？以前的这种当事人自己主张的意见能够在法庭上更加激烈地展开讨论，与现在的法庭模式不同，是不是更加的民主化呢？第二位林来梵教授曾讲过，剥去一切外表，立宪主义是自由主义的论断。立宪主义不仅是政治问题，而且还是国家与个人关系的问题。这种论断与自由主义相结合，在当今不可能是单一手段能够解决的问题，在继受其方法的过程中，在今天来说展现出了新的问题。不仅在政治上，还是在司法独立等孟德斯鸠这种权利分割论断上，司法上这种问题是中日韩三国可以扩大研究的新的领域。

在本单元的自由讨论中，学者们讨论了权利一语在中文及日文中的来源问题，主题发言人也对评议阶段的问题进行了回应。

六、第五单元

第五单元的主题是西洋法与东亚行政法，本单元会议由一桥大学法学院高桥滋教授和艾克斯马赛三大欧亚研究所所长金邦贵教授主持。

首先进行主题发言的是金南哲，他介绍了韩国行政法上西方法律的影响与韩国行政法的最新发展。金南哲教授简单阐述了韩国行政法的形成和发展过程中所受的西方法律的影响，简单回顾了20世纪80年代以后韩国行政法的发展过程。围绕行政法的发展过程，他把该过程分成四个阶段，第一阶段为解放以后，韩国还没有自己的行政法学，从而不可避免地依存于日本的行政法学，并通过日本间接地沿袭以德国行政法为中心的西方行政法理论。第二阶段为开始直接获得德、法等国外行政法一般理论的时期，第三阶段我们可以归纳为研究国外新兴行政法领域时期，如对税法、地方自治法、建筑法、环境法、警察法等法律的研究时期。第四阶段，对国外法律理论，采用批判性的态度，可被称为有必要开辟符合韩国行政现状的理论的时期。西方行政法对于韩国行政法的形成现实上起到了巨大的作用，并一直影响至今。如今，为了使这些西方法律更符合韩国社会，韩国行政法学应加快其发展速度。正因如此，今后应扩大行政法研究领域。

第二个作主题发言的是一桥大学法学院山田洋教授，他演讲的题目是日本对普鲁士型行政裁判制度的继承。山田洋教授认为，日本的行政裁判制度，可以被理解为是以奥地利的制度为模范，根据日本的实际情况而作了适当改变的产物。

当然，罗莱斯勒也并没有试图将奥地利的制度照搬，由于以概括主义为首的几项重要因素的欠缺，将其定位为奥地利型也是不准确的。无论是哪一种，都可以认为来自普鲁士的影响很小。尽管如此，该制度之所以认为是普鲁士型，毫无疑问是由于在此之后的日本逐渐将普鲁士作为其国家的标准，在战后也是，这样的一个做法成为了批判的对象。行政法学，特别是在行政诉讼理论上也是一样，从格奈斯特到奥托迈尔，普鲁士学派有着绝对性的影响力。因此造成了行政裁判制度本来的由来以及支持其的理论之间产生了扭曲的结果，在很多方面产生了制度的不同措辞。

第三个作主题发言的是中国人民大学杨建顺教授，他主要针对外国行政法的继受与中国法治政府的建构这一主题进行了发言。他首先介绍了外国行政法的继受对共通法的意义，认为在行政法的继受方面可能有更多的共通性。其后，他分五部分依次介绍了中国法治政府建设目标的提出，包括中国行政法的发展历程，中国建构法治政府过程中对外国行政法的借鉴，中国建构法治政府的课题分析，从继受到共通法，从单向到双向，从传承到交流，最后作为结语，杨教授介绍了互动创新的继受时代。

最后一个作主题发言的是台湾政治大学法学院的郭杨骞。郭杨骞希望通过发言提示在中国行政法学界主张控权理论的学者想一想，表面的政权理论能不能更深层次地看待行政权在另外一面内隐性层面的决策过程的探讨。他分八个部分阐述了主题。第一，针对海峡两岸受到德国的影响，将行政和行政权混用，并对忽略行政权的经验性研究提出质疑。第二，对中国大陆提出的控权理论的基础，权力的运行规律和现实规律提出看法，并且也质疑缺乏经验性研究，对控权理论的提出造成缺漏的质疑。第三，对大陆目前行政法学界对行政权的分类进行简单的叙述，并且提出行政法学者低估了行政法的审视。第四，行政法经验性研究的背景介绍，在德国受到行政学说和二分法的影响，以及普鲁士帝国统一宪法，徘徊在美国的成文宪法，特别是对基本人权，自由平等权的成文宪法，以及法国式的精神宣言式的徘徊和游移，并且企图将基本人权、自由平等权的基本概念放入行政法体系当中，企图以所谓的合法性的方式来替代所谓的成文宪法，或者是权力宣言的方式来替代这个功能，本身也是对后续的海峡两岸的行政法研究造成莫大的伤害。第五，行政权的非决策制定的部分提出对控权理论的挑战。第六，就个人的经验提出，除了刚才这几位教授的意见之外，是否还有现实性的分析。第七，是对当今控权理论脱离实践的研究提出提醒，并且提出发言人的期待。第八，简单地运用了桑斯坦教授提出的，开始分析和真实地认识法律效果，最好地运用社会工具的法律将是我们法律人共同的期待。

主题发言结束后，清华大学何海波副教授首先进行了评议。通过山田洋教授的发言，何教授认为其启示是，我们原来说的日本法移植德国法的说法比较简单，歪曲了现实的图景。这样的结论对日本其他领域的法律继受，甚至对于中国的法律继受研究也是有启发的。对金南哲教授的发言，他认为中国和韩国行政法在历史上有很多相同的命运，我们都有比较鲜明的历史特性，我们都共同受日本法的影响。何教授还对中国行政法学里引用外国文献的比例做了一个统计。在中国，《行政法学研究》杂志在一年里引用的外国文献包括二手文献占了整个引用的40%，这是让人惊讶的数字，说明中国行政法学对外国行政法的吸收重视程度。而在这些国家里，美国占据第一。其他如日本、德国也有非常高的比例，英国、法国当然也是主要的国家。这个统计大体能够反映中国学界目前对外国法继受关注的重心。

日本熊本大学叶陵陵教授进行了第二个评议。他认为，今天五位老师的研究，行政法与法制史之间的关系是一个非常值得探讨的课题。中国一直是有选择地有保留地继受西洋法。韩国对西洋法的继承是采取着消极的态度，韩国曾经是日本的殖民地，引用金老师论文中的话，战后韩国作为日本殖民地统治的一部分，只是将日本的法律制度作了遗留，所谓的韩国自己有行政法制度这样一个说法，从金老师的论文中也可以看出是不正确的。从金老师的论文上来看，可以分成三个阶段，一个是至80年代为止，通过日本行政法对德国行政法进行了继承。韩国行政法的模型基本上是与德国行政法基本相同的。80年代之后，韩国就是非间接而是直接地对德国、法国等各外国的行政法的一般理论加以继承。论文中提到的老师也有许多是我在学会中曾经见过面，根据金老师的论文来说，80年代在韩国，行政法的一般性的立法已经成立了。在90年代之后，在海外的新兴行政法领域，比如说环境法、警察法等个别法律的领域里，从此进入了外国法继承的阶段。对于中国来说，刚才杨老师做的报告中，1990年之后第一部的行政法基本法得到确立。

本单元的最后一名评议人是中国社会科学院法学研究所李洪雷副研究员。由于时间紧张，李洪雷副研究员简单地提出了几个问题：第一，山田教授在文章结尾提出，行政行为的公定力理论是日本法的特色，目的是解决明治宪法当中的行政裁判的概括规定和列举主义规定的矛盾，但是公定力理论要解决的问题是违法的行政行为是否有效力的问题，只要国家认为不是一概的无效，只是可撤销，注重违法的行政行为是可撤销的，这就意味着在一定范围内承认行政行为的公定力，如果从这个意义上来理解这个公定力，很难理解这是行政法的特色。对金教授提的问题是，部门行政法学界中环境行政的问题、经济行政的问题、财税的问题，在中国或者日本都是相对独立的部门行政法进行研究。在中国法学界我们有专门的经济法学、财税法学和环境法学，我不知道在韩国法学界是怎么理解这些学科和行政法学界的关系的。郭博士的文章非常有价值，他是把桑斯坦为代表的美国的经济法学的最新理论引入了进来。我想问郭博士，您认为桑斯坦和其他的行为法经济学的理论是可以作为控权论的经济学基础，还是在这样一个经济学理论基础上，我们可以提出不同于控权论的另外的经济学的理论，像桑斯坦的文章我们很多都读过，他的论著我们很难得出结论这是一个控权论的主张。在中国法学界还有平衡论、研究政府管制和规制理论的学者，他们对行政法的功能都得出了不一样的结论。行为法经济学和我们控权论之间的距离可能比政府规制理论和平衡论之间的距离大得多。郭博士怎么看这个问题？

在评议结束之后，由于前阶段的超时，自由提问和讨论阶段仅由主题发言人进行了极为简短的回应。

七、第六单元

11 月 23 日下午，会议进行到第六单元。第六单元和以上五个单元有些不同。第一单元到第五单元主要是讨论西欧法在东亚的继承和创造问题；第六单元以经济的全球化和东亚法的一体化为题展开讨论。本单元由日本一桥大学法学院王云海教授和中国人民大学法学院范愉教授主持，共有朱景文教授、华夏副教授、冯玉军教授和杨东副教授四位主题发言人。

朱景文教授在发言中主要反思了中国法律工作者职业化的问题。改革开放以来，随着中国法制化的进程，法律工作者的数量和文化素质都获得了很大的提高，但是，随着法律工作者职业化进程的推进，特别是随着职业准入考试制度，在西部地区出现了明显的法律职业者短缺的现象。中国法律工作者包括正规化、半正规化和非正规化三部分，他们服务于不同人口的法律需要。正规化的法律工作者的发展决定着法制建设所达到的水平，但是它不应该以弱化、边缘化、半正规化、非正规化的法律工作者为前提，不应该把满足城市和发达地区人口法律需求建立在牺牲农村和不发达地区人口的法律需求的基础上。应该从我国纠纷解决的整体布局出发，全面考虑法律职业和法学教育的建设。

中国政法大学华夏副教授的发言主要是想提出一些个人研究过程中的切实感受，再从法律继受的角度提出需要进一步解决的问题，特别是作为中国学者需要认真研究的问题。华教授坦承对韩国法知之甚少，因此发言的主要内容围绕中国法和日本法进行。发言内容主要有以下几点：第一，中日两国曾经大规模地继受西洋法，这一点被视为形成共通法的基础。但是两国在继受范围和程度等方面又有许多不同。第二，在各个部门法具体的研究对外国法吸收的时候，我们国家还缺少一个综合性的，从比较法和其他的角度概括性地研究法律继受问题的项目。第三，是中日法律互相影响的问题，尤其现在中国法受日本法影响的问题。

第三个主题发言人是冯玉军教授，他的发言主题是“全球化背景下东亚共通法治的建构”，主要分为三个方面：第一方面为东亚法律发展的历史阶段；第二方面论述东亚法治实践的区域性特征；第三方面尝试展望东亚地区法律文化和社会治道的领域。发言人将三个方面的内容总结为 6 句话：（1）东亚法治如果合作，基础还应该是经济的、政治的、文化的区域合作，以及东亚意识的凝结与弘扬，从而在这个基础上形成真正意义上的东亚共通体。（2）东亚法治政治的途径，必然的一个道路就是厉行宪政与民主转型。看看日本，看看韩国，看看东南亚很多国家，以及东亚的当下，此言不虚。（3）东亚的法治主体，很多人认为法治的主体就是政府。真正主体是多元基础上的市民社会和共同体的建构。（4）东亚法治的文化内核是以民主自由为核心的西方法律文明和东方文明的汇同。（5）人所不欲、勿施于人。大家熟悉的是己所不欲，勿施于人，这是在大家有共同认同的基础上，在这样丰富的世界下，这是不太可能的，所以我说人所不欲勿施于人更好。（6）东亚法律机制应该是多元化的法律机制，应该是政府与政府之间，各国团体之间共同研究的课题。

最后一位发言人杨东副教授的主题是“论东亚经济一体化与我国的东亚法制协调战略”，他提出：世界范围内的区域经济一体化已是一个世界性的潮流。但所谓东亚共同体的形成并不是那么简单的，它的形成不但要有共同体的经济基础，还要有政治上的安全保障，尤其要有法制方面的协调与一体化，否则，很难形成真正意义上的东亚共同体。在近代以前，位于东亚的中日韩三国，它们共同受中国法文化的影响，到了近代以后，又不同程度地引进了欧洲法。第二次世界大战后，随着日韩两国资本主义经济的发展，以及改革开放后我国社会主义市场经济的快速发展，东亚三国的共同点逐渐增多。虽然不存在严格意义上的共通法，但随着加入 WTO 等国际性机构以及被 FTA 加进的规范呈现出许多普遍性，共通法的形成还是有可能的。并且在形成共通法之前的阶段，可以制定很多模范法，例如，合同法模范法、公司法模范法。对东亚法制协调或者东亚共通法进行研究后，发言人提出了在东亚一体化过程中我国的东亚法制协调战略以及对外法律交流援助战略等。

主题发言结束后，高桥滋首先发表了看法。对于朱景文老师的论文，他认为这是一个非常重要的问题，在日本曾经出现类似的问题，也曾针对这样的情况采取过各种措施。森胁章律师接下来结合自己从事中日法律实务的体会，对东亚法制共同体建设的必要性进行了具体分析。渠涛教授主要谈了法律继受与一体化的问题，他强调法律继受中特定的历史关系、经济关系和政治关系的重要性。王亚新教授主要集中在民事诉讼法的领域谈了对法律继受的感想，他提出，中日韩都是以德国民事诉讼法为蓝本，因此可以说从一百年以前就开始了一个共同的继受过程。但后来的发展路径却存在不同。姚辉教授分析了民法领域中，法律继受与中国特色之间的关系，50 年代的中国直截了当地继受了苏联的民法学说，那时候不强调中国特色，但今天却似乎比较忌讳法的继受，总强调中国特色，如何客观而准确地认识法的继受并使之在民事立法中发挥作用是一个值得思考的问题。刘荣军教授在发言中主要谈到了一体化与共通性、同一性的概念关系，以及一体性在政治、经济和文化等方面需要具备的条件。李井杓主要提到了希望中日韩等国家可以进一步加强了解和交流，将法律实践与学术领域的合作进一步深化。李东根在发言中谈到了东亚在继受西洋法的过程中所存在的民族自尊心的问题。朱力宇教授在发言中分别给法国教授和韩国教授各提出一个问题，法国的政体在调整和平衡的过程中，目前的状况是否可能随着大选又重新回到左右共治的局面？韩国学者对韩国总统的任期有何看法，是否同意总统任期过短有局限？王云霞教授在发言中主要谈到了政治上的考虑和意识形态的考虑对于法律移植的继受的障碍，并同时对日本学者提出了一个问题，就是当年日本在制定明治宪法的时候，已经是1889年了，为什么当时选择模仿的对象是1850年的普鲁士宪法而没有选择1870年的德意志宪法，这让我们疑惑它为什么不选择后来的而选择之前的。

在最后的自由发言和综合讨论阶段，金昇大教授首先介绍了韩国总统任期的问题，目前韩国总统任期5年，不得连任，可以说这个时间是比较短暂的，历史上曾经实行过任期4年、可以连任的制度，学术界的看法大体上认为应当通过修宪延长总统的任期，通常的观点是改为任期4年、可以连任。金邦贵教授也回答了法国总统任期的问题，法国在2000年修宪，把总统任期从7年改为5年，2008年的修宪又把总统的任期限定在两届。2000年修改宪法的时候，为什么把7年改成5年呢？这是因为在1958年第五共和国成立以来，出现过3次共治，总统是左派的，但议会多数是右派的，出现了总统多数派和议会多数派不一致的情况。这种情况给政府治理带来一定的困难，总统的一些纲领不能落实，因为议会多数派是他的反对派。总统不得不任命一个反对派的人作为总理。杨东教授回应了高桥教授的问题，提出高桥教授的问题非常好，抓住了今天会议的主题，也是我们今天面临的非常根本的核心问题。我们今天在这里是一个学术性的讨论，在我的报告中提到了日本政府在2003年以后对中国首次开始进行法律援助，2004年11月正式启动的是一个中日经济法、企业法完善的合作和援助。第二就是刚才王亚新老师介绍的民事诉讼法的援助，2007年11月正式启动的为期3年的关于民诉法的合作援助项目，目前就我自己所了解和参与的是和商务部经济法、企业法的合作，以及关于民诉法的项目，我自己的体会是：刚才高桥老师也提到，中日两国有很多不同的地方，肯定会有很多冲突，在法律援助过程中，怎么能够让中国接受日本的法律，在合作中会有矛盾和冲突的问题，我们怎么看这个问题。正如高桥老师担心的会出现一些混乱的局面，必须在制度设计的时候加以注意。

闭幕式

会议闭幕式由中国人民大学法学院副院长龙翼飞教授主持。金邦贵教授、水林彪教授、金昇大教授和韩大元教授分别作了总结发言，日本一桥大学法学院院长大芝亮致闭幕辞。

金邦贵教授代表法方感谢代表们对会议的参与和人大法学院周到的安排，并对会议的成功举办表示祝贺，并希望以后可以进一步加强法方与中日韩的交流，希望艾克斯马赛三大欧亚研究所与各方进一步开展各种合作项目。

水林彪教授对会议的内容进行了总结和回顾，并对会议的召开背景从日方的角度进行了补充和介绍，他表示类似的会议对于研究问题非常有帮助，作为研究来说，这样的会议和研究主题将来还有探讨的空间，因此也希望进一步的合作。

金昇大教授在发言中提出，在过去的两天里，以“西洋法在东亚的继受和创造”为主题开办的国际研讨会当中，因为有了中国人民大学充分、紧密、完善的准备，我们比较舒适地对相关问题进行了讨论。这次讨论了西洋法在中日韩三个国家的继受，并希望以东亚共同体为基础的本次论坛将扩大到其他法领域，会创造出更加有意义的结果。在以后继续开办的研讨会中，韩国也将积极提供各种条件，邀请更多的教授和学者。

韩大元教授首先代表人大法学院对代表们不辞劳苦参加会议表示感谢，之后，他提出，这次会议上，一共提交了29篇论文，19个人发表演讲，28人参加了评议，12位主持，大概三十八位教授参加了讨论，这次会议大家参与比较多。同时这次会议是跨学科的会议，东亚法的研究本身就是跨学科，不能强调是哪个专业。这次会议在跨学科的基础上，以问题为中心，建立法学的共同体，这也是一个很好的平台和经验。

最后，大芝亮教授在闭幕辞中表达了四个感谢，首先是对会议的参加者、旁听者、论文提交者，其次是对翻译的各位协力者，再次是对参加会议的各个大学和研究单位，再次是对人大筹办会议的各位老师和同学。

在闭幕式的结尾，大会宣布下一届会议在日本一桥大学召开，希望学者们积极参加。主持人龙翼飞教授在掌声中宣布会议胜利闭幕。

附录：第二届东亚法治论坛与会者名录

一、日本

长田雅之二等书记官（日本最高裁判所派遣的法官）
住田尚之（负责日本政府和全国人大法工委民法室的法律专家）

山内进	一桥大学副校长
大芝亮	一桥大学法学院院长
坂口正二郎	一桥大学法学院副院长
水林彪	一桥大学法学院教授
高桥滋	一桥大学法学院教授
山田洋	一桥大学法学院教授
青木人志	一桥大学法学院教授
王云海	一桥大学法学院教授
南野森	九州大学法学部准教授
叶陵陵	熊本大学教授
小田美佐子	立命馆大学准教授
中岛宏	山形大学专任讲师
郭琛	一桥大学
周蒨	一桥大学
朴银珠	一桥大学
徐伦希	早稻田大学

二、韩国

姜大燮	釜山大学校法科大学院首席副院长、教授
金昇大	釜山大学校法科大学教授
李井杓	釜山大学校法科大学副教授

金南哲	釜山大学校法科大学副教授
文竣瑛	釜山大学校法科大学副教授
朴仁洙	岭南大学法学院教授
崔润哲	建国大学法学院副教授
李东根	韩国国会事务处理事官

三、法国

皮埃尔·若克斯（Pierre JOXE）	法国宪法委员会委员
克里斯蒂昂·路易特（Christian LOUIT）	艾克斯马赛第三大学荣誉校长
安德烈·鲁（André ROUX）	艾克斯马赛第三大学宪法学教授
赛维尔·菲利普（Xavier PHILIPPE）	艾克斯马赛第三大学宪法司法研究所所长，宪法学教授
金邦贵	艾克斯马赛第三大学欧亚研究所所长，教授
劳航斯·弗哈旦（Laurent FRADIN）	法国审计法院法官

四、中国

北京大学法学院　王磊教授

北京大学法学院　湛中乐教授

北京大学法学院　甘超英副教授

北京师范大学法学院　刘荣军教授

北京师范大学法学院　肖萍

北京工业大学法学院　张荆教授

北京联合大学人民代表大会制度研究所　崔英楠副教授

大连海事大学法学院　王秀芬教授

国家行政学院法学部　任进教授

哈尔滨工业大学法学院　赵海峰教授

海南大学法学院　童伟华教授

华东政法大学法律学院　朱应平副教授

华东政法大学法律学院　刘松山教授

南开大学法学院　杨广平副教授

南开大学法学院　李晓兵博士

清华大学法学院　王亚新教授

清华大学法学院　何海波副教授

山东省社会科学院　王立行教授
山东大学法学院　李道刚教授
山东大学法学院　曲相霏副教授（现为中国社会科学院国际法研究所副研究员）
中国社会科学院法学研究所　渠涛教授
中国社会科学院法学研究所　于敏教授
中国社会科学院法学研究所　莫纪宏教授
中国社会科学院法学研究所　李洪雷副研究员
中国政法大学法学院　廉希圣教授
中国政法大学比较法研究所　华夏副教授
中国政法大学国际法学院　戴龙副教授
中国政法大学政府法治研究院　张莉博士
中央民族大学法学院　熊文钊教授
中南大学法学院　邓联繁教授
浙江大学法学院　林来梵教授（现为清华大学法学院教授）
中共中央党校政法部　傅思明教授
郑州大学法学院　苗连营教授
西北政法大学　董和平教授
西南政法大学　舒适副教授
厦门大学法学院　周刚志副教授
中国人民大学副校长　冯惠玲教授
中国人民大学法学院　王利明教授
中国人民大学法学院　韩大元教授
中国人民大学法学院　龙翼飞教授
中国人民大学法学院　胡锦光教授
中国人民大学法学院　朱力宇教授
中国人民大学法学院　朱景文教授
中国人民大学法学院　范愉教授
中国人民大学法学院　杨建顺教授
中国人民大学法学院　姚辉教授
中国人民大学法学院　王云霞教授
中国人民大学法学院　冯玉军教授
中国人民大学法学院　丁相顺副教授
中国人民大学法学院　杨东副教授
中国人民大学法学院　张翔副教授
中国人民大学法学院　郑爱青副教授
中国人民大学法学院　金玄卿讲师

中国人民大学法学院　余履雪讲师
中国人民大学法学院　付立庆讲师
中国人民大学法学院　王贵松副教授
中国人民大学法学院　郑磊讲师
中国人民大学法学院　王旭讲师
中国人民大学法学院　王建学讲师（现为厦门大学法学院助理教授）

图书在版编目（CIP）数据

亚太法律评论．第一辑/韩大元，杨东主编．—北京：中国人民大学出版社，2012.11
ISBN 978-7-300-15572-2

Ⅰ.①亚… Ⅱ.①韩… ②杨…Ⅲ.①法律-亚太地区-文集 Ⅳ.①D93-53

中国版本图书馆 CIP 数据核字（2012）第 255030 号

亚太法律评论（第一辑）
西洋法在东亚的继受和创造
韩大元　杨　东　主编
Yatai Falü Pinglun
Xiyangfa zai Dongya de Jishou he Chuangzao

出版发行	中国人民大学出版社		
社　　址	北京中关村大街 31 号	**邮政编码**	100080
电　　话	010－62511242（总编室）		010－62511398（质管部）
	010－82501766（邮购部）		010－62514148（门市部）
	010－62515195（发行公司）		010－62515275（盗版举报）
网　　址	http://www.crup.com.cn		
	http://www.ttrnet.com(人大教研网)		
经　　销	新华书店		
印　　刷	涿州市星河印刷有限公司		
规　　格	170 mm×250 mm　16 开本	**版　　次**	2012 年 11 月第 1 版
印　　张	21.75 插页 2	**印　　次**	2012 年 11 月第 1 次印刷
字　　数	430 000	**定　　价**	65.00 元